破产法文库｜实务系列
总主编 王欣新

“执破直通”的司法实践

以龙岩法院破产审判为视角

主　编　张意文
副主编　张煌忠　杜国长　张婷婷　陈科林

法律出版社
LAW PRESS · CHINA
北京

图书在版编目（CIP）数据

“执破直通”的司法实践：以龙岩法院破产审判为视角／张意文主编. -- 北京：法律出版社，2024.
（破产法文库／王欣新总主编）. -- ISBN 978-7-5197-9540-5

Ⅰ. D927.573.229.192.4

中国国家版本馆 CIP 数据核字第 2024W4Z901 号

“执破直通”的司法实践
——以龙岩法院破产审判为视角
“ZHI PO ZHI TONG” DE SIFA SHIJIAN
—YI LONGYAN FAYUAN POCHAN SHENPAN WEI SHIJIAO

张意文　主编

策划编辑 沈小英
责任编辑 刘晓萌
装帧设计 李　瞻

出版发行 法律出版社
编辑统筹 法治与经济出版分社
责任校对 裴　黎
责任印制 吕亚莉
经　　销 新华书店

开本 710 毫米×1000 毫米　1/16
印张 24.5　　**字数** 426 千
版本 2024 年 10 月第 1 版
印次 2024 年 10 月第 1 次印刷
印刷 固安华明印业有限公司

地址:北京市丰台区莲花池西里 7 号(100073)
网址:www.lawpress.com.cn
投稿邮箱:info@lawpress.com.cn
举报盗版邮箱:jbwq@lawpress.com.cn

销售电话:010-83938349
客服电话:010-83938350
咨询电话:010-63939796

书号:ISBN 978-7-5197-9540-5
定价:138.00 元

主编简介

张意文

福建龙岩人。原中南政法学院（现中南财经政法大学）法学学士，厦门大学法律硕士。曾任福建省龙岩市新罗区人民法院党组成员、副院长，福建省连城县人民法院党组书记、院长。现任福建省龙岩市中级人民法院审判委员会专职委员、三级高级法官。

法律硕士毕业论文《略论负担行政行为说明理由的价值传承与技术构建——一个关于程序防卫的话题》被全国法律硕士专业学位教育指导委员会评为首届“法律硕士优秀论文奖”。曾多篇论文获全国、福建省法院学术论文征文二等奖、一等奖。撰写的10余篇案例被《中国审判案例要览》《人民法院案例选》收录，1篇案例被《中国行政审判指导案例》（第1卷）选用（第33号案例）。

副主编简介

张煌忠

福建上杭人。大学本科学历。福建省审判业务专家、龙岩市审判业务专家。现任龙岩市中级人民法院审判委员会委员、民事审判第四庭庭长、四级高级法官，曾任行政审判庭副庭长、民事审判第二庭庭长兼清算与破产审判庭负责人，自2015年开始审理企业破产案件。

2013年，受最高人民法院委托代表龙岩市中级人民法院起草《最高人民法院关于人民法院赔偿委员会适用质证程序审理国家赔偿案件的规定》，该规定于2013年12月16日经最高人民法院审判委员会第1600次会议讨论通过（法释〔2013〕27号）。

杜国长

福建上杭人。中国政法大学法学学士。福建天衡联合（龙岩）律师事务所主任、高级合伙人，福建省破产管理人协会副会长，龙岩市破产管理人协会会长，龙岩市律师协会副会长，厦门仲裁委员会仲裁员，龙岩市人大常委会立法专家顾问。

张婷婷

山东临朐人。福州大学法学学士。龙岩市审判业务专家。现任福建省龙岩市中级人民法院民四庭副庭长，二级法官。

陈科林

广东佛山人。中国人民大学法学博士。华南理工大学法治经济与法治社会研究中心副研究员，中国人民大学破产法研究中心兼职研究员。主要研究方向：破产法学。

在《政治与法律》《华南理工大学学报（社会科学版）》《档案学研究》《法律适用》《法律科学（西北政法大学学报）》等刊物发表学术论文多篇，参与撰写著作1部。主持中国博士后科学基金第75批面上资助项目、广东省哲学社会科学规划2024年度习近平法治思想研究专项青年项目、北京市法学会市级课题、中国人民大学新天伦法学基金研究生专项研究课题等5项；获选2024年度“国家资助博士后研究人员计划”（C档）。参与国家社会科学基金一般项目1项，以及全国人大财经委、北京市发改委、深圳市破产事务管理署、地方法院委托的破产法课题8项。博士学位论文获评中国人民大学法学院2023届优秀博士学位论文。

《破产法文库》编审委员会

总　序

现代破产法融清算退出与挽救更生程序于一体，是警醒正常市场主体“向死而生”之法，是帮助困境企业“涅槃重生”之法，是促使失败企业“规范退出”之法。破产法律制度是市场经济法律体系不可或缺的重要组成部分，甚至被称为市场经济之“宪法”。市场经济社会的基本法则乃公平竞争、优胜劣汰。故，凡市场经济之法治国家，无不将破产法视为其法律体系不可或缺之重要组成部分，并将其作为评价一国市场经济地位和营商环境水准的重要标志。

中国自改革开放以来，高度重视营商环境建设。1986 年 12 月 2 日第六届全国人民代表大会常务委员会第十八次会议审议通过了《企业破产法(试行)》，于 1988 年 11 月 1 日起施行。2006 年 8 月 27 日第十届全国人民代表大会常务委员会第二十三次会议审议通过了《企业破产法》，自 2007 年 6 月 1 日起施行，《企业破产法(试行)》同时废止。2013 年 11 月《中共中央关于全面深化改革若干重大问题的决定》指出：“健全优胜劣汰市场化退出机制，完善企业破产制度”。2014 年 10 月《中共中央关于全面推进依法治国若干重大问题的决定》指出：“社会主义市场经济本质上是法治经济。使市场在资源配置中起决定性作用和更好发挥政府作用，必须以保护产权、维护契约、统一市场、平等交换、公平竞争、有效监管为基本导向,完善社会主义市场经济法律制度。"2018 年 8 月第十三届全国人大常委会立法规划发布,《企业破产法》的修订纳入立法规划,属于"需要抓紧工作、条件成熟时提请审议"的项目。2018 年 11 月中央全面深化改革委员会第五次会议审议通过了《加快完善市场主体退出制度改革方案》,将加快以破产法为核心的市场主体退出制度建立健全的步伐,以更好地服务供给侧结构性改革和营商环境优化建设。

我国破产法的历史虽然短暂,但也已走过了 30 余个春秋,《企业破产法》及其司法解释构成了较为完整的破产法制度体系,全国各地各级法院组建了约 100 家破产审判庭,北京、上海、深圳三地更是在最高人民法院的批准下组建了破产法庭,破产审判的法治化、专业化建设取得了长足的进步,破产案件数量逐渐上升,破产法的理念、文化与制度规则也得到了更广泛的传播和认可。

破产法律制度的建立健全和破产审判的法治化、常态化推进,是市场经济可持续发展、营商环境优化建设的重要保障,市场经济之发展亦注定离不开破产法学研究之繁荣。中国人民大学破产法研究中心和北京市破产法学会自成立以来,始终坚持学术为本、理论联系实际和以问题为导向的研究理念,不遗余力地创办"中国破产法论坛"及其专题研讨会等权威交流平台,多年来持续编辑出版《破产法论坛》等图书,凝聚了中国破产法理论与实务界之顶尖研究力量,致力于破产法治事业之发展与进步,赢得了全体"破人"之赞誉与支持。

为进一步整合中国破产法理论界与实务界之研究力量,经与浙江省高级人民法院民四庭庭长章恒筑法官、中国人民大学破产法研究中心副主任郑志斌律师、中国人民大学破产法研究中心副主任兼秘书长徐阳光教授、法律出版社法治与经济出版分社社长沈小英编审反复商议,中国人民大学破产法研究中心、北京市破产法学会决定联合法律出版社创办"破产法文库",面向国内外同仁开放。

"破产法文库"设置 5 个子系列,其中,学术系列希冀广纳中国学界高水准之破产法专著;译著系列拟推介域外之经典破产法文献与法典;论坛文集系列继续推出"中国破产法论坛"及其专题研讨会之优秀论文;实务系列侧重出版破产法实务经验总结之佳作;茶座系列则旨在分享破产法实施中的趣闻轶事以及破产法同仁办理破产案件的心得体会。

从历史上看,中国缺乏破产法文化传统与理论实务研究积淀。"破产法为一重要之法律,然学者研究之者,远不如研究民刑之法之夥;良以向者适用较少,兴趣遂减。”民国法学家吴传颐先生数十年前之感慨，仍让今人有现实之叹。而今，破产法的社会调整作用日益得到人们的认可与重视，破产法的研究也日益深入。破产法是一个综合性的法学领域，破产法治建设是我们共同的事业追求。但愿“破产法文库”之创办能够团结更多法学同仁来关注和研究破产法理论与实践之重点难点问题，并将自己高水平的研究成果纳入文库中出版，共同推动中国破产法学术之繁荣、立法之完善与司法之进步。

是为序！

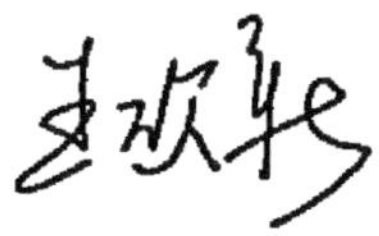 *

2016 年 7 月 16 日撰写

2019 年 2 月 26 日修订

---

* 中国人民大学法学院教授、博士研究生导师，中国人民大学破产法研究中心主任，北京市破产法学会会长。

序　言

执行与破产的基本功能都是为了保障债权人债权的实现,只不过前者是对债权人的个别清偿程序,而破产则是对普通债权人的集体清偿程序。执行原则上适用于债务人具备清偿能力,但不按照生效法律文书主动履行清偿义务的情况。而破产则适用于债务人客观上丧失清偿能力的情况,主要目的是保障对债权人的清偿公平。但是在司法实践中,执行与破产之间的适用必然会存在一些模糊地带,从而出现一定程度上的相互交织状态。由于实践中,执行与破产的社会功能与适用范围存在一定程度的混淆,便发生了"执行难"与"破产难"的双重难题。

实践中存在的"执行难",从形式上看有两种情况。其一,债务人有债务清偿能力,但主观上拒不履行清偿义务,乃至实施逃债行为。由于债务人客观上具有清偿能力,虽然可能存在转移、隐匿财产等行为,但最终矛盾是可以在执行程序中解决的。所谓"难"是难在执行措施及相关环节尚待强化与完善,不需要转入破产程序就可以解决问题。其二,债务人已丧失清偿能力,客观上无法履行义务,导致执行措施再有力,债务人也无法最终实现对全部债务的清偿。这时的"难"是难在执行及相关环节之外,是因为此类案件本不属于执行程序能够解决的范围,而是应当通过破产程序解决的。这后一种情况形式上看是“执行难”,但实质上是各种原因造成的“破产难”。不真正解决“破产难”,本该进入破产程序的案件就会长期积淀在执行环节,执行难就不可能得到解决。

2015年1月30日,最高人民法院发布了《最高人民法院关于适用〈中华人民共和国民事诉讼法〉的解释》,其第513条(现为第511条)至第516条(现为第514条)确立了执行不能案件移送破产审查的制度规则,即所谓“执转破”,从制度上打通了执行不能案件通过法院移送进入破产程序的通道。同时,第516条(现为第514条)明确废除了参与分配制度在被执行人为企业法人的执行案件中的适用,以鼓励债权人尤其是后清偿序位的债权人更为积极地运用破产制度维护权益。

2017年1月20日,最高人民法院发布《关于执行案件移送破产审查若干问题的指导意见》(法发〔2017〕2号),明确“推进执行案件移送破产审查工作,有利于健全市场主体救治和退出机制,有利于完善司法工作机制,有利于化解执行积案,是人民法院贯彻中央供给侧结构性改革部署的重要举措,是当前和今后一段时期人民法院服务经济社会发展大局的重要任务”。这是最高审判机关在总结各地法院探索“执转破”的经验教训基础上,首次形成适用于全国范围内的司法政策,具有十分重要的指导意义。

最高人民法院《关于执行案件移送破产审查若干问题的指导意见》第4条明确规定:“执行法院采取财产调查措施后,发现作为被执行人的企业法人符合破产法第二条规定的,应当及时询问申请执行人、被执行人是否同意将案件移送破产审查。”也就是说,虽然已积压有大量终本案件的债务人需要转入破产以实现僵尸企业的出清,但“执转破”设置目的并不是将债务人的财产执行干净到终止本次执行才转入破产,而应是在执行部门接手案件、采取财产调查措施后,就要考虑是否应适用“执转破”。否则是无法实现破产法的立法目的的,既不能保障对全体债权人的公平清偿,也不能实现对有挽救价值与希望的债务人企业的困境拯救。所以,我们不能仅从解决执行难的角度去理解和适用“执转破”,更要看到相当一部分“执行难”案件的本质是“破产难”。从某种意义上讲,在执行程序中被个别执行的债务人财产越少,转入破产程序的时间越早,后续的债务清偿和衍生社会问题的解决就可能越顺利。认为“执转破”是针对无产可执行、只能转入破产清算程序案件的观点,是对“执转破”制度的误解,“执转破”案件转入的破产程序也包括企业重整与和解程序。

“执转破”为解决“执行难”和“破产难”做出了重大的贡献。随着“执转破”的逐步推广与深入进行,各地法院开始进一步探索“执转破”的制度与机制创新。其中,“执破直通”“执破融合”“执破一体化”等成为各地法院的有益探索和创新。现在呈现在大家面前的《“执破直通”的司法实践——以龙岩法院破产审判为视角》一书,即福建省龙岩市两级法院为全国执行与破产制度的融合贯通贡献的重要地方司法经验。

龙岩市,地处中国福建省西部,通称闽西,是中国唯一以“龙”字命名的地级市,是原中央苏区的核心区。1929年12月和2014年10月在闽西上杭古田召开的两次古田会议,彪炳史册。位于上杭县人民法院古田人民法庭的“共和国法治摇篮展览馆”,馆藏红色法治文物千余件,全面生动地诠释了闽西苏区法治建设是中国共产党最早大规模、成系统领导法治建设的开端。改革开放以来,龙岩法院在司法实践领域的创新探索从未止步。我所在的中国人民大学破产法研究中心也较早关注了龙岩法院在执行与破产审判领域的实践经验,并于2023年8月14日,与龙岩中院举行了“中国人民大学破产法研究中心教学科研实践基地”签约共建合作协议,开启了双方在破产法领域的院校合作,《“执破直通”的司法实践——以龙岩法院破产审判为视角》一书的出版即双方合作成果的展现。

龙岩中院于2020年9月组建清算与破产审判庭,于2022年5月在原清算与破产审判庭基础上正式成立民事审判第四庭,专司龙岩市辖区内破产案件的审查、审理工作,并指导辖区内基层法院办理破产案件,旨在推动破产审判专业化建设,不断提升破产审判质效。龙岩中院还积极推动成立龙岩市破产管理人协会,并指导破产管理人协会工作,着力提升破产管理人的执业水平,对于优化营商环境建设产生了积极的作用。2022年7月,龙岩中院和龙岩市管理人协会举办的“破产法·龙岩登高讲坛”正式启动,立足于闽西破产事业,着力于破产职业共同体素养提升,致力于优化闽西营商环境。

基于前期的探索经验和院校合作的良好基础,龙岩中院在法律出版社“破产法文库”中推出了其力作《“执破直通”的司法实践——以龙岩法院破产审判为视角》。本书是对龙岩法院自1997年受理第一起破产案件以来的破产审判经验总结,也是对龙岩市探索实践“执破直通”机制的阶段性总结,完整地呈现了龙岩法院在破产审判工作方面的发展历程及取得的成果。本书以“执破直通”为主线，在内容上既有专章阐明“执转破”的理论基础及实践需要，解析“执转破”各环节的难点并提出相应对策，又收录龙岩法院系统、管理人、金融机构在“办理破产”方面的专业性文章；既撷取介绍了龙岩市破产审判的代表性案例，又梳理汇总了龙岩地区“办理破产”的规范性文件，较为全面系统地反映了龙岩市在“办理破产”方面的理论研究水平及业务水平。

总体而言，本书具有以下三个方面的特点：一是地域实践浓郁。根植龙岩市破产审判实践，聚焦解决“执行不能”与“破产程序启动难”问题的分析，在理论及实务角度系统地解析“执转破”的全流程，内容上涵盖了企业破产与个人债务清理即类个人破产处理，并深入探索解决难点痛点的方案。二是融合理解独到。通过梳理“执转破”过程中各环节的问题，全面地剖析“执转破”的难点，充分结合龙岩法院的实践模式，表达龙岩法院对“执转破”机制的独到理解，可鉴性强。三是同业参与面广。汇聚法官、管理人、金融机构工作人员等职业共同体参与龙岩市“办理破产”的研究，融合龙岩市各界破产业务从业者的办案体悟，凝聚龙岩市破产审判智慧，总结处理破产案件的经验，反思现行制度的不足与弊端，为健全破产制度共同建言献策，具有较为坚实的职业共同体基础。

合抱之木，生于毫末；九层之台，起于累土；千里之行，始于足下。龙岩中院在积极探索“办理破产”实践模式、推进破产审判工作的同时，十分注重对审判经验的总结，在福建省率先出台“执破直通”实施机制，并打造“执破直通＋府院协调”双轨机制，逐步实现了2021—2023年“攻坚年”“提升年”“超越年”三年三步走的目标，为福建省破产审判做出了有益探索。2024年5月，龙岩中院召开了全市法院破产审判工作推进会，针对法院所处的态势及面临的形势，提出以“一个聚焦、双线并进、三同共举、四效提升”为主线推动下一阶段的工作，相信必将助益于提升龙岩整体破产综合素养，优化龙岩法治化营商环境。

党的二十届三中全会审议通过的《中共中央关于进一步全面深化改革　推进中国式现代化的决定》中指出：“健全企业破产机制，探索建立个人破产制度，推进企业注销配套改革，完善企业退出制度”。破产法律制度作为“高水平社会主义市场经济体制”中的“市场经济基础制度”，其在推进中国式现代化建设中的地位和作用将日益凸显。我相信，本书的出版一定会更好地激励龙岩破产法同仁办理好破产案件,进一步建立健全包括“执转破”在内的破产审判制度机制。同时,本书的出版也为全国破产法同仁贡献了龙岩的经验和智慧,为我国破产法及相关法律制度的改革与完善尽微薄之力,更是贯彻落实党的二十届三中全会精神的实际举措。

是为序!

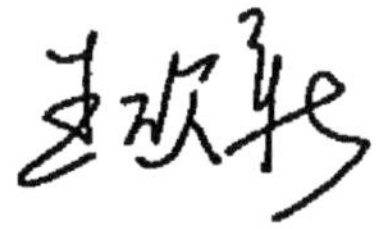

2024 年 8 月 29 日

简称表

全称	简称
《中华人民共和国企业破产法》	《企业破产法》
《中华人民共和国民事诉讼法》	《民事诉讼法》
《中华人民共和国民法典》	《民法典》
《中华人民共和国公司法》(2023 年修订)	《公司法》
《中华人民共和国刑法》	《刑法》
《中华人民共和国会计法》	《会计法》
《中华人民共和国税收征收管理法》	《税收征管法》
《全国法院破产审判工作会议纪要》	《破产审判纪要》
《关于推动和保障管理人在破产程序中依法履职进一步优化营商环境的意见》	《保障管理人履职意见》
《最高人民法院关于人民法院执行工作若干问题的规定(试行)》(2020 年修正)	《执行工作规定(试行)》
《最高人民法院关于适用〈中华人民共和国民事诉讼法〉的解释》(2022 年修正)	《民诉法司法解释》
《最高人民法院关于适用〈中华人民共和国民事诉讼法〉执行程序若干问题的解释》(2020 年修正)	《民诉法执行程序司法解释》

续表

全称	简称
《最高人民法院关于适用〈中华人民共和国企业破产法〉若干问题的规定(一)》	《破产法司法解释一》
《最高人民法院关于适用〈中华人民共和国企业破产法〉若干问题的规定(二)》(2020年修正)	《破产法司法解释二》
《最高人民法院关于适用〈中华人民共和国企业破产法〉若干问题的规定(三)》(2020年修正)	《破产法司法解释三》
《最高人民法院关于民事执行中财产调查若干问题的规定》(2020年修正)	《财产调查规定》
《最高人民法院关于严格规范终结本次执行程序的规定(试行)》	《规范终本规定(试行)》
《最高人民法院关于进一步规范近期执行工作相关问题的通知》	《规范执行工作的通知》
《最高人民法院关于人民法院民事执行中查封、扣押、冻结财产的规定》(2020年修正)	《查封、扣押、冻结财产的规定》
《最高人民法院关于限制被执行人高消费及有关消费的若干规定》(2015年修正)	《限制被执行人高消费的规定》
《最高人民法院关于公布失信被执行人名单信息的若干规定》(2017年修正)	《公布失信被执行人信息的规定》
《最高人民法院关于推进破产案件依法高效审理的意见》	《推进破产案件高效审理意见》
《中华人民共和国民事强制执行法(草案)》	《强制执行法(草案)》
《关于执行案件移送破产审查若干问题的指导意见》	《执转破指导意见》
《全国法院民商事审判工作会议纪要》	《九民纪要》
《福建省高级人民法院关于执行转破产直通的若干规定(试行)》	《福建执转破规定(试行)》
《福建省高级人民法院关于企业破产案件简化审理程序的指导意见(试行)》	《福建企业破产案件简化审理意见(试行)》
《龙岩市中级人民法院关于贯彻〈福建省高级人民法院关于执行转破产直通的若干规定(试行)〉的实施意见》	《龙岩执转破规定实施意见》

目　录

第一部分　执行转破产机制与“执破直通”机制研究

第一章　执行转破产机制的价值基础与龙岩实践概况 …… 3

第一节　“执转破”机制的价值基础 …… 4

第二节　“执破直通”:“执转破”的“龙岩经验” …… 10

第二章　破产程序与执行程序的关系辨析 …… 20

第一节　破产程序与执行程序的异同 …… 20

第二节　破产程序与执行程序的冲突 …… 23

第三节　破产程序与执行程序的衔接 …… 27

第三章　“执转破”的启动机制 …… 32

第一节　“执转破”的适格债务人 …… 32

第二节　“执转破”的启动方式 …… 35

第三节　企业董事的破产申请义务研究 …… 37

第四章　“执转破”案件的受理问题 …… 50

第一节　立案审查的方式及内容 …… 50

第二节　执行程序当事人的权利保障 …… 57

第三节　人民法院的职责及绩效考核机制 …… 65

第四节　“执转破”中的档案管理问题 …… 70

第五章　“执转破”案件审理的特殊问题 …… 81

第一节　破产临界期强制执行行为的撤销问题 …… 81

第二节 企业破产案件的繁简分流 …………………………………… 89
第三节 企业破产案件的涉刑处理 …………………………………… 102
第六章 “执转破”中的府院联动机制建设 ………………………………… 115
第一节 龙岩市企业破产处置中府院联动机制的探索 ……………… 115
第二节 企业破产程序中涉税事项的处理 …………………………… 124
第三节 企业破产程序中企业注销事项的处理 ……………………… 131
第四节 债务人财产信息的互通共享机制建设 ……………………… 138
第七章 “执转破”机制中的个人破产问题 ………………………………… 143
第一节 “执转破”案件的个人破产需求 ……………………………… 143
第二节 “执转破”机制与个人破产制度的理念契合 ………………… 146
第三节 “执转破”机制与个人破产制度的衔接进路 ………………… 150

第二部分 龙岩“办理破产”专业性文章

破题何解:破产案件全生命周期管理路径构建 ……………………………… 157
供给侧结构性改革背景下完善破产重整审判机制研究
——以构建“诉破直通”机制为实现路径 ………………………………… 173
反思与重构:“执破直通”机制路径探究
——基于龙岩法院执破案件的实证分析 ………………………………… 189
何以救治:预重整企业识别机制构建
——以 AI 技术的司法应用为导向 ……………………………………… 201
营商 VS 宜商:破产案件在线审理规则构建
——以龙岩法院 100 件破产案件为实证研究样本 ……………………… 214
执破直通 涅槃重生:龙岩中院创新打造破产审判“三通”模式 ………… 231
法治净化营商环境:房地产企业破产重整之路
——以武平县人民法院一起房地产破产重整案为例 …………………… 235
破产程序中刑民交叉的类型化问题研究与路径探析
——以隐匿、故意销毁会计凭证、会计账簿、财务会计报告罪为例 ……… 243
破产程序中诉讼时效制度适用若干问题的思考 …………………………… 253
论企业破产重整中的金融服务定位 ………………………………………… 264
破产程序中金融机构债权人的权益保障 …………………………………… 270

第三部分　龙岩“办理破产”代表性案例

案例一:福建省龙岩龙化化工有限公司预重整转重整案
——预重整与重整程序的衔接运用 …………………………… 281
案例二:福建省龙岩市富泰房地产开发有限公司破产清算案 ……………… 287
案例三:福建宸华电池科技有限公司破产重整案 ………………………… 290
案例四:“东风破连城,春来复苏生”连城天一温泉度假村有限公司预重整转重整案
——新冠疫情结束后实现旅游企业脱胎换骨典型案例 ……… 294
案例五:龙岩市四季三餐电子商务有限公司破产清算案 ………………… 299
案例六:福建武平双成房地产开发有限公司破产重整案 ………………… 303
案例七:福建省鑫海隆建设工程有限公司破产清算案 …………………… 307
案例八:综合考量护稳定,精准研判促重整
——漳平市佳能水电有限公司破产重整案 ……………………… 311

第四部分　龙岩“办理破产”规范性文件

福建省高级人民法院关于执行转破产直通的若干规定(试行)
…………………………………………………………… 闽高法〔2020〕号 319
关于建立办理企业破产案件司法联动机制的实施意见
………………………………………………………… 岩中法〔2022〕29 号 322
龙岩市中级人民法院关于贯彻《福建省高级人民法院〈关于执行转破产直通的若干规定(试行)〉》的实施意见 ………………………………… 325
龙岩市企业破产处置专项资金管理使用办法………… 岩中法〔2021〕60 号 333
关于企业破产程序中涉税事项处理的实施意见……… 岩中法〔2021〕70 号 339
关于企业破产程序中办理企业信息查询及变更与注销登记等有关事项的实施意见………………………………………………… 岩中法〔2021〕77 号 347
龙岩市中级人民法院破产案件资金管理暂行办法…… 岩中法〔2021〕96 号 355
龙岩市中级人民法院破产案件绩效考核办法(试行)
………………………………………………………… 岩中法〔2022〕10 号 361

关于建立办理企业破产案件司法联动机制的实施意见
…………………………………………………… 岩中法〔2022〕29 号 366
关于办理破产企业账户查询、注销等事项的规定(试行)
…………………………………………………… 岩中法〔2023〕64 号 369

后记 …………………………………………………………… 372

第一部分　执行转破产机制与“执破直通”机制研究

第一章　执行转破产机制的价值基础与龙岩实践概况

司法裁判的主要任务是明确当事人之间的权利义务，定分止争；对生效裁判文书的执行旨在落实司法裁判的结果，亦是司法程序中的关键一环。“执行难”是人民法院司法工作长期以来的难题。为深入贯彻落实党的十八届四中全会提出的“切实解决执行难”“依法保障胜诉当事人及时实现权益”重大决策部署，中央全面依法治国委员会出台《关于加强综合治理从源头切实解决执行难问题的意见》（中法委发〔2019〕1 号），指出“人民法院执行工作是依靠国家强制力确保法律全面正确实施的重要手段，是维护人民群众合法权益、实现社会公平正义的关键环节。做好执行工作、切实解决长期存在的执行难问题，事关全面依法治国基本方略实施，事关社会公平正义实现，具有十分重要的意义”。2015 年《民诉法司法解释》确立了执行程序转破产程序（以下简称“执转破”）的机制，2017 年《执转破指导意见》提供了全面的指引。2018 年《破产审判纪要》明确提出，“全国各级法院要深刻认识执行转破产工作的重要意义，大力推动符合破产条件的执行案件，包括执行不能案件进入破产程序，充分发挥破产程序的制度价值”。执行程序与破产程序在制度功能上都包含了对债权人合法权益的保护，只是二者的保护模式有所差异，制度的调整对象也不同。执行程序与破产程序的衔接,不仅可以化解“执行难”的案件,而且可以更有效地向社会公众呈现破产制度的本原价值,缓解社会公众对破产制度的误解。

第一节 “执转破”机制的价值基础

执行程序与破产程序是两种既有交集又有区别的程序。二者的交集在于对债权人合法权益予以适度保护的理念,而主要区别在于对债权人合法权益的保护模式以及对社会公共利益的溢出效应。“执转破”机制的价值基础应从两个层面进行分析:一是“执转破”机制的现实需求。该机制的产生契合我国市场经济发展的需求,与我国深化供给侧结构性改革、促进营商环境优化、推动人民法院执行工作等方面具有密切关系。二是“执转破”机制的价值维度。制度的价值维度须从上层建筑与经济基础的相互关系来阐述,尤其是当执行案件转入破产重整程序并成功实现经济再生时,凸显出企业挽救文化对于经济基础发展的重要性。此外,加强“执转破”机制是国家治理现代化的重要体现,其关键是以法治化、常态化的体制机制保障程序的公平与正义。

一、“执转破”机制的现实需求

第一,“执转破”机制是我国深化供给侧结构性改革,促进营商环境优化的必由之路。供给侧结构性改革是我党根据社会主义市场经济发展的规律,结合国际国内形势变化而形成的整体性部署。《中共中央关于制定国民经济和社会发展第十四个五年规划和二〇三五年远景目标的建议》强调,“十四五”时期经济社会发展要以深化供给侧结构性改革为主线。我国的结构性问题主要包括产业结构、区域结构、要素投入结构、排放结构、经济增长动力结构和收入分配结构等六个方面的问题。① 结合我国依法治国的基本方略,对于经济运行过程中呈现的结构性问题,应当在法治化、常态化的框架下予以解决。换言之,经济层面的结构性改革也对制度层面的供给提出了要求。

---

① 参见林火灿:《结构性改革:改什么 怎么改——访国务院发展研究中心资源与环境研究所副所长李佐军》,载《经济日报》2015 年 11 月 23 日,第 5 版。

化解产能过剩是深化供给侧结构性改革，推动经济高质量发展的重要内容之一，应当通过市场化、法治化手段推动更多产能过剩行业加快出清，淘汰关停环保、能耗、安全、质量等方面不达标的企业，减少无效和低端供给，扩大有效和中高端供给，为新兴产业、绿色产业发展腾出空间。[①] "执转破"机制是从制度层面化解产能过剩的重要工具。实践中，"僵尸企业"一般出现在产能过剩的行业中。[②] "僵尸企业"是指丧失生产经营能力，但得益于贷款者或者政府部门的支持，形成"僵而不倒"局面的企业。有学者指出，"僵尸企业"挤占了大量的经济资源和信贷资源，其导致的市场内资源错配最终影响了正常企业之间的资源配置效率。"僵尸企业"对经济高质量发展的负面影响不仅在于企业个体生产效率遭受的损失，市场整体也会受到不利冲击。[③] "僵尸企业"的滋生不利于大企业的进入，并迫使中小微企业退出，导致企业规模分布出现偏移性扭曲；同时，"僵尸企业"的滋生导致企业成长速度的分化，进而改变了平滑的企业规模分布形态。[④] 陷入债务困境而停滞不前的"僵尸企业"仍掌握了较多市场资源，如厂房、土地、生产设备等，这部分市场资源没有被充分利用，无法产生市场价值，生产要素在市场间的流通不畅，向外扩张了负外部性。在这个意义上，加速推进清理"僵尸企业"不仅有利于化解产能过剩，也有利于释放市场资源、优化资源配置、培育良好的营商环境，是实现市场资源利用率最大化的主要方式之一。

人民法院执行部门发现"僵尸企业"不能执行时，可以进一步审查其是否具备破产原因，对于满足破产条件的"僵尸企业"，执行法院可以将其移送至具有管辖权的法院，而后由受理破产案件的法院针对"僵尸企业"的资产及债务情况来开展破产清算程序，促使"僵尸企业"通过破产途径退出市场，完成清理"僵尸企业"的任务。

第二，"执转破"机制是推动人民法院执行工作，化解"执行难"的重要抓手。

---

① 参见黄守宏：《坚持以深化供给侧结构性改革为主线（深入学习贯彻党的十九届五中全会精神）》，载《人民日报》2020 年 12 月 11 日，第 7 版。

② 参见张占斌、袁威：《僵尸企业处置的现实状况、主要问题与推进策略》，载《理论探索》2020 年第 2 期。

③ 参见王一欢、詹新宇：《僵尸企业与市场资源配置效率——基于全要素生产率分布的视角》，载《当代财经》2021 年第 4 期。

④ 参见张天华、汪昱彤：《僵尸企业如何扭曲了经济运行——基于企业规模分布视角》，载《产业经济研究》2020 年第 5 期。

“基本解决执行难”是最高人民法院于2016年向全国人民作出的庄严承诺，并取得了重大成效。党的十八届四中全会在“基本解决执行难”基础上更进一步提出“切实解决执行难”。但是，“在法院‘执行难’困境中，最为突出的问题是执行积案的消化及处理问题，特别是公司作为被执行人案件的执结问题”①，纯粹依赖民事执行的相关规则无法实现“切实解决执行难”的目的，人民法院执行工作也因为“执行难”的问题而陷入困境，损害司法公信力。根据2023年、2024年《最高人民法院工作报告》，在全国法院的共同努力下，2018年至2022年共受理执行案件4577.3万件，执结4512.1万件，②2023年受理执行案件收案999.45万件，结案976万件，③执行工作取得了良好的效果，但还是存在一定规模无法执结的案件。值得注意的是，根据《执行工作规定(试行)》第64条规定，“终结本次执行程序”也属于“执行结案”的方式，所以前述执结数量实际上包括了“终结本次执行程序”的案件。而从《民诉法司法解释》第517条规定可知，裁定终结本次执行程序并不意味着债权人已经获得清偿，恰恰相反，是因为人民法院执行部门经过财产调查未发现可供执行的财产，继续执行已经不具有实益，反而会浪费司法资源，增加债权人的维权成本，所以“终结本次执行程序”是一种无奈的妥协之举。终结本次执行程序在执行工作中具有重要地位，被执行人没有可供执行的财产，不能实现生效法律文书中所确认的债权，执行程序无法继续进行，由此形成大量无财产可供执行的“执行不能案件”，人民法院对此常常适用终结本次执行程序进行结案处理。④《强制执行法(草案)》第80条第3项将以上情形进一步扩充为“已穷尽必要合理的财产调查措施，未发现被执行人有可供执行的财产、发现的财产不能处置或者已经处分完毕但是债权尚未全部实现”，其落脚点是“债权尚未全部实现”，即“未执行到位”。有观点指出，“当前，我国执行不能案件数占到未执行到位案件数的40%～50%，其中相当一部分案件是以企业为被执行人的

① 龙亮：《民事执行中破产程序启动难困境与突破》，载《广西民族大学学报(哲学社会科学版)》2018年第3期。

② 参见周强：《最高人民法院工作报告——2023年3月7日在第十四届全国人民代表大会第一次会议上》，载最高人民法院公报网2023年3月13日，http://gongbao.court.gov.cn/Details/0cf2ab48a3d2a9cd604af4991aa7d7.html。

③ 参见《最高法发布2023年人民法院审判执行工作主要数据》，载最高人民法院网2024年3月9日，https://www.court.gov.cn/zixun/xiangqing/427532.html。

④ 参见韩煦：《我国终结本次执行程序的制度建构与具体实施》，载《法律适用》2022年第9期。

案件”[①]。“执行不能”通常蕴含着作为被执行人的企业已经不能清偿到期债务，资不抵债，即发生了破产原因，因此，该被执行人应当从执行程序转向破产程序，执行程序的制度功能已经不足以回应实现债权人合法权益的需求，而需要由“个别清偿”转向“概括清偿”，由“个别程序”转向“集体程序”。

在“执转破”机制下，“执行难”的案件符合破产条件的，可以移送破产审查，进入破产程序。如果所涉债权债务关系可以通过破产程序解决，根据《执转破指导意见》第20条的规定，执行法院应当裁定终结对被执行人的执行，即执行不能的案件通过破产程序得到了妥善解决。“破产程序可以使有关债务企业的诉讼执行案件一体得到解决，破产程序是解决执行难问题、遏制执行乱现象的重要措施。”[②]实践中，不乏人民法院通过破产程序来解决多个执行案件的实例。例如，广州市中级人民法院在审理广东益民旅游休闲服务有限公司“执转破”案中，一次性化解了25,638件执行案。[③] 合肥市铁路运输法院在审理安徽金安管业集团有限公司“执转破”案件时，消解了243件“执行难”案件。[④] 因此，“执转破”机制有效回应了加强人民法院执行工作的需要，提高执行效益，回应打通执行“最后一公里”紧迫性。

第三，“执转破”机制是缓解破产程序启动难的重要途径。实践中，每年在工商管理机关注销的企业数量远远超过进入破产程序的企业数量，[⑤]自《企业破产法》施行以来，破产案件在一段时期内不升反降，而在逐年上升的时期内，上升比例也相对较低，与市场经济环境中企业生产经营状况不相符。“破产程序启动难已成为严重制约企业依法破产和破产法律实施的瓶颈问题。”[⑥]无论破产制度设计的完善程度高低，若债务人不能进入破产程序，破产制度仍是“无用武之地”。

---

① 杜万华：《解放思想开拓创新　认真抓好执行转破产审查工作》，载《人民法治》2018年第15期。

② 罗书臻：《依法开展破产案件审理，稳妥处置“僵尸企业”——专访最高人民法院审判委员会专职委员杜万华》，载《人民法院报》2016年4月26日，第2版。

③ 参见《广东省破产审判白皮书》，载广东法院网2021年8月8日，https://www.gdcourts.gov.cn/gsxx/quanweifabu/baipishu/content/post_1047160.html。

④ 参见李后祥：《一个破产案消解243件“执行难”》，载微信公众号“合肥铁路运输法院订阅号”2018年5月7日，https://mp.weixin.qq.com/s/xNTh0fKYfX4eAu9mlac54w。

⑤ 参见罗书臻：《依法开展破产案件审理，稳妥处置“僵尸企业”——专访最高人民法院审判委员会专职委员杜万华》，载《人民法院报》2016年4月26日，第2版。

⑥ 杜万华：《解放思想开拓创新　认真抓好执行转破产审查工作》，载《人民法治》2018年第15期。

造成破产程序启动难的原因具有多元化，执行不能的案件转入破产程序欠缺常态化、规范化的规则指引是主要原因之一，“执转破”机制意在通过将执行案件导入破产程序，打通执行案件转入破产的通道，实现解决执行难和破产程序启动难引发的制度运行不畅、功能难以发挥的破产法困境之双重目的。① “执转破”的主体性功能是解决破产案件的申请障碍问题，②“执转破”机制从执行法院与具有管辖权的法院两个方面对案件的移送、破产审查提供规则指引，实现执行部门与破产审判部门之间高度协调、深度融合。③《执转破指导意见》提出“不同法院之间，同一法院内部执行部门、立案部门、破产审判部门之间，应坚持依法有序、协调配合、高效便捷的工作原则，防止推诿扯皮，影响司法效率，损害当事人合法权益”。执行法院针对债务人财产进行个别执行时，已经初步掌握了其财产状况，相较于债务人直接进入破产程序而言，具有前期的程序基础，尤其是在执行程序中法院已经扣押债务人财务资料、财务凭证等资料的情况下，为案件转入破产程序后提高管理人接管效率提供良好的基础。诚如学者所言，“破产程序中充分吸纳执行阶段的成果是‘执转破’的核心价值所在”④。“执转破”机制通过构建执行法院与破产法院的义务，着力提高破产程序启动效率，从程序衔接的角度发挥破产制度应有的作用。

二、“执转破”机制的价值维度

第一，执行程序是以债权人利益为本位的法律程序，而破产程序是以债务人利益、债权人利益与社会利益平衡为本位的法律程序。⑤ 执行程序建立在债务人有财产可供执行的基础上，遵循“先到先得”的清偿原则，追求的是满足债权人实现债权的需求，执行债务人财产。⑥ 而人民法院、管理人或者政府部门在破产程序中的行为，不仅影响债务人与债权人的利益关系，还会影响社会利益。破产清

① 参见丁海湖、田飞：《“执转破”操作模式及相关实务问题研究》，载《法律适用》2017 年第 11 期。

② 参见王欣新：《破产法》，中国人民大学出版社 2019 年版，第 58 页。

③ 参见郝振：《实质合并破产的程序启动与执行衔接》，载《人民司法》2020 年第 11 期。

④ 范志勇：《论“执转破”的启动与程序衔接》，载《商业研究》2019 年第 7 期。

⑤ 参见王欣新：《破产法》，中国人民大学出版社 2019 年版，第 9 页。

⑥ 参见徐阳光：《执行与破产之功能界分与制度衔接》，载《法律适用》2017 年第 11 期。

算、重整、和解对于市场利益增量而言都是“生产力”，破产制度实质上发挥着促进资源再配置的作用，尤其是涉及破产资产处置的领域，管理人履行义务的情况直接关系到市场资源的流通，此时可以凸显出对社会公共利益的考量。利益本质上是一种主观性的价值判断，而利益的载体是客观性的物质对象，以及非物质的社会关系及经验性的精神益处，法律通过保护利益的载体来实现对利益的保护。[①] 以破产资产处置为例，投资人获取破产资产支付的对价可以增加责任财产，提高债权人的受偿比例或者企业继续经营的成功率，另外，投资人可以充分发挥资产的最大价值，创造市场增量利益。即便企业经过破产清算程序退出市场，也可以释放破产企业占有的土地、房屋或者其他固定资产，使这些资源进入市场再流通，提高市场主体的总福利水平。“无产可破”的企业经过破产清算后注销，帮助实现市场出清的目标。此外，破产程序也承载着保护债务人利益的功能，即破产保护的功能价值。债务人在经过破产程序后公平清偿债权，在保证债务人诚实守信的前提下，剩余债务获得免责，债权人不再对债务人追索债务。换言之，执行法院在执行债务人财产时，发现债务人具备破产原因的，应当将个别执行程序转入集体清偿程序，以债权人利益本位向以债务人利益、债权人利益、社会利益平衡为本位转变，其制度逻辑与功能价值也发生转变。执行程序与破产程序都是以人民法院为主导的法律程序，因债务人经营状态的不同，执行程序未能实现的公平正义交由破产程序继续承担。“执转破”机制正是为了实现制度功能价值的转向，以及对社会利益的观照而产生的，是基于调整不同社会关系需要的良性反馈。同时，“执转破”程序也将法律工具的应用从相对简单到复杂化。在破产程序中，债务人的责任财产需要面对多个债权人的受偿需求，这些债权人之间具有异质性，可以进一步区分为多个类型的债权人。破产制度需要在多个不同类型债权人的正当利益之间找到平衡和妥协的点，以期实现利益保护机制的合力。

第二，“执转破”机制为公权力介入矫正企业破产相关利害关系人的不当行为提供制度连接点。在执行程序中，执行法院通过执行债务人的财产来清偿债务，这是公权力机关介入的一种方式。而“执转破”机制发生在债务人无足额财

---

① 参见张世明、王济民等：《经济法哲学贯通论》，中国政法大学出版社2020年版，第111页。

产可供清偿时,[①]以破产制度保障相关利害关系人在此前提下的各项合法权益。债务人在发生破产原因时,其管理层基于自身利益最大化考量,可能实施隐匿、转移财产或其他逃废债务的行为,而这些行为在民事执行制度中找不到适当的规制手段。尽管执行部门也是公权力机关,但矫正债务人不当行为或者债务人与债权人合谋侵害其他债权人的行为并不在执行部门的公权力运行范围。“破产是市场经济社会发展到一定阶段必然出现的法律现象”[②],对于具体的企业而言,破产是一种经营状态,更是一种“底线”,“底线”源于债务人责任财产的稀缺性。在此前提下,债务人、个别债权人或者其他利害关系人从理性人角度出发,可能倾向于实施影响集体公平清偿的行为,此时让债务人通过“执转破”机制进入破产程序,由破产制度为公权力机关介入矫正利害关系人的不当行为提供了法律依据,也有利于维护相关利害关系人的合法权益。换个角度来看,“执转破”机制从公权力机关与企业破产相关利害关系人两个角度发挥价值作用。一方面,《中共中央关于全面深化改革若干重大问题的决定》提出“坚持用制度管权管事管人,让人民监督权力,让权力在阳光下运行,是把权力关进制度笼子的根本之策”。法律制度根据其调整社会关系的不同而不同,公权力机关介入某一领域调整权利义务关系时须置于制度框架内进行,防止公权力机关“缺位”“越位”。“执转破”机制让公权力的运行从民事执行领域转向破产领域,公权力机关可以采用与执行程序不同的制度工具完成权力运行的闭环。另一方面,企业破产相关利害关系人与执行程序的当事人虽存在重合,但前者所覆盖的范围更为广泛,在可矫正行为的范围上也更广。企业破产相关利害关系人一般包括债务人、各类型债权人、投资人等。如果投资人是国有企业,则利害关系人中可能还包含了该国有企业的上级主管部门。“执转破”机制在矫正企业破产相关利害关系人的不当行为之外,也充分保障了其他利害关系人的合法权益。

第二节 “执破直通”:“执转破”的“龙岩经验”

近年来,龙岩市中级人民法院(以下简称龙岩中院)坚持以习近平新时代中

① 参见徐阳光:《执行与破产之功能界分与制度衔接》,载《法律适用》2017 年第 11 期。

② 王欣新:《破产法》,中国人民大学出版社 2019 年版,第 1 页。

国特色社会主义思想为指导，把破产审判工作作为服务供给侧结构性改革、化解市场风险、优化营商环境的有效抓手，以成立专司清算与破产审判工作的民事审判第四庭为契机，充分发挥破产审判职能，提出2021年至2023年3年实现破产审判"攻坚年""提升年""超越年"目标，不断创新破产法治手段，促进"六稳""六保"，为闽西革命老区高质量发展示范区建设提供坚强司法保障。

一、龙岩市企业破产案件审理概况

自1997年龙岩法院受理全市第一起破产案件起，至2023年12月，龙岩市两级法院共受理"破申""破"字号等各类型破产案件879件，审结875件。龙岩市破产案件的收结案数量呈现阶段性增长特征，中级人民法院在破产案件审判中逐渐发挥主力作用，基层人民法院也着力推进审判工作，破产审判质效整体上获得质的提高。

从时间顺序来看，龙岩法院受理、审结案件情况分为以下几个阶段：(1)2012年之前，龙岩市共受理破产案件11件。(2)2012年1月至2020年9月，在加快完善社会主义市场经济体制以及转变经济发展方式的时代背景下，我国逐渐完善市场主体挽救和退出机制，持续深化供给侧结构性改革，借此，龙岩市破产案件数量攀升，共受理各类破产案件120件。(3)2020年9月，龙岩中院建立"执破直通"机制，龙岩市破产案件数量呈现爆发式增长的态势，自2020年9月至2023年12月，龙岩市受理和审结的破产案件分别为771件和796件，是之前5年案件总量的9.6倍和16.5倍，均占到《企业破产法》实施以来案件总量85%以上。从承办法院来看，该时期龙岩中院与龙岩市新罗区人民法院承办的破产案件分别占全市案件数量的60.7%和14.5%。从破产案件来源来看，"执转破"案件占比达80.1%。

此外，龙岩市破产审判质效稳步提高，结案率增加，审理周期缩短，成效显著，并作用于执行案件的办理，促使"执行不能"转化为"执行可能"。具体表现为：(1)2021年，龙岩市破产案件平均审理周期为49天，相对于过去3年平均水平缩短114天；(2)2021年，龙岩市破产案件结案率为77%，相对于过去3年平均水平提高15%；(3)2022年，龙岩市破产案件结收比首次突破100%；(4)2023年龙岩市破产案件结收比达到220%，清理全市法院49件长期未结破产案件，清理率达98%。

二、"执转破"机制建设的"龙岩经验"

为回应市场经济健康可持续发展的需求,服务经济高质量发展,龙岩中院充分发挥破产审判职能,创新法治化破产手段,促进"六稳""六保",以加强司法保障的方式努力打造破产审判"龙岩样本"。龙岩中院探索并逐步形成了破产审判"三通"模式,在执破直通、府院联通、保障畅通方面形成多个具有良好成效的机制,有效促进了破产审判工作跨越式发展,并获得福建省高级人民法院的肯定。

(一)创新发展"执破直通"机制

龙岩中院在福建省率先出台《龙岩执转破规定实施意见》,建立人员、职责、档案材料、程序等一系列直通机制,实现人力融合、程序整合、上下结合、资源聚合。

第一,人力融合,条线直通。龙岩中院积极协调审判人员组建清算与破产审判庭,打破审判条线壁垒,建设由执行法官与破产审判法官共同组成的"执转破"团队。明确"执转破"成员的职责及考评考核细则,完善正面激励与负面鞭策机制。龙岩市首创基层人民法院破产案件跟案培训制度,即基层人民法院破产审判法官将其承办的破产案件带到中级人民法院清算与破产审判庭跟案培训,从而提升基层人民法院破产审判法官办理破产案件的能力,不断加强两级法院在破产案件审判方面的人才储备。①

第二,程序整合,移送直通。龙岩中院整合执行、破产两个程序规则,细化案件移送标准,明确启动条件、程序衔接、材料移交、责任划分等事项,有效解决执行与破产程序衔接问题。实行程序前置,将被执行人对移送破产决定的异议权利前置到执行审查阶段,提高破产审判效率。

第三,上下结合,层级直通。龙岩中院在福建省首创"执转破"案件调配机制,将两级法院均有同一债务人作为被执行人的"执转破"案件在中级人民法院

---

① 参见王莹:《龙岩中院全力推进"执破直通"工作 助"僵尸企业"依法退市受困企业实现重生》,载《法治日报》2021年10月21日,第3版。

和基层人民法院间统一调配，实现两级法院破产案件的上下贯通和全覆盖。

第四，资源聚合，平台直通。龙岩中院建立执破会商机制，开展关联案件集中排查，实现"立审执破"信息沟通。优化整合司法资源，建立执破移送台账，将执行调查、评估、鉴定、财产处置等成果运用到破产程序，实现人员、信息、平台互通共享。

2020年9月至2023年年底，龙岩中院通过"执破直通"机制移送破产案件400余件，全部实现执行人员"带案进"，已结案件全部实现"销案出"。用活破产重整、破产和解程序审结破产案件56件，推进56家困境企业重生，释放企业存量资产70亿余元。2021年，龙岩中院破产案件结案率达90.3%，平均审理时间缩短至83.46天，仅为过去3年破产案件平均审理时间(356天)的22.8%。

2021年8月，龙岩中院在中国人民大学破产法研究中心、北京市破产法学会等单位联合主办的"第二届MAX价值云峰会"上将"执破直通"机制作为经验推广。同年10月，龙岩中院获第四届"推进机制活、建设新福建"全省机关体制机制创新优秀案例三等奖。

(二)强化府院联动协调

破产案件审判工作亟须在破产程序中建构政府职责体系，为政府积极协调行政资源辅助法院审判提供制度基础。推进府院联动协调机制建设是政府职责体系全面、统一立法的过渡阶段，各地在府院联动协调机制建设上呈现各自特色。龙岩法院在破产案件审判中不断强化府院联动协调，充分发挥政府行政资源配套的作用。

1. 构建府院联通机制

龙岩中院积极争取市政府支持，建立由市政府常务副市长担任总召集人、破产企业所属行业分管副市长和市法院院长担任召集人，法院、发改、工信、财政、税务、金融监管等20个部门共同参与的企业破产处置工作府院联动协调机制，将行政与司法的联动从个案协调转变为常态协作，充分发挥联动单位在不动产处置、劳动关系处理、税收优惠等方面的政策优势，为解决资产处置、职工安置、税务核销等难题提供坚实的制度保障。

2. 强化专项资金保障

"无产可破"或财产不足以支付破产费用的企业难以通过法治化破产手段退

出市场,这是破产案件审判的主要难题之一。龙岩中院与市财政局、金融监管局联合制定《企业破产处置专项资金管理使用办法》,由市财政对破产处置专项资金提供“按需拨付”的托底保障,将“无产可破”案件的破产费用纳入财政预算保障,着力解决“三无企业”案件管理人报酬等制约破产审判问题的障碍堵点,为破产企业有序出清创造有利条件。截至2023年年底,市财政已拨付到位破产援助基金600万元,法院依规为200余件“三无企业”案件管理人发放报酬近600万元。

3. 完善综合配套机制

龙岩中院制定《龙岩市中级人民法院破产案件资金管理暂行办法》(以下简称《破产资金管理办法》),对破产案件资金通过“专案账户”进行集中管理,规范破产企业资金的保管、使用、处置流程。法院与市税务局、市场监管局联合出台关于企业破产涉税问题处理、企业信息查询及变更与注销登记便利化等有关事项的实施意见,建立破产企业处置相关税收注销、企业简易注销程序等制度,畅通破产企业涉税处置、优化破产企业注销变更,提高破产处置工作效率。与市检察院、市公安局联合建立企业破产案件司法联动机制,规范企业破产案件涉刑问题处理。

(三)完善配套制度

龙岩中院通过组建专业化破产审判团队、建立破产案件绩效单独考核机制、创建“互联网+破产”审判模式、加强对管理人的管理监督等机制,保证破产审判工作畅通无阻。

1. 加强破产审判队伍建设

2020年9月,龙岩中院组织精干力量,组建清算与破产审判庭。2022年5月,龙岩中院在原清算与破产审判庭的基础上正式成立民事审判第四庭(以下简称民四庭),专职负责龙岩市辖区内破产案件的审查、审理工作,并指导辖区基层人民法院办理破产案件。目前,龙岩中院民四庭配备7名审判人员,包括:员额法官3名(庭长1名,副庭长2名)、法官助理1名、书记员3名。龙岩市7个基层人民法院均配备了专门的破产审判团队(合议庭),确定1~2名青年骨干法官办理破产案件,夯实队伍“基本盘”。此外,龙岩中院明确执破团队成员职责及考评考核细则,完善正面激励与负面鞭策机制。截至2023年,龙岩中院民四庭3名同志分别获评省、市两级法院“审判业务专家”称号。

龙岩中院首创基层人民法院破产审判法官“跟案培训”制度，加强两级法院破产审判人才储备，实现执行与破产人员直通、团队直通、职责直通。龙岩中院于2021年至2023年连续3年举办破产审判业务培训班，并组织全市基层人民法院破产审判法官100余人次到中院“跟案培训”。全市两级法院在2021年度审结“破”字号案件92件，2022年审结“破”字号案件156件，2023年审结“破”字号案件110件，进一步增强司法能力。

2. 建立破产案件绩效单独考核机制

破产案件比一般民商事案件审理周期长，尤其是中大型企业破产案件，涉及诸多类型的纠纷，案件复杂，审理周期往往长达几年时间。若按照现行的法官考核机制，负责办理破产案件的法官将面临较大的考核压力。针对这一情况，龙岩中院制定《破产案件绩效考核办法（试行）》，对破产案件承办法官参照民商事案件的考核标准确定折抵比例进行单独绩效考核，依托企业破产案件法官工作平台，对破产审判法官的案件数量和工作绩效进行平台规范考核，激发破产审判法官工作积极性、主动性和创造性，推动办案质效持续提高。

3. 创建“互联网＋破产”审判模式

根据世界银行2023年启动的B-Ready营商环境评估，“商事破产”（Business Insolvency）位列十大一级指标，数字技术应用（Digital Adoption）为跨领域指标。在“商事破产”中，数字技术应用体现为“电子法院”（e-Courts）与“破产程序服务（电子化服务）的协同性和信息公开”[Interoperability of Services (e-services) for Insolvency Proceedings and Public Availability of Information]两个层面。其中，“电子法院”细化为“在线申请”“法院费用的电子支付”“法官和律师的电子化案件管理”“破产管理人的电子化案件管理”“网络拍卖”“在线庭审”；“破产程序服务（电子化服务）的协同性和信息公开”则细化为“与外部系统的协同性”“破产程序相关裁判的公开”“破产程序信息的公开”“破产从业人员注册信息公开”。①破产领域的数字化改革对营商环境优化具有重要意义。龙岩中院与阿里巴巴公司合作建设“破产案件办理监管平台”，持续运用区块链技术实现破产案件全流

① See *Business Ready Methodology Handbook*, World Bank Group (May, 2023), https://thedocs.worldbank.org/en/doc/357a611e3406288528cb1e05b3c7dfda-0540012023/original/B-READY-Methodology-Handbook.pdf.

程线上办理。2022 年继续拓展“破产案件办理监管平台”的功能，运用区块链技术，构建法院“互联网 + 破产”税务子链集成，便利税务机关及时申报税收债权，推进破产企业税费清理。

4. 优化管理人选任并加强管理

2016 年，龙岩中院依法建立龙岩市破产管理人名册，首次遴选了 8 家管理人进入名册。随着破产审判工作的快速推进，2020 年 12 月，龙岩中院出台《关于更新企业破产案件管理人名单及指定管理人有关事项的通知》，更新企业破产案件管理人名单，将入册管理人扩充至 53 家。同年年底，龙岩中院推动成立了龙岩市破产管理人协会，由龙岩中院担任业务主管机构。2022 年 6 月，经公开遴选，管理人名册新增两家具有丰富经验的破产清算公司。2024 年，经对管理人几年来的工作进行总结梳理，按照公告、审核、组织全市破产审判法官评分以及审核评定等程序，龙岩中院对企业破产案件管理人名册进行了重新编制，进一步优化管理人数量、结构。为提升入册管理人的履职水平，通过法官授课、邀请专家讲课、日常分享办案经验等方式加强对管理人的培训工作，着力解决管理人履职过程中遇到的难点、堵点。

2021 年以来，龙岩中院指导龙岩市破产管理人协会出台了工作指引，推动举办“破产法 · 龙岩登高讲坛”，邀请专家学者、行家里手参与研讨，对破产审判前沿问题进行探讨交流。首期讲坛由中国人民大学法学院教授、博士研究生导师徐阳光作为主讲人，为与会人员作“企业破产法修改前沿问题”专题讲座。此后，常态化开展的登高讲坛，成为闽西破产司法领域交流学习的平台。2023 年 8 月，龙岩中院与中国人民大学破产法研究中心合作签约，并举行“中国人民大学破产法研究中心教学科研实践基地”揭牌仪式。教学科研实践基地的设立为开启龙岩高质量破产审判实践提供了良好平台。

5. 建立破产案件资金监管机制

2021 年 9 月，龙岩中院制定了《破产资金管理办法》，建立了破产案件资金监管机制，对全市法院破产案件资金通过“专案账户”进行集中管理：(1) 规范破产企业资金的保管、使用、处置流程；(2) 规范开户、出账、注销流程，在指定管理人的同时确定开户银行，有效遏制开户秩序混乱现状，降低监管难度、防范潜在风险；(3) 建立定期遴选原则和制定定期遴选制度，公开透明遴选标准，防范廉政风险，在充分调查研究的基础上遴选确定开户银行；(4) 建立信息披露制度，开户银行根据法院要求，在破产办案平台系统提供便捷查询资金收支、变动等情况的服务，实现监管资金实时监管；(5)建立权责统一制度，通过明晰人民法院、破产管理人协会、破产管理人、开户银行在破产企业资金监管中的权责，规范各方主体权责行使，确保监管机制有效运行。

在“执破直通”机制的有效运行下，龙岩两级法院坚持“有保有破”的差异化处置原则，建立重整企业识别机制，综合分析危困企业生产经营、商业模式、市场需求、品牌价值等情况，对确有挽救希望的企业尽快引导启动重整程序。例如，龙岩法院稳妥推进龙岩九云丰电力集团有限公司等 6 家水电企业合并重整，重整计划执行期为 5 年，盘活资产 1.8 亿元，清理债务 3.5 亿元，保障了 200 余位债权人的权利实现。此外，龙岩法院妥善审理福建武平双成房地产开发有限公司和中企(福建)房地产开发有限公司破产重整案，引进战略投资人筹措资金完成“烂尾楼”续建，出售或变现未售房产清偿债权，盘活资产 9554 万元，顺利向 241 户购房户交房，有效保障人民群众的合法权益，维护社会稳定。

三、基于龙岩实践的问题梳理

近年来，龙岩法院在破产案件审判方面虽然取得了一定成效，但也存在不少问题，阻碍“执转破”机制的推进，影响办理破产案件的效率。

(一)债务人申请“执转破”的申请受理问题

在规范层面，《企业破产法》第 8 条规定，除了破产申请书和有关证据，债务人提出申请的，还应当向人民法院提交财产状况说明、债务清册、债权清册、有关财务会计报告、职工安置预案以及职工工资的支付和社会保险费用的缴纳情况。《福建执转破规定(试行)》第 3 条规定，执行案件移送破产审查，应同时符合下列条件：(1)被执行人为企业法人；(2)被执行企业住所地位于执行法院所在地；(3)被执行人或者有关被执行人的任何一个执行案件的申请执行人书面同意将执行案件移送破产审查；(4)被执行人不能清偿到期债务，并且资产不足以清偿全部债务或者明显缺乏清偿能力。实践中，法院对于债务人申请“执转破”的案件主要有两种做法：一是要求提供《企业破产法》第 8 条所列全部材料，防止债务人以破产清算之名，行逃废债之实，同时有利于后续办案过程中财务账册审查等工作的开展；二是认为“执转破”案件应区别于当事人在立案窗口申请破产，“执转破”有依职权启动破产程序的色彩，门槛相对较低，其符合福建省高级人民法院（以下简称福建高院）“执转破”立案条件即可，不再要求债务人提供种类繁多的申请材料。目前，龙岩法院出于稳妥考虑，大多数情况下仍要求申请“执转破”的债务人提供法律规定所列全部材料。但随着工作的开展，申请“执转破”的债务人数量越来越多，实践中要求按照第二种做法的呼声也越发强烈。此外，债务人没有提供齐全的材料，而又未按期更正、补充的，应视为撤回申请，若严格按照上述第一种做法处理，则无法完全回应债务人申请破产的需求。

（二）“执转破”案件中法院工作人员的延续性问题

在“执转破”案件中，法院执行人员对案情相对熟悉，福建高院及龙岩中院的“执破直通”规定明确“人员直通”的要求，各地法院需要将执行案件转入破产审查时，该执行案件的执行人员带案跟进，与负责破产审判的法官共同组成执破团队，负责“执转破”案件的受理审查、审理以及相关工作。但是，实践中，执行人员参与“执转破”案件主要是配合破产审判法官工作，近年龙岩两级法院在贯彻落实上述规定时，亦在探索由执行人员作为破产案件承办法官的可行性。

法院现有大量被执行人为企业的案件因执行拍卖限价规定、外地法院首封、多种权利叠加等，大量资产无法得到有效处置，不利于保障当事人权利。执行人员花费了大量精力进行评估、拍卖、腾房等却无法有效处置资产，增加了资产处置成本，也浪费了执行人员大量时间精力。但在破产程序中，资产调查、处置等工作由管理人完成，且破产程序具有一次性终结执行案件的效果，可以运用“执破直通”机制将符合“执转破”的案件及时转入破产程序由执行人员继续承办，将执行人员精力用于统筹全盘，彻底处置企业资产、终结执行案件。龙岩中院为鼓励执行人员办理破产案件，专门在绩效考核制度中对办理破产案件的执行人员工作绩效作出规定。目前龙岩中院及部分基层人民法院执行法官已承办破产案件，其他基层法官由于执行人员办案压力较大及对破产审判业务生疏，尚未开展此项工作。由于办理破产案件需要较强业务能力，下一步需深入进行利弊分析和可行性探索。

（三）重整案件、和解案件、长期未结案案件的结案问题

目前，我国未对破产案件审理期限作出规定，福建省在营商环境考评中将3

年以上未结案件作为负面指标予以评价，福建高院近年均在长期未结案件通报中对1年以上未结案件进行通报，其中破产案件占比较高。因此在办理"执转破"案件过程中，如何依法快速结案的问题随之而来，特别是重整、和解案件。虽然重整、和解期限长，有的长达5年及以上，但重整、和解通常能更好地保护债权人利益，在实践中此类处理方式往往符合公平正义的要求，此类案件的结案问题长期困扰法院。

对于重整案件的结案，《九民纪要》第114条规定，重整程序因人民法院裁定批准重整计划草案而终止的，重整案件可作结案处理。重整计划执行完毕后，人民法院可以根据管理人等利害关系人申请，作出重整程序终结的裁定。对于和解案件的结案，法律没有专门规定。此外，对于债务人享有债权的情况，通过诉讼及执行程序若未能执行完毕，破产案件是否能结案？若债务人的债务人是企业，管理人是否应申请对债务人的债务人进行破产清算？若是个人如何处理较稳妥？目前上述问题尚难达成统一意见。实践中，有管理人在进行一定次数拍卖后将债务人享有的债权进行无底价拍卖，若流拍则认定价值归零。此法有利于提高破产案件办理效率，但对债权人利益的保障并不到位，值得进一步探索和完善。

（四）"执转破"的"烂尾楼"案件办理进度缓慢

烂尾楼盘普遍存在"验收难、发证难"问题，需要协调解决住建、自然资源、税务、人防、城市管理等众多行政管理问题，案件推进十分困难，且存在较大的社会隐患。"执转破"的"烂尾楼"案件经过执行后，大多无资金用于解决验收、办证、交付问题。"烂尾楼"的房地产开发企业破产案件，主要涉及两方面问题：一是楼盘的验收、办证、交付问题；二是开发企业的债权债务清理问题。法院在清理破产企业的债权债务之前，需由相关行政机关先行解决验收、办证问题，但从目前审理的"烂尾楼"案件情况看，法院无法统筹协调烂尾楼盘验收、办证涉及的住建、自然资源、城市管理、税务、人防等相关行政职能部门，导致案件长期未结，广大业主反映强烈，社会稳定问题突出。亟须政府统筹协调解决烂尾楼涉及的验收、办证、违规处罚等行政管理问题。目前龙岩市在府院联动不断完善的情况下，办理烂尾楼盘开发企业破产案件仍存在诸多难点、堵点，这也是各地区办理破产案件中的主要难点之一，需对其中诸多问题展开进一步研究。

第二章　破产程序与执行程序的关系辨析

破产法与民事执行法同属于债务清理法，均具有强制实现债权的功能。“执转破”是两种债务清理制度的联动，破产法与执行法在债务清理上分享大量共同的问题，二者在共同问题的处理上应保持内在的逻辑一致性。① 衔接执行程序与破产程序的前提是明确二者间的具体关系，主要包括两个方面：一是破产程序与执行程序在债务清理上的异同点；二是破产程序与执行程序在解决具体问题上的冲突点，即产生破产法与执行法间制度竞争的方面。另外，本书还将在前述基础上进一步分析破产程序与执行程序的衔接问题。

第一节　破产程序与执行程序的异同

民事执行制度是指当债务人不履行生效民事判决时，人民法院运用国家公权力，依法采取民事执行措施，迫使债务人履行义务，实现债权人权利的法律活动。破产程序是集体清偿程序，是依据独立的破产法进行的，在债务人丧失清偿能力时，法院强制对其全部财产清算分

---

① 参见何欢：《债务清理上破产法与执行法的关系》，载《法学研究》2022 年第 3 期。

配、公平清偿债权人，或通过债务人与债权人会议达成的和解协议清偿债务，或进行企业重整，避免债务人破产的法定程序。破产程序与执行程序存在一些相似性，二者之间的异同可以从如下方面理解。

一、破产程序与执行程序的共同点

从对债务的清偿角度来看，破产具有执行程序的属性，即都是为了债权人的利益进行的执行程序。一些学者据此认为，破产是一种概括的执行程序，即为全体债权人的利益而对债务人的全部财产进行的执行程序。普通的民事执行程序则是为个别债权人的利益而进行的个别执行程序。二者在执行程序这一点上的法律性质是相同的，目的都是保障当事人已确认债权的实现，不具有解决当事人间实体争议的功能。虽然破产法对一些实体民事权利义务有规定，但在破产程序中并没有设置解决民事争议的程序，这些争议通常应该在破产程序之外通过诉讼程序解决。只有无争议或者已经过法院或仲裁机关确认的债权债务关系，才能在破产程序中得到执行。

从启动原因上看，破产程序和执行程序都存在债务人没有按时清偿债务的情形。启动破产程序的基本原因是债务人不能清偿债务；启动执行程序的基本原因比破产程序的外延要更大，包括破产原因性质的“不能清偿”与“没有按时清偿”。也就是说，启动破产程序与启动民事执行程序的原因有重合之处。

从程序的强制性上看，破产程序和执行程序都有一定的强制性。在民事执行程序中，债务人通常是能够清偿而不清偿，在债务人没有自动履行生效裁判依据的情况下，由法院的执行部门对其施以强制履行。在破产程序中，无论是债权人还是债务人触发的程序，破产程序一旦正式启动，便是不可逆的，需以债权人整体利益为导向，直到实现对全体债权人的公平清偿或达到让全体债权人基本满意的结果为止。

二、破产程序与执行程序的不同点

第一，在程序的立法设计上，民事执行程序的立法预设的是债务人具有清偿能力但拒不履行义务，所以需要强制执行。而破产程序的立法预设的是债务人已经丧失清偿能力,不能对债权人履行全部义务,故须以破产方式解决多数债权人之间的债务清偿问题。

第二,在旨在保护的利益上,民事执行是为申请执行的个别债权人的利益进行的,破产清算则是为全体债权人的共同利益进行的。执行程序的目的是债的个别清偿,解决个别债权人与债务人之间的问题;破产程序的目的则是集体清偿,强调多数债权人之间的公平清偿,解决多数债权人之间因债务人有限财产不足而发生的矛盾。

第三,在可参与程序的债权人范围上,执行程序中只有债权已经到期的,且已经取得发生法律效力的司法裁判或仲裁裁决后才可能提起民事执行;而在破产程序中,债权未到期和未取得生效裁判的债权人同样可以参加公平清偿。

第四,在执行的标的物范围上,执行程序的执行标的更为广泛,既可以包括对财产的执行,也包括对行为义务的执行;破产程序的执行对象仅限于财产,只有能够折算为货币的债权才能在破产程序中获得清偿。民事执行仅就债务人与执行标的相关的财产在申请执行的债权数额内进行;而破产程序是对债务人既存的全部财产与经济关系进行的彻底清算与执行,会导致企业丧失继续从事经营的经济基础与经济资格,债务人民事主体资格消灭。

第五,在具体程序上,执行程序由原告(申请执行人)与被告(被执行人)的关系互动来主导与推进程序的进行。而在破产程序中并无原告与被告之说,债权人与债务人都可以提出破产申请,甚至债务人的股东在符合法定条件下也可以提出重整申请。破产程序的顺利进行由功能不同的多方主体共同推进。破产管理人在法院的指挥与监督之下全面接管破产企业并负责破产财产的保管、清理、估价、处理和分配等工作,总管破产程序各项事务。针对破产中的债权人,设有债权人会议、债权人委员会、管理人等专门的破产机构,这些机构是为保障债权人共同利益而设立,在法院的监督下,顺畅表达全体债权人意志,协调各债权人之间的利益,负责对破产事项作出决议。只有在法院、破产管理人、全体债权人等多重主体的协同推进下,破产程序才能顺利推进。

第六,在程序启动的法律效果上,执行程序仅具有针对当事人的效力;而破产程序具有对一般债务清偿的排他性,即排除为个人债权人利益而对债务人财产进行的其他执行程序,在破产程序开始后,其他与之相冲突的对债务人财产的执行程序或清偿程序都应当停止。

第七,在程序的实施宗旨上,执行程序限于对已拿到执行依据的债权人的利益保护,而破产程序则是为了实现对债权人的公平清偿和对债务人正当权益的合理保护,进而实现对社会整体利益的维护。换言之,破产程序要解决的主要矛盾是多数债权人之间因债务人有限财产不足以清偿全部债权而发生的权利冲突和公平清偿问题,故而立法针对此情况下的一些问题的处理作出特殊规定,设有专门的制度,如停止个别清偿、债权申报、确定破产分配顺序等,执行程序中则无此考虑。

第八,在程序启动原因上,执行程序与破产程序虽有“债务人没有清偿到期债务”的重叠情况,但在破产程序中需有实质的破产原因的存在,债务人的“不能清偿”应当是一种实质不能,即《企业破产法》第2条规定的,企业法人不能清偿到期债务,并且资产不足以清偿全部债务或者明显缺乏清偿能力的,或有明显丧失清偿能力可能的,可以适用企业破产法的规定。而在执行程序中无此要求,只要发生债务人没有按时清偿的情形,债权人就可以申请启动程序。

第二节　破产程序与执行程序的冲突

在探讨破产程序与执行程序的冲突问题前,需明确“冲突”的具体所指。破产程序与执行程序有不同的功能定位。执行程序建立在债务人有财产可供执行的基础上,是个别执行的制度,旨在当债务人能够履行判决而不履行时,通过司法强制力保护执行人(原告)与参与分配人的利益,制度逻辑是解决债务人“能为而不为”的问题。破产程序是概括执行的制度,建立在债务人无法清偿全部债务或明显缺乏清偿能力的基础上,通过集体清偿与公平清偿制度,旨在最大可能实现全体债权人的利益,尽可能挽回债权人在债务人不能清偿时的财产损失,制度逻辑是解决债务人“不能为”时的公平偿债与困境拯救等多方面的问题。因此,破产程序与执行程序本是功能定位相互独立的民事制度,二者虽在内部利益所指上有部分重叠,但若在制度完美运行的情况下,二者应是各为其用、相互补足的程序。

破产程序与执行程序的冲突是由于我国相关制度建设不完备,二者没有在理想的制度轨道上发挥作用,进而发生了利益冲突。对于破产程序与执行程序的冲突,有学者认为,最常见的是法院在对债务人甲进行强制执行时另一法院受理对甲的破产申请,从而引起的两个程序之间的冲突。[①] 此观点的得出是由于未对破产程序与执行程序间的关系做深入辨析。一法院受理破产程序后导致的另一法院的执行程序的中止,并非二者冲突的体现,而是二者之间的制度关系的体现。破产程序启动后执行程序的中止,是破产程序的重要制度意义。执行程序的制度预设是债务人有足够的财产清偿而未清偿,但债务人是否有足够的财产清偿无法在执行程序与执行程序之前的民事诉讼程序中被识别出来,因此,执行程序的内在制度价值便是并不排斥破产程序的介入的。二者的衔接发生于债务人无(足额)财产可供清偿的时候,这正是两个制度同时存在的意义,而非冲突的体现。相反,破产程序与执行程序的冲突实质上可以等同于二者在衔接与转化上的障碍问题。

换言之,破产程序与执行程序的主要冲突源于执行程序中本该解决的是债务人能够清偿而不清偿的强制执行行为,现实中却发生当债务人已无法清偿全部债务或明确缺乏清偿能力时,法律关系仍滞于执行程序而无法转入破产程序。进而因破产程序与执行程序在内在价值取向、权利实现路径上的不同,使得各利益主体在执行程序中发生了利益哄抢。也就是说,破产程序与执行程序的冲突不是制度本身的冲突,而是制度不完善导致的利益纠缠问题。只有明晰了冲突问题,才能有针对性地协调利益,做好制度的衔接工作,使破产程序与执行程序形成制度合力。破产程序与执行程序的冲突与背后原因,主要表现为债权人之间的利益冲突。

债权人之间的利益冲突发生于债务人已具备“不能清偿”的破产原因但没有转入破产程序时,这是当前破产程序与执行程序冲突的主要表现,在普通执行程序与参与分配程序中都有体现。在普通执行程序中,债权人之间的利益冲突表现为在“应破不破”情形中已保全债权人与未保全债权人之间的利益冲突。普通执行程序适用的是“先到先得”的原则,如果执行法院依据申请执行人的请求采取了“财产保全和执行中查封、扣押、冻结财产”等执行措施,普通债权人按照执行程序的先后顺序清偿,《民诉法司法解释》第514条的规定遵循的即此种思路。如果多个普通债权人申请执行,当时未发现可供执行的财产,执行法院在启动程

① 参见齐树洁、陈洪杰:《破产程序与执行程序的冲突及其协调》,载《厦门大学学报(哲学社会科学版)》2007年第3期。

序后通过调查发现债务人财产并采取了相应的执行措施，则依据普通债务人申请执行的先后顺序清偿。① 这种“先到先得”的分配方式有利于促进债权人在2年内申请执行，督促债权人尽早地行使申请执行的权利，并可督促申请执行人主动寻找被执行人的财产，避免申请执行人在财产分配中“搭便车”，也符合“法律不保护在权利上睡觉的人”的法律精神。② 有学者据此认为，这样的分配会使得申请执行人处于保全竞赛中，经济资源处于优势地位的申请执行人往往能获得更多信息，从而保全到更多财产，会造成实质的不平等。但是，在债务人财产足以清偿全部债务的情况下，这种资源差异导致的结果不平等应属于市场竞争的自然效应，不应为法律矫正。问题在于当债务人财产不足以清偿全部债务时，良性的保全竞赛就容易沦为失序的资源争夺赛，理性债权人为了获得更多财产，会通过隐瞒信息等手段来获得更多财产保全，债权人之间的利益冲突就会演变成无序竞争。此时，便需要法律的有效介入，对债务人的财产状态做准确识别，及时将已达破产界限的债务人转入破产程序，以破产程序中的公平分配原则解决债权人的无序竞争问题。

在参与分配制度中，债权人利益冲突表现为已获得执行依据与未获得执行依据的债权人之间的利益冲突和知情债权人与不知情债权人之间的利益冲突。在《企业破产法（试行）》实施期间，又有破产法的实施受到不正当行政干预，欺诈逃债行为严重，社会保障制度不健全以及一些政府部门不积极履行其法定的安置、救济破产企业职工的职责等因素的制约，因而破产案件的受理和审理客观上遇到困难。为了填补法律调整空白，最高人民法院在《关于适用〈中华人民共和国民事诉讼法〉若干问题的意见》（1992年）、《关于人民法院执行工作若干问题的规定（试行）》（1998年）中，针对多数债权人的债务执行问题，规定了强制执行中的参与分配制度。根据这一制度，在已经取得执行依据的债权人对债务人的财产开始执行程序后至执行所得移交债权人之前，债务人的其他已经取得执行依据的债权人发现债务人无其他财产可供执行或其他财产不能清偿全部债权时，有权向人民法院申请参与分配被执行人的财产。参与分配制度作为破产程序的替代品在民事执行制度中发挥作用，因此，参与分配制度与破产制度在很多

① 参见徐阳光：《执行与破产之功能界分与制度衔接》，载《法律适用》2017年第11期。

② 参见李帅：《论执行案件中法院职权主义破产启动程序的构建》，载《法律适用》2015年第11期。

方面具有相似性，包括：参与分配的适用前提是债务人已无足够财产清偿债务；按债权比例分配财产；对债务人的债权类型进行分类，分为优先债权、普通债权等进行清偿。

但是，参与分配制度无法取代破产程序。首先，可以参与分配的主体范围非常有限。必须是已经取得执行依据的债权人才可参与分配，而由于执行程序的信息公告范围有限，许多没有及时获知债务人的执行信息或即使已获得信息但来不及获得执行依据的债权人无法参与分配，已知情债权人为了守住既有利益会竭力隐瞒信息，如此便造成了债权人之间不公平的利益冲突。其次，可用于分配的债务人财产只限于被发现的财产。因可参与分配的债权人范围有限，无法充分调动债权人资源发现债务人的隐藏财产，因此债务人的欺诈逃债和偏袒性清偿行为难以得到纠正。并且，由于参与分配制度没有破产程序中的“自动中止”效果，即使发现债务人在其他案件中有财产流失的情况，也无法及时阻拦。未获得执行依据的债权人只能旁观（无论知情与否）债务人财产的流失，已获得执行依据的债权人获得的财产有较强的自利性。最后，参与分配没有让债务人财产最大化的制度功能，且无法让债务人获得免责的效果。因此，希望债务人重生的债权人与只希望获得清偿的债权人之间的利益便无法调和。总之，参与分配制度只能在破产制度完备性较低的历史环境中起到一定的替代作用。当破产制度逐渐完善，参与分配制度因其与破产程序在权利实现路径与价值取向上的差异等，会成为破产制度发展的障碍，使许多本该进入破产程序的案件，因部分既得利益债权人或债务人的阻挠而无法进入破产程序，债权人之间的利益冲突无法在破产制度提供的平台中获得最大均衡与调和。

在债权人利益冲突之外，破产程序与执行程序之间的冲突还表现为法院对“执转破”案件的管辖问题。其主要存在两种方式：一是破产案件由该执行法院直接管辖，以此简化移送程序，减少移送过程中可能产生的冲突；二是由被执行人住所地法院管辖，以符合民诉法的相关规定与破产实践。《执转破指导意见》采取了第二种方式。《执转破指导意见》第 3 条规定：“执行案件移送破产审查，由被执行人住所地人民法院管辖。在级别管辖上，为适应破产审判专业化建设的要求，合理分配审判任务，实行以中级人民法院管辖为原则、基层人民法院管辖为例外的管辖制度。中级人民法院经高级人民法院批准，也可以将案件交由具备审理条件的基层人民法院审理。”换言之，“执转破”案件原则上由被执行人住所地中级人民法院管辖。地方法院为推进"执转破"工作，在《执转破指导意见》的基础上根据本地破产审判实践作出灵活变通，主要体现在级别管辖问题层面。《四川省高级人民法院执行案件移送破产审查工作指南》（川高法〔2021〕159 号）根据被执行人登记机关级别来确定基层人民法院或中级人民法院管辖，"基层法院一般管辖县、县级市或者区一级登记机关核准登记被执行人的破产案件；中级人民法院一般管辖地区、地级市（含本级）以上的登记机关核准登记被执行人的破产案件"。《江苏省高级人民法院关于规范执行案件移送破产的若干规定》（2018 年修订）更进一步确定以被执行人住所地基层人民法院管辖为主、中级人民法院管辖为例外的原则。而对于中级人民法院向基层人民法院移交案件的程序，山东为提高"执转破"案件审查效率，发布《山东省高级人民法院关于明确执行案件移送破产审查管辖的通知》，取消了中级人民法院的报批程序，明确中级人民法院可以根据两级法院的审判力量，自主决定是否移送基层人民法院审理。

总之，破产程序与执行程序之间的冲突源于破产程序"应进未进"，应建立破产程序与执行程序之间的协调与衔接机制，将滞留于执行程序中的资源疏通于破产程序中，使执行程序与破产程序能够各在其位，充分发挥各自的制度功能。

第三节　破产程序与执行程序的衔接

破产程序与执行程序的衔接，是诉讼事务由执行法院完全转至破产法院的过程，主要涉及"执行程序转入破产程序的标准""转入破产程序前后需要履行的程序""转入破产程序的效果"三个层次的问题。

第一，需明确执行程序转入破产程序的标准。执行程序与破产程序的衔接应发生在债务人无（足额）财产可供清偿时。当执行程序是经由债务人或者债权人在执行程序中提出破产申请的方式实现时，法院只需根据破产法的规定进行审查确定是否受理，其程序性规则和实体判断标准都比较清晰，无须"执转破"制度作出特别规定。但若是执行法院依法移送破产审查的情形，尽管根据《执转破指导意见》第 2 条的规定，执行案件移送破产审查需获得被执行人或者有关被执行人的任何一个执行案件的申请执行人的书面同意，但这种做法依然具有职权主义色彩，执行法院应在何种情形下才能移送破产审查，仍需明晰。《执转破指导意见》第2条第3项规定,“被执行人不能清偿到期债务,并且资产不足以清偿全部债务或者明显缺乏清偿能力”,《执转破指导意见》第4条规定,“执行法院采取财产调查措施后,发现作为被执行人的企业法人符合破产法第二条规定的,应当及时询问申请执行人、被执行人是否同意将案件移送破产审查”。可见,《执转破指导意见》第2条规定的是“执转破”的实质原因,而对于执行法院应当基于何种客观事实判定符合破产原因,《执转破指导意见》未作明确规定。

执行法院应当采取推定的方式判断被执行人是否符合破产原因。执行法院在判断被执行人是否符合破产原因时,应使用更为简单的判断方法,即将“被执行人无财产可供执行分配”“被执行人可供执行的财产不足以清偿单个或多个执行债权”作为执行法院判断被执行人是否符合破产原因的实质条件。同时,明确即使只存在一个申请执行的债权人,只要债务人无财产可供执行或者可供执行的财产不足以清偿该债权,也同样符合移送破产审查的实质要件。这与破产程序的启动不以存在多个债权人为前提的原理相通,因为在破产程序启动之后,未到期债权加速到期,而且通过债权申报,潜在的债权人将浮出来并参与程序中,因此,是否存在多个债权人不应该构成阻碍执行法院移送破产审查的阻碍。①

第二,需明晰转入破产程序前后需要履行的程序,主要包括信息公开与法院的释明义务两个方面。关于信息公开,应实现执行信息公开平台与破产信息平台的对接。“执转破”问题之所以难以捋清,虽然与实体层面的制度不完备有很大关系,但很大程度上可以归因于信息公开不足。债权人之间的信息不对称问题表现为“现行执行移送破产程序机制缺乏实效的根本原因在于信息不对称——了解债务人财产状况的执行当事人缺乏启动破产程序的动机,具备启动破产程序动机的利害关系人却无法知悉相关情况”②。法院与被执行人间的信息不对称表现为被执行人会通过转移财产、修改账簿信息等手段向法院隐瞒财产情况。我国财产登记制度存在缺失,且即使在有财产信息的情况下,又由于执行信息平台与其他平台联动不足等,使得执行法院在获取被执行人财产信息方面处于劣势。因此,应通过构建执行信息平台与破产信息平台机制来最大可能节约“执转破”的资源。通过提高信息公开度、精细化司法数据类型,根据案件类型

---

① 参见徐阳光:《执行与破产之功能界分与制度衔接》,载《法律适用》2017年第11期。

② 齐树洁、陈洪杰:《破产程序与执行程序的冲突及其协调》,载《厦门大学学报(哲学社会科学版)》2007年第3期。

可细分为借贷纠纷、买卖纠纷、侵权纠纷等类型,并动态更新信息,实现全国联网。如此,法院才能通过信息平台查询到被执行人的诉讼信息及财产信息,对被执行人的清偿能力作出梳理与判断。而且该平台应当有条件地对申请执行人与被执行人的其他债权人公开,使其可以参与对被执行人的判断工作,以此提高"执转破"的有效性。关于法院的释明义务,是指法院应当告知被执行人与申请执行人"执转破"的规定。《执转破指导意见》只在第4条规定了执行法院在发现作为被执行人的企业法人符合破产法规定的,应当及时询问申请执行人,没有规定执行法院的释明义务。这期间也存在信息不对称的问题。需要指出的是,法院对被执行人与申请执行人的告知应当是充分的,包括对移送标准、移送程序、移送效果的充分告知。若债权人不知道被移送破产的可能或未充分知道移送破产的可能,债权人之间既会在信息不对称的情况下形成恶性竞争,申请执行人和被执行人也无法对执行法院交付信任,进而形成多方猜忌与竞争的情形。基于此,法院应当在两个阶段对当事人履行释明义务:一是在执行程序开始时,应当以口头或书面方式告知当事人"执转破"规定,帮助当事人获悉执行程序与破产程序的各自功能与效用,引导当事人作出合理选择。二是在展开财产调查时,若发现被执行人具备破产原因,应当及时询问申请执行人、被执行人是否同意启动"执转破",并告知申请执行人调查到的被执行人的资产情况,包括被执行人财产及负债状况,引导申请执行人通过启动破产程序,利用破产程序的制度功能获得最大化的债权清偿;告知申请执行人民事执行"先到先得"原则与破产程序"公平清偿与按比例清偿"原则之间的区别,告知若有不同意者,在执行程序后存在无法获得清偿的可能;告知申请执行人可以主动申请启动破产程序的权利等。

第三,需明确"执转破"后的制度效果,主要涉及执行中止的认定问题。执行程序的中止涉及较深的理论问题。根据《执转破指导意见》第8条的规定,"执行法院作出移送决定后,应当书面通知所有已知执行法院,执行法院均应中止对被执行人的执行程序"。这里主要涉及两个问题:一是中止执行的时间点的确定问题;二是中止对象是否执行完毕的认定问题。

关于中止执行时间点的确定问题,《执转破指导意见》针对受通知法院作出了"书面通知"的规定,对于如何确定被通知法院的中止执行时点未作规定。对于法律文书送达时点的确定,需有送达回证,即受送达人在送达回证上的签收日期为送达日期。在执行中止程序中,被通知法院签收执行案件移送破产审理的书面通知的,视为知道或应当知道被执行人符合《企业破产法》第 2 条第 1 款的规定,自“知道或知道”之日起,应当中止对被执行人的执行程序。确定了受通知的所有已知执行法院应当采取执行中止的时点后,如何确定执行法院采取执行中止的时点,情况更加复杂,还需进一步讨论。根据《执转破指导意见》的规定,执行法院作出案件移送决定,有 3 个重要的时间节点。第一个时间节点是《执转破指导意见》第 4 条规定中的“执行法院采取财产调查措施后,发现作为被执行人的企业法人符合破产法第二条规定的,应当及时询问申请执行人、被执行人是否同意将案件移送破产审查”,即执行法院发现“作为被执行人的企业法人符合破产法第二条规定的”的时间节点;第二个时间节点是《执转破指导意见》第 5 条规定的,“承办人认为执行案件符合移送破产审查条件的,应提出审查意见,经合议庭评议同意后,由执行法院院长签署移送决定”,即执行法院的“执行法院院长签署移送决定”的时间节点;第三个时间节点是《执转破指导意见》第 6 条规定的“基层人民法院拟将执行案件移送异地中级人民法院进行破产审查的,在作出移送决定前,应先报请其所在地中级人民法院执行部门审核同意”,即执行法院“所在地中级人民法院执行部门审核同意”作为时间节点。若以第一个时间节点为标准,虽会最大限度减少被执行人的债权人的整体损失,但若最后认定不符合移送标准,期间的财产损耗与损失应当如何承担的问题无法解决。为尽可能做到执行程序与破产程序的无缝衔接,并与受通知的其他执行法院应当中止执行的时间点相适配,执行法院采取执行中止的时间节点应当是最终作出执行决定之时,即《执转破指导意见》规定的,“执行法院院长签署移送决定”之时,若执行法院是基层人民法院,则应当是“所在地中级人民法院执行部门审核同意”之时。

关于中止对象是否执行完毕的认定问题,《执转破指导意见》第 17 条规定,“执行法院收到受移送法院受理裁定时,已通过拍卖程序处置且成交裁定已送达买受人的拍卖财产,通过以物抵债偿还债务且抵债裁定已送达债权人的抵债财产,已完成转账、汇款、现金交付的执行款,因财产所有权已经发生变动,不属于被执行人的财产,不再移交”。该规定提及了“拍卖”“以物抵债”“已完成转账、汇款、现金交付的执行款”三种执行方式是否完毕的判断问题。(1)对于采取拍卖方式的执行程序,《执转破指导意见》明确“已通过拍卖程序处置且成交裁定已送达买受人的拍卖财产”即可满足执行完毕的要件,对相关人是否办理变更登记、对价是否已经完成支付等不作要求。(2)对于采取“以物抵债”方式的执行程序,可适用《民诉法司法解释》第491条的规定,“拍卖成交或者依法定程序裁定以物抵债的,标的物所有权自拍卖成交裁定或者抵债裁定送达买受人或者接受抵债物的债权人时转移”。(3)对于采取“已完成转账、汇款、现金交付的执行款”方式的执行程序,《执转破指导意见》的规定尚不够明晰,未对应以“执行款脱离被执行人控制”还是“进入债权人控制”为标准作明确规定。若是前者,则一旦执行款脱离债务人控制,无论执行款是否仍停留在法院账户或其他主体如拍卖机构的账户,均视为执行完毕,这种做法虽能最大化保护执行人利益,但还需解释执行款尚未特定化却无法回转的法理性。若是后者,则执行款必须实际进入债权人实际控制之中才能视为执行完毕,这种做法虽能解决执行款特定化的问题,但也须考虑未分配执行款若长时间滞留于法院或其他第三方时如何保证对申请执行人的公平问题。若考虑到执行程序与破产程序的制度功能定位,将所有待分配的执行款都纳入破产程序中按照破产法规定的顺位进行清偿,更能实现对全部债权债务的公平保护。① 需要注意的是,《最高人民法院关于破产申请受理前已经划扣到执行法院账户尚未支付给申请执行人的款项是否属于债务人财产问题请示的答复》(〔2017〕最高法民他72号)规定执行款项应明确向申请执行人支付才能脱离债务人财产,②即采用“进入债权人控制”为标准,否则,执行款项仍属于债务人财产,申请执行人应通过申报债权,并参与破产程序的方式获得清偿。但是,该文件类型为“答复”,不属于最高人民法院的司法解释,仅对个案有效力而无普适性。笔者认为,对款项是否执行完毕的考察,除“进入债权人控制”外,还应结合当事人的主观意图。简言之,对于是否“进入债权人控制”即已执行完毕不可一概而论,也不宜以个案中最高人民法院的答复为依据,应还原至具体案情,综合考量各方面因素作出判断。

---

① 参见徐阳光:《执行与破产之功能界分与制度衔接》,载《法律适用》2017年第11期。

② 《最高人民法院关于破产申请受理前已经划扣到执行法院账户尚未支付给申请执行人的款项是否属于债务人财产问题请示的答复》(〔2017〕最高法民他72号):“人民法院裁定受理破产申请时已经扣划到执行法院账户但尚未支付给申请人执行的款项,仍属于债务人财产,人民法院裁定受理破产申请后,执行法院应当中止对该财产的执行。执行法院收到破产管理人发送的中止执行告知函后仍继续执行的,应当根据《最高人民法院关于适用〈中华人民共和国破产法〉若干问题的规定(二)》第五条依法予以纠正,故同意你院审判委员会的倾向性意见,由于法律、司法解释和司法政策的变化,我院2004年12月22日作出的《关于如何理解〈最高人民法院关于破产司法解释〉第六十八条的请示的答复》(〔2013〕民二他字第52号)相应废止。”

第三章 “执转破”的启动机制

破产案件审判实践对“执转破”机制的需求较高，尽管《执转破指导意见》提供了行为指导，但从整体架构来看，《执转破指导意见》仍显不足。此外，从“执转破”机制的功能定位，以及世界银行 B-Ready 营商环境评价体系的“商事破产”指标内容来看，陷入债务危机的企业不仅需要公权力的外部规制，还需要衔接《公司法》的相关规定从公司企业内部规制的角度，畅通“执转破”渠道，提高制度的适用效益。

第一节 “执转破”的适格债务人

启动“执转破”机制首先要明确适格债务人的问题。一方面，该机制将债务人从执行程序转向破产程序，对于债务人而言，这不是一种简单的程序转换，而是包括了债务人地位以及财产管理关系方面的转变。另一方面，根据《民事诉讼法》第 235 条规定，民事执行程序适用于发生法律效力的民事判决、裁定，以及刑事判决、裁定中的财产部分，权利人可以申请人民法院执行债务人的财产。该程序适用于一般债务人，而若债务人发生破产原因，适用执行程序将产生“先来后到”竞争受偿的局面，为避免这一局面，人民法院在执行过程中应首先准确识别适格债务人，并形成适格债务人的识别标准。此外，还需要注意非企业主体的适用问题。

一、适格债务人的识别标准

《执转破指导意见》第2条规定的执行案件移送破产审查的条件，主要包括形式要件与实质要件。形式要件包括被执行人为企业法人，被执行人或者有关被执行人的任何一个执行案件的申请执行人书面同意将执行案件移送破产审查；实质要件主要是债务人发生破产原因，即《企业破产法》第2条第1款规定，企业法人不能清偿到期债务，并且资产不足以清偿全部债务或者明显缺乏清偿能力。《执转破指导意见》第4条规定了特别的征询程序，“执行法院采取财产调查措施后，发现作为被执行人的企业法人符合破产法第二条规定的，应当及时询问申请执行人、被执行人是否同意将案件移送破产审查。申请执行人、被执行人均不同意移送且无人申请破产的，执行法院应当按照《最高人民法院关于适用〈中华人民共和国民事诉讼法〉的解释》第五百一十六条[①]的规定处理，企业法人的其他已经取得执行依据的债权人申请参与分配的，人民法院不予支持”。据此，执行法院在向具有管辖权法院移送案件前，应确定该案件同时满足了形式要件与实质要件。相对而言，对形式要件是否满足的判断较为简单，但需要注意的是，之所以规定执行案件移送破产审查需要被执行人或任何一个申请执行人书面同意，是因为《企业破产法》采用当事人申请主义，体现当事人启动破产程序的意愿，需要债务人或债权人以书面的方式明确作出意思表示，当事人不表示同意或者不表示拒绝的，人民法院不得推定当事人默认同意进入破产程序。

在实质要件上，尽管被执行人已经过执行程序，但进入破产程序时，与一般债务人进入破产程序并无差别，关键是考察被执行人是否满足破产原因。最高人民法院在颁布实施《执转破指导意见》时指出，“执行法官在适用时，可以结合执行环节所取得的相关证据对债务人是否具备破产原因进行具体判断。一般而言，只要债务人经强制执行，没有财产或财产无法清偿全部债务，即可以认定为明显缺乏清偿能力，就符合破产原因，即具备转出的实质要件”[②]。因此，执行法

---

① 2022年《民诉法司法解释》第514条。

② 《最高人民法院民二庭负责人就〈执行案件移送破产审查若干问题的指导意见〉答记者问》，载最高人民法院网2017年2月6日，https://www.court.gov.cn/zixun/xiangqing/35522.html。

院在判断被执行人是否具有破产原因时，可以承接前执行阶段对被执行人财产调查结果，发挥程序衔接的功能价值。

从我国《企业破产法》第2条的规定来看，“不能清偿到期债务，并且资产不足以清偿全部债务”是相对比较客观的破产原因，人民法院可以通过调查债务人财产以及债务负担情况来判断。在“执转破”机制项下，一般是执行不能的案件转向破产审查，因而人民法院适用前述破产原因的情况较多。而“明显缺乏清偿能力”是我国《企业破产法》规定的具有特殊性的破产原因，[①]且较具模糊性。有观点提出，“明显缺乏清偿能力本身就是一个没有经过破产法理论严格界定过的法律术语”[②]，在实践中，“明显缺乏清偿能力”容易引起实务部门的困惑，带有较为浓厚的主观判断意味。对此，《破产法司法解释一》第4条规定，明显缺乏清偿能力可以从以下几个方面认定：(1)因资金严重不足或者财产不能变现等原因，无法清偿债务；(2)法定代表人下落不明且无其他人员负责管理财产，无法清偿债务；(3)经人民法院强制执行，无法清偿债务；(4)长期亏损且经营扭亏困难，无法清偿债务；(5)导致债务人丧失清偿能力的其他情形。执行法院在调查被执行人财产状况时，发现被执行人存在以上情形的，可以认定其属于“执转破”机制的适格债务人。

二、非企业法人主体的适用问题

尽管《民诉法司法解释》《执转破指导意见》明确规定适用该规则的被执行人须为企业法人，但立法空白不代表现实需求度低。从司法审判实践的角度来看，执行不能不仅仅发生在被执行人为企业法人的情形中，非法人组织以及自然人也存在执行不能的情况。非企业法人不能适用“执转破”机制的根源在于现行《企业破产法》没有规定非企业法人具备完整的破产能力。同时，在加快完善市场主体退出机制的背景下，建立个人破产制度被提上日程，自然人破产的问题随着《深圳经济特区个人破产条例》的出台实现“破冰”，但该条例仅在深圳施行，建立全国性的个人破产制度仍任重道远。在被执行人为自然人的情形中，执行

① 参见王欣新：《破产法》，中国人民大学出版社2019年版，第41页。

② 易仁涛：《论我国破产原因之完善》，载《河南省政法管理干部学院学报》2011年第4期。

法院发现该被执行人存在“破产原因”的，也无法适用“执转破”机制。而从制度供给完备的角度来看，执行程序与破产程序转换的关键是健全破产制度。若我国建立了全国性的个人破产制度，“执转破”机制也应适用于自然人为被执行人的情形。

此外，根据《民法典》第 102 条第 2 款规定，非法人组织包括个人独资企业、合伙企业、不具有法人资格的专业服务机构等。不具有法人资格的专业服务机构，典型的包括非国家出资设立的律师事务所、其他不具有法人资格的专业服务机构，后者主要的主体形式为合伙形式的会计师事务所、合伙形式的税务师事务所、不具有法人资格的注册建筑师聘用单位、合伙形式的评估机构、其他非法人组织类型。① 这些非法人组织也是市场主体的重要组成部分，尤其是提供专业法律服务、会计服务、税务服务的社会中介机构，对于市场经济的发展具有重要作用。在非法人组织执行不能的场合，须从底层制度设计上先赋予非法人组织完整的破产能力，现有的《企业破产法》第 135 条仅规定非法人组织在清算方面参照适用破产清算程序，这样的制度供给不能完全回应现实需求，在制度衔接方面也会存在较大的障碍。因此，对于非法人组织的“执转破”机制，一方面，需要通过破产制度的完善，即扩大破产程序的适用范围来为程序转换提供制度保障；另一方面，在前述制度完善基础上，将非法人组织纳入“执转破”机制的适用范围。

第二节 “执转破”的启动方式

对“执转破”机制启动方式的考察，首先应当分析破产程序的启动方式。“执转破”的实质是将债务清理从执行程序转移到破产程序，若破产程序的启动机制与程序转换无法契合，那么探讨“执转破”机制的启动就不具现实意义。从域外立法例来看，破产程序的启动具有申请主义与职权主义两种模式。申请主义，是指法院必须依据债务人或者债权人等当事人的申请才能启动破产程序，在无人申请的场合，法院不得依职权启动破产程序；职权主义，是指只要债务人发生破产原因，法院在没有当事人申请的前提下，也可以依职权启动破产程序。有学者

① 参见张新宝、汪榆淼：《〈民法总则〉规定的“非法人组织”基本问题研讨》，载《比较法研究》2018 年第 3 期。

提出，区分申请主义与职权主义的关键是法院在执行程序进行过程中，发现债务人存在破产原因，能否在无当事人申请的情况下，依据职权启动破产程序。[①] 换言之，如果破产程序可以依职权启动，那么“执转破”机制也可以依职权启动；反之，如果严格依据《企业破产法》的规定，那么“执转破”机制的启动应当遵从当事人的主观意愿。在这个意义上，《民诉法司法解释》《执转破指导意见》规定执行法院应当依据申请执行人之一或被执行人书面同意才能将案件移送破产审查，系源于我国《企业破产法》在破产程序启动方面的申请主义。

我国《企业破产法》尊重当事人的意思自治，采用申请主义。这主要是因为破产制度是公平清理债权债务的制度，对于债务人、债权人而言均属于一种保护机制。在这个层面上，申请破产是当事人的一种民事处分权利，而不是一项义务或责任。法院依职权启动破产程序将当事人的这项权利改造为义务，如果制度环境不能保障法院正确地行使职权，则容易侵害债务人、债权人的合法权益。在我国立法框架下，《民诉法司法解释》对当事人不同意将案件移送破产审查的情况作了补充规定，即继续按照执行程序清偿债务。此外，我们应当注意“执转破”机制与直接申请债务人进入破产程序的差异。如前文所述，“执转破”机制的制度功能之一是充分吸收执行阶段的成果，提高破产程序的适用效率；而执行程序是通过法院公权力运行开展的法律程序，即在“执转破”过程中，公权力已经介入，在此前提下，是否还应当遵循申请主义将程序转换的主动权交还当事人？由此衍生出一个问题：当事人不同意移转可能成为“执转破”机制运行的主要障碍。特别地，社会公众对破产还没有完全形成正确认识，可能对程序转换持有抵触心理，尤其是根据《民诉法司法解释》第514条清偿顺位在前的申请执行人，其获得完全清偿的可能性较大，如果按照破产清偿顺位，该申请执行人的债权反而可能因为破产法的公平对待原则而降低受偿比例，这种受偿差距会促使该申请执行人不具备申请债务人破产的动力，或者极力反对债务人进入破产程序。对于债务人而言，破产耻辱化的观念也会使债务人较少主动申请破产，尤其是当债务人获知其财产在破产程序中将被管理人接管时，也会降低申请破产意愿。

从应然角度来看，在“执转破”机制中由执行法院依职权将案件移送破产审查具有必要性和可行性。一方面，执行法院已经介入管理控制债务人财产的阶

① 参见王欣新：《破产法》，中国人民大学出版社2019年版，第50页。

段,对于债务人是否存在破产原因的问题,执行法院可以根据自己掌握的信息进行判断。如果债务人的财产状况与负债状况已经足以证明其具有破产原因,执行法院可以依职权将案件移送破产审查,以充分发挥“执转破”机制的功能价值。另一方面,在不断加强各司法机关以及司法机关内部各部门联系的背景下,建立执行法院与具有管辖权法院的沟通与联系的平台相对容易,而且就投入成本与取得的效益来看,在职权主义之下加强执行法院与具有管辖权法院的联系不仅是经济的,而且对于执行案件的解决以及破产案件的审理都具有较高的价值作用。

此外,从程序转换和适用效率的角度探讨“执转破”的职权主义时,也应当充分保障债务人与债权人的合法权益,主要是程序性的权利。一方面,应当保证人民法院正确地行使职权,将执行案件移送破产审查,这不仅需要法院工作人员提高自身的专业素质,加强对破产制度的研究与实务探索,还需要落实对于法院工作人员的责任制度,主要审查程序转换的原因是否充足以及程序转换是否符合相关法律规定。另一方面,在程序转换错误或法院滥用职权的情况下,应当赋予债务人、债权人救济权,降低债务人、债权人因程序转换错误所产生的损失。

综上所述,《企业破产法》在修订时,可以考虑将“执转破”情形列为当事人申请主义的例外,但执行法院应当尊重当事人的知情权,在案件移送破产审查前,将相关信息告知当事人。同时规定债务人、债权人对程序转换存在异议的,可以向执行法院的上一级人民法院提出,上一级人民法院认为异议成立的,应及时否定执行法院的移送决定,由执行法院按照执行程序继续清偿债务。

第三节 企业董事的破产申请义务研究

近年来,企业董事的破产申请义务在理论界与实务界引起广泛热议。《企业破产法》并无相关规定,《公司法》在 2023 年修订时也未明确对董事施加破产申请义务,仅规定清算组在公司解散时发现公司具备破产原因的,应当依法申请公司破产清算。① 但这与董事破产申请义务的内涵不符。董事是否应当承担破产

① 《公司法》第 232 条第 2 款规定:“清算组由董事组成,但是公司章程另有规定或者股东会决议另选他人的除外。”第 237 条第 1 款规定:“清算组在清理公司财产、编制资产负债表和财产清单后,发现公司财产不足清偿债务的,应当依法向人民法院申请破产清算。”

申请义务是承接“执转破”机制启动的重要命题,将申请企业破产塑造为强制性义务,有利于畅通执行程序与破产程序的衔接,提高破产程序的适用效率,但同时存在较多的负外部性,因此应从制度正当性角度切入,考察设立董事破产申请义务的必要性及可行性。

一、设立董事破产申请义务的正当性之辨

董事的破产申请义务是企业濒临破产期间董事信义义务的变革与发展,也可以称为董事信义义务的转化。董事破产申请义务是连接公司治理(公司拯救)与债权人利益保护两个领域的义务。《公司法》第180条规定,董事对公司负有忠实义务与勤勉义务。[①] 董事的信义义务是为实现公司利益(股东利益)最大化,而及时申请破产更多的是保障债权人的利益,在股东利益与债权人利益存在张力的情况下,董事的破产申请义务是对原信义义务的一种突破。这种突破是否具有正当性,或者是否存在其他方式既可以规避对董事信义关系的突破,也可以实现及时申请破产的目标,引起理论界的广泛争议。

(一)支持设立董事破产申请义务的理论支撑

董事信义义务的转化不构成对秩序的破坏,在厘清公司法与破产法关系以及探究破产法制度变革的基础上,董事的破产申请义务是制度衔接的主要途径之一。

第一,根据公司内部的权力架构,现代公司治理体系将公司所有权与经营权分离,公司董事承担经营公司的职责。传统意义上的公司治理目标是如何保证公司管理层服务于股东的最佳利益,所以公司治理的对象是公司董事与股东之

① 《公司法》第180条规定:“董事、监事、高级管理人员对公司负有忠实义务,应当采取措施避免自身利益与公司利益冲突,不得利用职权牟取不正当利益。董事、监事、高级管理人员对公司负有勤勉义务,执行职务应当为公司的最大利益尽到管理者通常应有的合理注意。公司的控股股东、实际控制人不担任公司董事但实际执行公司事务的,适用前两款规定。”

间的法律关系。[①]《公司法》第67条第2款规定的职权范围[②]表明,董事会是法人的执行机构,负责公司具体事项的实施,是意思表达机关和执行机关。[③] 换言之,公司企业是否已经陷入债务困境甚至发生破产原因,公司董事具有充分的信息来源,尤其在“制订公司的利润分配方案和弥补亏损方案”方面。公司企业从产生、变更到消灭的过程,基本上需要董事来执行相关事务,由此可见,董事在履行破产申请义务上具有信息优势。

第二,董事在具备信息优势的基础上,对股东会负责的性质及其经营管理权包含了拯救公司(事业)的内容。现代破产法中重整制度与和解制度是破产预防机制,帮助公司企业持续经营,对公司董事施加破产申请义务有利于发挥破产预防机制的制度功能。根据《企业破产法》对破产原因的界定,企业濒临破产的经营状态传递出一个讯号,即企业在该经营状态下,继续运行可能产生更多的负外部性,倘若公司此时还具有一定的挽救价值,也会因为持续恶化地经营而消失殆尽。破产申请义务要求董事及时地发现公司企业非正常的经营状态,尤其是公司清偿能力以及营利能力的变化,在经营持续恶化的情况下,董事向人民法院申请进入破产程序,促使破产制度工具及时介入对公司财产及事务的管控,不至于等到公司企业已经无法挽救或者“无产可破”时再进入破产程序。

第三,从债权人利益保护的角度来看,破产申请义务是董事信义义务转化的具体体现。破产制度通过实现公平清偿、破产资产价值最大化来保障债权人利益,而维护债权人利益或者促进债权人利益最大化并非传统董事信义义务的范畴。董事会由股东会产生,要求董事既对股东利益负责又对公司外部的债权人负责,存在忽视公司法人人格独立的理论龃龉,且产生相应的实践困境,于董事而言也存在行为成本与收益的失衡。然而,从公司控制权角度来看,“在公司正

---

① 参见黄辉:《现代公司法比较研究——国际经验及对中国的启示》(第2版),清华大学出版社2020年版,第156页。

② 《公司法》第67条第2款规定:“董事会行使下列职权:(一)召集股东会会议,并向股东会报告工作;(二)执行股东会的决议;(三)决定公司的经营计划和投资方案;(四)制订公司的利润分配方案和弥补亏损方案;(五)制订公司增加或者减少注册资本以及发行公司债券的方案;(六)制订公司合并、分立、解散或者变更公司形式的方案;(七)决定公司内部管理机构的设置;(八)决定聘任或者解聘公司经理及其报酬事项,并根据经理的提名决定聘任或者解聘公司副经理、财务负责人及其报酬事项;(九)制定公司的基本管理制度;(十)公司章程规定或者股东会授予的其他职权。”

③ 参见马来客、郑伟华、王玲芳:《董事破产申请强制义务及其责任》,载《人民司法》2021年第19期。

常经营状态下股东是公司财产价值的剩余请求权人,董事信义义务的受益人指向股东。当公司陷入财务困境时,股东对公司的请求权利益弱化,事实上不再是公司的剩余请求权人;债权人对公司的请求权利益加强,成为事实上的公司财产价值的剩余请求权人”①。董事信义义务的受益人由股东转向债权人。② 换言之,当公司破产(或濒临破产)时,管理者必须为了债权人的利益保存公司资产。董事的破产申请义务也能在实质层面上达到避免债务人财产持续贬损,帮助企业摆脱债务困境的效果。

此外,有观点从行为法与组织法区分的角度,对董事与债权人的关系作出阐释,认为董事对债权人承担信义义务,并非行为法对公司组织的“穿透”,而是组织法层面信义义务对象范围的应然扩张,并且借助董事信义义务的扩张,可以实现公司债权人在偏离公司法规则保护时矫正公司不当行为的价值目标。③ 该观点为解释董事与债权人的权利义务关系提供了较新的解释路径,值得肯定。而且,区分公司企业经营状态来考察董事信义义务转化,在规制股东行为层面上是正当且必要的。公司企业濒临破产时,股东机会主义行为倾向严重,可能严重侵害债权人的利益,至于美国判例所言,债权人无权直接对公司管理者提出诉讼,也仅是制度环境层面的问题,可通过制度完善的方式予以补足。

(二)否定设立董事破产申请义务的理论支撑

对于是否设立董事破产申请义务的问题,应首先明确设立该义务的目的。设立董事破产申请义务的目的主要包括两个方面:一方面,解决破产启动难,促使企业及时进入破产程序。尚有继续经营价值的企业可以启动重整程序,提高重整成功率;无重整可能的企业则通过清算程序退出市场。另一方面,防止企业财产损毁灭失,降低债权人的受偿比例。但是,综合既有立法框架及实践情况来看,前述两个目的都不能为设定董事破产申请义务证成。具体而言:

第一,对董事施加破产申请义务确在一定程度上有利于解决破产启动难的

---

① See Frank H. Easterbrook & Danniel R. Fishel, *Voting in Corporate Law*, Journal of Law & Economics, Vol. 26:2, p. 403 - 405(1983).

② 参见王佐发:《论困境公司董事信义义务的转化——以公司法与破产法的衔接为视角》,载《社会科学》2022 年第 1 期。

③ 参见李建伟、岳万兵:《董事对债权人的信义义务——公司资本制度视角的考察》,载《中国政法大学学报》2022 年第 2 期。

问题，但是，我国破产启动难本身存在较多问题，[①]其主要原因并非董事怠于申请破产，而是法院受理破产案件的积极性低。因为破产案件相对一般民商事案件复杂、冗长，在法官绩效考核机制尚未彻底改革之前，法院对破产案件存有抵触情绪。因此，即便立法设立董事破产申请义务，若法院不及时受理案件，仍不能解决破产启动难的问题。此外，立法设定董事破产申请义务后还须配套建立相应制度，而制度修改须坚持系统协同思维，保证法律的体系化，这无疑增加了设立破产申请义务的制度成本，而这种成本增加对于问题解决并无增益，其正当性存疑。

第二，通过董事破产申请义务的方式来维护债权人利益本身不能成立。《企业破产法》可以综合运用无效行为、破产撤销、管理人履职、债权人会议等制度工具来保障债权人利益，提高债权人受偿比例，而无须对董事施加破产申请义务，使其面临信义义务转化的理论及实践困境。任何一种制度的形成及实施都应当紧密结合其所在的政治、经济、文化环境，信义义务转化这一论断本身是否成立需要充分地论证，董事在企业濒临破产或事实破产的情形下，是否就将义务履行对象变更为债权人，不无疑问。进一步地，信义义务转化是否可以直接得出董事承担破产申请义务的结论，其存在因果关系层面的理论藩篱。董事信义义务的转化也可以得出董事应当履行其他与企业治理相关的义务的结论，或者说，董事在企业陷入经营困境或濒临破产之际积极运用自身能力开展拯救，也可以间接地实现维护债权人利益的目的。在美国，有司法裁判反驳了这种董事信义义务转化的理论。特拉华州最高法院在个案[②]中认为，公司正式破产之前，管理者应一直向公司负担信义义务，并不向债权人负担特别的义务，即便公司破产之后，债权人也仅仅是有权提出派生诉讼——因管理人违背对公司的信义义务，债权人无权对管理者提出直接诉讼。[③] 也有观点提出，一般意义下，董事申请破产会影响股东的利益，因而破产申请不属于董事对公司的勤勉义务。当公司经营困难或濒临破产时，董事应当及时通过咨询重组顾问、债务谈判或庭外重组等法庭

---

① 参见贺丹：《企业集团破产：问题、规则与选择》，中国法制出版社2019年版，第174页以下。

② See North American Catholic Education Programming Foundation, Inc. v. Gheewalla, 930 A. 2d 92, 103 (Del. 2007).

③ 参见［美］理查德·D. 弗里尔：《美国公司法》，崔焕鹏、施汉博译，法律出版社2021年版，第139页。

外机制,采取“将公司引向更好结果的、具备合理性的措施”,尽力缓解财务困境和破产危机,防止企业财产的持续性贬损,这属于董事对公司的勤勉义务范畴之内。①

第三,破产申请义务片面地增加了董事的行为负担,既不利于企业生产经营,也对董事行为形成了负面激励。立法规定破产申请义务可能造成知识丰富和能力较强的董事离开公司,致使公司错过重整和恢复盈利机会的风险,以及寻求避免承担责任的董事有可能会过早地关闭一家本可存活的仍有生命力的企业或过早地启动破产程序,而不是尽力缓解摆脱财务危机困境。② 此外,若在公司存续期间规定董事对债权人的信义义务,以此确定破产申请义务,将破坏或影响公司的正常运行秩序。③ 就此而言,将董事破产申请义务这一可能的做法上升为立法层面应予慎重。

因此,是否设立董事的破产申请义务并未达成共识,两种意见均有其合理性。世界银行在形成新一轮营商环境评估指标时对于董事信义责任范围设定也产生了前后态度的变化。在 2022 年 2 月发布的“宜商环境”(Business Enabling Environment,BEE)概念初步说明书中明确将“董事申请破产义务的范围(程度)”列为评估内容,④而在 12 月发布的 BEE 定稿版本中将前述内容变更为“适当的董事信义义务”,取消限定为破产申请义务的做法,⑤并在 B-Ready 方法论手册中延续。这表明世界银行尊重不同经济体对董事信义义务规定的差异性,不强制要求董事应当履行破产申请义务。若董事在企业特殊时期内采取其他措施达到相同的目的,则同样可以在该指标上得分。这一趋势进一步要求我们慎重考虑董事是否应当履行破产申请义务,存在其他有效方式的前提下,防止因新设董事义务而破坏既有的法律体系及法治秩序,即“如无必要,勿增实体”。

---

① 参见金春:《破产企业董事对债权人责任的制度建构》,载《法律适用》2020 年第 17 期。

② 参见金春:《破产企业董事对债权人责任的制度建构》,载《法律适用》2020 年第 17 期。

③ 参见商法学研究会:《论辩实录 | 董事、高管是否负有申请公司破产的义务?》,载微信公众号“中国破产法论坛”2022 年 12 月 11 日,https://mp. weixin. qq. com/s/qyk5op4ZNZ6yK8oNKwz2Wg。

④ See *Pre-Concept Note*, *Business Enabling Environment* (*BEE*), World Bank Group (February, 2022), https://thedocs. worldbank. org/en/doc/886e7d4ab18eb194d103e1852430952c – 0540012023/original/BEE-Pre-Concept-Note-Feb – 8 – 2022. pdf.

⑤ See *Concept Note*, *Business Enabling Environment* (*BEE*), World Bank Group (December, 2022), www. worldbank. org/content/dam/doingBusiness/pdf/BEE% 20Concept% 20Note _December% 202022. pdf.

此外,有学者在功能主义视阈下,采用比较研究方法来探索设立董事破产申请义务的可行进路,[①]该研究进路可供借鉴。我们可以从域外立法及国际规则上考察董事在企业濒临破产或经营困境的信义义务及其责任,了解董事在特殊时期信义义务的类型及范围,以便在功能主义及效果导向层面得出结论。

二、“破产前程序”中董事信义义务的域外实践

从比较法的角度来看,商事立法相对成熟的国家普遍建立了不限于破产申请义务的适当信义义务,联合国国际贸易法委员会出台的《破产法立法指南》第四部分(以下简称《立法指南(四)》)也明确规定了临近破产期间的董事义务范围。为理顺公司法与破产法之间的衔接进路,推动我国公司立法与破产立法,本部分拟对域外立法及国际规则进行梳理分析。

(一)域外立法

在德国,破产申请义务原规定在《有限责任公司法》《股份有限公司法》中,经过2008年《现代化法》的修订,破产申请义务被统一规定在《支付不能法》第15a条。根据《支付不能法》第15a条第1款的规定,在法人出现支付不能或资不抵债的情况下,法人经营管理机构应及时地在支付不能情况出现后3个星期内或者过度负债情况出现后6个星期内提出破产申请。[②] 从主体要件来看,承担破产申请义务的主体除公司相关领导机构外,有限责任公司的股东或股份有限公司监事会成员在前述主体失能情况下,属于适格责任主体,但如果是小股东,其在查明法人是否存在支付不能或资不抵债情况时可以予以放宽。如果相关人员可以证明其不知道法人已经发生破产原因或公司机关领导失能情况出现,则可以不必承担破产申请义务。[③] 在破产申请义务与相应责任的联系方面,德国联邦最高法院在判决中指出,由于破产申请义务的立法目的在于让承担有限责任的公司在出现破产原因情况下与商事交易相隔离,从而避免损害或危及债权人的

---

① 参见赵树文:《公司濒临破产时董事破产申请义务的立法建构》,载《学术论坛》2024年第1期。

② Insolvenzordnung (InsO), § 15a(1).

③ Insolvenzordnung (InsO), § 15a(3).

利益。所以,此处所指对债权人造成的损害必须与公司存在破产原因这一事实存在内在关联,并且拖延破产程序启动的行为应为一种持续性的侵权行为,其主客观要件必须在交易的整个过程中始终存在,于此情况下相关主体才应对由此交易而产生的损失承担损害赔偿责任。① 此外,《支付不能法》还对未履行破产申请义务的主体设置了刑事责任。《支付不能法》第15a条第4款规定,责任主体违反破产申请义务未提出或未及时提出,抑或未正确提出破产申请,则可以对其处以3年以下的有期徒刑或罚金。② 该条第5款规定,若责任主体是基于过失违反破产申请义务,则可以处1年以下有期徒刑或罚金。③

在美国,破产法没有直接规定公司董事具有破产申请义务,而是在2001年的个案中创立了加深破产原则。④ 基于该原则,当公司经营恶化濒临破产时,如果董事作出不当经营决策而不是及时申请破产,则可能被债权人追究责任,因为其行为加深了破产。⑤ 有观点认为,加深破产原则在某种意义上创设了一项申请破产的间接的绝对义务。⑥

在新加坡,虽然立法没有明确规定董事负有启动公司破产、重组程序的义务,但董事未能决定启动公司破产、重组程序的,可被认为违反了“以公司最佳利益行事”的义务。但在实践中,一般董事存在商业上的不当行为或者近似于不当行为时,才会被认定为应承担责任。⑦

(二)国际规则

从国际规则来看,《立法指南(四)》建议255规定,董事在履职过程中应当顾及债权人及其他利害关系人的利益,并采取合理行为,包括:(1)避免破产;

---

① 参见何旺翔:《德国联邦最高法院典型判例研究·破产法篇》,法律出版社2019年版,第36~37页。

② Insolvenzordnung (InsO), §15a(4).

③ Insolvenzordnung (InsO), §15a(5).

④ Official Committee of Unsecured Creditors v. R. F. Lafferty & Co. ,Inc.

⑤ 参见郭丁铭:《公司破产与董事对债权人的义务和责任》,载《上海财经大学学报》2014年第2期。

⑥ Michael Schillig, *The Transition from Corporate Governance to Bankruptcy Governance-convergence of German and US-Law?*, European Company and Financial Law Review, Vol. 7:1, p. 116 – 157(2010).

⑦ 参见亚洲商法研究所:《亚洲(亚太)企业重组与破产制度》,孟天一等译,法律出版社2023年版,第450页。

(2)破产不可避免时,减少债权人的损失。为达到避免破产或减少债权人损失的目标,建议256规定,董事应当及时了解企业的财务状况,并进行资产评审,减少不必要的支出,及时采取破产申请前程序缓解债务困境。如果企业已经达到破产条件,则应当及时申请破产,降低企业资产的损耗。

《立法指南(四)》建议267规定,在企业集团濒临破产时,其董事除履行上述义务外,还应当促进集团破产解决方案,处理整个企业集团或其某些部分的破产,同时,确保企业集团该成员的债权人和其他利益关系人的境况不差于如果不以促进此类集团破产解决方案为目的对企业集团该成员实行管理时的结果。建议268规定,对于企业集团而言,董事应当履行以下特别义务:(1)评估企业集团该成员和企业集团目前的财务状况,以便考虑如果设想采用整个企业集团或其某些部分的集团破产解决方案是否可保全或创造更大的价值。(2)考虑企业集团该成员对企业集团其他成员的财务和其他义务,是否应当与企业集团其他成员达成交易,以及融资的可能来源和能否获得。(3)评估企业集团该成员的债权人和其他利益关系人的境况在整个企业集团或其某些部分的集团破产解决方案中是否结果更好些。(4)协助实施整个企业集团或其某些部分的集团破产解决方案。(5)举行和参加为整个企业集团或其某些部分举行的与债权人的非正式谈判,如自愿重组谈判。(6)考虑是否应当启动正式破产程序。如果启动正式的破产程序,董事须考虑应当在哪个法院启动程序,是否可以或是否适宜与企业集团其他相关成员联合申请,以及破产程序是否应当在程序上加以协调。

在责任方面,《立法指南(四)》建议259规定,违背义务规定造成债权人遭受损失或损害的,负有义务的人可能承担责任。建议260规定,对违背义务规定所导致的责任范围局限于此种违背义务所造成损失或损害的程度。另外,建议261还明确立法应当明确责任证明的要件,包括损失要件、承担举证责任的当事方,以及相关可供抗辩的事宜,这些抗辩可包括负有义务的人已采取建议256所述的那类合理步骤。

(三)相关经验

综合域外立法及国际规则,企业临近破产期间的董事信义义务是一个相对广泛范畴,属于义务束,破产申请义务仅是其中一种表达方式。从德国法来看,设立破产申请义务的目的是在公司承担有限责任的基础上最大限度维护债权人利益,董事违反义务造成债权人损失的,被定义为是特殊的侵权责任。值得注意的是,德国法在该条文中规定的前提条件是企业已经发生事实上的破产原因,而不是临近破产的状态。而企业仅处于濒临破产或陷入债务困境的状态时,对董事施加破产申请义务的做法则欠妥,可以灵活采用其他义务形式来回应构建“破产前程序”的需求。临近破产期间的董事信义义务具备以下几项准则:第一,强调以拯救企业为首要目的及行为标准的董事勤勉义务,董事应尽可能采取不同措施来避免企业发生事实破产原因并进入破产程序。第二,董事须同时考虑到企业可能进入破产程序的情形,应充分掌握企业的财产及负债情况,为破产程序的开展完成前提准备工作。第三,董事应慎重处理临近破产期内企业的经营行为,停止可能损害企业财产价值的行为,最大限度保留债务人财产。

笔者认为,对董事施加破产申请义务的关键是对债务人是否事实上存在破产原因进行判断,这是企业处于“破产前”状态的应有之义。若企业已经破产,不及时进入破产程序将有损债权人集体利益,造成无序状态下债权人“竞争受偿”的后果。此外,在执行制度与破产制度的关系层面,作为被执行人的企业已经没有执行条件及执行能力,系“失能”的被执行人,对其采取任何执行手段已无实质意义,董事在企业“失能”状态下也难以开展自救,此时,唯及时进入破产程序才能通过破产保护法律制度解决问题。①

三、董事破产申请义务机制的构建

企业发生破产原因是触发董事破产申请义务的核心要件,在满足企业破产程序准入门槛的前提下,构建董事破产申请义务机制的关键是明确责任主体、义务履行标准以及相应的法律责任。

(一)责任主体

董事是破产申请的责任主体,但在公司管理机构“失灵”时,即董事在企业处于事实破产期间基于各种原因不能履行破产申请义务,则应当在公司企业机构中确定其他主体。破产申请义务的主要功能之一是加强执行程序与破产程序的

① 参见杜万华:《关于破产保护法律制度的若干思考》,载《中国应用法学》2024年第2期。

衔接,在“执转破”机制中,我们的关注点在于实现程序转换,而不着重主体身份要件形式的唯一性。换句话来说,履行破产申请义务的主体应当在公司企业中具有一定的地位或者权利,尤其是在公司企业经营上具有控制权,可以把握公司资产及债务情况的主体,而该主体并不唯一,具有可替代性。结合德国立法以及实践,具备这种条件的主体,除董事外,还有公司股东或者监事。但需要注意适格主体的顺位,在董事“缺位”的情况下,才进一步考虑公司股东或者监事。

(二)义务履行标准

当董事查明公司企业具备破产原因时,应当及时向人民法院申请破产,依据《企业破产法》第8条提交相关的申请材料,或者在“执转破”中,董事应当主动向执行法院说明情况,执行法院在征询被执行人意见时,被执行人“同意”移送破产审查对于董事而言就变成一种法定义务,而不是权利。其中,有两项要素需要注意:一是公司企业事实破产的标准;二是及时向人民法院申请破产的具体时限。

关于公司企业事实破产的标准,其本质上是有权主体申请破产程序的条件,即《企业破产法》第2条、第7条的规定。结合《破产法司法解释一》对破产原因的具体规定,董事发现公司存在以下情形的,应当主动向人民法院申请破产,具体包括:(1)债务人的资产负债表,或者审计报告、资产评估报告等显示其全部资产不足以偿付全部负债的;(2)因资金严重不足或者财产不能变现等原因,无法清偿债务;(3)法定代表人下落不明且无其他人员负责管理财产,无法清偿债务;(4)经人民法院强制执行,无法清偿债务;(5)长期亏损且经营扭亏困难,无法清偿债务;(6)导致债务人丧失清偿能力的其他情形。整体上,董事履行破产申请义务的判断依据源于公司企业的生产经营现状,包括现有的营利情况以及在不调整公司债务情况下未来的营利收入与债务的水平。

关于董事在查明公司具备破产原因时向人民法院申请破产的具体时限,细化为时间的长短和是否允许在一定条件下延长时间两个问题。有观点指出,“我国未来立法可以考虑将此期限规定为出现破产事由之日起30日内。首先,以具体的天数作为计算期限的单位是我国立法的通行做法,比如在《企业破产法》中,人民法院应当自收到重整计划草案之日起30日内召开债权人会议,自收到批准重整计划申请30日内裁定批准,等等。《公司法》中也多处出现30日、60日、90日的规定。其次,30日的期限既可以让董事有充分的时间进行进一步审查并作出恢复的努力,也不至于因期限过长贻误申请破产的时机”①。对此,笔者认为,立法设置的时间长短不能作简单的对比,因为董事破产申请义务能否达到其效果,不仅需要建立完备的义务机制,还需要考察配套的机制是否成熟,比如,破产申请受理环节是否通畅、公司企业的财务管理是否规范等。因此,对于董事履行破产申请义务的时间点,应当采用实证研究方法来确定,具体可以采取座谈、实地调研、问卷等方式,而非设立任意的时间节点。在是否设定一些情形来延长时间方面,应持否定态度。因为破产申请义务的价值目标在于尽快启动破产程序,避免进一步增加债权人的损失,在立法上难以保证所设定的情形相对于尽早进入破产程序更有利于维护债权人的利益,在这个意义上,基于立法的科学性与严谨性考虑,不宜再设置延长申请时间的情形。

(三)法律责任配置

在责任配置方面,主要考虑民事赔偿责任以及资格责任。德国立法为破产申请义务配置了刑事责任,但该立法不符合我国国情和制度环境,我国刑法采用法典化模式,并坚持罪刑法定原则,若对董事施加刑事责任,前提是刑法上设置了相关条文,而非在破产法上作出具体规定。此外,值得关注的是,某不当行为是否入刑,需要考察该行为是否严重危害社会秩序利益,如果没有达到入刑的标准,设置刑事责任就缺乏正当性。因此,就目前制度环境来看,宜配置民事赔偿责任及资格责任。

1. 民事赔偿责任

董事未履行破产申请义务,造成债权人损失的,应当承担赔偿责任。该赔偿责任的要素符合侵权责任的构成,关键是如何适用制度来追究董事的赔偿责任。在侵权行为已经确定的情况下,对损失范围的界定需要对标债权人集体的债权额,尽管公司已经发生破产原因的现实本身已经对债权人利益造成了损失,即便公司顺利开展破产程序,也无法保证债权人可以获得完全清偿。将债权人集体的总债权额确定为董事赔偿范围,其正当性主要源于债权人利益损失与董事的经营行为具有事实上的因果关系,另外,以此确立董事赔偿范围有利于激励董事

---

① 胡晓静:《公司破产时董事对债权人责任制度的构建——以德国法为借鉴》,载《社会科学战线》2017 年第 11 期。

及时履行义务。只是在追究责任时，应当合理配置举证责任，当债权人证明董事未及时履行破产申请义务时，先推定董事对债权人集体的总债权损失承担赔偿责任，由董事举证来推翻这一推定，否则，应当承担赔偿债权人集体债权损失的责任。同时，董事也是一种集体，须由董事会集体对外承担赔偿责任，所以在责任承担方面，董事集体对外承担连带责任，对内彼此承担按份责任。

此外，在董事过错认定上，主要是判断董事在公司企业发生破产原因时是否因主观过错而未及时申请破产。但因为公司规模及财务管理情况不同，董事是否存在主观过错无法“一刀切”。在个案中须以公司当时的情况为基准，采用商业判断规则来判断董事的决策是否适当，[①]这也是对董事是否尽到注意义务的判断标准。

2. 资格责任

《企业破产法》第 125 条规定，企业董事、监事或者高级管理人员违反忠实义务、勤勉义务，致使所在企业破产的，自破产程序终结之日起 3 年内不得担任任何企业的董事、监事、高级管理人员。同时，《公司法》第 178 条第 1 款第 3 项规定，“担任破产清算的公司、企业的董事或者厂长、经理，对该公司、企业的破产负有个人责任的，自该公司、企业破产清算完结之日起未逾三年”不得担任公司的董事、监事及高级管理人员。上述条文系针对在公司中具有一定地位和控制权的人员的“资格罚”，成立要件是董事等主体对公司、企业破产负有个人责任，未能积极开展企业自救，或者在企业尚有拯救价值时未能及时适用破产拯救机制，故在破产申请义务的责任设计上可予以借鉴。根据设定破产申请义务的正当性，董事及时申请破产不仅有利于债权人止损，而且在公司还具有经营价值时可以尽早启动拯救机制，通过重整或者和解机制实现经济再生。董事未履行破产申请义务的，应属于对董事信义义务的违背，对此，在董事义务履行上可以评定为“不称职”，应当剥夺其在一定期间内担任公司董事的资格。任职限制期间可以借鉴《企业破产法》第 125 条、《公司法》第 178 条第 1 款第 3 项的规定，企业董事违反破产申请义务，致使企业丧失拯救机会，扩大债权人损失范围的，自破产清算程序终结之日起 3 年内不得担任任何企业的董事、监事、高级管理人员。

---

① 参见马来客、郑伟华、王玲芳：《董事破产申请强制义务及其责任》，载《人民司法》2021 年第 19 期。

第四章 “执转破”案件的受理问题

“执转破”将对债务人、债权人或其他利害关系人的合法权益产生影响,应严格把握程序转换的标准,防止当事人因程序转换遭受利益损失;应注意分析法院对“执转破”案件的立案审查内容及设立的相应的程序,尊重当事人的知情权与异议表达权。破产案件审理具有耗时久、周期长的特点,因而需要从完善绩效考核制度角度推进“执转破”机制。此外,在全面建立破产档案制度的趋势下,须解决“执转破”程序中的档案管理问题。

第一节 立案审查的方式及内容

“执转破”案件与一般破产案件既有共性,也有个性。《企业破产法》遵循当事人申请主义,“执转破”机制也须经当事人同意方能启动破产审查。由于“执转破”案件已经执行程序处理,相对于一般破产案件而言,案件办理效率更高。对于“执转破”的立案审查,应贯彻依法有序、协作配合、公平效率的原则。[①] 本部分将着重阐述“执转破”案件的立案审查方式及内容。

---

① 参见褚红军主编:《执行转破产司法实务及案例解析》,人民法院出版社2019年版,第35~36页。

一、立案审查的方式

“执转破”机制是法院优化法治营商环境的创新举措，有利于破解“执行难”困境，加速“僵尸企业”退出市场。全国多地法院积极探索与地方具体情况相结合的“执转破”具体规范。山东、江苏、广东等地的三级人民法院陆续以出台相关规定或发布实施意见的形式缓解“执行难”的压力。龙岩中院根据现行法律法规、司法解释及《福建执转破规定(试行)》，并结合当地司法实践，制定了《龙岩执转破规定实施意见》。该实施意见不仅有助于辖区内的“僵尸企业”快速、合法、有序退出市场，释放市场资源，而且有利于帮助困境企业盘活企业资产，使企业恢复生机重新生产经营，实现市场资源的有效配置。

(一)申请审查

“执转破”案件的立案审查方式除考虑审判和执行现状外，还应结合当前司法制度、社会效果。如何在法律原则精神和法律规范下实现执行程序与破产程序的有效衔接是“执转破”机制的重点和难点。根据启动主体不同，“执转破”案件的立案审查方式分为申请移送审查和法院依职权移送审查两种。尽管理论界对法院依职权移送审查的呼声日益高涨，但根据现行法律规定，我国仅适用当事人申请移送审查的方式。

申请移送审查指的是在执行阶段基于存在法定破产原因，由当事人提出申请破产，并由执行部门移送立案部门的审查。《执转破指导意见》对“执转破”案件申请移送审查进行了规定，明确了法院在执行程序中发现被执行人存在法定破产原因的，应当告知和征询当事人意见。申请移送审查强调移送破产程序之前，必须经过当事人的申请及同意，以体现法院的中立性和当事人意思自治原则。

从《民诉法司法解释》第 511 条①的规定来看，“执转破”必须经当事人同意，而《执转破指导意见》第 4 条亦强调法院在“执转破”中的征询是一个重要条件，并将及时询问确定为执行案件管辖法院的责任。

---

① 《民诉法司法解释》第 511 条规定：“在执行中，作为被执行人的企业法人符合企业破产法第二条第一款规定情形的，执行法院经申请执行人之一或者被执行人同意，应当裁定中止对该被执行人的执行，将执行案件相关材料移送被执行人住所地人民法院。”

《龙岩执转破规定实施意见》第15条规定，执行案件移送破产审查，应同时符合下列条件：第一，被执行人为企业法人；第二，被执行企业住所地位于执行法院所在地；第三，被执行人或者有关被执行人的任何一个执行案件的申请执行人书面同意将执行案件移送破产审查；第四，被执行人不能清偿到期债务，并且资产不足以清偿全部或者明显缺乏清偿能力。龙岩法院的立案审查方式既符合现有的法律规定又尊重了当事人的自由意愿，同时明确了执行部门在“执转破”案件中的法律责任。

（二）申请主体间的配合及监督

根据法院职能部门的划分，“执转破”案件的立案审查的审查主体分为执行、立案、审判三个部门，各部门根据各自职责负责审查相应的材料。然而，“执转破”并非执行部门、立案部门和破产审判部门简单地划分各自的职责范围，而是三个部门既要各司其职又要相互配合，否则将导致各部门相互推诿，拖延案件审理速度，浪费司法资源。因此，《龙岩执转破规定实施意见》第8条规定：“各法院建立执破会商机制，对执行转破产直通程序中涉及执行、破产业务进行会商，共同审查、决定执破相关事宜。执破会商成员由立案庭、破产审判部门、执行局员额法官组成，法官助理列席，分管破产审判部门的院领导根据工作需要随时召集。执破会商事项包括以下方面：1. 执转破案件审查……”据此，“执转破”应由执破会商共同审查，其中涉及执行、立案和破产审判部门，而非上述三个部门分别审查。这一审查主体构成，能使涉及的部门相互配合，最大限度地发挥各部门的司法职能，提高审判质效。

一般来说，“执转破”关系到法院与法院或同一法院部门与部门之间协调和配合，然而在相互协作的同时，也要注重不同部门之间的监督制约，确保执行程序能够顺利转为破产程序，减少执行案件积压的情况。法院之间应如何在“执转破”中进行监督和制约呢？《执转破指导意见》第21条以及《破产法司法解释一》第9条的规定提供了两种路径：一是执行法院和受移送法院之间的监督；二是受移送法院中上级法院对下级法院的监督。① 前述两种路径中，前者为横向监

---

① “一是执行案件管辖法院和破产管辖法院之间的监督。当破产管辖法院拒绝接收执行案件管辖法院移送的案件材料，或者收到移送的材料后未按规定作出是否受理裁定的，执行案件管辖法院可直接与移送破产管辖法院进行交涉，要求其自行纠正。交涉未果，可发函请移送破产管辖法院的上

督,后者为纵向监督,这种交叉的监督方式能够防止法院互相推诿。《龙岩执转破规定实施意见》虽未直接规定法院各部门之间相互监督和制约,但在第 7 条、第 9 条、第 10 条、第 12 条、第 15 条等规定了各部门应履行的职责、审查的内容和材料,同时也规定了不同部门之间的审查方式。例如,第 9 条第 1 款规定,“中院执行局应对执行案件进行初步筛查并建立台账,会同清算与破产审判庭共同审查,对符合本意见第十五条规定情形的,于三日内移送立案”;第 10 条规定,“执行局作出移送决定后,应当向清算与破产审判庭移送下列材料用于审查……”等。这些规定体现了龙岩法院“执转破”案件立案审查中的交叉式监督方式包括上级法院对下级法院的审查、执行局先行筛查、破产审判庭对执行部门的审查。这些监督制约是“执转破”案件立案程序依法顺利进行的有效保障。

二、立案审查内容

“执转破”的条件区别于适格主体直接向法院申请破产的条件,对其条件的判断不仅应当符合《企业破产法》和《执转破指导意见》中关于破产的规定,而且应当符合其自身的特别规定。对于“执转破”案件的立案审查,法院不同部门有不同的审查职责范围,其中亦涉及不同程序之间的转换衔接。为了遵守“执转破”的司法工作原则,防止对有关当事人的利益造成损害,《龙岩执转破规定实施意见》根据现有的法律法规、司法解释、指导意见,对“执转破”的立案审查进行了细化规定。

(一)主体为企业法人

《民诉法司法解释》第 511 条确定了“执转破”的主体为企业法人,《执转破指导意见》也再次强调这一规定。因此,“执转破”只能适用于企业法人。尽管基

一级法院进行监督。二是移送破产管辖法院的上级法院对下监督。移送破产管辖法院的上级法院收到执行案件管辖法院关于其下级法院拒绝接收材料,或未按规定裁定是否受理的函件后,应当指令移送破产管辖法院在十日内接收材料或作出是否受理的裁定。移送破产管辖法院收到上级法院的通知后,十日内仍不接收材料或不作出是否受理裁定的,上一级法院可以径行对移送破产审查的案件行使管辖权。上一级法院裁定受理破产案件的,可以指令受移送法院审理。”参见王富博:《关于〈最高人民法院关于执行案件移送破产审查若干问题的指导意见〉的解读》,载《法律适用》2017 年第 11 期。

于当前破解“执行难”和破产案件立案难的现实需要，结合地方经济特点，一些法院[①]曾提出是否能对非企业法人适用“执转破”制度，但按照《民诉法司法解释》《执转破指导意见》的规定，《龙岩执转破规定实施意见》明确可以“执转破”的案件仅限于被执行人为企业法人的案件。早在2015年12月，中央经济工作会议就提出供给侧结构性改革，“僵尸企业”的清理成为推进改革的重要一环。“执转破”制度在这一背景下产生，是“僵尸企业”快速出清，释放市场资源和司法资源的法律手段。《龙岩执转破规定实施意见》将“执转破”限定为企业法人，不仅顺应了经济社会发展的需要，更体现了立法精神和目的。

（二）被执行人住所地法院管辖

对于“执转破”案件的管辖地，存在两种意见：一种观点认为，应由执行案件的法院管辖，从而使案件在本院内移送，简化移送程序，有利于执行程序与破产程序的衔接以及“执转破”案件高效高质审理；另一种观点认为，应当由被执行人住所地法院管辖，从而与现有法律规定保持一致，《执转破指导意见》采纳了后者。[②]《执转破指导意见》第3条规定，执行案件移送破产审查，一般由被执行人住所地中级人民法院管辖，但基于案件情况、社会影响、司法效果等原因，中级人民法院经高级人民法院批准，也可以将案件交由具备审理条件的基层人民法院审理。《龙岩执转破规定实施意见》第15条规定，执行案件移送破产审查的条件之一即“被执行企业住所地位于执行法院所在地”，确定了被执行人的所在地。《龙岩执转破规定实施意见》的上述规定将被执行人所在地也一并规定在受案条件中，简化了“执转破”审理程序，有利于辖区内“僵尸企业”快速有序退出市场，优化营商环境和市场资源配置。

（三）当事人同意移送

前已述及，从《执转破指导意见》第4条可知，在执行过程中，“执转破”必须

---

① “广东高院公布的《关于执行案件移送破产审查若干意见》明确将法律、司法解释规定的可以参照适用破产程序的其他组织纳入‘执转破’的范围。”参见丁海湖、田飞：《“执转破”操作模式及相关实务问题研究》，载《法律适用》2017年第11期。

② 参见王富博：《关于〈最高人民法院关于执行案件移送破产审查若干问题的指导意见〉的解读》，载《法律适用》2017年第11期。

征询当事人的同意才能将案件移送破产审查,这是最高人民法院对执行法院的一种要求,也是执行法院应尽的职责,体现了一定的强制性。《龙岩执转破规定实施意见》在《民诉法司法解释》《执转破指导意见》等基础上,规定了“执转破”案件审查必须经过“申请执行人的书面同意”,成为其立案审查的要件之一。

(四)资不抵债

《执转破指导意见》第5条的规定,执行部门应严格遵守“执转破”审查的内部决定程序。承办人认为执行案件符合移送破产审查条件的,应提出审查意见,经合议庭评议同意后,由执行法院院长签署移送决定。要判定被执行人是否发生破产原因,应首先确定其债务总额以及资产总值,但这一问题对法院执行部门来说较为困难。一方面,即使运用执行网络查控系统调查被执行人资产情况,始终也无法全方位调查被执行人财产信息。即便信息联网,亦无法通过网络查控系统全面查控被执行人不动产、动产信息,如车辆信息等。针对这类情况,在破产程序中,管理人接管后,由法院开具调查令,管理人根据调查令尽可能实地调查被执行人的财产信息,全面清点债务人资产负债。因此,在执行程序中,执行部门的查控手段非常有限,更无法倾尽全部司法资源对被执行人的资产进行调查。另一方面,执行部门缺乏对被执行人清偿能力进行专业、客观评价的能力。当被执行人的资产无法清偿债务时,只能说明其在当时资产处于负债情况,但这并不意味着被执行人已完全丧失清偿债务的能力,因此,执行部门需要对被执行人资产状况进行综合评价。但一般来说,判断一个企业是否具有清偿能力,需要结合企业的审计、评估报告以及资产负债表等材料,这些材料事关企业的资产状况、财务支出、运营情况等,更需要专业评估审计机构作出评估意见,而这不属于执行部门的专业能力范围。综上,执行部门查找被执行人资产真实状况的能力、水平有限,同时,在执行程序中几乎无法通过管理人获得更专业、详细的财产情况和资产状况。因而,“执转破”的审查效果不佳,再加上可能出现被执行人不配合的情况,对破产原因的判断及证明程度也将产生影响。

《龙岩执转破规定实施意见》第9条第1款至第4款规定:“中院执行局应对执行案件进行初步筛查并建立台账,会同清算与破产审判庭共同审查,对符合本意见第十五条规定情形的,于三日内移送立案。各基层法院执行局参照前款规定建立台账后,根据本意见第八条进行会商,对符合本意见第十五条规定情形并决定移送的执行案件,应于三日内移送中院清算与破产审判庭审查。台账应至少包含以下内容:1. 执行案号、当事人名称、立案标的、已执行到位等标的等基本信息;2. 被执行人资产概况及已采取的相应执行措施;3. 被执行人债务概况;4. 被执行人清偿能力初步评估意见;5. 当事人意见。同一执行案件有多个作为被执行人的企业法人,可以分别启动执破筛查工作。”鉴于龙岩市的经济状况及司法实践情况,《龙岩执转破规定实施意见》的上述规定,尤其是台账中已执行到位的标的、被执行人资产概况、清偿能力的评估意见,便于承办人员了解每个执行案件的基本信息,直观掌握企业资产情况并及时更新被执行人的资产动态。可以说,这一规定破解了企业破产原因是否符合“执转破”的立案条件判断标准的困境。原因在于它基本上能够解决判断被执行企业是否缺乏清偿能力且资不抵债的问题。由相关机构或管理人对被执行人的清偿能力进行评估,审理团队根据专业机构作出的评估意见决定是否立案或受理被执行人的破产申请可以将判断被执行企业是否资不抵债的标准具体化和细化,在一定程度上保障法院破产审判部门对被执行人具备破产条件的判断的客观性,确保“执转破”立案审查的高效快捷。

三、材料移送

执行法院作出将符合条件的执行案件移送破产审理决定后,并不代表该案的破产程序就此开始。执行案件能否立破产案件,应当由受移送法院审查后作出是否受理的裁定。因此,执行案件管辖法院作出移送决定之后,应将案件材料移送至破产案件审判部门审查。《执转破指导意见》第 10 条对应当移送的材料作了列举。同时,《执转破指导意见》第 12 条规定执行法院移送破产审查的材料由受移送法院立案部门负责接收,而且是必须接收。作这一规定是为了避免受移送法院以材料不完备为由拒绝接收。同时,在接收材料后才对移送材料进行形式上的审查。《执转破指导意见》第 11 条强调,仅在移送的材料不完备或内容错误,影响受移送法院认定破产原因是否具备时,受移送法院才可以暂不立案,并要求执行法院补齐、补正。如移送材料虽存在瑕疵但依然能判断被执行人是否具备破产原因的,受移送法院不得拒收材料或不予立案。

司法实践中,各地法院根据法律、司法解释及相关文件的规定,在“执转破”

中规定了进入执行程序的被执行人在满足移送破产程序审理时,破产审判部门应当审查的材料。不同于执破会商对被执行人是否符合移送破产条件的审查,“执转破”案件由破产审判团队进行审理,因而除了审查是否符合破产条件外,还应当审查其他与案件相关的材料。因此,《龙岩执转破规定实施意见》第10条规定,在“执转破”中,“执行局作出移送决定后应当清算与向破产审判庭移送下列材料用于审查:1. 执行案件移送破产审查移送函,并附本意见第九条第三款所列台账;2. 执行案件移送破产审查决定书;3. 申请执行人或被执行人同意移送的书面材料;4. 执行局采取财产调查措施查明的被执行人的财产状况,已查封、扣押、冻结财产清单及相关材料;5. 执行局已分配财产清单及相关材料;6. 执行局中止对被执行人执行的民事裁定书,执行立案信息表、执行依据及相关执行文件;7. 执行局在执行程序中已经发现的被执行人及相关人员隐匿、转移财产等涉嫌逃废债行为线索的相关材料;8. 其他应当移送的材料”。

相对于《执转破指导意见》,《龙岩执转破规定实施意见》增加了第6项、第7项以及该意见第9条第3款所列台账,从审判工作的程序加强对被执行人是否具备破产原因即资不抵债的判断的客观性。换言之,该实施意见在审查被执行人是否具备破产条件之外增加了破产审判部门对其他材料的审查。因为“执转破”案件立案审查后,对破产案件具体案情进行审理并作出相应审理结果的是破产审判部门。

《龙岩执转破规定实施意见》并未规定审查材料的补正,但这方面的内容在《民诉法司法解释》中作了详细的规定,因此在“执转破”中,出现审查材料的补正的情况时,可以根据现有的法律法规及司法解释作出相应的补正。依据相关法律规定和司法解释等,执行部门移送破产审查的材料,受移送法院立案部门不得拒绝接收。执行部门移送的材料不完备或内容错误,影响破产原因认定的,受移送法院立案部门可以暂不予立案并一次性告知执行部门需要补齐、补正的内容。执行部门应于一定的期限内补齐、补正,该期限不计入受移送法院破产审查的期间。逾期未补齐或补正的,不予登记立案,并将相关材料予以退回。

第二节 执行程序当事人的权利保障

民事执行制度保障个别债权的实现,而破产制度旨在保障财产有限情形下对债务的概括清偿,因此,“执转破”将对执行程序当事人的权利产生实质性影响。为保障程序的公平公正,应赋予当事人程序性的救济权利,主要包括参加听证及提起异议,保障“执转破”的顺利进行。

一、听 证 程 序

《执转破指导意见》对于“执转破”过程中当事人的权利保障主要体现在第4条①和第7条②。执行法院在作出移送破产决定前,应加强对相关当事人的告知和征询工作。当事人对移送破产决定有异议的,可以向受移送法院提出。破产程序清偿规则的特殊性让申请执行人在破产程序中的权利与其在执行程序中的权利有差异,被执行人或个别申请执行人的同意促使被执行人进入破产程序,这对其他申请执行人的权利可能产生影响。虽然当事人在移送破产决定作出后可以提出异议,但此时案件已进入破产审查阶段,破产审查具有严格的期限及程序规定,申请执行人在执行程序的权利开始受影响。为充分保障“执转破”中当事人的权利,减少法院作出移送决定后当事人提出异议的可能,提高破产案件立案审查效率,针对被执行人所涉案件较多的情形,本书将从理论上探讨在作出移送破产决定前引入听证程序的做法,以程序规制的方式保障各方主体的合法权益。

(一)设立听证程序的价值表现

1. 完善“执转破”的需要

现有“执转破”的规定主要是对执行程序与破产程序的转化和衔接作出规范,从“执转破”的启动来看,经申请执行人或被执行人其中一方的书面同意,案件就可以从执行程序转入破产程序,启动破产审查。这种启动方式有利于实现设立“执转破”制度的目的,但是从其他权利主体和案件利害关系人的角度看则是被动地进入破产程序。“执转破”制度扩充了被执行人进入破产程序的渠道,

---

① 《执转破指导意见》第4条规定:“执行法院在执行程序中应加强对执行案件移送破产审查有关事宜的告知和征询工作……”

② 《执转破指导意见》第7条规定:“执行法院作出移送决定后,应当于五日内送达申请执行人和被执行人。申请执行人或被执行人对决定有异议的,可以在受移送法院破产审查期间提出,由受移送法院一并处理。”

增加了被执行人进入破产程序的概率，可能对其他当事人的权利产生影响。因此在移送阶段嵌入听证程序，有利于更加充分保障执行当事人的权利，强化“执转破”的正当性。同时在移送阶段嵌入听证程序可以有效减少移送后的破产审查阶段当事人的异议，整体上使程序进行更为顺畅，其实质是将当事人对“执转破”的异议提前至移送阶段。

程序的正当性是通过程序的开放性、当事人的参与性以及实体的公平正义共同塑造而成的。在听证程序中，当事人可以充分发表各种不同的意见，在双方之间形成辩论对抗，这种对抗能够促进纠纷事实的充分展示并有利于查明案件事实真相，从而推动诉讼进程并形成诉讼结果。听证程序具有开放性、当事人参与性的特点，在作出移送决定前举行听证，是推动“执转破”顺利进行的必要保证。

2. 缓解破产识别困境

从现有规定看，执行法官在作出移送破产决定前对是否可以“执转破”的判断标准和破产立案审查的标准是一样的。从《执转破指导意见》第 4 条规定来看，执行法院在执行过程中发现被执行的企业法人符合《企业破产法》第 2 条规定的，应当及时征询相关主体是否同意将案件移送破产审查。在作出移送破产决定前举行听证，既可以让债权人对被执行人的债权债务关系进行全面的了解，避免因为“信息孤岛”而出现信息不对称的情形，同时可以更加真实地了解债权人对案件进入破产程序的意见，以及是否有进行破产重整或破产和解的可能。另外，也可以让执行法官对是否符合破产条件进行更全面准确的甄别，有助于提升移送的成功率，减少无效移送。①

3. 保障当事人权利的需要

“执转破”打通了执行程序和破产程序。一般而言，符合破产条件的被执行人往往涉及大量的债权债务关系，除了已经进入执行程序的债权人，可能还存在很多尚未进入司法程序的债权人，这些案件一旦进入执行程序通常难以执行完毕。通过“执转破”，前述债权人通过申报债权即可参与破产案件，获得债权人表决及参与分配等权利，有效防止执行案件的增加。另外，“执转破”除了可以将执

① 参见白田甜、景晓晶:《“执转破”衔接机制的优化原则与实践完善》，载《法律适用》2019 年第 3 期。

行不能的案件从执行程序剥离外，还可以引导“僵尸企业”有序退出市场。对债权人而言，破产程序虽然可以使其债权得到更为彻底的清偿，更有利于对公司法定代表人、高级管理人员的相关责任的追究，但也可能因支付审计费用、管理人报酬等而使成本增加，以及因债权申报其可分配财产被稀释。因此，在是否启动“执转破”这一点上，法院与当事人移送“执转破”意愿的强烈程度并不必然一致。当前“执转破”操作模式本质上是当事人申请主义模式，但也具有一定的职权主义特色，①因此，有必要为当事人提供一定的救济。根据相关规定，破产立案审查决定应在破产审判部门收到材料后 30 日内作出。破产审查的时间较短，实践中多是进行形式审查，而我国对破产程序的启动采取受理主义，即一旦受理立案，破产程序即启动，将对债权人和债务人产生重大的实体性影响。因此，在作出移送破产决定前进行听证，既有利于人民法院查清破产原因是否具备，也有利于对当事人的权利进行更加充分的保护。

（二）设立听证程序的具体路径

1. 听证程序的启动

（1）听证程序的启动时间。由于作出移送破产决定对当事人的权利具有重大影响，破产程序启动后具有不可逆转性，因此，听证程序启动的时间应当是在执行法院作出移送决定前。因为这样有利于执行法院作出更为准确的判断。

（2）听证程序的启动方式。在申请执行人提出“执转破”的情形下，应尽量听取被执行人的意见，因为破产程序启动后，被执行人的财产将全部被破产管理人接管。同时，听取被执行人的意见对于查明财产情况尤其是是否符合破产的条件具有重要的意义。因此，法院可以依当事人申请开展听证，在特定情况下，可以依职权开展听证。

2. 听证程序的主体

参加听证程序的主体主要有债权人和债务人。在“执转破”中，可以尽量让更多的债权人参加听证，债权比例超过 1/3 的债权人应当参加，因为一般债权额占比较大的债权人对被执行人的财产情况较为了解，最关心对被执行人的执行

---

① 参见丁海湖、田飞：《“执转破”操作模式及相关实务问题研究》，载《法律适用》2017 年第 11 期。

情况，其他债权人则可以依申请参加听证。被执行人的法定代表人、实际控制人、财务人员也应当参加听证，他们对被执行人的财产情况较为了解，参与听证有利于查清公司的运行和资产情况。

3. 听证程序的审查组织

一旦被执行人进入破产程序将涉及众多主体，债权债务关系繁多，需要处理的法律关系往往较为复杂，因此组成合议庭进行审理更为合适。听证程序虽然没有严格的程序规定，但合议庭共同主持听证，除了可以快速查明案件事实，亦可以避免个人裁判的缺点，保障“执转破”的公正性。因此，听证程序原则上由合议庭进行审查。鉴于执行法官面对复杂破产问题时可能存在经验不足的情况，《龙岩执转破规定实施意见》创设“执破直通”机制，其中包含人员直通、团队直通机制，并于2022年在执行局成立“执转破”案件办理团队，进一步贯彻“执破直通”机制。因此较为复杂的案件中，可由承办案件的执行法官和办理破产案件的法官共同组成合议庭，组织听证会，进行审理。

4. 审查范围

听证程序的目的在于全面了解被执行人的资产、负债等情况，以便综合判断被执行人是否符合破产的条件。因此，在听证过程中，需着重审查的内容为：(1)被执行人的债权债务关系，不限于已到期的债务；(2)被执行人名下已经进入执行程序的案件情况；(3)被执行人的资产情况、经营现状，包括但不限于已经进入执行程序的财产；(4)相关问题的处置预案，包括但不限于财产的评估变现，职工安置等。① 对于重大财产信息及其价值变动等情况，尤其是对当事人提供或执行过程中发现的存在损害公司利益的线索，应当进一步核实。证据的认定和审查规则可参照普通民事诉讼中的证据规则。

5. 听证程序中的承诺禁反言规则

作出移送破产决定前举行的听证，目的在于让当事人充分陈述意见，利于执行法院在听取各方意见的基础上对被执行人是否符合破产的条件形成更加准确的判断，从制度上提高“执转破”移送的成功率，提升破产立案审查的效率。因此，除非当事人有充分的理由，如出现新的事实，原则上当事人在听证会上作出

① 参见陈琳：《完善执行转破产程序衔接中的信息双向沟通机制》，载《人民司法》2020年第28期。

的陈述和承诺仍然适用于破产立案审查和后续的破产审查中，这也是诚实信用原则的体现。

二、异 议 程 序

（一）“执转破”中的异议权

执行异议制度是人民法院强制执行过程中最重要的程序救济手段。执行异议的目的是解决法院强制执行过程中衍生的程序和实体争议。执行法院移送被执行的企业法人进行破产审查时，申请执行人或者被执行人出于自身利益的考量不同意企业法人被移送破产的，便可以通过异议程序来寻求救济。在“执转破”中，可能存在执行程序中拥有优先受偿权的首先查封申请执行人因执行转破产，其查封财产必须与轮候查封债权人共同进行分配，导致其原本能够在执行程序中获得清偿的债权被延缓实现或被稀释，执行异议制度的设计便是赋予其一定的救济权来保护自身利益。此外，在破产程序之中，普通债权人也可分配到被执行人的财产，被执行人出于逃避债务的目的，可能会通过案外人提出所有权执行异议的方式，达到拖延或阻碍破产程序进行的目的，以避免其财产被执行或分配给债权人。因此，“执转破”中的异议在实务中难以避免。

根据民事诉讼程序的相关理论，对“执转破”的异议通常存在两种处理方式：一是将“执转破”的异议定义为执行异议，由负责执行的法院来处理异议。根据《民事诉讼法》第 236 条规定，当申请执行人或者被执行人对执行移送破产的决定不服时，当事人可以通过向执行法院的上一级法院申请复议来进行救济。这种方式的优点是执行法院在执行案件被移送破产之前负责审查异议，能够使移送破产决定中存在错误的情形得到及时的更正，因此能够在一定程度上避免司法资源的浪费。二是对于“执转破”的异议不以执行异议来对待。该种方式下，申请执行人和被执行人要向受移送法院提交异议申请，由受移送法院负责审查。在实践中，多数情况下申请执行人和被执行人并非针对执行行为和执行标的提出异议，而是认为被执行的企业法人不符合《企业破产法》第 2 条规定的破产条件。在第一种方式下，执行法院仅能通过形式审查来判断被执行人是否符合破产原因要件，但是否具备破产条件应当是受理破产申请的法院进行实质审查的内容，由该法院在客观证据的基础上予以认定审查更为妥当。从权利保障的角度来看,当事人的异议诉求也完全可以在破产程序或之后的恢复执行程序中得到足够的保障。另外,若申请执行人和被执行人提出异议的时间在破产审查期间内,更不应当由执行法院进行处理。对此,《执转破指导意见》第7条①原则性规定了“执转破”中的异议处理方式,采纳了非执行异议的处理方式。

(二)“执转破”中被执行人异议

在“执转破”中,被执行人异议本质上属于破产法制度中的债务人异议。②从主体上看,无论是执行程序还是破产程序,被执行人作为债务人的身份是没有发生变化的,只是不同的法律程序中的不同称谓,被执行人移送破产之后,便由执行程序中的被执行人变成破产法中的债务人。从程序上看,申请执行人对于被执行人的债务清偿能力并不十分清楚,需要受理破产申请的法院对被执行人的破产原因进行实质审查。因此,被执行人的异议应当根据《企业破产法》第10条,③并结合《执转破指导意见》第7条进行处理,被执行人对决定有异议的,应当自收到执行法院的决定之日起7日内向受移送法院提出。受移送法院应当自异议期满之日起10日内裁定是否受理。因案情复杂或需查阅执行程序中的其他案件材料等特殊情况需要延长规定的裁定受理期限的,经上一级人民法院批准,可以延长15日。法律之所以赋予被执行人以异议权,主要原因有以下三点:一是作为被执行人的企业法人并不必然具备《企业破产法》第2条的要件,即便在执行程序之中,执行法院以推定形式初步认定被执行人符合破产原因要件,即将“经过法院的强制执行程序,发现被执行人名下确无财产可供执行”的情况认定为“被执行人已符合破产实质要件”,被执行人是否真正地具备破产原因也必须根据客观证据进行判断。二是在“执转破”过程中,可能存在申请执行人为了达到诋毁对方商誉或者干扰被执行人正常经营等不当目的,恶意滥用权利。三是

① 《执转破指导意见》第7条规定:“执行法院作出移送决定后,应当于五日内送达申请执行人和被执行人。申请执行人或被执行人对决定有异议的,可以在受移送法院破产审查期间提出,由受移送法院一并处理。”

② 参见周建良:《执转破当事人反悔及异议的处理》,载《人民法院报》2017年5月10日,第7版。

③ 《企业破产法》第10条第1款规定:“债权人提出破产申请的,人民法院应当自收到申请之日起五日内通知债务人。债务人对申请有异议的,应当自收到人民法院的通知之日起七日内向人民法院提出。人民法院应当自异议期满之日起十日内裁定是否受理。”

执行到位标的额需被执行人进一步确认。对此，被执行人通过执行异议寻求救济，向法院充分表达诉求以维护自己的合法权益。

（三）“执转破”中申请执行人异议

申请执行人在“执转破”中的异议可以参照《企业破产法》第10条和《执转破指导意见》第7条处理。因为在“执转破”过程中，无论是申请执行人异议还是被执行人异议，目的都是维护自身的合法权益，关乎的是破产案件能否被法院受理。根据诉讼权利平等原则，当事人之间行使权利的地位应当相同或者对等。因此，被执行人行使异议权的程序性规定，如破产法院通知、裁定是否受理、特殊情况延长等，同样适用于申请执行人。

（四）“执转破”中案外人异议

根据《企业破产法》第10条规定，受理破产申请的法院应及时将破产申请通知债务人，债务人可以向法院提出异议。在破产程序中，案外人基于实体权利提出异议，法院应当查清争议财产的权属并确定财产是否归属于债务人。如果法院经过实质审查发现被执行的企业法人不符合破产原因要件，应当裁定不予受理，原执行法院则要即时恢复执行程序，根据《民诉法司法解释》第514条的规定，①按照保全先后顺序清偿债权，从而让首先保全债权人的优先受偿权利得到保证。

（五）“执转破”中异议审查方式

法院应当根据案件的具体情况，选择采用书面审查方式或听证方式进行异议审查。通常情况下，法院根据执行材料足以对“执转破”中的异议是否合理、合法作出判定。因此，对“执转破”中的异议，可以采用书面审查方式。采取听证方式审查“执转破”中的异议，是相对稳妥、全面的方式。但听证程序基本与一般民事案件审理程序类似，需由法院主动召集申请执行人、其他债权人和被执行人等一并参加，遵循陈述、举证、质证、辩论等一般流程，同时需查明被执行人申请破

---

① 《民诉法司法解释》第514条规定：“当事人不同意移送破产或者被执行人住所地人民法院不受理破产案件的，执行法院就执行变价所得财产，在扣除执行费用及清偿优先受偿的债权后，对于普通债权，按照财产保全和执行中查封、扣押、冻结财产的先后顺序清偿。”

产的证据。若全部采用听证审查，不仅会严重降低程序的效率，而且会造成司法资源的浪费。因此，法院只有在案情复杂、争议较大的情况下才能选择听证程序，主要包括四种情形：一是被执行人的债务关系复杂；二是被执行人标的物价值较大，可能具备清偿债务能力；三是“执转破”中需要查明事实较多的；四是其他法院认为属于案情复杂、争议较大的。

第三节 人民法院的职责及绩效考核机制

“破产启动难”是《企业破产法》运行不畅的主要原因之一，这既是因为社会公众对破产制度的认知及接受程度较低，也是因为大量“执行不能”的案件不能依法进入破产程序，影响了市场主体的退出。“执转破”机制虽然可以有效缓解“破产启动难”的问题，但各地法院陆续形成并开展“执转破”机制的效果参差不齐，其中执行法院与受理破产案件的法院之间职责不明、法院绩效考核激励不足是执行与破产程序衔接不顺畅的重要原因。本节将分析执行法院与受移送法院的职责及绩效考核机制，并将此作为“执转破”机制的配套制度，化解“破产启动难”的困境。

一、执行法院的职责及绩效考核机制

（一）执行法院的职责

《执转破指导意见》对执行法院的职责主要规定在第二部分“执行法院的征询、决定程序”和第三部分“移送材料及受移送法院的接收义务”中，包括充分保障当事人的知情权、异议权等合法权益，被执行人财产价值存在减损可能时应及时变价处置，全面履行财产保全义务、材料移送义务等。其中，执行法院全面履行材料移送义务需要以掌握被执行人财产状况及查控的财产情况、被执行人的债务情况为前提，而既有规定较为简略，实务操作中存在很多不明晰的地方。该问题主要集中在被执行人是否初步符合启动破产条件的证据材料收集方面，特别是执行法院对于被执行人“不能清偿到期债务，并且资产不足以清偿全部债务或者明显缺乏清偿能力”的证据材料是否应当达到确实充分的程度，是否属于执行法院的职责等方面。执行法院认为，在执行过程中发现被执行人具备破产条

件即可移送,至于证据材料的收集及证据是否确实充分,不属于其办理执行案件职责范畴。受移送法院则认为“执转破”案件需执行法院负责提供符合破产立案的证据材料,且证据材料需达到破产受理立案条件。因此,“执转破”案件受移送法院迟迟难以立案,而执行法院的移送破产决定又已作出,执行程序中止,当事人容易滋生不满情绪。

因此,有必要进一步明确执行法院在“执转破”中的职责。具体而言,执行法院在“执转破”中的职责应包括提供查明被执行人符合破产条件的证据材料及履行征询程序相应的证明材料等。将提供查明被执行人符合破产条件的证据材料的职责赋予执行法院,有利于解决破产案件开源难题,这也是推动“执转破”的关键。执行法院对被执行人财产情况最为了解,也有能力调取相关证据材料,这使得破产立案更容易推进、更有利于后续破产案件审理。因此,笔者认为,执行法院在“执转破”中应查明的证据材料具体应包括:(1)被执行人为企业法人的证据材料,即被执行人的登记证明材料;(2)被执行人的财产状况及财产查控情况,含动产、不动产等固定资产、股权投资、有价证券、其他应收账款、银行存款,以及商标权、专利权等无形资产相关的证明材料及财产查控情况;(3)被执行人的债务清单,含中国执行信息公开网查询的被执行人执行案件清单、执行系统中显示的辖区执行案件的执行根据及执行标的证明材料,以及执行案件中查明的债务情况等;(4)申请执行人或被执行人同意移送的书面材料;(5)执行法院履行征询、决定程序的证明材料等。

在实践中,龙岩中院将查明被执行人符合破产条件列入执行法院职能,形成一整套实务操作机制。该院打破审判条线壁垒,组建由执行人员和破产审判法官共同组成的“执转破”审判团队,实现“人员直通”,同时整合执行、破产两个程序规则,细化案件移送标准,明确启动条件、程序衔接、材料移交、责任划分等事项,有效明晰职能,实现“程序直通”。在人员调配上,为解决执行法院对破产程序不熟悉的状况,考虑在执行局增配具备破产审判和执行实务经验的法官,牵头推动“执转破”有效衔接。同时,在执行局配备专人负责“执转破”工作,定期进行执行数据分析,找寻破产案源,定期跟踪拟移送破产的案件证据收集进度,对证据收集中遇到的问题及时整理提交法官处理,解决破产前端无人管理的困境。2020 年 9 月至 2023 年年底,龙岩中院通过“执破直通”机制移送破产案件近 400 件,通过破产重整释放企业存量资产 70 亿余元。

(二)执行法院的绩效考核机制

目前,最高人民法院对执行法院“执破直通”机制中的工作如何进行绩效考核没有明确的文件规定,全国法院尚未建立统一的“执转破”绩效考核机制。因执行权运行的特殊性,执行人员的办案绩效需单独考核。而在执行绩效考核评估体系中,特别是涉及执行质效、执行综合管理等方面,对“执转破”未单列考核指标,部分地方法院虽有但占比值过小,基本起不到激励作用。此外,因“执转破”仅是起到中止执行的效果,在全国统一的执行系统上,仍是未结执行案件,影响执行人员执行案件结案周期,故执行人员推动“执转破”的积极性较低。如何科学衡量“执转破”工作量,并相应调整执行质效相关联指标,是促进执行法院“执转破”有序运转的关键。在理论界,有学者建议最高人民法院统一调整与“执转破”相冲突的审执质效评估指标,将“执转破”案件执行中止、终结本次执行、执行终结案件不计入执行案件质效评估指标之中,单独设立考核评估指标,或者归入破产审判类作为衍生案件一并考核评估,同时科学评估“执转破”法官工作量,由最高人民法院统一制定“执转破”工作量标准,移送1件“执转破”案件至少折算0.5件执行实施类案件,“执转破”被裁定受理的,折算案件量应加倍按1件计算。①

在实务界,部分高级人民法院虽出台破产案件绩效考核文件,但对“执转破”案件绩效规定过于原则,缺乏细化规定。对此,龙岩中院根据该市公司强制清算与企业破产案件的审理特点及破产审判工作实际状况制定了《龙岩市中级人民法院破产案件绩效考核办法(试行)》,建立了执行法院“执转破”绩效考核制度。该制度明确了执行人员完成审查“执转破”案件并立“破申”号案件折抵执行案件的标准,执行人员承办破产案件的折抵案件的标准,执行人员参与执破团队破产清算案件审理工作折抵案件的标准,全程参与审结执破团队破产重整、和解案件折抵案件的标准及执行人员参与破产程序并终结破产企业的执行奖励及工作突出奖励等,实现了“执转破”案件单列化考核。

---

① 参见陈唤忠:《“执转破”常态化实施路径优化研究》,载《法律适用》2020年第3期。

二、受移送法院的职责及其绩效考核机制

(一)受移送法院的职责

关于受移送法院的职责,《执转破指导意见》作了初步规定,明确了受移送法院的接收义务、审查与受理职责,即受理破产案件的法院对执行法院移送的案件进行接收、审查,符合破产条件的,予以受理的义务。《执转破指导意见》并未明确破产案件的立案条件,导致实践中执行与破产程序衔接不顺畅。执行法院执行人员不熟悉破产受理需提交的充分证据材料;有些受移送法院的法官则认为,这是多出的工作,费时费力。这导致实践中破产进度难以推进。部分受移送法院甚至认为执行法院应当多提供“三无企业”案件,而将符合条件的有财产的被执行人拒之门外,或慎之又慎。对“三无企业”案件,执行法院已经裁定终结本次执行,对其无太大意义,只有有财产的被执行人转入破产程序方能减轻执行法院负担。因此,受移送法院的职责应当明确受移送法院需行使对执行法院的指导职能及落实符合破产案件立案条件必立的职责,以解决“执转破”僵局和破解破产案件选择性立案的困境。

(二)受移送法院的绩效考核机制

绩效考核是衡量法院工作完成情况的手段,是促进法院审判执行业务及法院管理的重要制度。绩效考核的基本方法分为定量方法和定性方法。定量方法是以数量来体现办案业绩,如员额法官办案数;定性方法主要是以定性评价来综合概括员额法官业绩情况。长期以来法院考核采用定量为主、定性为辅的方式。破产案件绩效考核与破产案件业务办理直接相关。因破产案件与审判执行案件不同,审理周期较长,“质”和“数”亦不同,需尊重司法规律,科学确定破产案件审理绩效考核标准。2019 年最高人民法院办公厅《关于强制清算与破产案件单独绩效考核的通知》(法办〔2019〕49 号)实现了破产案件绩效单独考核。破产案件审理绩效与民商事审判案件、刑事案件及执行案件如何科学合理折算,是法院绩效考核精细化的重要内容和难点。

针对如何合理计量,实现不同类型案件合理折算、不同办案业务部门和人员的绩效可比性、绩效评价的相对合理性的问题,龙岩中院出台《龙岩市中级人民

法院破产案件绩效考核办法(试行)》,建立破产案件绩效单独考核制度,对破产案件考核原则、考核标准、立破直通、诉破直通及执破直通的绩效考核标准作了规定。在考核原则上,参照民商事案件的考核标准,确定折抵比例,将清算与破产审判合议庭、破产审判法官单列,进行单独考核;与其他业务部门考核评比,则通过以普通民商事案件为参照基准,确定破产案件程序折算、归类折算、难易差异、平台规范等折算标准。该考核方式有效地解决了破产案件办理绩效问题,极大激励了破产审判团队的工作积极性。

龙岩中院的做法是在以普通民商事案件考核标准为参照基准的基础上进行相应折算,破产审判法官绩效以普通民商事案件考核的第二档为考核基础。所谓参照普通民商事案件,是指基层人民法院以普通民商事一审案件、中级人民法院以普通民商事二审案件为参照标准。公司强制清算与企业破产案件,对应的类型代字包括“破申”“破”“破终”“破监”“清申”“强清”“清终”“清监”等。难易差异考核主要根据疑难复杂程度将公司强制清算与企业破产案件分为简易、普通、复杂三类案件进行折抵。具体而言:

1. 程序案件折算,审结“清申”“破申”“清终”“破终”“清监”“破监”字案号的案件 1 件,折抵 3 件普通民商事案件。

2. 破产简易案件折算,按简易程序审结 1 件破产清算案件,折抵 20 件普通民商事案件。

3. 普通案件折算,建议按普通程序审结 1 件破产清算案件,折抵 40 件普通民商事案件。

4. 重整、和解案件折算,审结 1 件破产重整、和解案件,折抵 60 件普通民商事案件。

5. 预重整案件折算,审结 1 件预重整案件,折抵 40 件普通民商事案件。

此外,对于企业破产清算、重整、和解、预重整、公司强制清算等复杂案件的确定,可结合债权人人数、是否存在关联企业合并破产情形等因素对折抵比例进行调整。认定案件疑难复杂程度时,应当考虑企业性质、股东人数、企业职工人数、债权人人数、债权债务金额、财产数量和处置难易程度、涉及法律关系、社会影响以及合议庭的工作量、审理周期等因素。符合疑难复杂情形之一的折抵 15 件普通民商事案件,符合两种及以上情形的,按每种情形上浮 7 件普通民商事案件累加计算。年终时破产案件未审结的,可以在认定案件疑难复杂程度的基础上,根据审理进度酌情分段折抵案件数。

第四节 "执转破"中的档案管理问题

企业档案是企业生产经营活动中的重要记录,其意义在于:(1)解决企业纠纷的重要证据资料;(2)数字经济时代下企业的重要数据资产;(3)企业所在地经济发展与文明演进的时代缩影;(4)当地商业文化的"活化石"。在破产程序中,整理、鉴定与保存企业档案,既有利于为企业的"最后一公里"提供优质高效服务,也有利于企业档案的资产化与商业利用,更为当地的商业文化建设履行社会责任。在企业档案管理中,"执转破"与直接申请破产的差异性在于,"执转破"案件的前端诉讼与执行的期间较长、企业经营长期停滞,档案管理存在较长的"空窗期",不可归责于具体管理人员的档案缺失、损毁甚至遗失、保管不善等问题也更为严重,既妨碍企业破产审判工作,也增加了破产处置工作的风险。

一、破产企业及相关部门档案意识薄弱

档案意识是"人们对档案的性质和价值的认识"以及"对档案工作的性质、地位和作用的认识"。[①] 这种认识直接决定档案工作能否获得重视、档案能否得以保存与利用、档案的经济与文化价值能否得到实现。在实践中,影响企业及相关部门档案意识的因素包括档案的实践价值、相关主体的态度与能力、机会成本等。为了发掘这些因素,笔者通过访谈与问卷等方式对不同类型的主体做定性与定量测试。总体而言,企业及相关部门的档案意识相对薄弱。

企业及相关部门档案意识的薄弱点主要表现在:一是缺乏专职的档案管理人员,档案价值的识别与保管意识缺乏。相对于合同档案、财务报表等具有重要凭证价值的档案,技术类档案、劳动人事类档案的价值并未得到应有的重视。二是档案记录与保存缺乏系统性,部分档案资料残缺不全,影响了资料的完整性与可信度。尤其是企业管理、生产经营、职工奖惩、人事考核等方面的资料,只有保

---

① 参见尹美京、任凤仙:《档案意识与档案工作的关系之我见》,载《档案学通讯》2008 年第 3 期。

持连续性,才能全面展示企业的经营管理活动,才对研究企业的经营管理经验与教训具有资料价值。三是档案保管缺乏必要保障。部分企业没有专门的档案保管设备与场所,致使部分纸质档案受潮发霉、字迹淡化,部分保存在U盘、光盘中的档案无法读取。而且,档案保管整体并未实现信息化与网络化,以致档案的遗失、遗忘与变质风险较大。尤其是在“执转破”案件中,即使破产企业原本有专职的档案管理人员和健全的档案管理制度,也可能因企业长期处于瘫痪状态,管理人员早已离岗,档案长期处于无人问津状态。据某管理人介绍,在接收整理档案时,企业的全部档案杂乱地装在几个破旧的编织袋中,堆放在企业的仓库中,无人管理,而且资料的破损严重。管理人团队仅理顺档案就花费了近半个月的全时时间。

产生这种问题的原因在于:第一,档案的前期以成本形式体现,实际价值的体现比较滞后,而且可能存在价值外溢。虽然档案的形成与制作成本主要体现在办公费用与人力费用上,甚至是随着经营管理活动的推进附随产生的,但是一旦与档案相关联的事务完成,档案的价值就暂时隐藏了。只有在查询与核对相关信息时,才需要档案。这些档案对证明员工的入职离职、社保、工资收入有一定价值。不同企业的档案汇总起来对当地经济发展、商业文化的研究具有重要价值。只不过,后两种价值对企业没有价值,是典型的企业承担成本而员工或者社会受益的情形。第二,档案价值的识别与鉴定是专业性极强的事项,亟须邀请专业机构或专业人士参与。尤其是在“执转破”案件中,企业更没有精力、财力来鉴别、保管或处置档案。

为了了解专业人士对破产企业档案的意识,笔者以龙岩市管理人为调研对象,于2022年9月17日至24日通过腾讯问卷小程序开展了问卷调研,共获得48份有效问卷。测试采取里克特量表,内容围绕管理人的意识展开,包括对档案基础知识、档案价值、档案规范化管理、档案保管费用等方面的认识,多角度、多层次、系统性地测试了以管理人为代表的专业人士的档案意识。其中,分值越高代表对相关问题的重视或认同程度越高。

调查结果表明:

第一,关于档案基础知识的认识存在分歧。在对破产企业档案所有者的调查中,约6.2%的被调查者认为归属公司股东,约8.3%的被调查者认为归属债权人,约47.9%的被调查者认为归属公司,约37.5%的被调查者认为归属法院。对这些回答作进一步追踪抽样调查后发现,被调查者对破产企业档案范围的认识也不一致,部分认识是不合理的。例如,如果档案属于公司股东或债权人,在公司注销后,这些档案就应当移转给公司股东或债权人。这显然既不利于档案的后续开发利用,又不利于管理人开展工作。

对档案基础知识的实践认知分歧暗合了关于破产企业档案的理论争议。破产企业的档案比较丰富,可大致分为“管理人接收的破产企业破产前的经营管理档案以及破产程序中新生和变更的档案”“法院在审理破产案件中所收取和产生的文书资料”“管理人接管企业后履行管理人职责推进破产程序形成的裁判文书和相关文件材料”等三类。① 关于破产企业档案的范围,一种观点认为,破产企业档案是“企业在正常经营状态下形成的文件和企业进入破产程序后形成的破产申请书、立案通知书、债权债务清单、固有资产流动清册、资产分配清册、法院裁定文书等文件”②。这一观点的核心在于破产企业档案仅指归属企业所有的档案资料。另一种观点认为,破产企业所有的档案、与破产企业有关的法院档案、管理人档案、清算组档案和律师事务所档案等都属于破产企业档案。③ 如此一来,与破产企业有关的档案就会有不同的权属,也会有不同的利用方式。

两种观点的分歧在于是否应当将不属于企业所有的档案也纳入破产企业档案范围。从价值看,无论归属于何种主体,只要对企业有价值、对研究企业成败得失与商业文化有价值,就应当属于破产企业档案。这也是一种整体管理思路。但是,从权属与管理的便利性看,其他有明确归属主体的档案已经可以得到较好保存与利用,只有归属于破产企业的档案在企业注销后没有明确的管理主体,才需要特殊的管理规定。如果档案属于法院,就不会存在归档的困难与利用障碍。在实践中,为指导管理人履职,破产企业档案仅是企业所有的档案。本书遵从实践做法,从现实问题出发,将破产企业档案限定为企业所有的档案,即企业在法院裁定受理破产申请前形成的、由管理人接管的经营管理档案以及管理人在履职过程中新生和变更的档案。以此统一管理人的认识,也会对破产企业档案的规范管理提供明确指导。

---

① 参见徐阳光、朱琳薇:《破产企业档案的规范化管理和利用机制探析》,载《档案学通讯》2020年第4期。

② 陈科林、郭若涵:《破产企业档案处置的困境与对策》,载《档案学研究》2021年第5期。

③ 参见孙军:《破产企业档案管理:权属与责任》,载《档案管理》2020年第6期。

第二,关于破产企业档案价值的认识也有差异。总体而言,约有 50% 的被调查者认为破产企业档案很重要,约 20.8% 的被调查者认为破产企业的档案重要,但是仍然有近 3 成的被调查者并没有充分重视破产企业档案的价值。在调查中,笔者将档案细分为五大类做进一步调查,各类别档案的重要性认识与总体认识比较一致,但是也有独特性。具体而言,被调查者对会计档案的重要性认识更趋一致,达到 79%,对科研资料和知识产权等技术类档案、管理类档案的重要性有一定共识,但是对人事档案、客户档案的重要性认识则有较大分歧(如表 1 所示)。实际上,人事档案是企业职工个人信息、工作履历、社保信息的重要记录凭证,对因企业破产而失业的职工的就业、保险、养老等事项有重要影响。虽然这些档案对企业没有实际价值,但是破产管理人并非仅为企业服务,而是具有相对中立地位、享有独立与法定职权与职责的特殊结构,应当为职工利益尽到相应责任。同时,未申请专利的技术类档案与客户档案是企业重要的商业秘密载体,具有重要的市场价值,也是企业的重要无形资产。这些档案资料是企业持有的商业秘密的重要证据资料,也应当引起破产管理人的高度重视。由此可以发现,破产管理人的档案意识仍有待提高,对部分类型档案资料的重要性认识不足,可能影响其相应价值的发掘与实现。

表 1 对破产企业档案重要性的认识

认识	会计档案	人事档案	技术类档案	管理类档案	客户档案
很重要	79%	36%	52%	50%	44%
重要	13%	27%	29%	27%	23%
一般重要	6%	25%	15%	17%	23%
不重要	0	8%	2%	4%	6%
很不重要	2%	4%	2%	2%	4%

第三,对破产企业档案规范化管理的重视程度不够。虽然有 81.2% 的被调查者指定专人负责破产企业的档案管理,有 72.9% 的被调查者指定的专人或者团队成员具备档案管理基本知识,但是档案管理的规范化程度并不高,有些专门负责档案管理的人员并没有具备基本的档案知识。例如,除档案接收与日常保管工作外,仅有一半左右的被调查者制定了关于档案的分类编制、查阅、处置与移转的规范化流程,甚至只有 33.3% 的被调查者制定了破产企业档案的鉴定工

作流程(如图1所示)。档案鉴定的规范化程度不高,会影响有价值档案的发掘与留存,直接影响档案三重价值的发挥。

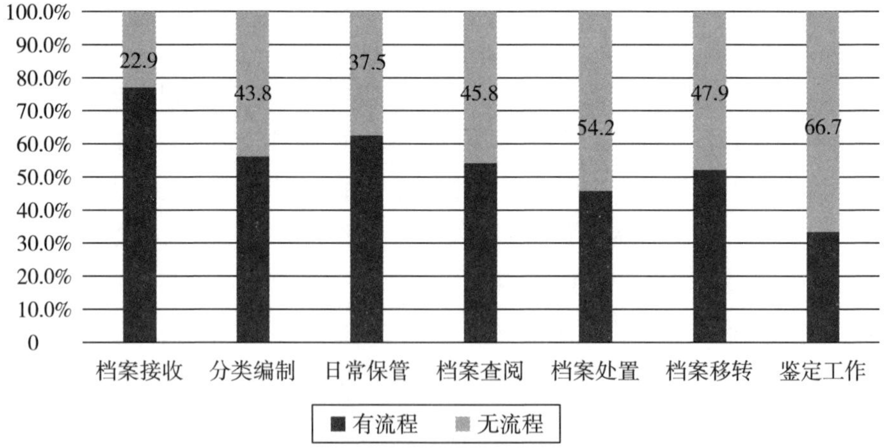

图1　破产企业档案日常管理规范化程度

第四,未预留破产企业档案保管费用。据调查,有58.3%的被调查对象没有在破产财产分配前预留破产企业档案的保管费用,而又有77.1%的被调查对象认为破产清算后,综合档案馆更应当保管破产企业档案。在无预算的情形下,这种保管难以执行到位,也会影响到破产企业档案的最终处置。其中的矛盾与冲突反映出的是对破产企业档案价值的漠视。

二、破产企业档案管理工作的难点

管理人接收企业档案,既是履行职责的需要,也是针对破产企业的权利。根据《企业破产法》第15条的规定,自人民法院受理破产申请的裁定送达债务人之日起至破产程序终结之日,债务人的有关人员承担妥善保管其占有和管理的财产、印章和账簿、文书等资料的义务。管理人可以要求债务人指定专门人员履行这一保管义务,也可以直接接收相关材料。同时,根据《企业破产法》第25条的规定,管理人履行接管债务人的财产、印章和账簿、文书等资料的职责。这又表明管理人有义务接收破产企业的档案资料。在实践中,部分企业对管理人的决定不予配合,或者不完全配合,或者以资料不存在或者不全为由不移交。虽然根据《企业破产法》第127条第2款的规定，如果债务人拒不向管理人移交财产、印章和账簿、文书等资料的，或者伪造、销毁有关财产证据材料而使财产状况不明的，人民法院可以对直接责任人员依法处以罚款。但是，在“执转破”案件中，企业名存实亡，营业场所常常是人去楼空，管理人往往无法知晓破产企业是否仍保有相关资料而难以继续开展工作。同时，档案保管的责任主体不清晰，责任追究机制实际上无法发挥作用。

企业档案管理并非按照资料所涉当事人进行归类、整理与保管，而是增加了档案鉴别、核实与管理的难度。在破产管理实践中，部分企业的财务资料、人事资料、知识产权资料、固定资产资料、合同资料等通常是按照年度进行归类。破产管理通常是围绕债权人展开，档案要求一人一归档，与年度归档、一事一归档具有较大差异。实践中，进入执行程序的破产企业档案资料乱堆、乱放、污损，既无顺序可言，部分资料也可能损毁灭失。此外，资料查找困难，部分存放单位不支持、无故推托，部门之间相互推诿，部门协调机制不健全，府院联动机制的落实仍需要加强是实践难题，而重新整理企业档案顺序，对档案资料查漏补缺，是破产企业档案管理的常见工作，也是比较困难的工作。

部分企业保密意识不强，涉及企业商业秘密的资料并未采取有效的隔离措施，而且商业秘密载体借阅记录不完整。这给企业商业秘密认定与企业资产价值评估带来了很多风险。在破产企业档案接收与管理中，由于缺乏明确标识，这些档案资料极易被泄露。虽然并非所有企业都存在类似问题，但是管理人接管破产企业时，并不知晓是否存在商业秘密。因此，在档案接收中，如何识别秘密，如何识别秘密类型与等级，如何采取保密措施等，都是棘手的问题。

破产企业的档案在破产程序进行中发挥重要作用，如何保管档案是一个现实问题。因为管理人可以依法占有档案资料，但是管理人并非档案资料的权利人，无权处置档案资料。妥善保管既是合法占有人的权利，也是义务。判断保管行为是否妥善，存在一定的制度盲区。与此相伴的是，破产程序终结且企业注销后，档案资料对破产企业及其债权人的价值已经实现。但是，这并不是说破产企业的档案资料已经毫无价值。部分档案资料反映了企业当地的商业文化、工业文明、经济发展状况与社会生产方式，对学术研究、地方志编写具有重要的资料价值。当然，部分档案资料可能确实已经没有保存价值。这就产生两个问题：一是如何鉴别档案资料的历史文化价值、学术价值。管理人通常不具备档案学、历史学、社会学等方面的知识。如果聘请专业人士参与鉴别,就需要鉴别程序与鉴别费用。尤其鉴别费用就是不得不面对的一个负担。二是如何处置确实无价值的档案资料。虽然是无价值档案资料,但是擅自处置也面临追责风险。如何制定相关程序,保障档案保管人的权益,极其重要。

三、破产企业档案管理的有益经验

管理人对于自己接收的或者指定破产企业专门人员管理的档案,应当进行分类整理。这是管理人应当履行的第一项企业档案管理义务。按照档案的性质进行划分,破产企业档案可以分为六大类,分别是:基建、车辆、办公用品、生产设备等实体类档案;党群工作、企业管理、生产经营、企业年报、审计报告等管理类档案;土地使用权证书、股权证、科研资料、知识产权等无形资产类档案;财务报表、会计凭证、会计账簿、银行票据、纳税资料及凭证、验资资料等会计类档案;在职人员、离退休职工、死亡职工、职工奖惩、人事任免、考核结果等劳动人事类档案;主管部门设立批准文件、公司章程、股东协议、公证文书、涉诉文书资料等其他档案。[①] 这些档案无论是在企业进入破产程序前形成的,还是在企业进入破产程序后管理人履职过程中形成的,都属于破产企业的档案范围。对于前者,管理人在接收档案时,应与破产企业相关人员做好交接记录。对于后者,管理人有义务自己做好记录、归档与保存工作。

管理人对破产企业档案应当进行核实补充。无论是对破产企业相关人员主动移交的档案资料,还是对遗失、残缺的档案,管理人都有核实补充义务。一方面,企业档案资料既有原始资料,也有汇总资料,这些资料是否存在错漏、相互之间是否一致,都是需要进一步核实的。如果对同一事项的两份档案有不一致,就需要结合相关资料进行核实印证,或者询问直接经手人员消除潜在冲突。另一方面,对某些不齐全的原始档案、部分资料欠缺但有迹可循的档案,管理人更要从行政管理机关、银行、交易相对方等渠道入手,查找与复制原始凭证,形成系统全面的破产企业档案资料。在实践中,管理人接收、整理破产企业的档案后,都

---

① 参见镇江市京口区人民法院和镇江市破产管理人协会制定的《破产企业档案管理办法(试行)》第5条;曹丽、李国军主编:《破产案件操作指引》(第3版),人民法院出版社2020年版,第54~57页。

需要向当地的劳动和社会保障部门、登记机关、税务部门、银行等部门调查取证，并在债权申报过程中逐一与企业档案核对，保障档案内容的一致性与准确性。

管理人对破产企业档案应当进行保密。保密义务主要包括三方面：一是保守国家秘密，维护国家安全和国家利益。根据《国家安全法》第 2 条的规定，国家安全是指国家政权、主权、统一和领土完整、人民福祉、经济社会可持续发展和国家其他重大利益相对处于没有危险和不受内外威胁的状态，以及保障持续安全状态的能力。国家安全又可以分政治安全、国土安全、军事安全、经济安全、文化安全、社会安全、科技安全、信息安全、生态安全、资源安全与核安全等 11 种。破产企业档案更多涉及经济安全、信息安全与文化安全，尤其需要注意。二是保护破产企业的商业秘密。根据《反不正当竞争法》第 9 条的规定，商业秘密，是指不为公众所知悉、具有商业价值并经权利人采取相应保密措施的技术信息、经营信息等商业信息。在实践中，符合上述条件的技术资料甚至是失败的实验数据，以及具有深度信息的客户资料，都是破产企业的商业秘密，都具有重要的商业价值，应当作为商业秘密予以特殊保护。三是保护破产企业相关人员的个人信息。根据《个人信息保护法》第 4 条的规定，个人信息是以电子或者其他方式记录的与已识别或者可识别的自然人有关的各种信息，不包括匿名化处理后的信息。可识别性是个人信息的重要特征，员工档案中的个人身份信息、家庭信息、学习与工作履历等信息就是需要保护的个人信息。

管理人对破产企业档案应当妥善保管。破产企业档案既涉及企业资产、债权债务信息，又涉及保密信息。对这些档案资料进行妥善保管，就是管理人履职的必然要求，也是管理人忠实勤勉义务的体现。妥善保管可以体现为三方面，即固定场所、专门人员与规范流程。为了便利开展债权申报与核实工作，更为了满足部分档案资料的保密要求，将破产企业档案保管在固定场所或者固定设备内，是一项基本要求。参考对商业秘密采取保密措施的规定，应当以标记、分类、隔离、加密、封存、限制能够接触或者获取的人员范围等方式，对能够接触、获取商业秘密的计算机设备、电子设备、网络设备、存储设备、软件等采取禁止或者限制使用、访问、存储、复制等措施，对国家秘密、商业秘密与个人信息及其载体进行区分管理。要求专门人员管理，是保障档案管理连续性、专业性与系统性，提高工作效率，保障业务工作合规性的重要方式。规范流程是保障档案管理有序化的重要制度保障。档案接收、分类编制、查询、鉴定、处置与移转等工作比较琐碎,也容易出现管理漏洞。只有采取规范流程,才能防患于未然,并做到相关问题有据可查。

如有必要,管理人对破产企业档案应当委托鉴定。要识别出具有保存价值的档案并非易事,档案鉴定就是确认档案价值的专门过程。由于破产企业档案关涉企业员工利益、企业经营经验与教训、企业所在地的商业文化等多层次的复杂利益,破产企业档案的鉴定也需要来自人力资源管理、工商管理、经济、地方志以及综合档案管理等部门的专业人士。人力资源管理部门的专业人士能够确定什么类型、什么范围的员工档案值得保存。工商管理领域的专业人员具有丰富的企业经营管理经验,对企业经营成败得失的关注更独特、更专业、更可信赖。经济部门对破产企业所在地的支柱产业、经济发展态势等问题更专业,更能判断体现经济特色的企业。地方志部门更容易从商业文化史的视角审视档案价值。综合档案管理部门可以从档案保管、期限等专业知识角度给出意见。为了保障管理人高效履行委托鉴定义务,建议行政机关牵头成立由上述单位或部门的专业人员组成的破产企业档案鉴定委员会。管理人根据业务需要,适时委托专业人士开展档案鉴定工作。

管理人对破产企业档案应当妥善处置。实体类档案、无形资产类档案通常与实物或信息交易一起移转。例如,具有经济价值的商业秘密的转让是与商业秘密的载体一并移转的。对于具有保存价值的管理类档案、会计类档案以及其他档案,管理人应当在法院作出终结破产程序裁定之日或者依法终止履职之日起30日内,将档案移转至约定或者法定的档案保存机构。对于员工人事档案,管理人也应当在上述期限内将档案移转至人才市场或人才交流中心等专门保存人事档案的机构。为了更好地履行妥善处置义务,管理人协会应当与法院、综合档案馆、大学图书馆等机构协商确定档案保管单位,并以书面形式确定各方职责、归档标准、托管权利和义务等内容。管理人也应当根据上述规定在破产财产分配前以书面方式制定包括需要保管的档案数量、类别等在内的档案保管方案,明确保管费用与支付方式,并报法院备案。保管费用应当保障专款专用,避免非法截留与挪用。破产档案保管方案与费用应当优先考虑职工人事档案与有社会价值的档案资料。对于无破产财产的企业,档案保管费用可由破产保障基金予以资助。

四、破产企业档案管理的责任追究

破产企业档案管理是管理人忠实、勤勉履职的重要内容,也是管理人履职评价的主要内容之一。对于违反忠实、勤勉义务,但并未给利害关系人造成损失的行为,应向管理人履职评价反馈,对于造成利害关系人损失的行为,管理人应当承担相应的法律责任。

第一,应当承担民事责任的情形包括:(1)遗失、污损、篡改、伪造、损毁破产企业档案,应当承担由此给企业、债权人、企业职工造成的损失。如果破坏的档案可以通过交易相对方、律师事务所、会计师事务所、国家知识产权局、市场监督管理部门、行政执法与司法机关予以核实、复印或还原,管理人应当承担恢复原状的费用;如果无法核实、复印或还原,应当承担受损人可预见的损失。(2)因档案保管不善,直接造成破产企业财产减少的,应当承担财产补足责任。例如,对商业秘密档案,应当采取规范的保密措施予以保管。如果基于管理人的原因造成商业秘密泄露,或者变成了公开信息,管理人应当按照商业秘密的价值予以赔偿。在履职过程中,管理人应当尤其重视无形资产类的档案。虽然某些无形资产可能会随着企业破产而贬值,但也具备一定的经济价值。(3)非法出卖、倒卖或丢弃企业档案,造成个人信息受到侵犯的,管理人也应当依照《个人信息保护法》的相关规定承担共同侵权责任。对于这些损失,法院可以在管理人的报酬中作相应扣减或预扣。

第二,应当承担行政责任的情形包括:(1)因档案保管不当,造成国家安全、国家利益与社会公共利益受损,或违背公序良俗的,管理人应当按照《国家安全法》《治安管理处罚法》的相关规定承担责任。(2)管理人买卖或者非法转让属于国家所有的档案,或者将档案出卖、赠送给外国人或者外国组织的,由县级以上档案主管部门给予警告,没收违法所得,并对单位处1万元以上10万元以下的罚款,对个人处500元以上5000元以下的罚款;并可以依法征购所出卖或者赠送的档案。擅自运送、邮寄、携带或者通过互联网传输禁止出境的档案或者其复制件出境的,由海关或者有关部门予以没收、阻断传输,并对单位处1万元以上10万元以下的罚款,对个人处500元以上5000元以下的罚款;并将没收、阻断传输的档案或者其复制件移交档案主管部门。(3)管理人非法挪用、侵吞、出借档案保管费用，虚构事实、隐瞒真相骗取档案保管费用的，应当退还档案保管费用，并可依照《企业破产法》第130条的规定，由法院依法处以罚款。(4)管理人拒绝接受职能部门的监督检查与审批报备管理规定，档案管理混乱造成档案损毁、丢失、泄密的，将破产企业档案非法据为已有的，擅自提供、抄录、复制、公布属于国家所有的档案的，篡改、损毁、伪造档案或者擅自销毁档案的，不按规定归档或者不按期移交档案且被责令改正而拒不改正的，明知存在档案安全隐患而不采取补救措施以致档案损毁灭失或者存在档案安全隐患被责令限期整改而逾期未整改的，发生档案安全事故后，不采取抢救措施或者隐瞒不报、拒绝调查的，法院可以按照《企业破产法》第130条的规定依法处以罚款。

第三，在档案管理过程中的违法行为，构成犯罪的，管理人应当依法承担刑事责任。与企业档案有关的罪名包括伪造、变造、买卖或者盗窃、抢夺、毁灭国家机关公文罪；抢夺、窃取国有档案罪；擅自出卖、转让国有档案罪；隐匿、故意销毁会计凭证、会计账簿、财务会计报告罪四个。对第二项、第三项行为，同时又构成刑法规定的其他犯罪的，依照处罚较重的规定定罪处罚。

第五章 “执转破”案件审理的特殊问题

人民法院审理“执转破”案件虽然可以吸收执行阶段的工作成果,但也面临破产程序中相关特殊问题的处理。推动适格债务人进入破产程序,原执行程序出现的问题延续到破产程序,同时,基于破产程序的特殊性,执行案件转为破产案件后也将面临一些问题。本章主要探讨破产临界期强制执行行为的撤销问题、破产案件的繁简分流问题以及破产涉刑问题。

第一节 破产临界期强制执行行为的撤销问题

建立“执转破”机制的前置要件是该债权债务已经进行执行程序的处理,但因债务人财产无法清偿该债务并已发生破产原因,从而将债权债务清理的问题向破产程序转换。实际上,“执转破”案件审查是基于某一或部分债务不能清偿而产生的,但若某一债务在债务人破产临界期已经从执行程序中获得清偿,为保护其他债权人利益,管理人是否应认定该执行行为构成偏颇性清偿,并依据《企业破产法》第32条的规定主张撤销该执行行为?对管理人撤销权条文的不同解读将导致不同结果,制度冲突问题表现为破产临界期强制执行行为的撤销问题,从根本上可追溯到公权力与私权利的衔接与价值选择。

本节通过审视撤销权行使与强制执行二者的制度价值,突出强制执行行为的特殊性,提出化解制度冲突的措施。

一、破产撤销权的基本范畴

(一)破产撤销权的概念

破产撤销权,是指针对债务人在破产申请受理前的法定期间内进行的欺诈债权人或损害全体债权人公平清偿的行为,管理人具有向法院申请予以撤销并追回财产的权利。[①] 我国《企业破产法》第31条、第32条明确列举了破产程序中的可撤销情形,对于不同的情形设置不同的可撤销期间。《企业破产法》第31条的可撤销期间为“人民法院受理破产申请前一年内”,具体情形包括:(1)无偿转让财产;(2)以明显不合理的价格进行交易;(3)对没有财产担保的债务提供财产担保;(4)对未到期的债务提前清偿;(5)放弃债权。《企业破产法》第32条的可撤销期间为“人民法院受理破产申请前六个月内”,限定在债务人已经发生破产原因但仍实施偏颇性清偿的行为。但如果该偏颇性清偿行为使债务人财产受益,如租金、水电费用等,则不在撤销范围内。从破产撤销权的概念及其适用情形来看,破产撤销权的正当性源于债务人财产的稀缺性,债务人及债权人极易出于自身利益最大化的考虑而引发道德风险,尤其是债务人与个别债权人“合谋”进行利益争夺,损害其他债权人利益,造成市场经济秩序混乱,无法充分发挥破产制度公平清理债权债务的功能和价值。破产撤销权承载的可撤销交易制度是破产法对商法最重要的贡献,这不仅是因为该制度促进了破产法平等分配原则的实现,而且减少了对债权人从智力竞争中得益的刺激,促进合理的商业活动。[②]

(二)破产撤销权的特殊性

破产撤销权是破产法的主要制度之一,被喻为破产法律条文的心脏。[③] 破产

---

① 参见王欣新:《破产法》,中国人民大学出版社2019年版,第131页。

② 参见石静遐:《跨国破产的法律问题研究》,武汉大学出版社1999年版,第268页。

③ 参见史尚宽:《债法总论》,中国政法大学出版社2000年版,第505页

法以非破产法为基础,[①]破产撤销权虽应彰显破产制度的特殊性,但也须尊重民商事一般法律的规则,明确破产撤销权与债权人撤销权的关系,并从中发掘破产撤销权的内涵特征,主要涉及破产撤销权的行使主体、行使要件、法律后果。

第一,破产撤销权的行使主体区别于受益主体。破产撤销权的制度功能在于增加可供债权人分配的财产,公平清理债权债务,这两项功能的实现需要依赖管理人积极履行义务,其也属于管理人的职责范围,故由管理人统一行使撤销权。管理人行使撤销权的受益主体是全体债权人,而非管理人本身。换个角度来看,若在破产程序中赋予个别债权人破产撤销权,则可能导致程序效率低。实际上,管理人的破产撤销权与民法上的债权人撤销权既相互联系,也相互区别。具体来说,破产撤销权源自民法的债权人撤销权。根据《民法典》第538条、第539条的规定,债权人可在债务人无偿处分、以不合理价格交易时行使撤销权以保障债权人的合法权益,民法撤销权的行使主体与受益主体相一致。企业进入破产程序后,当有损害债权人利益的事项发生时,在撤销权应由债权人行使还是管理人行使的问题上,各国立法通常设立撤销权的行使主体为管理人的一般性原则,也有国家在某些特殊的破产程序或特殊情况下,规定由其他主体行使撤销权。例如,美国《破产法典》规定,在重整程序中不指定管理人的破产撤销权由经管债务人行使。[②] 我国未明确规定破产程序中债权人不得行使撤销权,根据《破产法司法解释二》第13条第1款的规定,管理人未依据《企业破产法》行使撤销权的,债权人可以根据《民法典》的规定行使撤销权。此外,我国《企业破产法》第123条规定了自破产程序依照本法的规定终结之日起2年内,若发现债务人作出不当的财产处分行为,债权人可以请求人民法院按照破产财产分配方案进行追加分配。对比来看,在破产撤销权的规制范围内,除非管理人未依法行使破产撤销权,否则债权人的撤销权暂停行使;在破产程序终结后,由于管理人随之解散并终止执行职务,管理人无法继续行使破产撤销权,故规定破产程序终结后2年内债权人需自行主张行使破产撤销权,若超过2年的法定期限,债权人则须依据《民法典》的规定来行使民事撤销权追回财产。

第二,关于破产撤销权的行使要件。《企业破产法》第31条与第32条列举

---

① 参见[美]道格拉斯·G.贝尔德:《美国破产法精要》,徐阳光、武诗敏译,法律出版社2020年版,第4页。

② See 11 U.S.C §1107.

了管理人可以行使撤销权的具体情形,该撤销权的触发条件可以分为两个方面:一方面是针对破产申请受理前1年内的诈害行为,即涉及无偿转让财产的、以明显不合理的价格进行交易的、对未到期的债务提前清偿的、对没有财产担保的债务提供财产担保的、放弃债权的行为,这些行为均会使债务人作为履行债务担保的一般责任财产减少,导致债务人丧失清偿能力而破产,或者使债权人在此后开始的破产程序中可以得到的清偿减少。① 另一方面是针对受理前6个月的偏颇性清偿行为,即出现破产原因仍对个别债权人进行清偿的行为,由于该行为破坏了公平性原则,不合理地提高了个别债权人的地位,破坏了其他债权人的权利,故应予以撤销。值得关注的是,诈害行为与偏颇性清偿行为需要发生在法定的可撤销期间内管理人才可以行使破产撤销权。《企业破产法》根据可撤销行为的危害性不同,设定了1年与6个月的破产临界期。此外,根据《企业破产法》第123条的规定,在破产程序终结后2年内,债权人可以向人民法院主张追回财产,并进行追加分配。

第三,在法律后果方面,破产撤销权旨在撤销债务人实施的损害债权人利益的行为,使财产追回并恢复原有的状态,具体是将债务人财产中所转让、转移或放弃的财产返还至责任财产。② 管理人可直接向可撤销行为的相对人主张行使撤销权,但如果对方有异议,只能以诉讼方式行使撤销权。对于没有给付对价的相对人,不存在相对人恢复权利的问题;对于存在给付对价行为的,根据《破产法司法解释二》第11条第2款的规定,可作为共益债务支付。

二、撤销强制执行行为的特殊问题

(一)不同法律部门的价值审视

《企业破产法》第32条规定:“人民法院受理破产申请前六个月内,债务人有本法第二条第一款规定的情形,仍对个别债权人进行清偿的,管理人有权请求人民法院予以撤销。但是,个别清偿使债务人财产受益的除外。”已出现破产原因的债务人仍主动进行个别清偿的,有损其他债权人利益,破坏公平清偿秩序,管

---

① 参见王欣新:《破产撤销权研究》,载《中国法学》2007年第5期。

② 参见[德]乌尔里希·福尔斯特:《德国破产法》,张宇晖译,中国法制出版社2020年版,第190~191页。

理人行使破产撤销权概无异议。对于债权人明知债务人发生破产原因却通过诉讼、仲裁、执行程序使债务人被动清偿的行为，管理人是否可以撤销，不无疑问。债权人通过诉讼等方式执行债务人财产获得清偿，形式上并不违反现行法的规定，从而可能导致各债权人诉诸法院“竞争受偿”，加剧债务人财产恶化程度，有违破产法精神。更有甚者，债务人与债权人恶意串通，以表面的“被动清偿”为由向关联债权人输送利益，损害其他债权人的合法权益。

针对债务人“被动清偿”的规制，《破产法司法解释二》第 15 条明确规定：“债务人经诉讼、仲裁、执行程序对债权人进行的个别清偿，管理人依据企业破产法第三十二条的规定请求撤销的，人民法院不予支持。但是，债务人与债权人恶意串通损害其他债权人利益的除外。”换言之，除非债务人与债权人存在主观恶意，否则管理人不可行使撤销权。由此可见，此条文的目的在于阻止债权人与债务人利用执行程序恶意串通达到欺诈、偏袒性清偿的目的，在一定程度上规制了债务人以债权人名义发起的个别清偿行为。但对于没有主观恶意，仅仅通过诉讼等方式借助公权力解决争议从而实现的个别清偿，属于依照法律程序进行的被动清偿，管理人是否可以将执行行为作为破产撤销权的撤销对象，这涉及破产法与执行法二者的价值衡量。换言之，管理人是否可以撤销通过诉讼等形式实施的执行行为潜含破产法与执行法的冲突与协调问题，这需要重新审视二者的立法价值与功能定位。

破产程序和民事执行程序的价值取向不同，债务人进入破产程序后应该遵循破产法的立法宗旨。执行程序是一种个别执行程序，本着“先到先得”的原则支持当事人依法行使权利，保护当事人的利益，平衡个别债权人利益，维护交易安全与稳定。[①] 破产法作为一种概括程序，以公平清理债权债务、维护全体债权人利益为宗旨，保护集体利益。因此根据《企业破产法》第 19 条的规定，在进入破产程序后，债务人的全部财产保全应当解除，执行程序应当中止，从而创造公平偿债的环境。可以看出，在进入破产程序后，应当从保障个别债权人利益的法益选择转向保护集体债权人利益的法益选择。在破产申请受理前，债务人通过诉讼、仲裁、执行程序进行的个别清偿，若仍在执行过程中，则应当依据《企业破

---

① 参见范明昆、杨婧、马飞杰：《司法程序中个别清偿排除撤销规则研究》，载微信公众号“审判研究”2022 年 9 月 19 日，https://mp. weixin. qq. com/s/dqKb5Vk81dSSJIuQH9P4LQ。

产法》第19条予以中止。但问题在于,对于破产申请受理前已经通过诉讼、仲裁和执行程序执行完毕的债务人财产,管理人是否还可以行使破产撤销权,将已清偿的财产纳入破产财产?如果已经强制执行的财产可以通过管理人行使破产撤销权予以撤销,相当于推翻执行行为,不仅会对执行法秩序产生较大的冲击,破坏原本稳定的交易秩序,而且有损司法公信力。[①] 反之,若管理人不能对强制执行完毕的财产行使破产撤销权,则可能产生债权诉讼泛滥的现象,促使掌握内部信息的部分债权人竞相通过诉讼、仲裁和执行程序主张债权,助长债务人和债权人恶意串通的行为,违背破产法的公平性原则。[②] 基于民事执行程序和破产程序的价值平衡考虑,《破产法司法解释二》第15条对《企业破产法》第32条作出进一步解释,对于经过法定程序已经完成的判决和裁定,应当区分债权人和债务人的主观方面,以不能撤销为原则,以撤销为例外,既要维护司法公权力,肯定善意债权人的诉讼行为,维持交易秩序及司法公信力,也要阻止恶意串通,损害债权人集体利益。

《执转破指导意见》第17条规定:“执行法院收到受移送法院受理裁定时,已通过拍卖程序处置且成交裁定已送达买受人的拍卖财产,通过以物抵债偿还债务且抵债裁定已送达债权人的抵债财产,已完成转账、汇款、现金交付的执行款,因财产所有权已经发生变动,不属于被执行人的财产,不再移交。”对于已完成交付且无恶意串通情形的,根据《破产法司法解释二》第15条的规定,管理人不得请求撤销,清偿的财产归该债权人所有。对于在途没有完成交付的财产,管理人可以申请财产执行回转,将财产返还全体债权人用于公平受偿。此外,实践中对债务人的执行案件一般数量较多,根据《执转破指导意见》第8条的规定,执行法院作出移送决定后,应当书面通知所有已知执行法院,执行法院均应中止对被执行人的执行程序。由此可以看出,不仅是作出移送决定的执行法院要中止执行程序,收到书面通知的所有已知执行法院均应中止对被执行人的执行程序,未交付债权人的财产均属于债务人财产,应当由管理人申请执行回转。

---

① 参见房绍坤、崔艳峰:《论破产临界期内强制执行行为的撤销》,载《甘肃社会科学》2013年第5期。

② 参见唐军:《论破产撤销权》,载《社会科学研究》2013年第1期。

(二)强制执行行为下破产撤销权行使的价值异化与选择

基于执行程序的破产撤销权问题从分类上看大体分为四类:(1)债权人无主观恶意时申请强制执行后企业进入破产程序但仍有部分财产未交付;(2)债权人无主观恶意时申请强制执行完毕后企业进入破产程序;(3)债权人恶意申请强制执行后企业进入破产程序但仍有部分财产未交付;(4)债权人恶意申请强制执行完毕后企业进入破产程序。对于第三类和第四类,管理人可依据《企业破产法》第32条及《破产法司法解释二》第15条的规定行使撤销权,使已清偿的财产返还。对于第一类未执行完毕的财产,根据《企业破产法》第19条的规定,执行程序应当中止;该财产仍属于债务人财产,管理人应向法院申请财产执行回转。对于第二类已执行完毕的财产,根据《破产法司法解释二》第15条的规定,管理人不能行使破产撤销权,已完成交付的财产属于债权人的财产。实践中各主体对此条文内涵的理解不统一,强制执行行为撤销权的行使仍面临许多问题,出现异化现象。

第一,假借执行程序实则主动偿还的偏颇性清偿现象。例如,在郑叶公司、金鹏公司管理人与破产有关的纠纷一案中,洛阳西工区法院在民事调解书中确认金鹏公司向郑叶公司支付货款1,217,252.53元等内容的调解协议有效,因金鹏公司未按生效调解书履行还款义务,郑叶公司向洛阳西工区法院申请强制执行。法院立案后以“金鹏公司无财产可供执行”为由裁定终结本次执行程序。后郑叶公司向一审法院申请对金鹏公司进行破产清算,法院于2020年7月20日裁定受理,但金鹏公司于2020年7月3日,自行向郑叶公司清偿了10万元。对于这笔清偿款,管理人依据《企业破产法》第32条的规定以个别清偿为由,行使破产撤销权申请撤销清偿行为。法院认为,该清偿行为发生在金鹏公司被人民法院执行终结后,而此时,对于金鹏公司已具备破产原因,双方均是明知的,该清偿行为明显违反公平清偿的原则。[①] 可以看出,通过强制执行手段不能清偿债务说明债务人已经具备破产原因,尽管形式上经过了执行程序,但在程序终结后,该公司进入破产程序,有关的财产均应纳入破产财产供全体债权人公平受偿。因此,该案属于债务人明知自己具备破产原因仍主动清偿债务的情形,实则为主动

---

① 参见河南省高级人民法院民事判决书,(2021)豫民终34号。

使债权人受偿。

第二，谨防行为人利用时间差使涉及破产的执行规范被滥用的现象。例如，《最高人民法院关于对重庆高院〈关于破产申请受理前已经划扣到执行法院账户尚未支付给申请执行人的款项是否属于债务人财产及执行法院收到破产管理人中止执行告知函后应否中止执行问题的请示〉的答复函》（〔2017〕最高法民他72号）中明确：“人民法院裁定受理破产申请时已经扣划到执行法院账户但尚未支付给申请人执行的款项，仍属于债务人财产，人民法院裁定受理破产申请后，执行法院应当中止对该财产的执行……”由此可见，在途的执行财产未划拨到债权人账户中的，属于财产权利归属未发生变动，仍属于债务人财产，当法院受理债务人企业破产申请后，不可再交付债权人（申请执行人）。从债务人账户划拨到执行法院账户再交付申请执行人的时间差很容易被利用，应谨防通过恶意进入再审程序、提出异议等拖慢执行程序，直到破产申请受理后再撤回诉讼，从而损害善意债权人利益的行为。

（三）基于强制执行行为的公平清偿的路径设计

根据前文分析可以看出，通过司法程序实现的个别清偿与普通的个别清偿，一个是形式上的被动清偿，一个是形式上的主动清偿。对于主动清偿行为，《企业破产法》第32条已作出明确规定，对于破产临界期内发生破产原因后债务人仍做出的清偿行为，管理人有权请求人民法院予以撤销。对于形式上的被动清偿行为，考虑到保护积极维权的善意债权人的利益以及司法权威，《破产法司法解释二》第15条规定对于破产申请受理前已经通过诉讼、仲裁和执行程序执行完毕的债务人财产，管理人不可行使撤销权；而考虑到公平清偿原则，根据《企业破产法》第19条的规定，人民法院受理破产申请后，有关债务人财产的保全措施应当解除，执行程序应当中止，对于没有划扣的财产中止执行，管理人可申请执行回转。因此应遵循相关法律法规，配合规则的修改完善以及审慎适用，特别是针对执行过程中债务人企业进入破产程序的情况，应该如何精准适用现行法以防止异化现象，本书提出以下具体解决路径：对于已经执行完毕并交付申请执行人的债务人财产，以不撤销为原则，以撤销为例外，即需要判断债务人和申请执行人是否存在主观恶意，这就需要在进入破产程序后，对于发生在破产临界期的诉讼程序进行审查，以防范虚假诉讼造成的个别清偿。具体可以从诉讼的时间和方式、债务人和债权人的特殊关系、债务人抗辩时是否以"资不抵债"为由来加以分析。首先,在诉讼的时间和方式上,如果诉讼时间异常加速,明显短于一般的诉讼时间,则很有可能是双方得知企业将要破产而恶意串通转移资产进行个别清偿;在形式上,则要对以带有自愿性质的和解或调解方式结案的案件加以审查,对于以简化程序完成的判决或者裁决,要审查是否具有缺乏对抗性、自愿性过多的特点。其次,可以通过查明债权人与债务人之间是否存在特殊关系验证恶意串通。最后,在审查过程中,若发现执行程序中债务人未以"资不抵债"为由抗辩,使债权人申请强制执行程序后获得了清偿,则可以证明债务人明知破产而恶意串通实现个别清偿。不存在恶意串通的举证责任应由债务人及执行相对人承担。

对于没有执行完毕的债务人财产,考虑到执行期间的过程问题,需要区分时间节点。《企业破产法》第 19 条规定,人民法院受理破产申请后,有关债务人财产的保全措施应当解除,执行程序应当中止。对于已判决但未划转到强制执行的法院账户或已划转但未交给申请执行人的,也应参照《执转破指导意见》第 17 条以及最高人民法院〔2017〕最高法民他 72 号答复函,认定执行回转的财产均属于债务人财产,应用于全体债权人的公平清偿。

第二节 企业破产案件的繁简分流

简单案件快速审,繁难案件精细审,不仅符合案件审理规律,而且符合司法资源合理配置的基本要求。[①] 破产案件的审理周期长是客观现状,部分破产案件债务人虽已资不抵债,但资产仍然庞大,债权人较多,债权债务关系复杂,这类案件审理周期长是案件审理的现实需要。但实践中确也存在如主体为中小微企业或处于"无产可破"状态的企业,其破产事实清楚、资产较少、债权债务关系简单且债权人人数较少。在此背景下,如果所有的案件都采用相同的审理方式,极易造成司法资源分布不均衡,审判效率低下,因而可以考虑以不同方式处理此类案

---

① 参见张建伟:《繁简分流:在公正的前提下追求效率》,载微信公众号"最高人民法院"2016 年 9 月 19 日,https://mp.weixin.qq.com/s/b9OoIv902aLEODzddBWkNg。

件。在破产审判工作中,案件的繁简分流是司法资源合理利用的应有之义,[①]且若对于此类案件仍然适用现行《企业破产法》规定的审理程序及周期,不仅会使破产案件长期置于未结状态,而且会使企业的破产成本增加,企业适用破产制度的积极性受挫,从而浪费司法资源,影响司法效率。[②] 因此,在处理此类案件时,一方面,要根据案件的难易程度进行繁简分流,构建破产简易程序是实现简案快审、繁案精审的必然要求;另一方面,构建破产简易程序有利于弥补破产案件审判力量严重不足的问题,实现审判资源的合理配置。

一、破产案件简化审理的案件范围

破产程序能否获得高效的运行是破产法追求的重要目标,也是更好地维护相关主体利益的内在要求,破产程序的高效运行有利于实现程序公正与效率的统一。[③] 实际上,简易破产程序建立的初衷是满足中小企业破产需求。一般来说,中小企业财务能力不足,对破产费用的承受能力较小,因此在针对这部分企业建立简易破产程序时,要尽可能地减少程序复杂性和需要支付的成本额度。[④] 对此,《破产审判纪要》也明确鼓励通过快速审理程序高效审结,遵循繁简分流、提高效率的基本原则,力求“简案快审,繁案精审”。由此可见,针对“执转破”案件设定适用简化审理程序的范围,首先,应在区分破产案件简单与复杂的基础上进行,以简单破产案件遵循简化程序为原则;其次,由于这种区分往往以债务人企业某种特定的状态为衡量标准,难以做到完全精准,故而对于简单破产案件并非必须简化程序。另外,对于已适用简化程序审理的案件也须为其开辟由简化程序向一般程序转化的路径,以有序高效、程序经济、尊重债权人意思自治、维护各方利益平衡为原则简化破产案件审理程序。具体而言,司法实践中,“执转破”

① 参见徐阳光、殷华:《论简易破产程序的现实需求与制度设计》,载《法律适用》2015 年第 7 期。

② 参见徐建新、鞠海亭、王怡然:《简化破产程序问题研究——以温州法院试行简化破产案件审理程序经验为样本》,载《法律适用》2014 年第 8 期。

③ 参见贺小荣、葛洪涛、郁琳:《破产清算、关联企业破产以及执行与破产衔接的规范与完善——〈全国法院破产审判工作会议纪要〉的理解与适用(下)》,载《人民司法(应用)》2018 年第 16 期。

④ 参见郭靖祎:《破产程序简化的理论探究》,载《求索》2018 年第 2 期。

案件繁简分流中的案件范围应从如下方面进行界定。

(一)查实“无产可破”应当优先简化

以进入破产程序时的债务人企业特定状态为标准,以下陷入“无产可破”状态的债务人企业应当优先适用简化程序:一是债务人被吊销营业执照但未经清算,债权债务关系简单,无资产或者资产较少。大力推进完善市场主体退出机制,解决“僵尸企业”注销难顽症,通过法律途径市场出清的对象正是这类被吊销营业执照但未经清算的企业。对其适用简化审理程序,可以有效降低“破产难”梗阻,也可以为办理复杂案件腾出更多资源。二是执行部门已查实无财产可供执行,涉无营业场所、无人员安置问题、已停工停产、资产已处置完毕等情况,依法终结本次执行程序后移送破产法院。根据最高人民法院的要求,“已穷尽财产调查措施,未发现被执行人有可供执行的财产或者发现的财产不能处置”是对执行案件以终结本次执行程序结案的条件之一,因此在终结本次执行程序结案情形下的被执行企业大都已具备破产条件。结合执行部门在执行中查证的如涉无营业场所、无人员安置问题、停工停产、资产已处置完毕等情况,终结本次执行程序结案情形下的被执行企业进入破产程序后基本上持续处于无财产可供分配的状态,如果仍按部就班地按常规程序审理,不仅不能让利害关系人受益,亦不利于快速消化执行积案和释放司法资源,故此类案件应当优先简化。三是债务人主要管理人员下落不明,或者债务人主要财产、账册、重要文件等灭失。破产案件受理之初债务人若存在上述状况,且经过调查核实后确无财产账册可以接管,也无法找到企业人员获取相关信息线索,属无法清算情形的,则可简化程序,缩短审理周期。

(二)特定“有产可破”可以甄别适用

债务人企业“有产可破”并且同时符合以下三个条件的案件可以选择适用简化程序审理:第一,构成破产原因的事实清楚;第二,债权人申报债权的类型、数额、顺位明确,没有争议,债权债务关系明确;第三,债务人财产接管顺利,财务记录完整,财产权属清晰,无须通过司法途径追收财产,财产状况清楚。另外,为体现法院对破产参与人程序选择权的尊重及司法实践的多样性,存在下述情况的也可考虑甄别适用简化程序审理:第一,债务人资产和债权人人数较少;第二,遵循《民事诉讼法》第160条关于约定适用简易程序的规定,即破产参与人协商一致同意简化审理;第三,由受案法院根据具体情况从严把握其他可适用情形。应看到,针对“有产可破”的案件,并非强制要求适用一般程序审理,当公正与效率发生冲突时,应秉持效率让位于公正的原则。

(三)严格“消极条件”排除适用情形

《推进破产案件高效审理意见》第13条对不适用快速审理方式的破产案件作出了规定,总体上可分为三类:一是债权债务关系复杂的;二是风险处置难度大、维稳因素突出的;三是债务人财产状况复杂的。纵观各地人民法院的指导意见,主要包括涉国有企业、上市公司、金融机构、关联企业合并及跨境破产、刑民交叉、衍生诉讼较多等的案件,这些案件相对比较复杂,有的属于重大、疑难案件,显然应适用一般程序审理。

值得关注的是,《企业破产法》分章规定了破产清算、重整、和解,对于重整、和解案件是否属于简易程序适用范围中的“消极条件”,目前仍有争议。从各地的司法实践来看,有将重整案件列为“消极条件”排除适用的,如重庆、陕西等;也有明确将破产清算、和解、重整并列划定具体适用范围的,如浙江;亦有规定简易程序仅仅适用于破产清算案件的,如江苏、海南等。①

对此,龙岩法院并未予以明确规定。从现有司法实践来看,首先,除简单和解案件,即自行和解或即时履行的案件外,启动和解程序的案件更多体现的是债权人、债务人相互体谅、协商洽谈的过程,应当以意思自治为原则推进案件,不宜限定适用简易程序,过分强调审理期限。其次,重整程序和破产清算程序是针对主体和价值追求截然不同的两种程序设计,重整程序是针对仍有拯救价值的企业而设计的,其制度核心在于通过重整程序引入投资人,力求挽救危困企业。破产清算程序则是针对无力拯救的企业而设计的,主要针对“僵尸企业”和“无产可破”企业,其价值追求在于使符合破产条件无法继续经营的企业依法有序快速退出市场,做到规范退出。一般而言,引入重整投资人让企业“涅槃重生”较之清算退出要复杂得多,因此虽不应将重整案件排除在适用简易程序审理的案件范围

---

① 参见李曙光:《论我国〈企业破产法〉修法的理念、原则与修改重点》,载《中国法律评论》2021年第6期。

之外，但重整案件也很难符合简易程序或简化审理的“简单”要求。然而若为提高重整、和解案件的审判效率，具体案件办理过程中可就公告、送达、债权申报期限等进行简化。

（四）程序启动及其转换设计

王欣新教授认为，“所谓简易破产程序，是对普通破产程序的简易化，即对特定类型的破产案件在符合法定情况时适用简易化的程序审理”①。纵观各国对简易破产程序的启动，主要包括职权主义、自治主义或半职权主义。在我国，一般把审判视为国家为解决纠纷提供的一种公共服务，代表公权力的法院对程序的运行享有“指挥权”，因此对简易破产程序的启动原则上确立了法院职权主义的模式。龙岩法院对“执转破”案件亦是引入了在“执转破”前破产审判团队提前介入的机制，在对案件进行精准识别、审查梳理的过程中对通过“执破直通”机制转入破产程序的案件能否直接适用简化程序作出一并判断，由此确立了审理法院依职权启动简化程序的模式。同时，龙岩中院采用“程序启动时当事人有知情权＋程序启动后当事人有异议权”的模式，以实现对债权人意思自治的充分尊重，并确保破产程序“简易转普通”的转换路径保持畅通。申言之，审理法院依职权统一试行简化审理程序，除存在“消极条件”严格排除的情形外，法院可视破产案件审理进程依职权启动转换程序。对于具体的程序转换条件，龙岩中院持开放态度。当出现主要破产参与人有充分理由提出异议或相关衍生诉讼对破产程序有重大影响、财产存在处置困难、无法在6个月内审结等情形时，龙岩中院依据《推进破产案件高效审理意见》第19条②的规定，将审理程序由简易程序转为普通程序并及时履行告知义务。同时，按照一般程序审理案件，原则上不再简化相关审理程序，但也有例外规定，即参照《最高人民法院关于适用简易程序审理民事案件的若干规定》第2条关于民事诉讼普通程序转换为简易程序的规定，在破产参与人协商一致同意的前提下，一般程序亦可转换为简易程序。由此可知，

① 王欣新：《破产法修改中的新制度建设》，载《法治研究》2022年第4期。

② 《推进破产案件高效审理意见》第19条规定：“破产案件在审理过程中发生不宜适用快速审理方式的情形，或者案件无法在本意见第15条规定的期限内审结的，应当转换为普通方式审理，原已进行的破产程序继续有效。破产案件受理法院应当将转换审理方式决定书送达管理人，并予以公告。管理人应当将上述事项通知已知债权人、债务人。”

当破产参与人自愿选择且协商一致书面同意,并经法院审查同意后,可进行审理程序的简化。上述转换条件亦遵循了2016年印发的《福建企业破产案件简化审理意见(试行)》第10条[①]的规定,法院应着重从程序转换是否损害第三人的合法权益以及是否属于不适宜转换的角度审查,坚持效率优先的同时,兼顾公平。

二、“执转破”案件繁简分流的龙岩探索

科学的审判管理是提升破产案件审判质效的重要抓手。由于破产案件普遍存在审理周期长、难度大等特点,龙岩法院对于破产审判在虽起步相对较晚但收案数呈阶段爆发式增长的情况下,为适应现实审判的需要,探索构建繁简分流机制,从审判管理的层面出发亦设置了不同于普通民商事案件的措施和有效的激励机制,以确保破产案件有序推进,提高破产案件审判效率。

(一)“执破直通”助推快速审理

“执转破”工作是从制度上打通解决部分执行难问题“最后一公里”的现实需要。为充分实现“执转破”的制度功能,龙岩法院畅通执行与破产的程序衔接,落实“执破直通”程序的案件审判模式,通过系统对接、信息共享、人员互通、整合司法资源,制定《龙岩执转破规定实施意见》,通过实施“十个直通”,实现在破产审判中执行人员“带案进、销案出”的程序集约化效果,即合议庭严格由破产审判庭或合议庭法官加执行法官或执行员组成。同时,通过“保障直通”“管理直通”等机制助推破产案件的快速审理,发挥“执转破”衔接程序的优势,切实提高破产审判质效。

(二)创新案件立案审查方式

在“执转破”程序启动前,破产审判团队提前介入、靠前部署,对案件进行精准识别、审查梳理。一方面,识别能否通过“执破直通”机制转入破产程序;另一

---

① 《福建企业破产案件简化审理意见(试行)》第10条规定:“对已经按一般程序审理的企业破产案件,除破产参与人协商一致同意简化审理程序的以外,不应再简化相关审理程序。申请人、被申请人或其他主要破产参与人就审理程序的简化提出异议,且有充分理由的,应转为一般程序审理,并及时书面告知申请人、被申请人及其他破产参与人。原已进行的破产程序继续有效。”

方面,对能否直接适用简化程序作出判断,并参与案件研判、完善移送材料等前置工作。为统一“执转破”案件的受理尺度,对基层法院符合移送条件并决定移送的案件,由执行部门统一移送龙岩中院,由龙岩中院在运用“书面审 + 听证审 + 依职权核查”的三位一体预审查机制,综合书面审查、听证审查的证据,结合当事人意见的基础上进行分析,参考属地就近原则裁定受理后再移送各基层法院审理,并将“执转破”及破产审查的过程性材料一并移送,以实现两级法院之间的信息共享。值得注意的是,审理程序的简化应当自裁定受理破产申请后开始,对破产申请的审查受理程序不实行简化。

(三)推行繁简分流、速审机制

为发挥破产审判职能,确保破产案件能够有序推进、高效审结,龙岩中院对破产案件逐步试行繁简分流机制。通过充分考量破产企业的经营、财产状况等特征,以龙岩市辖区内的新罗区人民法院、连城县人民法院等法院为试点单位,自龙岩中院于 2020 年 9 月设立清算与破产审判庭后,在 2015 年 9 月《龙岩市中级人民法院关于试行简化企业破产案件审理程序的若干意见》的基础上,结合科技应用于司法实践的发展趋势,通过制定快速审理实施意见的方式探索繁简分流及快速审理机制,从缩短限定审理期限、简化审理方式、精简债权人会议制度、采用非现场书面表决方式等方面入手,明确快速审理规则,简化审理程序。龙岩中院在结合现阶段基层法院实践的基础上,逐步探索建立具有龙岩特色的简化破产案件审理程序的办案指引,以实现“执转破”案件繁简分流及简化审理机制常态化、规范化。

(四)严格破产案件审限管理

为切实解决破产案件审理周期偏长的实际问题,保证破产案件及时审结,实现债权人权益保护的最大化,确保企业破产制度维护经济秩序功能的充分发挥,龙岩中院严格破产案件审限管理。具体而言,对“无产可破”的破产清算案件原则上要求 3 个月内审结;对一般破产清算案件原则上 6 个月内审结;对有重大影响的破产清算案件审限可适当延长,原则上 1 年内审结,并针对超过 1 年期的案件,落实定期监管制度。对部分衍生诉讼的案件落实督办制度,以减少衍生诉讼对破产案件审理期限的影响。同时,落实审限管理责任制,并以此作为管理人定级考评的重要指标之一。

(五)制定科学绩效考核办法

破产案件具有法律问题多、社会影响面大、程序复杂、审理周期长等特点,且每个案件难易程度不一,案件每阶段花费的时间不同。为科学量化工作量,充分调动破产审判法官的主观能动性,龙岩中院严格落实最高人民法院关于破产审判绩效单独考核和福建高院关于破产案件绩效考核标准的意见,于 2022 年 1 月 20 日下发了《龙岩市中级人民法院破产案件绩效考核办法(试行)》,在制度上统一全市破产绩效考核激励机制,设置科学的折抵比例(如区分简易与一般程序审结破产案件、分别折抵 20 件或 40 件民商事案件等),同时建立破产案件分段报送绩效机制,提高破产审判人员的工作积极性及办案效率。

(六)规范专项资金管理使用

为强化企业破产保障,提高破产案件审理效率,减少企业破产成本,规范企业破产专项资金的管理和使用,龙岩中院与龙岩市财政局、龙岩市地方金融监督管理局联合印发《龙岩市企业破产处置专项资金管理使用办法》。在财政拨付首期到位专项资金 100 万元的基础上,探索管理人报酬提留方式,以解决破产案件中管理人报酬不足的问题。对符合条件的破产案件,确保每件案件管理人报酬一般不低于 3 万元,切实保障龙岩法院破产审判工作特别是“三无”企业破产清算工作的顺利开展,解决“无产可破”企业破产程序启动难题,全面提高管理人的积极性。同时,规范专项资金的管理使用,遵循公开透明、专款专用、滚动补偿和严格监管的原则,根据管理人的具体工作量、管理人勤勉尽职程度、案情的复杂程度,综合债务人资产状况及财务状况等因素确定管理人报酬,进而加强管理人的审限意识,推动简单破产案件的快速审理。

三、繁简分流下的简化审理程序规则

破产案件繁简分流机制的构建中,无论是简易程序还是简化审理均应当针对破产程序中的多个环节,以依法简化为原则,以维护破产参与人合法权益为前提,尽可能简化审理规则,突出简易的特点。实践中,北京、上海、江苏等地的法院都在探索破产法领域的“繁简分流”,主要是以债务人财产金额、债权债务金额为区分标准,在一定程度上起到“简案快审”和“繁案精审”的效果。①

(一)优化审判组织

徐建新认为,简易破产程序是对普通破产程序的简化,即简易程序也包含通过简化审判组织,法官独任审判等方式审理符合法定条件的特定类型的破产案件。② 对此,关于破产案件简化审理程序的审判组织,实践中各地的做法不尽相同:北京、温州等地规定基层人民法院可以独任审理,中级人民法院应组成合议庭审理;南京规定应组成合议庭审理;上海则规定应组成合议庭,但允许由人民陪审员组成合议庭。考虑破产案件的专业性、审理难度、司法资源的实际情况以及当前“案多人少”的矛盾,针对当前基层人民法院未设置破产审判业务庭、民商事与破产审判法官职能分立不明等现状,为保证破产案件审理质量,龙岩中院在破产审判中采取“一对多”的方式,通过高效审理一个破产案件解决多个执行案件,进而优化司法资源配置。对于实行简化审理程序的企业破产案件,龙岩中院亦严格落实《福建企业破产案件简化审理意见(试行)》第12条③关于审判组织的规定,由审判员组成合议庭审理。但鉴于债权人会议的召开有别于民事诉讼程序中的开庭审理,龙岩中院在基层法院的审判实践中,逐步探索适用简化审理时第一次债权人会议的主持经合议庭评议委托主审人组织,重大事宜由合议庭合议评议形成意见的模式,以解决“执破直通”机制中执行人员参与组建合议庭却因跨部门而时间难协调、案多人少矛盾突出等问题。

(二)简化程序事项

在确保破产参与人合法权益的基础上,对部分程序性事项作适当简化。

1. 简化送达及公告方式

在最高人民法院及地方法院的规定及实践中,已明确在破产简化审理程序

---

① 参见徐阳光、武诗敏:《我国中小企业重整的司法困境与对策》,载《法律适用》2020年第15期。

② 参见徐建新主编:《破产案件简化审理程序探究》,人民法院出版社2015年版,第91页。

③ 《福建企业破产案件简化审理意见(试行)》第12条规定:“实行简化审理程序的企业破产案件应当由审判人员组成合议庭进行审理。”

中,由于涉及对未知债权人、其他利害关系人和债务人的权利保护问题,受理破产申请、指定管理人、宣告债务人破产、终结破产程序等事务性公告不属于可简化的公告范围。对于需要公告的事项,虽不再要求必须登报、张贴纸质公告,但应当在全国企业破产重整案件信息网发布。① 也可考虑采取合并公告方式将阶段性事宜合并公告,以减少公告次数。同时,简化程序也包括对送达方式进行简化,可参照民事诉讼程序的有关规定,依法简化送达方式。一是管理人在接管企业及接受债权申报时,应当要求相关参与人书面确认送达地址、电子送达方式、群组送达方式以及向其明确相应的法律后果。二是对于破产程序中除裁定书、决定书之外的文书,可直接采取短信、微信、电子邮箱、网络群组等有效便捷方式送达;对于裁定书、决定书,在取得破产参与人同意的情况下亦可以上述方式送达。三是对于拒不配合的当事人,一方面,可以参照新罗区人民法院的做法,以当事人1年内民商事诉讼书面确认的地址进行送达;另一方面,可以逐步探索采用电话、短信、传真、电子邮件、即时通信、通信群组等其他送达方式。

2. 精简债权人会议制度

精简债权人会议制度主要体现在如下三个方面:第一,债权人会议的召开。债权人会议的召开原则上以一次为限,除了议事规则、核查债权等依法必须在第一次债权人会议表决外,管理人应在会前完成所有接管及尽调工作,并对债务人的财产状况进行充分预判,且就破产财产的管理、变价、分配方案及追加分配方案等事项一并提交会议表决。第二,简化二次表决方式。由于电子表决方式具有快捷、远程、低成本等优势,第一次债权人会议中的议事规则中可以确定,在能够确认债权人身份的前提下,对依法需要二次表决的事项,可以通过书面、电子邮件、传真、短信、网络投票等方式进行表决。第三,选择性设立债权人委员会。针对债权人较少、债权债务关系明确且资产较少甚至没有资产的情况,设立债权人委员会反而不利于债权人利益的最大化。反之,针对债权人较多但债权债务关系明确、资产较少甚至没有资产的情况,适用简化程序审理时设立债权人委员会则更有利于推进破产案件的审理进程。

---

① 《推进破产案件高效审理意见》第1条第1款规定:“对于企业破产法及相关司法解释规定需要公告的事项,人民法院、管理人应当在全国企业破产重整案件信息网发布,同时还可以通过在破产案件受理法院公告栏张贴、法院官网发布、报纸刊登或者在债务人住所地张贴等方式进行公告。”

3. 取消非必要财务审计

对于破产实务中常见的委托第三方中介机构进行财务审计的问题，下列简单破产案件可以不考虑进行审计：一是债务人申请破产时已提供审计报告，经债权人会议同意，可以不再委托审计。二是管理人对债务人资产负债情况进行核查后可形成清算报告的，亦可不再委托审计。三是落实《福建企业破产案件简化审理意见（试行）》第25条的规定，政府主导清理企业债权债务过程中已进行的企业经营状况审计、资产评估，如无违反《企业破产法》或者相关司法解释的情形，则在破产程序中可承认其效力。

4. 专案账户集中管理

龙岩法院对于受理的各类破产案件的破产企业资金，采用集中在龙岩中院遴选确定的银行开设的专用账户即专案账户集中统一管理的方式，实行“集中管理、随案分配、专案监管、定期遴选”，结合对司法工作的配合度、执法办案人员的认可度等要素，通过严格的定期遴选程序由龙岩中院确定区域内在中国人民银行年度考评中等级靠前的3家银行作为专案账户备选银行，从而提升管理人的专案账户在开户、转账、注销等方面的办案效率。通过落实龙岩中院《破产案件资金管理暂行办法》，管理人凭法院的开户通知开立专案账户，开辟绿色通道，简化管理人账户开户程序。同时，管理人将破产案件经办法官、法官助理等及管理人的姓名、联系电话等信息一并提供给开户银行，银行将上述人员列入该账户资金使用信息接收人后，上述人员可对专案账户进行实时监管。

（三）限定办案期限

1. 严控破产案件审理期限

《企业破产法》对于进入审理阶段的破产案件，适用一般破产程序，由人民法院组成合议庭审理，并未限定审理期限。破产快速审或简化审程序则依据《推进破产案件高效审理意见》第15条的规定，应自裁定受理之日起6个月内审结。一般破产程序中，公告及通知已知债权人、债权申报、债权人会议召开、终结破产程序裁定等期限均为弹性时限，在不违反法律强制性规定的前提下，均可在不突破法律明确规定的期间的前提下，压缩限定一些流程的期限，以加快办案进程。

2. 限定管理人履职期限

一般而言，可从如下几个方面限定管理人履职期限：一是债权人会议的通知。依据《推进破产案件高效审理意见》第16条的规定，在简化审理程序中如果全体已知债权人同意，可缩短《企业破产法》中债权人会议需提前15日通知的期限。对此，龙岩法院要求管理人在第一次债权人会议议事规则中确定第二次及之后的债权人会议提前3日通知即可。二是管理人接管和调查。由于破产案件情况千差万别，法律没有对管理人接管和调查期限作出明确规定，但破产进程的快慢、破产审理的质效在很大程度上取决于管理人的履职能力、执行能力。鉴于简单破产案件的债务人财产状况一般都较为清晰，管理人应尽快完成接管及尽职调查工作。三是衍生诉讼方案的审议。针对可能存在抽逃出资、追收出资、损害赔偿诉讼等情形的案件，应在第一次债权人会议前进行尽职调查并形成议案，提交第一次债权人会议审议，从而避免债权人会议多次召开。四是提请宣告破产或终结。经管理人调查，债务人符合资不抵债的破产情形的，自债权审查确认后，管理人即可向人民法院申请宣告破产；在无人代为清偿或垫付的情形下，债务人财产不足以支付破产费用的，管理人即可向人民法院申请裁定宣告破产并终结破产程序。

此外，相关地方法院也对指定管理人期限及管理人的履职工作期限进行了明确及不同程度的限缩。但根据《破产审判纪要》的规定，加快案件审理进程应在不突破法律规定的最低期限的前提下进行。①

（四）完善查控处置

最大限度地查控追收债务人财产和尽可能降低破产财产变价困难，降低破产财产处置成本，对于实现债权人利益最大化至关重要。“执转破”案件实践操作中应当根据相关法律、司法解释及最高人民法院配套出台的有关“执破衔接”举措，加强财产查控，提升处置效益。

1. 执行行为效力的延续

在“执转破”案件中，龙岩法院执行部门严格落实《龙岩执转破规定实施意见》，在移送破产前对债务人财产进行了充分调查，对已经实施了相关财产评估、

① 《破产审判纪要》第29条规定：“建立破产案件审理的繁简分流机制。人民法院审理破产案件应当提升审判效率，在确保利害关系人程序和实体权利不受损害的前提下，建立破产案件审理的繁简分流机制。对于债权债务关系明确、债务人财产状况清楚的破产案件，可以通过缩短程序时间、简化流程等方式加快案件审理进程，但不得突破法律规定的最低期限。”

鉴定或已经委托拍卖的案件，为避免审理周期冗长，形成不必要的破产费用和司法资源的浪费，管理人可以将执行部门穷尽财产调查措施的相关材料作为债务人财产状况的依据，有针对性地开展调查，避免工作重复。执行程序中已经实施的评估、鉴定及委托拍卖等，其效力在有效期内即可延续至破产程序中，可不再重复委托。若“执转破”之后发现债务人财产新线索的，管理人应快速反应，及时抓紧调查核实，必要时可报请人民法院采取查控措施。

2. 建立信息共享机制

近几年，人民法院通过“总对总”“点对点”的执行查控系统查控被执行人财产，成效显著。“执转破”作为解决执行难问题的重要路径，理应加快实现执行与破产审判的无缝对接和资源共享。为此，龙岩法院在破产审判中充分利用破产重整系统平台建立“执破直通”查控机制。以新罗区人民法院为例，为提高资源利用效率，为加快破产案件审理提供便利，新罗区人民法院于2022年5月为破产办案法官开通了执行查询权限。破产审判法官可通过破产重整系统平台对债务人财产进行查询，若债务人财产需要执行查控，亦可通过合议庭中的执行人员直接进入执行查控系统办理；若需要上级人民法院协调处理，则可以向上级人民法院提出申请。同时，通过对破产审判法官开放执行案件流程信息管理系统，破产审判人员可充分利用该系统协助执行部门发现具备“执转破”条件的案件，并通过执破会商机制，依法启动“执破直通”程序，及时、全面地掌握破产企业的执行案件情况，提升破产审判部门办案效率。

3. 有条件调整变价、分配方式

根据《企业破产法》的规定，破产财产的变价以拍卖为首选，破产财产的分配以分配货币为原则。根据《破产审判纪要》的精神，在特定情形下，经债权人会议决议，可以采用作价变卖或者实物分配的方式进行处置。但不可否认的是，传统的现场拍卖方式容易形成竞拍人参与程度低、拍卖费用高的弊端，不利于提高破产财产处置效率；而网络拍卖方式则能在一定程度上弥补传统现场拍卖方式的弊端，以更好地实现财产处置价值的最大化。经债权人会议决议，管理人可通过网络拍卖方式处置破产财产，探索“正向折价拍卖 + 债权人竞价拍卖 + 反向一元起拍”的处置模式，以灵活科学的处置方式实现破产企业资产变现的“最优解”，实现破产财产处置法治化、市场化、公开化。同时，在简化审理程序中，在债权人会议表决通过的基础上，管理人可对公告期限进行缩短优化，多方式、多渠道、多平台进行推介，在坚持以价值最大化为原则的同时兼顾处置效率，有针对性地广而告之。同时，根据《企业破产法》第116条第2款的规定，管理人可以实行多重分配，但鉴于以简易程序审理的破产案件债权债务关系清楚，债务人财产状况明晰，除事后有法定事由需要追加分配外，原则上应为最后一次破产财产分配。①

第三节 企业破产案件的涉刑处理

近年来，经济转型促使企业破产案件数量剧增，产生较多企业破产涉刑问题。但在立法层面缺乏系统的法律规范，司法实践中亦缺乏统一标准。龙岩中院针对当前破产审判实践中存在的破产企业账册不移交、虚假申报债权、抽逃出资、恶意侵占、挪用、隐匿企业财产等问题，联合龙岩市人民检察院、龙岩市公安局出台《关于建立办理企业破产案件司法联动机制的实施意见》，对防范和打击逃废债务行为、企业破产案件涉刑问题处理进行了探索和实践。

一、“执转破”情形下的涉刑问题梳理

破产欺诈是指为了实现自身或他人财产上的利益，破产人在被依法宣告破产前或破产后，为减轻债权人财产利益而实施的以损害债权人财产利益为目的的欺诈行为。② 企业破产清算中常见的刑事犯罪可以分为两类：一是包括虚假破产罪，妨害清算罪和隐匿、故意销毁会计凭证、会计账簿、财务会计报告罪在内的与企业破产直接相关的犯罪；二是包括虚假诉讼罪、集资诈骗罪、逃税罪、虚开增值税专用发票罪等在内的与企业破产间接相关的罪名。此外，在破产审判实践中，虚假出资或抽逃出资行为在公司、企业发起人或股东中屡见不鲜，既侵犯了国家对公司资本的管理制度，损害了公司、企业的合法权益，也妨害了债权人追索债权，应予追缴。本节主要结合破产申请、债权申报、债务人财产接管与清理等阶段的涉刑情形进行分析。

---

① 参见刘颖：《论我国破产法上简易程序的构建》，载《法学评论》2022年第3期。

② 参见李卫红：《经济犯罪热点问题研究》，北京大学出版社1996年版，第175页。

(一)“执转破”中申请移送环节的涉刑情形

破产原因是启动破产程序的门槛。债务人通过隐匿财产、承担虚构债务等方式转移和处置财产,其主要目的在于逃避债务,实施虚假破产,属于典型的破产欺诈行为,可能导致法院对公司或企业是否存在破产原因的判断出现失误,增加破产财产识别及债权认定难度,有损破产制度公平清理债权债务的价值。

《刑法》第162条之二[①]对严重损害债权人或者他人利益的行为予以规制,意在惩罚虚假破产犯罪行为,保护债权人的合法权益和社会经济管理秩序。在有限责任公司、股份有限公司之外的个人独资企业、合伙企业等适用企业破产法的主体,亦可成为虚假破产罪的主体。虚假破产罪存在单位犯罪与自然人犯罪的争议。[②] 从刑罚类型来看,《刑法》并未对公司或者企业施以罚金处罚,仅对公司、企业实施虚假破产的直接负责的主管人员和其他直接责任人员进行处罚。这种规则的设计可能是考虑到对单位判处罚金最终影响和损害的是债权人的利益,同时也说明,若将其认定为单位犯罪,则难以回应主体与刑罚相统一的要求,[③]这也构成否定单位犯罪说的一种佐证。笔者认为,将虚假破产犯罪认定为自然人犯罪不仅符合法条的立法原意,更有利于对虚假破产行为进行规制。

《刑法》分则第三章第三节“妨害对公司、企业的管理秩序罪”中规定了虚假破产罪,其客体表现在两个方面:一是侵害了债权人的合法权益,或者侵害了其他利害关系人的合法权益;二是侵害了国家对公司、企业破产的管理秩序。

虚假破产罪的主观方面为直接故意,危害结果为损害债权人或者他人利益从而实现自身非法利益。因企业经营不规范,财产被不当转移、处置或者致使企

---

① 《刑法》第162条之二规定:“公司、企业通过隐匿财产、承担虚构的债务或者以其他方法转移、处分财产,实施虚假破产,严重损害债权人或者其他人利益的,对其直接负责的主管人员和其他直接责任人员,处五年以下有期徒刑或者拘役,并处或者单处二万元以上二十万元以下罚金。”

② 参见付中华:《虚假破产罪的补辑路径——以“虚假破产行为”认定为中心》,载《中国政法大学学报》2020年第4期;贺丹:《论虚假破产罪中的“实施虚假破产”》,载《政治与法律》2011年第10期。

③ 参见潘家永:《虚假破产罪探析——兼论破产犯罪的相关问题》,载《政法论坛》2008年第2期。

业无法清算,缺乏犯罪主观故意的,不能认定为虚假破产罪。

虚假破产罪的客观构成要件主要包括:第一,隐匿财产,为使破产程序不能对公司、企业财产进行有效处置,而采取虚报、伪造公司、企业财产数额的手段转移、隐藏财产或者采取不为人知的手段隐匿财产。第二,承担虚构的债务,是指承担原本不存在的债务,或者将原有的债务夸大。由于破产财产的实际数额减少,其他债权人的合法权益受到损害。第三,通过其他方式转移、处置财产,以显失公允的低价转让或者无偿转让公司、企业财产,或者以明显高于市场价格的高价收购财产,放弃对公司、企业的债权等。在虚假破产罪的立案标准方面,2022年修订的《最高人民检察院、公安部关于公安机关管辖的刑事案件立案追诉标准的规定(二)》(以下简称《公安机关管辖的刑事案件立案追诉标准(二)》)第9条明确规定:“公司、企业通过隐匿财产、承担虚构的债务或者以其他方法转移、处分财产,实施虚假破产,涉嫌下列情形之一的,应予立案追诉:(一)隐匿财产价值在五十万元以上的;(二)承担虚构的债务涉及金额在五十万元以上的;(三)以其他方法转移、处分财产价值在五十万元以上的;(四)造成债权人或者其他人直接经济损失数额累计在十万元以上的;(五)虽未达到上述数额标准,但应清偿的职工的工资、社会保险费用和法定补偿金得不到及时清偿,造成恶劣社会影响的;(六)其他严重损害债权人或者其他人利益的情形。”

(二)债权申报涉刑情形

在人民法院裁定受理破产申请、指定管理人后,企业破产程序即进入债权申报环节。在债权申报阶段,债权人根据公告要求向管理人申报债权,管理人在对申报的债权进行审查确定后编制债权表并提交债权人会议审核,审核无异议的将提交人民法院裁定确认。债权申报工作直接关系到债权人表决权、债权总额、债权人受偿比例等债权清偿的程序和实体问题,因此实践中亦出现基于增加自身利益、提高清偿比例目的以个人行为或与他人串通的方式虚构债权金额、工人工资、优先权等虚假申报债权的情况。虚假申报债权的行为直接损害的是其他债权人公平清偿的权益。为规制在企业破产程序中虚假申报债权的行为,《最高人民法院 最高人民检察院关于办理虚假诉讼刑事案件适用法律若干问题的解释》(法释〔2018〕17号)(以下简称《虚假诉讼刑事案件适用法律的解释》)第1

条第1款[①]将采取伪造证据、虚假陈述等手段申报捏造的债权，作为虚假诉讼罪中“以捏造的事实提起民事诉讼”的情形之一。

对企业破产案件审理过程中申报捏造的债权可以从三个方面进行理解，即“破产案件”“申报”“捏造”三个方面。

第一，关于“破产案件”的理解。破产清算、破产和解及破产重整程序是《企业破产法》规定的破产程序。上述三种程序在破产程序启动后即进入债权申报阶段。此外，在公司解散清算程序中亦有债权申报阶段。破产清算、破产和解及破产重整程序按照《企业破产法》规定的相关程序进行，具有强制性；公司解散清算程序按照《公司法》规定的相关程序进行，具有较大的任意性。公司解散清算可以由公司自行组织，人民法院在公司解散清算案件中更多是尊重公司内部自治前提下的监督，在“资可抵债”的情况下公司可自行清算。当公司出现“资不抵债”符合破产原因时则向人民法院申请并由人民法院裁定宣告破产，按照《企业破产法》的相关程序进行审理。《虚假诉讼刑事案件适用法律的解释》对申报捏造的债权的行为亦定位在破产案件审理过程中，故其仅适用于破产清算、破产和解及破产重整程序。

第二，关于“申报”的理解。如前文所述，债权申报先后经历向管理人申报、管理人审查、提交债权人会议核查和人民法院裁定确定四个步骤。破产案件在正式立案后即进入法院审理阶段，破产审判的每一环节均属于司法程序。在管理人审查这一步骤中，管理人不仅要对申报的债权进行形式审查，还要对申报债权的真实性、合法性进行实质审查。管理人的审查结论直接关系到债权申报后两个步骤能否顺利进行，向管理人申报虚假债权属于妨害司法秩序的虚假诉讼行为，应予以规制。因此，向破产管理人申报捏造的债权的行为属于涉破产虚假诉讼的行为。

---

① 《虚假诉讼刑事案件适用法律的解释》第1条第1款规定：“采取伪造证据、虚假陈述等手段，实施下列行为之一，捏造民事法律关系，虚构民事纠纷，向人民法院提起民事诉讼的，应当认定为刑法第三百零七条之一第一款规定的‘以捏造的事实提起民事诉讼’：（一）与夫妻一方恶意串通，捏造夫妻共同债务的；（二）与他人恶意串通，捏造债权债务关系和以物抵债协议的；（三）与公司、企业的法定代表人、董事、监事、经理或者其他管理人员恶意串通，捏造公司、企业债务或者担保义务的；（四）捏造知识产权侵权关系或者不正当竞争关系的；（五）在破产案件审理过程中申报捏造的债权的；（六）与被执行人恶意串通，捏造债权或者对查封、扣押、冻结财产的优先权、担保物权的；（七）单方或者与他人恶意串通，捏造身份、合同、侵权、继承等民事法律关系的其他行为。”

第三,关于“捏造”的理解。捏造包括全部捏造和部分捏造,与普通的影响债权人会议表决、债务人经营、确定债权人财产等破产相关事宜的虚假诉讼行为相比,无论是全部捏造还是部分捏造,其危害性都会更大,都会对破产案件的审理造成冲击。破产程序中捏造债权向人民法院申报,社会危害性比普通诉讼程序中的虚假诉讼行为更大,更需要对其进行刑法规制。① 此外,《虚假诉讼刑事案件适用法律的解释》对隐瞒债务已经全部清偿的事实,向人民法院提起民事诉讼,要求他人履行债务的行为,以“以捏造的事实提起民事诉讼”论。

(三)破产财产接管和清理的涉刑情形

在人民法院受理破产申请到破产程序终结期间,破产企业财产的接管对象包括破产企业的资产和财务凭证等。此阶段涉及的罪名主要包括隐匿、故意销毁会计凭证、会计账簿、财务会计报告罪,妨害清算罪等与破产直接有关的罪名。

1. 妨害清算罪

从妨害清算罪②的条文表述来看,该罪同虚假破产罪一样,没有对公司、企业处以罚金,仅对妨害清算的直接负责的主管人员和其他直接责任人员进行处罚,从而避免最终影响或损害债权人的利益。妨害清算罪侵犯的客体是公司、企业的清算制度和债权人或者其他人的合法权益。从主观上来说,妨害清算罪须故意而为之,过失而为之不构成犯罪。从客观上来说,第一,隐匿财产是指以不为人知的手段虚报、虚假记载公司、企业财产数额,将公司、企业的财产予以转移、隐藏,使之无法按照破产程序进行有效处分。第二,对资产负债表虚伪记载是指减少或不记资产类科目或者多记负债类科目。第三,对财产清单作虚伪记载是指对清算日期尚存的全部财产作虚假记录。《公安机关管辖的刑事案件立案追诉标准(二)》第7条列举了严重损害债权人或者其他人利益的情形,为本罪的立

---

① 参见赵运锋:《涉破产虚假诉讼罪“捏造”行为实质解释研究》,载陈金钊、谢晖主编:《法律方法》第39卷,研究出版社2022年版。

② 《刑法》第162条规定:“公司、企业进行清算时,隐匿财产,对资产负债表或者财产清单作虚伪记载或者在未清偿债务前分配公司、企业财产,严重损害债权人或者其他人利益的,对其直接负责的主管人员和其他直接责任人员,处五年以下有期徒刑或者拘役,并处或者单处二万元以上二十万元以下罚金。”

案标准。①

2. 隐匿、故意销毁会计凭证、会计账簿、财务会计报告罪

隐匿、故意销毁会计凭证、会计账簿、财务会计报告罪②为犯罪行为、对象双向选择性罪名。根据全国人大常委会法制工作委员会2002年1月《关于对“隐匿、销毁会计凭证、会计账簿、财务会计报告构成犯罪的主体范围”问题的答复意见》,任何单位和个人均可以成为本罪的主体,包括依法应当保存会计凭证、会计账簿、财务会计报告的国家机关、社会团体、公司、企业、事业单位和其他组织及其内部的会计人员、有关主管人员和直接责任人员。③

根据《会计法》④和《会计档案管理办法》⑤的相关规定,各单位应当建立会计凭证、会计账簿、财务会计报告和其他会计资料档案,本罪侵犯的客体是会计档案管理制度。本罪在主观方面表现为故意,即明知是会计凭证、会计账簿、财务会计报告依法应当保存的情况下,仍予以隐匿或销毁,希望或者放任会计凭证、会计账簿、财务会计报告被隐匿或销毁。在客观方面表现为对真实的会计凭证、会计账簿、财务会计报告等使用隐秘手段进行隐匿和隐瞒,或者使会计凭证、会计账簿、财务会计报告等因破坏或毁损等而丧失其完整性、真实性。在情节严重

① 《公安机关管辖的刑事案件立案追诉标准(二)》第7条规定:“公司、企业进行清算时,隐匿财产,对资产负债表或者财产清单作虚伪记载或者在未清偿债务前分配公司、企业财产,涉嫌下列情形之一的,应予立案追诉:(一)隐匿财产价值在五十万元以上的;(二)对资产负债表或者财产清单作虚伪记载涉及金额在五十万元以上的;(三)在未清偿债务前分配公司、企业财产价值在五十万元以上的;(四)造成债权人或者其他人直接经济损失数额累计在十万元以上的;(五)虽未达到上述数额标准,但应清偿的职工的工资、社会保险费用和法定补偿金得不到及时清偿,造成恶劣社会影响的;(六)其他严重损害债权人或者其他人利益的情形。”

② 《刑法》第162条之一第1款规定:隐匿或者故意销毁依法应当保存的会计凭证、会计账簿、财务会计报告,情节严重的,处5年以下有期徒刑或者拘役,并处或者单处2万元以上20万元以下罚金。

③ 参见竹怀军、邢冰:《论隐匿、故意销毁会计凭证、会计账簿、财务会计报告罪》,载《韶关学院学报(社会科学版)》2006年第5期。

④ 《会计法》第23条规定:“各单位对会计凭证、会计账簿、财务会计报告和其他会计资料应当建立档案,妥善保管。会计档案的保管期限、销毁、安全保护等具体管理办法,由国务院财政部门会同有关部门制定。”

⑤ 《会计档案管理办法》第6条规定:“下列会计资料应当进行归档:(一)会计凭证,包括原始凭证、记账凭证;(二)会计账簿,包括总账、明细账、日记账、固定资产卡片及其他辅助性账簿;(三)财务会计报告,包括月度、季度、半年度、年度财务会计报告;(四)其他会计资料,包括银行存款余额调节表、银行对账单、纳税申报表、会计档案移交清册、会计档案保管清册、会计档案销毁清册、会计档案鉴定意见书及其他具有保存价值的会计资料。”

情形的立案标准方面,《公安机关管辖的刑事案件立案追诉标准(二)》进行了规范。①

另外,应当结合2023年《中华人民共和国刑法修正案(十二)》及2023年修订的《公司法》,从以下几个方面进一步关注破产企业的其他涉刑情形:一是破产企业因涉及刑事案件,财产被公安机关查封、扣押、冻结;二是破产企业涉非法集资等涉众类经济犯罪的所得与合法财产的区分;三是管理人在对破产企业财产、账册进行梳理的过程中,发现企业实际控制人、法定代表人、股东、高级管理人员等人员涉嫌职务侵占罪,非法经营同类营业罪,为亲友非法牟利罪,徇私舞弊低价折股、出售公司、企业资产罪,虚假出资、抽逃出资罪,逃税罪,非法经营罪等情形。需要注意的是,2023年修订的《公司法》将公司注册登记从认缴制改为限定期限的实缴制,②在此之前设立的公司可能出现既不计划减资或者注销公司,又迫于实缴期限的强制规定,股东实施虚假出资或者抽逃出资等行为从而构成虚假出资、抽逃出资罪的情形。

二、企业破产涉刑案件处理的规范化

刑事诉讼程序与破产程序是不同的法律程序。刑事诉讼是国家机关行使国家刑罚权的活动,其解决的中心问题是被告人的刑事责任问题;而破产程序是一种特殊的民事程序,旨在公平、高效地解决涉及财产权益的债权问题。当破产企业的实际控制人、股东、高级管理人员涉嫌犯罪,便涉及破产程序与刑事程序应如何推进与衔接,关系到涉刑债权清偿、破产案件审判效率等诸多问题。

---

① 《公安机关管辖的刑事案件立案追诉标准(二)》第8条规定,隐匿或者故意销毁依法应当保存的会计凭证、会计账簿、财务会计报告,涉嫌下列情形之一的,应予立案追诉:(1)隐匿、故意销毁的会计凭证、会计账簿、财务会计报告涉及金额在50万元以上的;(2)依法应当向监察机关、司法机关、行政机关、有关主管部门等提供而隐匿、故意销毁或者拒不交出会计凭证、会计账簿、财务会计报告的;(3)其他情节严重的情形。

② 《公司法》第47条第1款规定:“有限责任公司的注册资本为在公司登记机关登记的全体股东认缴的出资额。全体股东认缴的出资额由股东按照公司章程的规定自公司成立之日起五年内缴足。”

《公司法》第98条第1款规定:“发起人应当在公司成立前按照其认购的股份全额缴纳股款。”

《公司法》第266条第2款规定:“本法施行前已登记设立的公司,出资期限超过本法规定的期限的,除法律、行政法规或者国务院另有规定外,应当逐步调整至本法规定的期限以内;对于出资期限、出资额明显异常的,公司登记机关可以依法要求其及时调整。具体实施办法由国务院规定。”

（一）破产程序与刑事程序价值的衡平考量

破产法律制度包括实体制度和程序制度。破产程序不仅需要解决民商事务的法律问题，如涉及债权债务的清偿问题，还需要追求高效与公平。破产程序作为特殊的民事程序，实质上仍是行使公权力的一种归纳性救济程序，尽管它强调当事人的自主性和自治性。破产程序的实质是债权人的共同清偿，公平和效率是破产程序必须贯彻的基本原则。首先，破产程序制度所涉及的实际上是一种集体清偿，最大限度地节约了有限的司法资源。其次，防止债权人实现债权利益被无限期拖延。增进破产程序效率，不仅能够促进破产案件的审理，实现高效司法，也能够快速实现优化市场资源配置，提升有效供给。

刑法的目的是保护法益，各类犯罪都是侵犯法益的行为。刑事诉讼价值是指刑事诉讼立法及其实施对国家、社会及其一般成员具有的效用意义。刑事诉讼价值包括秩序的维护、公正的体现、效益的实现等。秩序价值体现在通过惩治犯罪恢复被犯罪破坏的社会秩序以及预防社会秩序被犯罪破坏。公正价值包括两个方面：实体公正和程序公正。实体公正涉及对事实的法定认定和法律的正确适用以保证当事人权利义务得到公正实现；程序公正体现了诉讼过程的公正性，可以让当事人和社会公众直观地感受到诉讼过程的公正性。效益价值是指社会经济发展中涉及刑事诉讼而产生的效益。

法律和司法实践中的刑民交叉概念及其内涵尚无明确界定，理论和实务界争议已久，却没有形成统一的观点。按照陈兴良教授的说法，刑民交叉案件是指刑事犯罪与民事违法相竞合的一种案件。此类案件中既有刑事犯罪行为，也有民事违法行为，二者之间存在一定的相互交叉。[①] 周光权教授认为，刑民交叉特指某种行为究竟是犯罪性质还是民事违法性质不明的情形。[②] 最高人民法院何帆认为，刑民交叉是指既涉及刑事法律关系又涉及民事法律关系，或因涉及同一事实的法律关系难以区分刑民属性而相互交叉、相互牵连、相互影响。[③] 虽然在理论界和实务界，各学者的观点有所不同，但都殊途同归地落脚于“法律事实”和

---

① 参见陈兴良：《刑民交叉案件的刑法适用》，载《法律科学（西北政法大学学报）》2019 年第 2 期。

② 参见周光权：《“刑民交叉”案件的判断逻辑》，载《中国刑事法杂志》2020 年第 3 期。

③ 参见何帆：《刑民交叉案件审理的基本思路》，中国法制出版社 2007 年版，第 25～26 页。

“法律关系”。概言之,刑民交叉是指同一或者不同法律事实分别引起刑、民两种法律关系,从而产生这两种法律关系是择一适用还是并行适用问题的一种特殊法律现象,司法实践对刑民交叉情况出现时的处理顺序这一问题争论不休。一是根据我国现有相关司法解释[①]以及长期以来的司法实践,我国民商事审判工作“先刑后民”原则已根深蒂固。具体而言,“先刑后民”原则是指在民事诉讼过程中,如果存在涉嫌刑事犯罪的可能性时,应当由侦查机关对相关犯罪事实予以调查,在查证属实的情况下由人民法院先行审理刑事案件,再就相关民事争议进行审理的一种诉讼规则。[②] 破产案件作为民事案件的一种类型,当其与刑事案件交织在一起时,不少法院在处理时也的确坚定地遵循了上述“先刑后民”原则。二是只有在刑事案件会对破产程序造成实质性影响时才应当依照“先刑后民”原则进行处理,[③]其主要依据为《九民纪要》第130条的规定。该条是关于民事诉讼案件的规定,不能当然地适用于破产程序,但该观点为破解破产案件中的刑民交叉案件打开了新的思路。

破产法追求公平、效率的价值理念,在破产程序中坚持“先刑后民”是对该价值理念的否定。当破产财产与涉案财产高度混同时,破产程序需要中止,此时破产程序的进行依赖刑事案件的审理,但某些复杂的经济犯罪结案需要数月甚至长达数年的时间,此时债权人的债权变现需要付出高昂的时间成本和以合法权益的损害为代价。刑事诉讼是国家机关行使国家刑罚权的活动,其解决的中心问题是被告人的刑事责任问题;而破产程序要解决的是债权的公平高效受偿,主要涉及财产权益。因此,不同性质的法律纠纷需要适用不同的诉讼程序加以解决,两者并不必然存在冲突。

(二)以同步进行刑事程序与破产程序为原则

如前所述,刑事诉讼的目的是打击犯罪行为、抑止犯罪、保护法益;而破产程序的目的在于使债权债务得到公正处理,使债权人和债务人的合法权益均得到

---

① 此类司法解释具体包括:最高人民法院、最高人民检察院、公安部联合发布的《关于及时查处在经济纠纷案件中发现的经济犯罪的通知》《关于在审理经济纠纷案件中发现经济犯罪必须及时移送的通知》《关于办理非法集资刑事案件适用法律若干问题的意见》等。上述司法解释均为“先刑后民”原则的直接体现。

② 参见杨兴培:《刑民交叉案件中“先刑观念”的反思与批评》,载《法治研究》2014年第9期。

③ 参见伍群山:《企业破产程序中的刑民交叉问题》,载《老区建设》2020年第14期。

保障。从价值理念层面来看,刑事案件和破产案件的审理都是为了维护社会经济秩序,保护公民的合法权益,维护社会的稳定。但从实际操作层面分析,刑事程序以打击犯罪为目的,破产程序则以归集债务人所有财产,公平清偿债权为目的。刑事程序侧重惩罚被告人的犯罪行为,而破产程序的重点是基于达到公平清偿债务目的对债务人的财产进行处置,两者之间并不存在冲突。债务人破产财产的界定在破产程序中至关重要。在刑事与民事程序交叉的情况下,实现债权的程度和效率与破产程序与刑事程序的衔接直接相关。因此,原则上要坚持刑民并行,在刑事诉讼和民事诉讼互不影响同步推进的情况下,实现破产程序追求的效率性。在破产企业存在如涉众类经济犯罪财产与破产财产高度混淆的情形下,应采取“先刑后民”的处理顺序。

1.“执转破”中申请移送环节涉刑情形的处理

人民法院经审查裁定受理债权人或债务人的破产申请,是启动破产程序的前置条件,符合《企业破产法》破产事由的公司、企业才具备受理条件。人民法院对破产申请的审查仅为形式审查,对公司、企业隐匿财产、虚构债务的行为难以发现,但在人民法院受理破产申请,公司、企业进入破产程序后,随着对债权申报、资产接管、资产清理等阶段工作的开展和梳理,发现公司、企业作为申请人申请破产的虚假破产行为可分两种情形进行处理。其一,债务人符合破产原因的,应继续审理破产案件,同时将虚假破产犯罪线索移送公安机关立案侦查。其二,对于债务人不符合破产原因的,龙岩地区司法实践进行了探索与实践,即可根据《企业破产法》第12条的规定驳回破产申请;公安机关经立案侦查后撤销案件、检察院决定不予起诉或者人民法院经审理后宣告被告人无罪的,当事人可重新提出破产申请。

2. 债权申报环节涉刑情形的处理

对于破产案件审理过程中采用伪造证据、虚假陈述等手段申报虚构的债权的情形,即涉及破产虚假诉讼的涉刑情形,一方面向公安机关移送虚假诉讼犯罪线索立案侦查,另一方面区分不同情况决定破产案件是否继续审理。

(1)如果债权人涉嫌虚假诉讼,且为破产申请人,那么,对其申报的债权是全部捏造还是部分捏造需要进行区别对待。当作为破产申请人的债务人虚假申报的债权为部分捏造的,由于其仍然具有真实的债权,其所提交的破产申请仍然有效。当作为破产申请人的债权人虚假申报的债权为全部捏造的,由于其并不具

区分,则在公安机关侦查刑事犯罪的同时,破产案件可以对破产企业的其他财产和破产事宜继续推进。若出现破产企业财产与刑事涉案财产高度混淆难以区分的情况,且可能涉及退赔等事宜,则需要等待刑事程序完毕后进行破产财产的处置和分配等工作。在此种情形下,破产程序可先行中止。

企业实际控制人、法定代表人、股东、高级管理人员等存在职务侵占、抽逃出资、逃税、非法经营等犯罪行为的,刑事程序追究的是企业实际控制人、法定代表人、股东、高级管理人员的责任,与破产财产的处置、分配和其他破产事务的处理无明显冲突,刑事程序与破产程序可以同时推进。

(三)公检法联动协调可视化运行

因破产程序和刑事程序实现的功能和适用的手段各不相同,两种程序的“交叉”必然使二者之间产生一定的牵连。在两种程序各自独立的前提下,对破产涉刑问题的处理应确立相关的协调机制,保证各自程序的顺利推进和司法价值的最大化。

1. 建章立制与联调联动

企业破产案件涉刑问题需要法院、检察院、公安机关分工配合、联动协调、信息共享、程序有效衔接,才能形成合力。破产案件办理过程中,破产管理人或者法院发现有关人员存在破产欺诈和虚假出资、抽逃出资犯罪行为的,破产案件审理法院应依管理人的提请或依职权移送同级公安机关处理;公安机关对破产涉刑案件应在法定期限内作出立案或者不立案的决定并书面反馈移送法院;检察机关依法对公安机关行使立案监督职权,对法院破产案件的审理行使监督职权。这是龙岩地区公检法联合制定《关于建立办理企业破产案件司法联动机制的实施意见》,聚焦企业破产涉刑问题,打击逃废债行为的探索和实践。

2. 动态管理与信息共享

龙岩地区公检法联合建立破产案件涉刑线索动态管理平台。该平台开设“隐匿销毁账册”等破产涉刑案件线索归集端口,并进行关联设置,公安机关在案件侦查阶段在管理平台录入相关信息,法院和同级检察机关可通过管理平台对该破产案件涉刑线索的立案、侦查情况进行跟踪了解。破产法院根据该平台信息可以对破产程序中如财产处置、债权审查等相关程序的推进工作进行调整;检察机关根据该平台信息可依法行使监督权,督促公安机关立案、侦查工作的高效运行。

(四)构建“三审合一”审判职能体系

从当前的破产审判实践来看,随着深圳破产法庭在全国的率先成立,北京、上海、温州等地相继成立破产法庭,专门负责审理破产案件及相关衍生案件,但并不包括破产程序衍生的刑事案件。破产程序中,法官对破产企业生产经营状况及衍生案件等进行全面审查分析、综合研判后才能对破产程序的走向形成判断,在破产程序中可能发现企业或者法定代表人等有关人员存在刑事犯罪的线索。为保证破产程序的效率性和加强与破产案件刑事犯罪程序的有效衔接,可对破产程序衍生的民事、行政和刑事案件借鉴目前知识产权、环境资源案件所采用的“三审合一”方式,将破产企业及法定代表人等有关人员涉及的刑事案件一并审理,以便破产案件及其衍生民事、刑事案件审理的协调及信息交流,从而提升破产审判效率。

第六章 “执转破”中的府院联动机制建设

《企业破产法》的顺利实施亟须政府积极作为，在企业破产处置中形成“行政配套”，帮助法院开展破产审判工作。[①] 在破产法尚未建立政府职责体系的前提下，推动府院联动机制建设是充分发挥破产制度功能的必由之路。龙岩法院探索建立“执破直通”机制须以相对完善的府院联动机制为前提，在“执转破”机制层面，府院联动机制属于配套机制。本章在阐述府院联动机制建设现状的基础上，结合龙岩市破产审判情况，论述企业破产中的涉税问题、企业注销问题以及债务人财产信息披露问题。

第一节 龙岩市企业破产处置中府院联动机制的探索

龙岩中院在《龙岩执转破规定实施意见》第一章第4条[②]中载明“积极推动府院联动、上下联动、内部联动机

---

① 参见陆晓燕：《“府院联动”的建构与边界——围绕后疫情时代市场化破产中的政府定位展开》，载《法律适用》2020年第17期。

② 《龙岩执转破规定实施意见》第4条“协作联动”规定：“积极推动府院联动、上下联动、内部联动机制建设，实现人力融合、资源整合，推动破产案件审判体系和审判能力现代化。”

制建设,实现人力融合、资源整合,推动破产案件审判体系和审判能力现代化",明确将"协作联动"作为"执破直通"的基本原则之一,着力通过府院资源整合推动破产案件审判体系和审判能力现代化。

一、龙岩市政府与法院在破产处置府院联动机制方面的探索

2020年9月,龙岩中院在清算与破产庭成立之初,即积极协调龙岩市人民政府出台了《关于建立企业破产处置工作府院协调机制实施方案》。依托该统领式、框架式的实施方案,龙岩中院进一步细化落实与政府各职能部门间的联动协作,通过搭建平台、联合发文、会商研判等举措,进行了破产处置府院联动的有益探索。

(一)个案协调:"求助—帮助"式逐案联动

龙岩市破产处置府院联动模式,早期主要表现为个案协调。有别于"政策性破产"时期的行政强主导地位,在近两年的破产审判个案协调工作中,政府部门基本不主动介入,而是由法院主导推动案件。破产审判中的维稳管控、资产处置、信用修复、专项资金援助、税收优惠等涉及政府职能的工作,需要法院协调对接有关政府职能部门,寻求行政权在资源配置和维稳协调等方面的帮助。在该模式下,法院与政府的联动更像是"求助—帮助"式的联动,一案一策的个案协调不再具有普适性,即使属于不同案件的同类堵点难点,也需要逐案联动、逐案化解,导致沟通协调的成本较高。以龙岩中院审理的龙飞门业制造有限公司破产清算案为例,该案自2011年6月裁定受理,至2017年8月终结破产程序,在长达6年的审理期间内,其所涉及的区地方税务局税收及滞纳金债权的确认问题,虽经多番沟通,但几无成效。在城镇土地使用税和房产税困难减免税的协调过程中,更是经历了频繁且漫长的函询函复,个案协调的艰辛可见一斑。

(二)深度参与:政府职能部门清算组担任管理人

根据《最高人民法院关于审理企业破产案件指定管理人的规定》第18条、第19条的规定,政府部门可以作为清算组成员并在破产案件受理后被人民法院指定为管理人。2021年,龙岩中院受理辖区内首例预重整转重整案件,即采用指定

“政府职能部门+律师事务所”清算组为管理人的方式，妥善办理了辖区内影响重大的大型危险化学品（以下简称危化品）企业破产案。在该案中，若仅凭债务人、债权人或者法院进行预重整，很难解决危化品物料多且易燃易爆的生产安全、400余名职工就业维稳、几百名债权人近20亿债权维权等问题。得益于“政府职能部门+律师事务所”清算组担任管理人的“新型府院联动机制”，实现了在企业安全生产、证照资质维护、股权登记过户、债务重组收益涉税问题以及与政府职能部门沟通协调等方面的府院联动“一站式”处理，对维护债务人稳定、增强债权人及职工信心产生了积极影响，对破产案件的顺利推进起到重要作用。该案最终有效化解20亿元债务并保住400余名职工的工作，债权人亦获得较高比例的债权清偿。鉴于“政府职能部门+律师事务所”组成清算组并担任管理人的优势，该模式在当地政府主导的预重整案件中被进一步推广应用，并已妥善处置了包括福建省龙岩龙化化工有限公司预重整转重整案、连城天一温泉度假村有限公司预重整转重整案等在内的本地大案要案。

（三）建章立制：建立系统化制度化府院联动机制

“执破直通”机制运行以来，龙岩法院受理破产案件数量呈几何式增长，在此情形下仅靠个案协调或深度参与模式已不能满足办理破产案件的现实需求，主要问题表现在两个方面：一是资金保障不足。“执转破”案件不同于一般破产案件，经过法院执行局的强制执行，大量的“执转破”案件基本处于无财产可供执行的状态，管理人在破产程序中所能追回的财产寥寥无几，尽职调查所产生的破产费用尚不能得到保障，管理人报酬更无从谈起。这种状况必然对管理人履职的积极性产生严重影响，对案件质量和效率产生反作用。二是个案协调普遍化带来的破产处置低效率。经统计，在龙岩中院2021年2月受理的“执转破”案件中，每百件案件需要个案协调的比率超过60%，问题涉及银行账户查询和注销，工商资料的查询、复印、变更和注销，违章建筑违法用地的处置，税收债权的申报及税收优惠政策的落实等。将以上问题制度化、类型化协调处理的呼声日益高涨。为此，龙岩中院从前方协调、后勤保障入手，建立了“保障畅通”“府院联通”机制，与“执破直通”机制并称为龙岩破产审判“三通”模式。

1. 保障畅通

2021年4月22日，龙岩中院与龙岩市财政局、龙岩市金融监管局联合制定

《龙岩市企业破产处置专项资金管理使用办法》,优化了对企业破产处置专项资金的管理,由龙岩市财政局对破产处置专项资金提供“按需拨付”的托底保障,着力解决“三无企业”案件管理人报酬问题等制约破产审判的各类障碍堵点。同年9月,龙岩中院制定了《破产资金管理办法》,建立破产案件资金监管机制,对龙岩两级法院破产案件资金通过“专案账户”进行集中管理,更好地规范了债务人资金的保管、使用、处置等流程。

2. 府院联通

该机制主要包括细化落实:《关于建立企业破产处置工作府院协调机制实施方案》涉破事项分级联席会商制;龙岩中院与龙岩市税务局达成《关于企业破产程序中涉税事项处理的实施意见》的院税司法协作制;龙岩中院与龙岩市市场监督管理局达成《关于企业破产程序中办理企业信息查询及变更与注销登记等有关事项的实施意见》的优化注销及变更登记制;龙岩市公检法联合达成《关于建立办理企业破产案件司法联动机制的实施意见》的司法联动制。

通过落实破产审判“三通”机制,龙岩法院破产处置工作取得显著成效。2020年以来,龙岩法院稳妥推进九云丰公司等6家水电企业合并5年重整计划,盘活资产1.8亿元,清理债务3.5亿元,保障了200余位债权人的权利。在福建双成和中企(福建)房地产开发有限公司破产重整案中,引进战略投资人筹措资金完成“烂尾楼”续建,盘活资产9554万元,顺利向241户购房户交房,有效维护了群众的合法权益,保障了社会的稳定。2021年年初,龙岩中院积极推动龙岩市人民政府、龙岩市自然资源局就企业违法用地、违法建设问题出台相关文件,实质性解决债务人违法用地、违法建设问题,推动开展债务人土地资产处置工作,盘活大量闲置资产,有效推动辖区内“香榭景园”“星辉房地产开发有限公司”“幸福里”等房地产开发企业破产重点案件的开展。

二、龙岩市府院联动机制需解决的主要问题

在全面依法治国的大背景下,破产处置府院联动机制的构建依法有序进行,并在简化办理程序、提高办事效率、推动帮办服务等方面取得良好成效。但对于一些超出法律和行政监管的涉破产难题,府院联动机制也常常陷入协调无路、处置无权的尴尬境地。

(一)“烂尾楼”验收、办证、交付难题

据不完全统计,截至2023年年底,龙岩中心城区有超过20个烂尾楼盘,龙岩中心城区法院在办“烂尾楼”开发商破产案件主要涉及“幸福里小区”“星辉小区”“香榭景园小区”“东方明珠商住楼小区”等项目。“烂尾楼”工程进入破产程序后,主要堵点是楼盘无法验收、无法办证、无法交付。以上问题需要自然资源、住建、城市管理、税务、人防等众多行政职能部门互相配合、统筹协调,化解的难度较大。

(二)违法用地、违章建筑处置难题

违法用地、违章建筑作为城市的毒瘤,既损害城市规划的权威性和严肃性,又严重影响破产财产处置,不利于实现资产的市场流动。目前龙岩法院审理的破产案件中,存在为数不少的违法用地、违章建筑。在2022年营商环境考评中,多个案件因违法用地、违章建筑无法处置,案件久拖未结,涉及的“长期未结破产案件指数”“结案数”“当事人投诉率”“有效盘活不动产”“有效盘活资产”“妥善安置职工人数”等多项指标被扣分。此类土地及建筑(有些系招商引资项目)未经行政部门审批,原因在于有关行政管理部门将其视为历史遗留问题长期不予处理,导致无法通过评估、拍卖、交付等方式处置破产财产。这样一来,积案长期无法结案,新案不断增加,造成土地资源闲置浪费,严重影响营商环境考评。

(三)税费减免及优惠政策落地难题

2020年之前,龙岩法院办理的破产案件数量较少,破产涉税事务属于业内的知识盲区,部分管理人办理案件过程中未主动申请税收优惠减免,亦未在税收债权核查时进行实质审查,导致目前有法可依的破产程序中的税收优惠政策未得到落实。《2021年度龙岩市优化营商环境评估问题清单》显示,2021年龙岩市尚无破产案件获得税费减免。

二、破产法实施的配套制度建设

面对破产处置工作中的众多难点堵点问题,龙岩中院坚持事分轻缓、责分主

次的理念，率先对管理人呼声最高、利害关系人意见最大的几大问题下手，与政府职能部门达成制度化、具体化、可操作性极强的具体办法或实施意见。

（一）《龙岩执转破规定实施意见》

最高人民法院确立“执转破”机制并于2017年发布《执转破指导意见》后，各地法院有序推动“执转破”案件的审查、审理。《福建执转破规定（试行）》对“执转破”案件移送审查作出全面部署和规范。为进一步畅通执行与破产的程序衔接，落实“执破直通”的案件审判模式，龙岩中院根据相关法律、司法解释及《福建执转破规定（试行）》等规定，结合龙岩市“执转破”实践，出台《龙岩执转破规定实施意见》。该实施意见作为龙岩“执破直通”机制的纲领性文件，将“协作联动”作为一项基本原则，并将“府院联通”融合到龙岩“执破直通”的“十通”样本之中，从强化人力融合、程序整合、上下结合、资源聚合四个维度全方位改革创新，打通执行与破产案件之间的人力资源融合、案件交接移送、信息共享共建等。通过系统对接、信息共享、人员互通、司法资源整合，实现执行人员“带案进、销案出”的程序集约效应，努力打造一流法治化营商环境。

（二）龙岩中院协调龙岩市人民政府出台《关于建立企业破产处置工作府院协调机制实施方案》

破产案件的有序高效审理是完善企业市场化救治和退出机制的关键因素，也是影响营商环境建设的重要因素。破产处置要取得良好的法律效果、社会效果，必然需要政府多部门的联动支持。为此，龙岩中院协调龙岩市人民政府，贯彻国务院《优化营商环境条例》（国务院令第722号）、《福建省提升营商环境行动计划》、《2020年龙岩市提升营商环境工作要点》（龙营商〔2020〕13号）等文件精神，结合龙岩当地实际情况，由龙岩市人民政府制定出台《关于建立企业破产处置工作府院协调机制实施方案》，明确由市政府常务副市长担任总召集人，债务人所属行业分管副市长和中级人民法院院长担任召集人，建立由法院、发改、工信、财政、税务、金融监管等20个部门共同参与的企业破产处置工作府院联动机制。该机制确定了企业破产案件一般事项、重大事项的分级处理；明确了联动会商启动情形，有利于充分发挥联动单位在费用保障、劳动关系处理、不动产处置、税收优惠等方面的政策优势；通过重点突破破产审判过程中的企业注销、税务核销、职工安置、资产处置等难题,为进一步深化供给侧结构性改革,积极稳妥解决企业破产处置中的有关问题,加快债务人的司法处置进程保驾护航。

(三)龙岩中院、国家税务总局龙岩市税务局联合印发《关于企业破产程序中涉税事项处理的实施意见》

为进一步优化营商环境,建立健全税务司法协作机制,实现企业破产处置涉税问题的规范化处理,提高破产处置工作效率,龙岩中院与国家税务总局龙岩市税务局根据《关于推动和保障管理人在破产程序中依法履职进一步优化营商环境的意见》(发改财金规〔2021〕274 号)、《关于建立企业破产处置工作府院协调机制的实施方案》(龙政办〔2020〕85 号)等文件精神,联合制定《关于企业破产程序中涉税事项处理的实施意见》,形成了包括联席会议机制、联动预警机制、保全执行对接机制在内的院税联动机制,同时进一步落实并优化了税收征管流程、税收债权的依法清收、支持重整和解与优惠的政策。其中,涉及资产处置中的税收管理、清算期间企业所得税处理、税款入库与退库、便利税务注销、税收债权申报及审查、依法核销债务人欠缴税款等细节,重点解决了税务信息变更、企业纳税信用修复、破产清算减免税费、破产重整及和解减免税费等事项。

(四)龙岩中院与龙岩市检察院、龙岩市公安局联合印发《关于建立办理企业破产案件司法联动机制的实施意见》

2022 年 4 月,龙岩市公检法三部门联合印发《关于建立办理企业破产案件司法联动机制的实施意见》,聚焦企业破产案件涉刑问题的处理,旨在防范和打击逃废债务行为。通过建立法院、检察院、公安局联动协作机制,明确破产程序中财务账簿、非法集资、虚假诉讼、破产欺诈等涉刑移送的处理意见,规范了刑民交叉等疑难复杂问题,为进一步推动破产案件的审理提供便利条件。以法院、检察院、公安局分工负责、配合协作、形成合力为原则,从破产案件涉刑线索移送、公安立案、检察监督、信息查询等方面明确操作规程,推动建立信息互联共享、程序有序衔接、整治协调配合、制度共商共建的工作格局,依法查处企业破产案件中涉嫌犯罪的相关问题,共同维护司法权威和司法公正。

（五）龙岩中院与龙岩市市场监督管理局联合印发《关于企业破产程序中办理企业信息查询及变更与注销登记等有关事项的实施意见》

市场监督管理局掌握着企业自申请筹建至注销的全生命周期信息，比如企业的设立登记、变更登记、年度检验文件等档案材料，是管理人进行尽职调查时必不可少的基础材料。同时，市场监督管理局行使对企业登记、变更事项的行政管理权，故管理人对债务人进行变更登记、注销登记也需要经过市场监督管理局的行政审批。此间所涉及的查询复印费用、出资人股权质押、财产保全、债务人对外投资股权处置等诸多问题，都有可能成为管理人履职的难点堵点。为充分保障管理人依法履职，解决破产企业退出难的问题，龙岩中院与龙岩市市场监督管理局联合印发《关于企业破产程序中办理企业信息查询及变更与注销登记等有关事项的实施意见》，畅通法院与市场监督管理部门联动机制的运作，从企业信息查询与调取，破产清算企业注销，破产重整、和解企业股权变更登记，企业信息公示与任职限制，强制清算程序适用，沟通协调与信息共享等方面进行细化规定，提高破产处置工作效率，切实降低企业破产成本，联合发力推动龙岩经济高质量发展。

（六）《龙岩市中级人民法院破产案件绩效考核办法（试行）》

破产案件涉及利益大、沟通环节多、办案周期长，不仅债权人数量众多且矛盾集中，而且财产处置的流程也较为烦琐。要想充分调动办案人员的积极性，就要科学评判办案人员的工作绩效。为推动"执破直通"机制全面落地，合理核算破产案件审判业绩，龙岩中院将破产案件纳入单独绩效考核，根据最高人民法院办公厅《关于强制清算与破产案件单独绩效考核的通知》和《福建执转破规定（试行）》、《关于破产案件绩效考核标准的指导意见》（闽高法〔2016〕361 号）、《关于破产案件绩效考核标准的指导意见（二）》（闽高法〔2019〕129 号），制定了《龙岩市中级人民法院破产案件绩效考核办法（试行）》。在破产案件绩效考核中，对办理破产案件的法官单列考核，视案情难易将公司强制清算与企业破产案件分为简易、普通、复杂三类，案件类型代字包括"破申""破""破终""破监""清申""强清""清终""清监"等，参照民商事案件的考核标准，确定折抵比例，并依据企业破产案件法官工作平台的案件数量，对破产审判法官的工作绩效进行考核,从而激发破产审判法官工作的积极性、主动性和创造性,推动办案质效持续提高。

(七)《破产资金管理办法》

为进一步规范龙岩市两级法院审理的破产案件中债务人资金的保管、使用、处置流程,避免出现管理人对债务人资金监管不力、权力寻租交易等问题,龙岩中院制定了《破产资金管理办法》,对管理人账户的开设与注销、收支管理、费用与出账、监管罚则等债务人对资金的监督、管理、使用情况进行规范。通过明晰法院、管理人协会、管理人、开户银行在资金监管中的权责界限,保障资金监督、管理、使用符合规范标准。对开户银行的遴选、债务人资金账户的开设亦在公平有序的原则下开展,从而确保开户银行为管理人办理破产案件以及管理人协会加强资金管理提供便利,为与协助办理破产案件相关的其他工作提供服务。这一创新实践有利于实现法院、管理人协会、债权人以及开户银行等多方主体对资金监管的信息互通,加强破产案件资金管理的信息化应用,推动龙岩法院智慧破产审判管理系统与资金监管系统的深度融合,是探索“互联网 + 资金监管”系统开发与推广的有益实践。

(八)龙岩中院、龙岩市财政局、龙岩市地方金融监督管理局联合印发《龙岩市企业破产处置专项资金管理使用办法》

为促进龙岩市供给侧结构性改革,实现经济社会高质量发展,优化营商环境,强化企业破产保障,提高破产案件审理效率,减少企业破产成本,解决“无产可破”企业破产程序启动难题,提高破产管理人积极性,龙岩中院与龙岩市财政局、龙岩市金融监管局联合制定《龙岩市企业破产处置专项资金管理使用办法》,优化对企业破产处置专项资金的管理,由市财政对破产处置专项资金提供“按需拨付”的托底保障,着力解决“三无企业”案件管理人报酬问题等制约破产审判的各类障碍堵点,为危困企业有序出清和恢复生产创造有利条件。

（九）龙岩中院、中国人民银行龙岩市分行、国家金融监督管理总局龙岩监管分局联合印发《关于办理破产企业账户查询、注销等事项的规定（试行）》

实践中，管理人接管的企业往往存在资料不齐的问题，如缺少营业执照、开户许可证照、公司印章等，使得管理人在对接银行业务时履职难度增加。《关于办理破产企业账户查询、注销等事项的规定（试行）》的出台，针对管理人履职的难点、堵点问题，明确各金融机构在管理人提供法律文书和身份证明文件后，依法为破产企业及管理人办理账户开立、止付、注销、资金划转、账户信息查询、非正常户激活等相关金融业务，不另设条件要求。该规定的出台将进一步强化金融机构对破产程序的参与和支持，充分保障和便利管理人依法履职，提升破产审判质效。

第二节　企业破产程序中涉税事项的处理

企业破产法与税法分属不同的法律领域，二者存在的理念分歧使之对破产程序中涉税问题的处理存在不同的态度，进而导致法律解释与适用上的问题。《企业破产法》以“为规范企业破产程序，公平清理债权债务，保护债权人和债务人的合法权益，维护社会主义市场经济秩序”为宗旨，《税收征管法》以“规范税收征收和缴纳行为，保障国家税收收入，保护纳税人的合法权益，促进经济和社会发展”为追求，二者存在公与私的分野，进而导致破产法与税法的理念分歧与具体规则之间的不兼容。[①] 在企业破产中，税务问题无法避开，税收债权常常占据企业债务的大额比例，对企业的清算效益或重整成功率有根本影响，企业破产中的涉税事项处理成为一个不得不面对与积极解决的问题。

目前，在学术研究层面，关于破产法与税法的理论问题尚未达成共识，但在实践层面，对于调和税务机关与破产企业之间的利益，提高税务机关与破产法院之间的沟通和协调程度，促进破产程序的顺利推进，基本达成共识。实践中对于

① 参见徐阳光、范志勇、徐战成：《破产法与税法的理念融合及制度衔接》，法律出版社2021年版，第4页。

破产程序中涉税问题的处理,多落于对府院联动机制建设的讨论范畴中。近年来,各地法院关于企业破产程序涉税问题的处理取得了诸多成效,各地法院多通过与同级税务机关联合发布意见或会议纪要等方式,对破产程序中的涉税事项达成一致协调意见。如广州市中级人民法院与国家税务总局广州市税务局共同出台的《关于进一步解决破产程序中涉税问题的若干意见(试行)》(穗中法〔2021〕208号)(以下简称《广州意见》)、河南省高级人民法院与国家税务总局河南省税务局发布的《关于企业破产程序涉税问题处理的实施意见》(豫高法〔2021〕368号)(以下简称《河南意见》)、安徽省高级人民法院与国家税务总局安徽省税务局发布的《关于企业破产程序中有关涉税事项处理的意见》(皖税发〔2021〕74号)(以下简称《安徽意见》)、苏州市中级人民法院与国家税务总局苏州市税务局2020年发布的《破产涉税问题会议纪要》(以下简称《苏州会议纪要》)等。各项文件采取了不同的分类方式对破产程序的涉税事项进行了规定,其中主要包括对“破产程序中的税收债权申报”“破产程序中的纳税申报”“债务人财产强制措施的处理”“重整企业信用修复”“破产企业税务注销”“税收优惠政策落实”“解除非正常户”“管理人发票领用”“管理人信息查询与政策咨询”“清算期间企业所得税处理”“其他涉税事项”等的规定。在企业破产程序涉税事项的处理中,法院、税务机关与管理人呈三角结构,三大主体各有权责,对于破产程序涉税事项的处理皆不可或缺。基于此,下文采取主体分类的方式,以特定地区法院与税务机关达成的规定为分析样本,在实践层面,对三大主体在破产程序涉税问题处理中的权责内容进行提炼与总结。

一、法院的权责范围

第一,前期积极与税务机关协调沟通,就如何简化破产涉税事项处理的程序与提高处置效率共同探讨输出解决方案。《广州意见》在该方面提供了优秀做法。例如,广州实行了税务机关首问负责制,一个端口收通知。根据《广州意见》,管理人仅需向破产企业的区县级主管税务机关发出债权申报通知,由主管税务机关在税务系统内部进行查询和流转,如此可免去管理人多头通知的烦恼,避免遗漏通知已知税收债权人的履职风险。相较之下,其他地方法院与税务机关发布的意见多对接收管理人申报的主体规定不明,如《安徽意见》仅规定管理人以破产企业名义到“主管税务机关”办理相关涉税事务,《河南意见》中也仅提到管理人向“主管税务机关”提交人民法院受理破产申请裁定书。除此之外,《广州意见》还规定了税务机关在申报债权时提醒破产管理人关于破产企业存在的可申请退税的多缴、误收、汇算清缴税款等的义务,并且简易化破产管理人的申报程序等。这些解决方案的输出,皆是法院积极与税务机关沟通协商的结果。

第二,当管理人存在履职不当、违法违规行为时,由法院督促管理人履行职责。《广州意见》第 17 条规定,“管理人在代表企业办理涉税事项时未遵守税收法律法规,造成企业未缴、少缴税(费)款,或有其他税收违法行为的,主管税务机关可责令其限期改正,并将有关情况通报人民法院,人民法院应督促管理人依法履职”。《安徽意见》明确,“管理人代办涉税事务时未遵守税收法律、法规,造成企业未缴或者少缴税款的,由主管税务机关责令限期整改。对拒不改正或未勤勉尽责履行代企业进行纳税申报义务的管理人,主管税务机关可将有关情况通报人民法院。人民法院应当责令管理人依法履行纳税义务”。可见,法院督促管理人履职,多基于税务机关对管理人不当行为的通报的基础上,一般情况下,法院不会主动介入管理人对破产企业涉税事项的处理活动,这种做法符合法院居中裁判的性质。

第三,法院应当积极与税务机关沟通协调,与之建立信息共享机制与常态化联络机制等沟通平台。《广州意见》《苏州会议纪要》等文件均明确建立信息共享机制及破产涉税联络机制。总而言之,法院在前期应当积极承担起与税务机关共同输出针对破产涉税事项解决方案的责任,在企业进入破产程序后,基于税务机关的要求督促管理人的正确履职,并积极与税务机关建立常态化的信息共享机制与联络机制。

二、税务机关的权责范围

税务机关在破产程序涉税事项处理中的角色是双重的,既作为破产企业的债权人及时申报债权,并与其他债权人一同根据《企业破产法》的债权清偿顺位规则参与集体分配,也作为公权力机关对企业清算或重整的推进产生直接影响,后者包括税务机关通过府院协调平台与法院共同承担积极协调、输出制度的职责,以及直接深度参与各项涉税事务的具体处理工作。本部分主要结合国家税务总局及地方税务机关的相关规定,对税务机关以债权人、公权力机关角色申报债权、履行具体职责进行分别梳理及分析。

(一)作为债权人的税务机关

税务机关作为债权人时,应当在法定期间内积极、主动地向管理人申报债权,便于管理人开展债权审核工作,而不应基于公权力机关的地位享有特殊待遇。例如,浙江省高级人民法院、国家税务总局浙江省税务局于2023年出台的《关于优化企业破产涉税事项办理的纪要》(浙高法〔2023〕18号)指出,债务人所属主管税务机关在收到受理破产案件的法院发出的债权申报书面通知后,应依法查清债务人所欠的相关税收费用,并会同社会保险部门确定债务人欠缴的社会保险费用。税务机关在申报债权时,一方面,应当按照法院、管理人的要求填写债权申报表,并提交相关证据材料方便管理人审核,明确税收债权扎口申报和补充申报的截止期限是浙江处理破产涉税问题的突破点之一。另一方面,应将债务人需补缴税费及因行政处罚产生的费用一次性告知管理人,对于未办结的稽查案件应尽快办结,并在破产财产分配方案、重整计划草案或者和解协议草案提交债权人会议表决前出具相关税务文书。四川省高级人民法院、国家税务总局四川省税务局则在2024年发布的《关于进一步规范企业破产程序涉税事项处理的意见》中,将未办结涉税费事项具象为“风险任务、纳税评估、税收核定、发票协查、稽查案件、反避税案件、举报投诉信访处理等可能产生查补税费款或处以罚款的未结事项”。前述规定表明,尽管税收债权因承载国家税收利益而具备优先性,但在债权申报上仍应严格遵守《企业破产法》的规定,税务机关应当主动、及时查清税收债权的范围,避免程序拖沓,增加管理人工作负担。

(二)作为公权力机关的税务机关

税务机关在破产涉税事项方面的职责具体为主动履职型行为与辅助型行为两个层面。

第一,在主动履职型行为方面,《保障管理人履职意见》从保障破产企业必要发票供应、依法核销破产企业欠缴税款、便利税务注销、支持企业纳税信用修复、落实重整与和解中的所得税税前扣除政策等五个方面界定税务机关在破产企业涉税事务处理中的职责范围。地方法院及税务机关形成的破产涉税事项处理意见也逐一贯彻落实前述5个事项,其关键是将企业破产因素嵌入税务机关的履职范畴,成为税务机关依法行政的重要组成部分,促使税务机关结合企业破产因素转变征税思维,以“课税特区”的理念介入破产程序,[①]缓解因税法未修订而产生的法律适用矛盾,推进破产案件审判工作。

1. 保障破产企业必要发票供应。破产企业基于履行合同、处置财产或继续经营等原因需要使用发票的,管理人可以以纳税人的名义向税务机关申领、开具发票。税务机关不得以破产企业未能完全清偿税收债权或未办结风险任务等原因拒绝供应发票。

2. 依法核销破产企业欠缴税款。在破产财产有限的情形下,破产企业可能无法完全清偿税收债权,包括本金、滞纳金及罚款等,税务机关按照破产程序获得相应比例清偿后,未受偿的部分应当核销。核销未受偿的税款是税务机关出具清税文书,完成税务注销的前提。实践中,税务机关可能因为破产企业未能缴清税款而拒绝出具清税文书、办理税务注销,影响企业退出效率。换个角度来看,税务机关在没有上位法依据的情况下,出具清税文书可能招致问责。唯有根据企业破产实践调整征税事项,才能化解此类困境。

3. 便利税务注销。要求税务机关承认法院出具的终结企业破产清算程序的裁定书,并根据裁定书出具清税文书,核销“死欠”。

4. 支持企业纳税信用修复。纳税信用修复是企业破产拯救的难题,也是税务机关支持企业重整及和解的具体体现。《广州意见》提出,税务机关在根据重整计划或和解协议受偿后,参照“新设立企业”重新评定信用等级,保障重整、和解企业后续发展。

5. 落实重整与和解程序中的所得税税前扣除政策。对于法院批准或认可的重整计划、和解协议确定或形成的资产损失,税务机关应根据税法规定进行资产损失扣除,避免增加资产处置成本。

第二,税务机关的辅助型行为是指积极配合管理人处理涉税事项,主要包括积极为管理人关于涉税问题的询问提供查询结果与答复,在法院裁定受理破产案件后及时解除强制措施,依管理人申请落实破产企业的税收优惠及减免政策等。

---

① 参见徐阳光:《破产程序中的税法问题研究》,载《中国法学》2018年第2期。

1. 对于税务机关处理涉税问题的查询,各地普遍明确税务机关的服务职责,但鲜有规定税务机关处理异议的时限。如《广州意见》第 15 条规定的"主管税务机关应当及时提供查询结果或给予答复",对主管税务机关的回复时间未作规定。相对而言,《安徽意见》更为具体,明确"现场办理查询业务的,管理人可以在主管税务机关办税服务厅申请查询,主管税务机关即时予以办结,特殊情况需要延后回复的,原则上不得超过 3 个工作日"。通过对税务机关"即时"与"不得超过 3 个工作日"的规定,使税务机关的职责内容更加具象化。

2. 对于税务机关在法院裁定受理破产案件后及时解除强制措施,依管理人申请落实破产企业的税收优惠及减免政策等职责,各地规定的一致性较高。

总而言之,税务机关的职责内容是多重的:一方面,其在作为债权人时,应积极主动地适应企业破产法的规定;另一方面,其在作为公权力机关时,应积极承担促进经济和社会发展的义务,为破产程序的推进提供有用信息与更加简便高效的路径,同时树立服务纳税者的意识,在法定范围内积极回应管理人基于破产企业利益提出的各项需求。

三、管理人的职责范围

破产管理人在破产程序涉税事项处理中的角色也是双重的,既作为纳税申报义务人向税务机关进行破产企业的各项税务申报,也作为破产企业的事务管理人,为破产企业利益最大化考虑,与税务机关针对破产企业的各项税务事项进行协调与处理。破产管理人对于涉税事项处理的主要权责有三:一是对于税务机关的债权处理。管理人应当及时通知税务机关申报债权,认为其债权存在异议的,及时向税务机关提出。二是对于破产企业的纳税义务履行。管理人应当积极接替破产企业的纳税义务,依法履行纳税义务,发现破产企业可能存在税务违法情形的,应及时如实告知税务机关。三是作为破产企业的管理人应致力于履行使破产企业利益最大化的管理职责。包括基于破产企业需要向税务机关申领与开具发票,为顺利对破产企业财产进行处置向税务机关提出税务咨询,在破产企业符合相关税收优惠政策时主动向税务机关申请落实,及时在破产企业履行相关纳税义务后为破产企业申请纳税信用修复以及进行税务注销与核销"死欠"等积极的管理行为。对于管理人此三类职责,各地规定的细致程度虽有些许差别,但基本大同小异。需要注意的是,各地规定在对管理人的此三类职责进行规定时,多采用管理人“可以”的表述。“可以”一词虽从字面上解读为“可为或可不为”皆可之意,但就管理人应当勤勉履职的义务而言,“可以”的规定只是为管理人灵活履职之便,在符合相关情况时,管理人是“应当”而非“可以”为破产企业的利益做出积极争取行为。

第一,对于税务机关的债权处理,管理人应当在特定时限内书面通知税务机关申报债权。各地对于管理人发出通知的时限有不同规定,《广州意见》的规定是“管理人应在接受人民法院指定之日起十日内”,《苏州会议纪要》的规定是“自裁定受理破产申请之日起二十五日内”,《河南意见》的规定则是“自债权申报公告发布之日起十五日内”。比较来看,《河南意见》的规定更为合理,因无论是以管理人接受指定之日起算还是以裁定受理破产申请之日起算,虽皆作了确定可算的时限规定,但未将管理人的工作难度与工作进度纳入考虑,只有以“债权申报公告发布日”为基准,才能使管理人合理安排债权申报工作,不必在破产申请受理之日或被指定为管理人之日起的特定时间内腾出时间与资源,独立对税收债权进行核查,而可以将对税收债权的核查纳入对其他债权的一并核查工作中,进而在债权申报公告日后的特定时间内通知税务机关即可,而不必打破原有的工作进程。对税务机关申报的债权有异议的,管理人应当及时向税务机关提出异议;税务机关认为管理人的异议不成立的,应当及时向管理人提供相应证据。在税务机关提供证据后,对于管理人仍不认可其债权情况的处理,各地的规定不一。《广州意见》仅规定税务机关应向管理人提供异议部分的计算方式和征收依据,但对之后管理人仍不认可债权的处理未予明确规定。《河南意见》则规定:“管理人对主管税务机关的异议经审查后仍不予调整的,主管税务机关应当自收到管理人书面通知之日起十五日内向审理破产案件的人民法院提起债权确认之诉。”相较之下,《河南意见》考虑了破产程序中异议债权的处理,税务机关既以破产企业的债权人身份与破产企业交涉,自应当遵循破产法关于异议债权的规定。税收债权作为国家财政税收,税务机关不具备放弃债权的权力,因此,当税收债权存在异议时,税务机关应当做出积极行为。

第二,管理人具有积极接替破产企业依法履行纳税义务,处理涉税事宜,如实告知税务机关破产企业存在的涉税违法行为的职责。对此,河南、苏州与广州皆作出了相关规定。如《苏州会议纪要》规定:“人民法院指定的破产管理人代表破产企业处理破产清算过程中各项涉税事宜。人民法院裁定受理破产申请后至破产程序终结前，破产企业依法应缴纳的税（费），由破产管理人依法向税务机关进行纳税申报。”此外，《广州意见》对管理人的如实告知职责作了明确规定：“管理人在履职过程中获知破产企业存在税务机关不掌握的欠缴税款、非税收入、社会保险费的情况，或发现企业有涉嫌漏报少缴税（费）款的情况，应及时、如实告知税务机关。”

第三，管理人应致力于履行破产企业利益最大化的管理职责。该职责贯穿于整个破产程序，对管理人的税务知识素养有较高要求。各地对此类职责的规定普遍未形成集中规定，相关问题被分散规定于“意见”或“纪要”等的各个部分。详言之，在企业破产程序中，因履行合同、处置债务人资产或继续营业确需使用发票的，管理人可以以企业的名义向主管税务机关申领与开具发票；出于推进破产程序的需要，包括处置企业重大资产，进行应纳税种与税款的计算等时，可向税务机关申请税收信息查询、税收政策咨询；破产管理人认为破产企业符合国家相关税收优惠政策的，如破产重整涉及土地等资产变更、破产重整发生的债务重组所得，应当及时向税务机关申请，督促税务机关按照规定做好政策落实；企业重整或和解后，破产管理人可以向税务机关申请重新评定信用等级，也可以根据企业现状申请纳税信用修复。破产企业存在已被公布的重大税收违法失信信息的，管理人可以申请从公告名单中撤出。法院已终结破产程序的，管理人应当及时持相关裁定书为破产企业向税务机关办理税务注销。

综上所述，法院、税务机关与破产管理人在破产程序涉税事项的处理中分别扮演不同的角色。法院基于处理破产案件的需求，应积极牵头与税务机关输出相关制度，并在破产程序进行时充当积极协调与督促各方履行职责的角色。税务机关应当提高处理破产程序涉税事项的积极性，既做好作为债权人的工作，也做好作为政府服务部门的工作，为破产企业涉税问题的处理提供更佳路径。破产管理人一方面应当依法完成破产企业未完成的纳税义务，另一方面应当基于自身专业素养，为破产企业与债权人整体利益最大化而积极有效地作为。

第三节 企业破产程序中企业注销事项的处理

破产企业注销，是办理破产案件的最后环节，关系到破产企业真正意义上的退出市场。[①] 但实践中普遍存在注销难的状况，国家市场监督管理总局推出企业简易注销登记方案并予以实施，这对于市场主体退出、释放社会资源、稳定市场秩序具有积极意义，但需要多部门配合。为落实党中央、国务院关于优化营商环境、深化“放管服”的改革要求，结合龙岩市破产程序中企业注销的现状，有必要从制度层面解决注销难的诸多现实问题。

一、龙岩市破产程序中企业注销事项现状

2021 年 2 月 25 日，最高人民法院等部门联合印发《保障管理人履职意见》，各地在“优化、便利破产事务处理”的精神指导下，进一步推动破产企业简易注销制度的建章立制。2020 年 9 月 30 日，龙岩市人民政府办公室印发《关于建立企业破产处置工作府院协调机制实施方案的通知》，建立了常态化沟通协调、信息共享和风险研判机制，依法发挥政府相关部门[②]和法院的职能作用，协调解决企业破产注销处置工作中遇到的具体困难和问题。各县区也出台了府院联动配套措施，例如，龙岩市上杭县出台了《上杭县人民政府办公室关于建立企业破产处置府院联动机制的通知》，建立健全“互联互通、信息共享、合力处置”的长效联动机制，畅通法院与政府各部门之间的沟通渠道，统筹协调解决企业破产处置工作中涉及的财产接管、税收申报、资产处置、变更注销、金融协调、信用修复、打击逃废债、民生保障、社会稳定、费用保障、中介管理等问题。通过一系列建章立制，保障了管理人在破产程序中企业注销事项的顺畅完成。据统计，截至 2023 年 1 月 1 日，龙岩市 96% 的破产清算案件能顺利便捷地办结企业注销，但也存在一些亟待优化的问题，如以下在税务、银行、市场监督管理部门注销破产企业事项中较为常见的三个案例：

第一，税务注销事项案例。龙岩某法院受理某建筑工程有限公司破产清算一案中，李某通过司法拍卖竞得的车位，因税费问题一直未能从某建筑工程有限公司过户至李某名下。税务机关认为，根据《税务登记管理办法》第 29 条及《中

---

① 参见李永军：《破产法——理论与规范研究》，中国政法大学出版社 2013 年版，第 387 页。

② 包括市检察院、市发改委、工信局、公安局、民政局、司法局、财政局、人社局、自然资源局、生态环境局、住建局、商务局、国资委、市场监管局、金融监管局、信访局、税务局、中国人民银行龙岩市中心支行、龙岩银保监分局。

华人民共和国税收征收管理法实施细则》第16条,纳税人在办理注销税务登记前,应当向税务机关结清应纳税款、滞纳金、罚款,经税务机关核准后,方可办理注销登记手续。管理人多次沟通未果后请求法院启动府院联动机制,税务机关同意按《保障管理人履职意见》的规定办理核销“死欠”程序,这才得以顺利办结该案的税务注销手续。

第二,银行账户注销事项案例。龙岩某法院受理某矿山运输有限公司破产清算一案中,经法院裁定破产并终结破产程序后,管理人在某矿山运输有限公司开户的厦门某银行办理注销手续时发现,虽然其在龙岩市已经具备注销银行账户的申请材料,但因该破产企业的开户行在厦门,所以执行操作不统一,管理人三次前往厦门某银行后还是无法完成注销事宜,于是只好请求法院予以协助,才得以注销某矿山运输有限公司银行账户,对税务、工商登记的注销进度产生了不利影响。

第三,市场监督管理局工商登记注销案例。2022年龙岩某法院在审理某投资集团有限公司破产清算一案中,在破产程序终结后办理企业工商登记注销手续时,某县市场监督管理局的经办人员称因破产企业存在股权出质登记,为保护质权人权利不予办理注销登记。但根据《企业破产法》第19条的规定,进入破产程序后理应解除债务人财产的财产保全。实践中的质押股权问题较具争议,企业被宣告破产后,股权作为股东的个人财产势必受到宣告破产的影响而致经济价值归零,但能否径行由破产审理法院解除质押,还需要综合考虑质权人依照《民法典》享有的担保物权的问题。股权质押导致无法注销已依法破产企业的工商登记信息,不仅无益于质权人权利的保障,反而可能因形式上存在质权登记,妨碍质权人另行向出质人主张权利,也影响人民法院的破产程序进程。对此,龙岩中院、龙岩市市场监督管理局在联合印发的《关于企业破产程序中办理企业信息查询及变更与注销登记等有关事项的实施意见》中规定,法院可以依法出具解除质押的裁定书和协助执行通知书。同时,法院函告管理人,若企业经破产清算后仍有剩余财产可分配给股东,而股东已将股权质押的,则管理人应提存分配额,并及时通知质权人等相关权利人,充分保障相关权利人的合法权益。

二、龙岩市破产企业注销问题的原因分析

(一)立法滞后和标准不一导致注销无序混乱

笔者通过分析近几年龙岩市破产程序中企业注销事项难点、堵点问题的原因,发现存在立法滞后的情况,造成在注销中产生的新问题无所适从,管理人在实操中无计可施。例如,个别县区的市场监管部门坚持认为对正在被立案调查、采取行政强制措施、司法协助、予以行政处罚等情形的企业,无法适用简易注销,导致需要法院多次解释相关规定的理解适用和精神后才能推进注销事项。[①] 同时,各地标准不一,甚至无序混乱,导致注销实操中的要求有所差异。管理人在实务办理中,个别县区的市场监管部门以案涉企业状态为“吊销”而不符合简易注销规定为由,要求管理人按照一般注销流程办理,即必须将税务注销后的清税证明作为必要材料和前提,进而又将业务流程导向了税务机关。[②] 管理人多数时候只能严格按照现场办理人员的具体要求按部就班地完成常规税务注销手续,这在客观上给管理人履职造成了一定程度上的障碍和困扰。

(二)行政权与司法权的冲突

行政权和司法权是国家权力体系中两种不同的公权力。《企业破产法》第1条规定的原则决定了由司法权主导企业破产,但破产程序中的企业注销事项都需要政府居中协调,这必然导致行政权力的介入。如果未理清权力边界,行政部门基于行政权的行使,对制度设计的理解、适用往往同司法机关有所不同,致使破产程序中的企业注销事项冗长烦琐。

(三)破产管理人不分等级造成能力匹配度缺失

龙岩市破产清算案件逐年增加,部分新增管理人缺乏办理破产清算案件的经验。在破产管理人未分级的状态下,管理人业务办理能力参差不齐,偶尔存在

---

① 参见郑曙光、童梦琪:《商事主体简易注销制度:制度生成逻辑与实践创新》,载《法治研究》2017年第5期。

② 参见董振班、徐尊民:《推行企业税务登记简易注销的建议》,载《江苏经济报》2017年9月27日,B3版。

畏难情绪，甚至存在依赖法院推进破产企业注销的心理，这些都会导致破产程序中的企业注销事项久拖不决。

三、企业注销的龙岩模式

（一）建立府院沟通协调机制

第一，建立常态化协调制度。人民法院、政府部门、管理人、管理人协会等不同主体间需建立联动机制，充分构建沟通渠道。2020 年 9 月 30 日，龙岩市人民政府办公室印发《关于建立企业破产处置工作府院协调机制实施方案的通知》，推动人民法院与市场监督管理部门建立企业破产案件注销登记等有关事项办理的沟通协调机制。双方定期互相通报，交流前述事项办理中发现的普遍性、突出性问题，提出相关工作意见和建议。

第二，建立“一案一策”联席会议机制。对重大、疑难、复杂的企业破产案件，市场监督管理部门可提前介入，由双方指定具体经办部门和人员负责注销事宜。会议对研究事项达成一致意见的，将会议备忘录或会议纪要抄送有关部门，各有关部门 15 日内研究落实，并将落实事项报至当地营商办汇总，以便推动注销问题的实质解决。①

（二）建章立制确保管理人依法高效履职

1. 便利税务注销

2015 年 4 月，原国家工商总局开始在上海、江苏、浙江、广东等地试行简易注销登记改革，以方便未开业企业、无债权债务企业能够简便高效退出市场。根据《企业破产法》第 121 条“管理人应当自破产程序终结之日起十日内，持人民法院终结破产程序的裁定，向破产人的原登记机关办理注销登记”的规定，落实《保障管理人履职意见》的精神，龙岩中院、国家税务总局龙岩市税务局印发《关于企业破产程序中涉税事项处理的实施意见》。该实施意见规定：经法院裁定宣告破产的企业，管理人持法院终结破产清算程序裁定书申请税务注销的，税务部门即时出具清税文书，按照有关规定核销“死欠”，不得违反规定要求额外提供证明文

① 参见潘光林：《温州法院破产审判工作六项亮点》，载《人民法治》2017 年第 11 期。

件,或以税款未获全部清偿为由拒绝办理。主管税务机关办税服务厅设置注销清税业务专窗(专区),受理企业破产清算注销业务,实现专人负责,一窗通办。

2. 适用简易注销

龙岩中院联合龙岩市市场监督管理局印发《关于企业破产程序中办理企业信息查询及变更与注销登记等有关事项的实施意见》,该实施意见第 5 条规定:“经人民法院裁定宣告破产并终结破产程序的破产企业,破产管理人凭企业注销登记申请书、人民法院终结破产程序裁定书申请办理破产企业简易注销登记,市场监管部门不额外设置简易注销条件。市场监管部门应简化流程,原则上 7 个工作日内向管理人出具注销文书。”

3. 证照、印章遗失或无法接管情形的处理

龙岩中院联合龙岩市市场监督管理局印发《关于企业破产程序中办理企业信息查询及变更与注销登记等有关事项的实施意见》,该实施意见第 6 条第 1 款规定:“因破产企业证照、印章遗失或无法接管等情形,破产管理人在办理注销登记时无法向市场监督管理部门缴回营业执照、印章的,由破产管理人通过国家企业信用信息公示系统免费发布营业执照的遗失作废声明以及通过全国企业破产重整案件信息网发布印章的遗失作废声明后,破产企业或管理人可不再补领营业执照、印章,管理人无须在报纸上另行刊登营业执照、印章遗失作废公告。”

4. 股权被冻结、质押等情形的处理

龙岩中院联合龙岩市市场监督管理局印发《关于企业破产程序中办理企业信息查询及变更与注销登记等有关事项的实施意见》,该实施意见第 7 条规定:“破产企业的股权存在被冻结、质押等情形的,可以由人民法院自行解除;人民法院无法自行解除的,由人民法院出具《协助执行通知书》(详见附件 1),市场监督管理部门应当根据破产管理人的申请,在解除对破产企业股权的冻结、注销质押登记后,依法办理注销登记。”

5. 分支机构、对外投资的清理

龙岩中院联合龙岩市市场监督管理局印发《关于企业破产程序中办理企业信息查询及变更与注销登记等有关事项的实施意见》,该实施意见第 8 条第 3 款规定:“破产企业的对外投资清理中,该对外投资企业股权存在被冻结、质押等情形,且依法转让给受让人的,由人民法院出具《协助执行通知书》(详见附件 2),市场监督管理部门应当根据破产管理人的申请,在解除对破产企业股权的冻结、

注销质押登记后，依法协助办理股权变更登记。”

（三）明确规定破产企业注销事项的电子登记制度

在“互联网+”时代，企业注销事项电子化是必然趋势。线上处理登记与注销事项不仅可以实现信息透明化，还有利于提高事务处理的便利度与效率，节约行政成本。电子登记的公示可以使社会公众对商事主体的营业状况有所了解。坚持数字赋能破产审判，联合市场监管、税务部门研讨破产企业工商、税务注销线上办理办法和流程，设计线上场景模块，推动破产企业线上注销集约化、规范化办理，将目前的被动“依申请注销”变为主动“依职权注销”。法院终结破产程序的裁定在管理平台上一经公布，登记机关即可自动注销登记，简化“法庭”到“登记窗口”的中间流程，提供安全、便捷、高效的方式传递信息，使交易相对人在进行交易时能够有所选择，把握商机。在现有业务框架上提供更为便捷的办理流程，将能更好地推动和保障管理人在破产程序中依法履职，从而进一步优化营商环境。

（四）强化注销事项后续备案

龙岩市聚合法院、高校、管理人协会启动“破产法·龙岩登高讲坛”，构建充分的业务交流机会和专业的沟通学习平台。2022年7月27日，该讲坛邀请国内专家学者、业内精英、执业同行登坛授课，并现场答疑解惑，进一步剖析破产企业注销事项中的法律适用、政策精神、操作指引和具体办理流程，采用“走出去”和“请进来”双管齐下的模式，提升管理人业务水平。《龙岩执转破规定实施意见》要求龙岩市两级法院强化对管理人注销事项后续备案的管理。管理人应及时将银行、税务、工商登记注销佐证材料向法院备案并出具书面报告，确保破产企业注销事宜履职到位，最终有效释放社会资源，进一步推进龙岩市营商环境优化进程。

龙岩市通过加强部门间的协同联动，发挥政策合力，着力提升企业注销便利度，规范、优化注销程序，打破了法院与行政部门之间的信息壁垒，以提高市场退出效率、清理“僵尸企业”为目标，助力企业发展，为企业经济发展营造良好的法治化营商环境。同时，创新服务举措，加强信息化手段的应用，推动破产程序中企业注销直通直达，为进一步优化营商环境做出了有益探索，有助于促进经济高质量发展。同时也希望有关部门在今后修订破产法律时，对破产程序中企业注销事项中已发现的问题从立法层面上予以解决。

第四节 债务人财产信息的互通共享机制建设

构建债务人财产信息的互通共享机制,可以大幅度节约执行费用,提高债权清偿率,促进执行程序高效转入破产程序,从而更好地维护整体债权人利益,并节约司法资源。债务人财产信息的互通共享机制的建设是个综合的过程,在探讨其信息化构建问题之前,需明确其内在要素有哪些,才能有针对性地做出行为。

债务人财产信息的互通共享机制构建,本质在于“信息化”问题。需要先对“信息化”的内涵与特征有所了解,才能有的放矢地讨论债务人信息的互通共享机制问题。在破产制度构建的语境下,“信息化”常与“数字化”共同出现,但二者是不同层级的概念。相较于“数字化”而言,“信息化”的工具性更甚。“信息化”是通过运用网络、计算机、数据库等信息技术,将研究对象做信息的科学汇入,然后供特定人群做决策的一种技术;而“数字化”是通过运用大数据、云计算、物联网、区块链等技术来实现相关业务的管理与创新,进而提高核心竞争力。在信息化领域,人仍是操控的主体,通过利用信息化来达到效果,而在数字世界,人的行为是需要适应数字化世界的数字结果的。信息化兴起于20世纪90年代,通过利用信息技术等,以内部管理为核心,致力于解决一个已经确定的需求,信息化本身是作为手段使用的,其被动性较强。数字化兴起于2016年,通过云计算、人工智能、算法等方式,可以达到一个依靠自身系统便可以智能化运营并提供方案的效果,数字化本身便具有一定的目的性质,其主动性较强。换言之,数字化是信息化的高级阶段,是信息化的广泛深入运用,是从收集、分析数据到预测数据、经营数据的延伸。因此,结合我国破产制度的构建进程来看,目前各界人士提到的破产信息数字化,实则是对信息化与数字化概念未作阶段性区分,其所称“数字化”的举措大多仍属于“信息化”的范畴。就目前而言,我国破产制度的信息化建设仍处于发展的中早期,信息化建设更具有现实意义,离真正的数字化建设还有很长的距离。例如,在《浙江省关于推动和保障管理人在破产程序中依法履职 进一步优化营商环境的实施意见》(浙发改财金〔2022〕192号)第22条中提到的“强化信息共享和沟通”,其中提及“推进破产程序数字化改革”,而具体措施是“加强省金融综合服务平台和全国企业破产重整案件信息网、全国信用信息共享平台、国家企业信用信息公示系统等的互联互通和信息共享，加强相关部门、金融机构与人民法院、管理人的信息沟通，推动破产程序中的数据共享、业务协同，提高各相关利益主体信息知晓便利度，便利管理人依法履职……研究通过适当方式向管理人开放金融信用信息数据、法院网络执行查控系统等平台的信息”。这些措施是以技术为基础，将各信息要素汇总至数据库，并通过信息联通等方式，供特定人群决策使用的过程，更应当落入“信息化”的范畴。

明确“信息化”的概念与范畴后，便可结合“执转破”程序的语境，对实现信息化的要素展开具体的探讨。信息化包括六大要素，分别是信息网络、信息资源、信息技术、信息产业、信息化人才、信息化政策法规和标准规范，其中信息网络是信息资源开发利用和信息技术应用的基础，分为电信网、广播电视网和计算机网，与信息产业共同作为信息化中的基建，可以在“执转破”程序中剔除讨论。因此，只有有针对性地围绕其余四大要素进行制度构建，才能建立起周全的债务人财产信息化体系。在“执转破”程序的语境中，信息资源指向债务人财产信息；信息技术指向债务人财产信息化过程中采用的手段，包括各类信息平台的开通与联通等；信息化人才是债务人财产信息互通共享机制建设中的成功之本，却最容易受到忽视；信息化政策法规和标准规范则是“执转破”程序的制度与法规。

第一，信息资源建设是对债务人财产信息收集、归类与处理的过程。债务人财产信息资源的建设，重点在于债务人财产信息的完整性，而债务人财产信息的完整性，需要通过不同政府部门之间的信息共享实现。债务人财产应指债务人被执行时属于债务人的全部财产，包括有形财产、无形财产以及对外投资情况等，主要包括存款、现金，土地使用权、房屋等不动产，交通运输工具、机器设备、产品、原材料等动产，以及应收账款、股权、投资权益、基金份额、信托受益权、知识产权等财产性权利。① 当下我国最高人民法院与中国人民银行等多家单位共同建立的“总对总”网络执行查控系统，只能查询到被执行人银行账户、银行卡、存款及其他金融资产等，难以精确查询到被执行人包括房屋、土地、知识产权等财产信息。被执行人的各类财产信息，分散登记于我国各类不同的政府部门当

---

① 参见《合肥市中级人民法院关于规范破产程序中财产处置的办法（试行）》第1条规定：“本办法所称的债务人财产指破产申请受理时属于债务人的全部财产，以及破产申请受理后至破产程序终结前债务人取得的财产，包括：存款、现金；土地使用权、房屋等不动产；交通运输工具、机器设备、产品、原材料等动产……”

中。因此,债务人信息完整性的前置步骤是各政府部门之间的信息共享。需要指出的是,此时涉及的政府部门或其他机构较多,会将诸如证券、银行、知识产权、市场监管、税务、工商、住房城乡建设等部门或机构包括入内,只有将各大机构关于债务人财产的信息整合起来,才能保证其信息的完整程度。

第二,信息技术建设是对执行程序与破产程序建设的各类平台进行建设与使用的过程。我国需要建立覆盖四级法院的债务人信息查询系统。当下我国有“中国执行信息公开网”“网络执行查控系统”“全国企业破产重整案件信息网”等网络平台,但无一网站可以对债务人财产信息进行宏观与微观层面的整体把握。结合各网站特点来看,目前最适合作为债务人财产信息互联共享平台建设的基础网站应是网络执行查控系统。早在 2016 年,中共中央办公厅、国务院办公厅印发的《关于加快推进失信被执行人信用监督、警示和惩戒机制建设的意见》中便提到了网络执行查控系统的建设问题,指出:“要通过政务网、专网等实现人民法院执行查控网络与公安、民政、人力资源和社会保障、国土资源、住房城乡建设、工商、交通运输、农业、人民银行、银行监管、证券监管、保险监管、外汇管理等政府部门,及各金融机构、银联、互联网企业等企事业单位之间的网络连接,建成覆盖全国地域及土地、房产、存款、金融理财产品、证券、股权、车辆等主要财产形式的网络化、自动化执行查控体系,实现全国四级法院互联互通、全面应用。”但到目前为止,仍未能彻底打通各地区各部门之间的信息壁垒,实现信息共享;并且,各破产法院也仍未实现与现有信息平台如“中国执行信息公开网”“网络执行查控系统”“全国重整案件信息网”等的全面对接,债务人财产信息共享机制的建设进程是受阻滞的。全国各地法院大多仍在使用自用系统来管理执行案件与破产案件,多重平台的使用,不仅会导致信息重复利用的情况,增加信息录入人员工作量,而且容易造成不同平台之间的数据差异问题;同时,对债权人而言,没有唯一的权威信息发布平台,容易对查询信息的公信力产生疑惑。基于债务人信息保密等原因,债权人还需依赖法院的查询系统来进行信息查询,而由于法院对自有平台的依赖,所查询信息的不全面会进一步降低债权人对法院提供的信息的信任度。因此,需要进一步加大力度,推动破除各政府部门的信息壁垒,打破信息孤岛的情况,并激励各级法院包括各基层法院与破产法院等,早日建立起与“总对总”网络执行查控系统的对接机制。

第三,信息化人才建设是破产审判信息化建设的成功之本。2016 年,司法部发布的《司法部关于进一步加强司法行政信息化建设的意见》第21条中提到加强信息化人才队伍建设的问题，指出要高度重视信息化人才队伍建设，切实加大培训、引进和扶持力度，加强人员信息化应用培训，建立分级分类培训工作机制，探索引进高端技术人才，完善人才激励机制等措施。① 我国的法院系统缺乏复合型人才，这也是我国审判信息化已提出多年，但发展进度比较缓慢的重要原因。法院主要通过外聘专业机构来解决信息技术问题或开发大型平台，并由招聘的技术工作人员负责承担信息化工作。一方面，外聘的专业机构只能基于法院所描述的需求设计平台网络，由于法院工作人员缺乏信息技术方面的专业知识，其描述的需求较为简单直接，对于信息化能够达到的程度缺乏认知。另一方面，外聘的专业机构缺乏法律知识，对法院工作人员提出的需求无法深层理解，难以进行深度的需求挖掘与技术开发。此外，由法院招聘的技术合同工因缺乏国家编制及资金保障而难以吸纳高级技术人员，即便国家已经描绘出司法信息化蓝图，也可能因缺乏专业人才而难以落地。在这个意义上，信息化建设在很大程度上不仅是技术问题，还是宏观上的制度问题与经济问题。建设债务人财产信息的互通共享机制亟待大力推动实施信息化人才引进策略，加大投入与支持。各级法院应当将信息化的运维经费纳入财政预算与经费保障的范围，建立起长效的信息化经费投入和保障机制，多渠道筹措资金，进一步提高信息化建设经费保障水平，加强对经费使用的科学管理，处理好信息化建设整体推进与分步落实的关系，确保资金使用发挥最大效益。②

---

① 《司法部关于进一步加强司法行政信息化建设的意见》第21条规定：“加强信息化人才队伍建设。要高度重视信息化人才队伍建设，切实加大培训、引进和扶持力度，尽快造就一支既懂信息技术、又懂司法行政业务的复合型人才队伍。要加强人员信息化应用培训，建立分级分类培训工作机制，切实提高队伍的信息化应用水平。要探索通过政府购买服务的形式引进高端技术人才，努力解决专业技术人才不足的问题。要完善人才激励机制，建立符合司法行政信息化特点的人事制度、薪酬制度和人才评价制度。要关心爱护信息化人才，鼓励技术创新，帮助解决遇到的困难和问题，为他们充分发挥聪明才智创造良好条件。”

② 《司法部关于进一步加强司法行政信息化建设的意见》第22条规定：“加大信息化资金投入。要抓紧做好信息化建设重大项目的立项工作，积极争取把司法行政信息化重大项目纳入国家和地方规划的信息化建设重大工程项目中，保障信息化资金投入。要积极协调有关部门，修改完善‘司法支出’预算科目，按照不低于信息化软件和硬件资产10%的标准，把信息化运维经费纳入财政预算和经费保障范围。要建立长效的信息化经费投入和保障机制，多渠道筹措资金，进一步提高信息化建设经费保障水平。要加强对经费使用的科学管理，处理好信息化建设整体推进与分步实施的关系，确保资金使用发挥最大效益。”

第四,信息化政策法规和标准规范是信息化建设的制度保障。信息化的政策法规与标准规范是各政府与机构进行信息共享的制度指引与法律依据,也是债务人信息保护的制度保障。债务人财产涉及个人信息保护问题,若是企业被执行或破产的情形,还会涉及商业秘密保护的问题。债务人财产信息化的制度保障,主要可从如下三个方面进行建设:一是指引各政府与各机构互通共享债务人财产信息的制度规范。法院是与各政府部门平级的主体,难以牵头完成促进各部门之间信息共享的工作,因而需要更高层级的国家主体来牵头完成此事。二是涉密信息分级保护制度与涉密信息系统审查制度。若涉及债务人个人信息或个人隐私的保护问题,以及企业商业秘密的保护,应提高相应的信息保护层级,为防止此类信息不当泄露,应有针对此类信息的信息审查制度,明确国家主体在保护此类信息与数据方面的责任,严格规范信息收集与使用的过程与行为。若需要将此类信息提供给债权人或其他利益第三方,应当进行恰当的信息脱敏处理。三是通过制度明确债权人参与的权利与程序。虽然在执行程序与破产程序中,国家力量扮演了重要角色,但这两种程序终究仍是民事领域内的程序,当事人的意思自治权益仍应被置于首位考虑。当下对于债权人参与债务人财产信息查询的规定仍是不明的,进而导致债权人只能通过其他渠道获得债务人的财产信息,其中不免有许多是通过非正式渠道获得的信息。信息的不明与混乱,进一步导致债权人之间的恶性竞速与不良竞争。因此,建立全面的债务人信息互通共享机制是必要的,明确债权人的参与查询权利同等关键,将信息查询与决策的环节更多地下放给债权人,能够更大程度节约司法资源,并提高“执转破”的制度效益与社会效果。

第五,数字化建设是信息化建设的高级发展阶段。在债务人财产信息化积累到一定程度后,便可进入数字化发展的阶段。当债务人财产信息数据的积累达到一定阶段时,便可试图使之融入对债务人财产信息的管理与自动运营,通过综合运用大数据、云计算、人工智能等数字技术,自动抓取不同平台的债务人财产信息,发现数据之间的关联性并进行自动分析,为审判行为、债权人行为、管理人行为等提供可供直接参考的分析与决策指引,即具有未来意义的“智慧审判”。就目前而言,债务人财产信息的数字化建设仍是个遥远的征程,未来应以实现数字化为指引,全力推进信息化建设。

第七章　“执转破”机制中的个人破产问题

推进“执转破”机制的顺利运行突显对个人破产制度的需求。尤其在债务人为民营企业的情形下，民营企业获得融资往往需要民营企业家及其近亲属以个人财产对企业债务承担连带担保责任，若民营企业作为被执行人发生破产，而民营企业财产经破产清算程序后仍不能完全清偿债务，根据《企业破产法》第124条的规定，作为保证人和其他连带债务人的民营企业家及其近亲属对未受清偿的债权继续承担清偿责任。民营企业家及其近亲属有可能据此陷入债务困境。此时，若个人破产制度缺位，将削弱“执转破”机制的法律效果和社会效果，不利于化解各方主体的利益矛盾。为促进“执转破”机制顺利运行，提高企业破产审判质效，应积极推动个人破产立法，促使企业破产与个人破产形成制度闭环。

第一节　“执转破”案件的个人破产需求

一、“执转破”问题的基本解决

“执转破”程序是指当企业法人作为破产案件被执行人满足《企业破产法》第2条第1款规定的破产原因时，执行法院经被执行人或申请执行人同意，裁定中止对该企业法人的执行并将执行案件移送被执行人住所地法院，由该法院受理破产的程序。

“执破衔接”概念自1998年在《最高人民法院关于人民法院执行工作若干问题的规定(试行)》中首次提出后，于2015年的《民诉法司法解释》中正式设立。由于该解释规定得较为简略和笼统，自2015年后，“执转破”制度并未得到良好实施，诸多法官在办案时无法可依，办案效率低下。为此，2016年3月，最高人民法院在十二届全国人大四次会议上提出“用两到三年时间，基本解决执行难问题”，并于2017年出台《执转破指导意见》，对“执转破”案件的处理流程进行了系统的规定。之后，江苏、浙江、广东等经济较为发达的地区陆续出台了关于“执转破”的意见和办法，全国范围内的“执转破”体系基本建成。2019年3月12日，时任最高人民法院院长周强在十三届全国人大二次会议上作最高人民法院工作报告的过程中，宣布人民法院“基本解决执行难”任务如期实现。

就龙岩法院而言，自2020年9月《福建执转破规定(试行)》施行以来，龙岩中院随即在次月出台《龙岩执转破规定实施意见》。《龙岩执转破规定实施意见》在人力融合的维度上实现执行与破产人员直通、团队直通、职责直通；在程序整合的维度上实现执破程序和案件审查直通、材料直通；在上下结合的维度上实现两级法院破产案件的上下直通、难案直通、销案直通；在资源聚合的维度上实现机制直通、系统直通，实现了全市两级法院执行部门“执破直通”机制的落地。该机制有利于执行人员第一时间融入执破团队，缩短“执转破”案件的审理周期，做到执行人员“带案进、销案出”。

“执转破”制度打通了执行程序与破产程序的通道，有利于破除债务人执行不能的困境，更好地改善营商环境以及维护债权人、债务人的利益。但是，我国“执转破”制度囿于《企业破产法》的规定，将适用主体限定为企业法人，忽略了为自然人和非法人经营性组织提供破产保护及纾困空间，显然不利于市场经济的高质量发展及营商环境优化。此外，我国民营企业在当下的融资环境中普遍存在个人为企业债务承担连带清偿责任的现象，就此而言，无财产可供执行也包含个人无清偿能力的意思。制定和实施个人破产法，可与企业破产法形成制度闭环，有利于法院在审查过程中根据债务人企业及承担连带清偿责任的个人的实际财产状况进行研判，如确无财产可供执行，适格主体可申请债务人企业、个人破产，从而缓解“执行难”的困境，保护债权人、债务人利益，减轻一线法官的执行压力。

二、参与分配制度和终结本次执行制度无法从根本上解决“执行难”问题

为解决现实生活中自然人和非法人组织存在破产原因，而《企业破产法》并不涵盖该类保护对象的现象，《执行工作规定（试行）》规定了参与分配制度。该制度虽然在一定程度上解决了个人破产不能的情况，却导致了破产程序和执行程序的重叠，实践中大量本该破产的案件停留在执行程序中无法继续进行，进一步加剧了“执行难”。

从本质上而言，参与分配制度和破产制度存在根本上的差别，两者无法相互替代。参与分配不具备破产法拥有的公平受偿和纾解困境的功能。第一，参与分配制度解决的是执行过程中被执行人的财产按比例受偿问题，是在个别债权人之间的公平；而个人破产制度解决的则是破产程序中债权申报后所有债权人的公平受偿问题，是全体债权人之间的公平。第二，参与分配制度无法解决交易过程中存在的欺诈、偏袒性清偿等可撤销问题；而破产制度则可以通过破产撤销权、破产无效行为制度以及管理人追回不正当收入等程序对其加以解决。第三，破产法比参与分配制度更具困境拯救的功能。参与分配制度仅仅可以解决债务清偿等问题，而破产法还具备破产和解和破产重整等制度，可以更好地为债务人提供更为合适的困境拯救方案，而不是“一刀切”。此外，参与分配制度不具备破产法的免责功能，无法更多元地减轻债务人的经济负担。

此外，第十三届全国人大常委会第三十五次会议于 2022 年 6 月 21 日审议《强制执行法（草案）》，《强制执行法（草案）》明确规定了终结本次执行程序，一旦草案通过，终结本次执行程序将会被正式确定。该程序的确立虽然有其正当性基础，如符合执行程序规律，但该制度包括我国目前的中止本次执行、执行完毕、不予执行等执行程序，都不能从根本上解决“执行难”问题。因为《规范终本规定（试行）》的规定，“终结本次执行程序后的五年内，执行法院应当每六个月通过网络执行查控系统查询一次被执行人的财产，并将查询结果告知申请执行人。符合恢复执行条件的，执行法院应当及时恢复执行”。这导致执行程序不断延伸，执行程序一直无法彻底终结，司法资源被大量浪费。实际上，这些

执行程序应当及时转入破产程序,由破产程序来解决公平清偿的问题。因此,应加快破产法尤其是个人破产制度的立法步伐,进一步完善市场中的破产法律体系。

三、个人破产制度是解决“执行难”问题的重要途径

尽快建立个人破产制度是化解“执行难”问题的重要方法。第一,个人破产制度有利于全体债权人得到公平清偿。在执行程序中,法院总是希望尽可能地将债务人的财产全部执行以清偿尽可能多的债权人。这看似公平,实质上却可能导致剩余债权人无法得到清偿,最后可能造成暴力催债、哄抢等方式的追偿,不利于债务人的人身安全和社会稳定。个人破产制度则可以通过破产程序使所有债权人得到公平受偿,从而更好地保护债务人的人身安全和债权人的利益。第二,如前文所述,个人破产制度相较于参与分配制度和终结本次执行制度,更能从根本上解决“执行难”问题。个人破产制度涵盖了破产撤销、破产重整、免责等制度,可以为债务人提供更为合适的债务解决方案,为债务人提供“东山再起”的机会。值得一提的是,免责制度往往需要满足一定的条件才可适用,这是为了防止破产免责制度被不怀好意的破产债务人利用,成为破产债务人逃避债务的手段。个人破产制度保护的是善意的破产债务人,希望为他们缓解困境,而不保护恶意的破产债务人。对于恶意逃避债务的破产债务人,其不仅不能免责,严重的还可能承担一定的刑事责任。这也是民法中诚实信用原则在破产法中的体现。

综上所述,个人破产制度不仅具有公平偿债和纾解困境的制度功能,更具备关怀债务人,帮助其在社会中获得新生的人文价值,是解决“执行难”问题的重要手段。因此,尽快推动个人破产制度的建立刻不容缓。

第二节 “执转破”机制与个人破产制度的理念契合

个人破产制度是在我国市场经济现代化及营商环境优化过程中形成的,而“执转破”机制是在供给侧结构性改革的背景下建立的,旨在解决执行不能问题,

清理“僵尸企业”，推动破产制度的市场化、法治化发展。① 二者在制度理念上存在诸多契合点，具体表现在以下几个方面。

一、“执转破”是个人破产理念的制度选择

个人破产法作为兼具公平偿债和重获新生双重制度功能的法，有如下几个基本理念：第一，个人破产法相较于执行程序可以更加公平地清偿债务。执行程序讲究先到先得，对先到的债权人先进行清偿；而个人破产制度可以实现全体债权人的公平清偿，维护全体债权人的利益。第二，个人破产法“鼓励创新，宽容失败”。现代法律对失信被执行人和限制消费的债务人加以区分。限制消费的债务人虽然没有失信行为，却依旧被困在执行程序中，这不利于限制消费的债务人摆脱债务枷锁，重新进入社会进行生产活动。个人破产制度的建立，有利于这部分人及时进入破产程序，尽快厘清债务关系，及时“东山再起”。第三，个人破产制度有助于信用修复。通过个人破产制度，债务人可以及时通过破产程序走出债务泥淖，这不仅有利于个人信用的恢复，而且有利于社会信用秩序的稳定。② 因此，个人破产法的建立有利于“执转破”制度的强化和完善，缓解原来只有“半部破产法”导致“执转破”制度难以扎实推进的局面，是“执转破”制度进行过程中不可缺少的制度安排。

二、促进市场经济发展

（一）市场信用建设

个人破产制度促进了个人信用体系的建设，提高了个人的失信成本。法院等执行机关可以通过征信系统快速查到被执行人的信用状况，这有利于我国社会信用系统的完善和市场发展的公平、公正。就“执转破”制度而言，由于部分具备破产原因的企业在执行过程中仍具备企业主体身份和所有者权益，部分企业图谋不轨，隐瞒破产的事实与不知情的外部第三人签订合同以获取资金，以达到

① 参见白田甜、景晓晶：《“执转破”衔接机制的优化原则与实践完善》，载《法律适用》2019 年第 3 期。

② 参见徐阳光：《个人破产制度的人文关怀》，载《光明日报》2018 年 4 月 1 日，第 7 版。

“拆东墙补西墙”的目的。此外,部分企业会在执行期间利用企业身份转移财产,导致企业资金流失,损害债权人利益。“执转破”制度的建立,有利于及时将这些企业引入破产程序,将其置于管理人的监管之下,从而减少企业不诚信现象的发生,维护市场交易秩序,促进整体市场信用体系的建设。

(二)提高市场资源配置效率

目前,面对市场中大量无财产可供执行的个人案件,由于个人破产制度的缺位,被执行人处于无法执行也无法退出执行的两难境地,这不仅增加了法院的负担,也使得债务人和债权人的利益无法得到保障。个人破产制度的建立为被执行人提供了退出机制,有利于“执行难”问题的化解,提高市场的资源配置效率,有利于促进市场的健康发展。

就“执转破”制度而言,其是促进破产企业退出市场的筛选机制,它有助于被执行人及时进入破产程序并通过破产制度有序退出市场,促进破产企业快速出清,实现资源的合理配置,减少不必要的资源损耗。这符合“优胜劣汰”的现代市场规律,可以提高市场资源配置效率,激活市场整体经济活力,有利于社会主义市场经济的良性运行。

三、保障债权人和债务人利益

个人破产制度有利于保护债务人的利益。它保障了债务人在破产困境下寻求个人发展的权利,使他们可以较为正常地进行市场经济活动和社会生活,并为他们提供了“东山再起”的机会。这可以使债务人不至于穷困潦倒,对生活失去信心,体现了破产法的人文关怀。另外,个人破产制度也保护了债权人的利益,使得所有债权人得以平等受偿。此外,个人破产制度也可以警示债权人审慎选择交易对象,以免承担催讨不能的后果。

就“执转破”制度而言,“执转破”保障了普通债权人得到公平清偿的权利。“执转破”制度的缺失将导致个别债权人在执行程序中获得受偿,企业的资产大量减少,从而使得剩下的普通债权人无法得到清偿。“执转破”制度的建立,有利于促进被执行人快速进入破产程序,提高普通债权的清偿效率,更好地保护普通债权人的权益。

四、打造良好的法律环境

个人破产制度有利于弥补我国目前“半部破产法”导致的破产制度的空缺，建立完整的市场主体破产制度，使我国破产法律体系更加完整，债务清偿机制更加公平有效。它也可以提高市场交易主体防范法律风险的意识，警示其在市场交易时谨慎选择交易对象，将交易对象的经济状况、信用情况纳入考虑范围，以免落入执行不能的困境，导致债务无法得到清偿。

执行程序和个人破产程序的一个显著区别，在于二者债务清偿的原则不同。执行程序贯彻普通债权“先到先得”的清偿原则，且根据《企业破产法》及《破产法司法解释二》的规定，个别债权人通过执行程序的“个别执行”不可撤销。个人破产程序则贯彻普通债权平等受偿原则，强调所有的普通债权人都可以得到实质上的公平清偿。“执转破”程序促进了债务清偿原则的转化，使得个别债权人无法在执行程序中得到清偿，从而普通债权人可在破产程序中得到实质的公平清偿。这保障了法院强制执行程序的正当性，有利于整体法律环境的完善。

五、维护社会稳定

个人破产制度的建立帮助了那些偿债不能的债务人，使他们走出债务危机，重新开始新生活，从而化解那些潜在的社会不稳定因素（如债务人因无法偿债或债权人债务人因矛盾激化而进行违法犯罪活动），促进社会的和谐稳定。而且个人破产制度有利于实现债权债务的公平清偿，从而避免个别债权人因没有债权受偿的途径而哄抢财产和暴力催债，有助于社会稳定。“执转破”制度是在中央号召供给侧结构性改革的背景下发展起来的，它可以帮助企业摆脱执行不能的困境，完善企业退出市场的途径，有利于市场经济的平稳健康发展和营商环境的改善，维护社会秩序，促进社会稳定。

第三节 “执转破”机制与个人破产制度的衔接进路

一、立法体系的完善

法律是法官办案的出发点和落脚点，而“执转破”制度仅仅被规定在民事诉讼法的司法解释中，使其法律效力大打折扣。在实践中，由于《企业破产法》《民事诉讼法》等法律对一些审理程序和事实问题的认定的规定不够完善，法官和管理人在处理被执行人“执转破”案件时常常无法可依，从而增加了“执转破”案件的处理难度。此外，《企业破产法》将破产主体限制于企业，导致法官在自然人和其他非法人组织的执行案件中无法可依。因此，一方面，要不断完善“执转破”制度，尽快在相关法律中加入“执转破”制度的相关法条，如在《民事诉讼法》修改中加入“执转破”制度的启动条件和审理标准，在《企业破产法》中明确具备破产原因的企业应由法院依职权强制移送破产程序等。另一方面，也亟须完善个人破产法律制度，促进个人破产制度尽快立法，将自然人和其他非法人组织纳入破产法的保护范围，并在其中增设如何处理个人破产“执转破”问题的法条，让法官在判案时有法可依，确保案件审理的公平公正。此外，各省高级人民法院也可以参考收集个人破产中“执转破”存在的问题以及典型案例，及时进行研讨并出台相应的指导意见，为中央立法提供更多的地方经验。

二、配套设施的建立

（一）完善法院“执转破”程序的工作平台

目前，龙岩市法官在“执转破”案件的工作中，拥有的工作平台并不完善。其工作平台中没有归档的选项，对归档的卷宗内容也没有统一的规定。此外，其工作平台中对于“执转破”案件的审查结果只有受理和不受理两个选择，而不具备“驳回”“退回”及其他选项。因此，要提高“执转破”法官的工作效率，建立完善的工作平台是十分必要的。这有利于复杂案件的快速解决，也有利于后续对案件的归档和查阅。

(二)促进执行系统和破产系统信息共享

个人破产程序和执行程序均涉及核查相关债权债务关系、评估债务人财产、调查债务人信用状况等程序。且在执行案件移送破产法院的过程中,涉及不同法院之间的中止执行、债权确认、案卷移送等问题。在实践中,由于各个平台的开发公司不同,而且各个平台的源代码涉及商业机密无法做到共享。① 这增加了不同法院之间沟通和协商的难度,降低了法院的工作效率。以龙岩中院举例,执行局有完善的执行办案系统来调查债务人财产,而破产审判庭却没有查阅这些信息的权利。

因此,最高人民法院应及时完善相应的执行和破产信息系统,促进执行信息系统和破产信息平台、发改委以及工商局信用系统共享对接。可以在现有的执行系统中建立破产审判的平台,允许破产审判的法官登录执行平台查询个人破产案件债务人的财产情况,提高法官办理案件的效率,并在此基础上在执行系统中建立协调机制,协调“执转破”案件中债务人财产的移送工作以及后续的材料、文书移送工作,进一步提高法官的办案效率和便利“执转破”进程的衔接工作。②

(三)完善社会信用体系

个人破产制度和执行程序在核查债务人财产的过程中,均涉及对债务人信用的考量。个人破产制度需要考察债务人的信用状况,以判断是否允许其进入个人破产程序。完善的信用体系有利于法院及时核查债务人信用状况,作出是否允许“执转破”的理性判断。因此,需要进一步加强社会信用体系建设,建设完善的全国一体的个人信用平台,及时更新个人征信状况,确保法院可以及时查阅并作出是否允许“执转破”或个人破产的判断,促进执行和个人破产制度的有序衔接。

---

① 参见白田甜、景晓晶:《“执转破”衔接机制的优化原则与实践完善》,载《法律适用》2019 年第 3 期。

② 参见浙江省温州市瓯海区人民法院课题组、蔡雄强:《从“执转破”到“破涉执”——执破双向互通联动机制之司法探索》,载《法律适用》2019 年第 3 期。

三、审判系统的完善

（一）建立专门的法庭

目前，破产案件的审理多由各级人民法院的民事审判第二庭（以下简称民二庭）负责。随着市场经济的进步，破产案件数量不断增多，涉案金额不断增加，案件的复杂性也逐渐提高。民二庭除了审理破产案件，还要负责票据、租赁、保险等纠纷案件。案件的多样性导致法官往往无法专注于某一个案件。针对这一现状，最高人民法院于2016年出台《关于在中级人民法院设立清算与破产审判庭的工作方案》（法〔2016〕209号），要求直辖市应当至少明确一个中级人民法院，省会城市、副省级城市所在地中级人民法院应当设立清算与破产审判庭，专门负责企业清算与破产审判工作。《破产审判纪要》更是将“推进破产审判机构专业化建设”作为“破产审判专业化建设”的首纲，再次提出省会城市、副省级城市所在地中级人民法院要抓紧设立清算与破产审判庭，其他各级法院可根据本地区的工作需求决定是否设立清算与破产审判庭或专门的合议庭，以适应破产审判工作的需求。此后，虽然各地已陆续设立清算与破产审判庭，但仍不能满足快速增长的案件数量带来的办案需求。目前，龙岩中院清算与破产审判庭仅有3名法官，1名法官助理，难以完成日常事务性工作。龙岩市各基层法院虽然在龙岩中院的要求下于2020年年底成立了破产审判合议庭，但由于缺乏实践经验而无法较好地完成案件处理工作。因此，应进一步重视清算与破产审判庭的工作和各基层法院的工作情况，加大对清算与破产审判庭建设的投入力度。在设立专门的破产法院和破产审判法庭，特别是设立专门的个人破产和“执转破”的审理法庭的同时，应壮大审判团队，促进法官集中精力办案，提高案件办理的效率和专业程度。

（二）培养专业化法官团队

个人破产案件以及“执转破”案件不仅需要法官具备专业的破产知识，更需要法官具备相关的案件执行知识和金额计算能力，对法官的专业素养要求较高。应建立相关的培训机制，遴选专业化的法官团队，并对其定期开展集中培训和视频培训，培养一批对破产，尤其是对“执转破”程序、个人破产程序有扎实专业知识和理论研究的专业化法官团队。要为法官提供实践机会,鼓励法官到全国各地进行学习和交流,如到深圳了解和考察《深圳经济特区个人破产条例》的应用情况,积累实践经验;也可到北京、上海、天津、重庆等地的中级人民法院的清算与破产审判庭进行学习。

(三)执行法官、个人破产法官联合审理

《执转破指导意见》第5条要求,执行部门应严格遵守执行案件移送破产审查的内部决定程序。承办人认为执行案件符合移送破产审查条件的,应提出审查意见,经合议庭评议同意后,由执行法院院长签署移送决定。而《深圳经济特区个人破产条例》也规定了个人破产案件正式受理前的审查要件,与“执转破”的审查具有较高的相似性。因此,本书认为,当执行法院和个人破产法院相同时,可以由执行法官和个人破产案件的负责法官组成专门的合议庭固定审查该类案件。这有利于法官及时熟悉和对接案情的进展,提高案件的对接速度和办理效率,节约审判资源。

此外,目前在实践中还存在执行法官对破产程序认同度较低的问题。执行局总想在执行程序中尽数执行债务人财产,导致债务人进入破产程序时无财产可供清偿,不仅无法清偿剩余普通债权人的债权人债权,连最基本的破产费用和管理人报酬都无法保障。因此,要强化执行法官对破产制度的认同,及早地将符合条件的破产案件移送破产法院,提早“执转破”开始的时间点,避免出现大部分普通债权人无法得到公平受偿的尴尬局面。可以学习温州市瓯海区人民法院在“执转破”工作中的做法,把握“执行优处置、破产优分配”的司法规律,让执行部门在执行过程中发现有个人财产难以执行的情形时主动将其引导至破产审查,以及让法院在立案时发现被申请执行和被起诉的个人有明显资不抵债情形时直接将其引导进入破产审查程序。[①]

(四)提高破产管理人业务水平

《企业破产法》和《深圳经济特区个人破产条例》均要求管理人全程参与破

① 参见浙江省温州市瓯海区人民法院课题组、蔡雄强:《从“执转破”到“破涉执”——执破双向互通联动机制之司法探索》,载《法律适用》2019年第3期。

产案件,履行包括调查、处分、分配财产在内的一系列管理事宜。因此,破产管理人的业务水平将直接影响个人破产案件和“执转破”案件的办理情况。目前我国的破产管理人水平良莠不齐,部分破产管理人不具备处理复杂破产案件的业务能力。龙岩市破产人管理协会虽然已成立,但多为新入册的管理人,这些管理人从未办理过破产案件,办案经验基本为零,业务水平严重不足。更有机构管理人因破产案件长期无法推进而主动退出破产管理人协会,不再担任破产管理人。

为此,龙岩中院发布了《龙岩市中级人民法院关于更新企业破产案件管理人名单及指定管理人有关事项的通知》《龙岩市破产案件管理人工作指引(试行)》《破产资金管理办法》等文件,努力完善本市的破产管理人体系。此外,各省高级人民法院也可以在发布条例进行指引的基础上,定期对本省的破产管理人进行培训,对破产管理人进行分级管理。对不同破产管理人采取不同的培训方式,提高不同破产管理人对不同案件的专业程度。培养一批专门处理个人破产“执转破”案件的破产管理人团队,提高此类案件的处理效率和精准程度。

第二部分　龙岩“办理破产”专业性文章

近年来，龙岩法院破产审判团队除处理日常审判事务外，联合龙岩市破产管理人协会、金融机构等单位积极投入破产法实践问题的研究中，为破产法学界提供实务视角。其中，金融机构是破产程序的重要参与主体，其一方面作为债权人配合破产处置工作，接受概括清偿；另一方面则为破产程序利害关系人提供金融服务，助力实现企业拯救目标。因此，应明确金融机构在企业破产程序中的定位，在调动金融机构主观能动性，提供高质量金融服务的同时，规范金融机构行为，平衡各方主体的利益关系。龙岩法院、破产管理人协会以及金融机构结合本地破产案件审判实践，在具体问题的研究上体现实务界对破产制度的理解，有助于破产从业者洞察破产案件办理背后对各相关因素的考量。本部分收录龙岩市破产法实务部门的专业性文章，以此展示龙岩市破产法实务界的研究成果。

破题何解：破产案件全生命周期管理路径构建*

引　言

2023 年 3 月，最高人民法院院长张军在全国法院学习贯彻全国两会精神电视电话会议上强调以公正与效率的统一答好司法工作人民满意的时代问卷，并对清理长期未结案件作出要求。2023 年 6 月，最高人民法院党组研究建立审判质量管理指标体系，突出“公正与效率”主题，强化审判管理，科学提升办案质效。长期以来，破产案件的难立、难审、难结问题突出，审理周期普遍较长，少则一两年，多则二十几年，游离于案件统一监管之外，破产案件久拖不决严重影响“公正与效率”的实现，亦不利于法治化营商环境的发展。鉴于此，笔者认为，要根本上解决破产案件难办问题，应由内而外剖析实务问题根源，反思现行破产案件办案机制的缺陷，从而有针对性地提出一套程序现代化的破产案件机制。从破前治理、破中管理、破后处理进行全生命周期管理，并辅以新型府院联动、人工智能赋能等，实现破产案件办理现代化，真正打通破产案件难办问题的堵点，实现破产案件“有效率的公正”的价值回归，在破产案件审判体系与审判能力现代化

* 作者：刘伟明，龙岩中院民四庭副庭长，一级法官。

保障中国式现代化进程中展现“破人”的担当。

一、破问:破产案件管理失范问题探析

自2007年《企业破产法》施行以来,破产案件逐年增加。由于《企业破产法》对破产案件的审理期限未作明确规定,各地审理周期不一,但普遍审理周期过长是共性问题,严重影响“办理破产”指标的营商环境考评指标,不利于破产程序参与人的司法获得感,更不利于“公正与效率”的有机统一。

(一)破产案件立案受理难

破产案件立案难是全国破产审判的共性问题。根据上海市高级人民法院2019年发布的破产审判数据看,5年来上海吊销企业达36.5万户,而依法注销企业仅14.9万户,大量企业处于不经营的“休眠”状态,没有通过市场化、法治化途径退出。[①] 破产案件受理难主要体现在以下几个方面。

1. 收案不立案

进入破产程序的案件通道有两种,一是立案窗口提交,二是通过“执转破”移交中级人民法院审查。基于立案登记制的制度约束,无论是立案窗口提交还是“执转破”移交,破产受理法院都会将当事人申请立案的材料收下,然后交由专司破产审判业务的庭室审查。破产审判业务庭根据移送的破产申请材料进行审查后,符合立案条件的,回到立案庭立“破申”号后正式立案。在破产审判业务庭审查的过程中,常出现如下问题:符合立案条件的不立案、选择性立案、轮候立案、存在信访风险不立案、财产难以处置不立案、疑难复杂案件不立案等,这就造成破产案件立案通道堵塞,收案后久压不立形成“抽屉案”,容易引发当事人的信访闹访风险。

2. 立案不受理

立案庭立“破申”号后,移送破产审判业务庭审查受理与否。实务中,部分破产审判法官为了完成审判任务专挑选无财产、无人员、无账册的“三无”案件办

① 参见上海市高级人民法院:《上海法院破产案件情况大数据分析》,载法信网2019年3月26日,https://www.faxin.cn/lib/lfsf/sfContent.aspx?gid=H5895。

理。除此以外的疑难复杂破产案件，即使立了“破申”号，也以资产难以处置、信访风险、法定代表人下落不明等理由裁定不予受理；或者私下做通破产案件申请人的工作，让其撤回申请，变相不受理破产案件，造成立案后的破产审查案件难以进入受理程序。

3. 受理审查长

破产审判业务庭审查后认为符合立案条件，立案庭立“破申”号后，破产审判业务庭在经过送达、异议、听证等程序后，将审查是否符合《企业破产法》规定的受理条件。审查期间，《企业破产法》虽明确规定审查的时间截点，但并未规定违反该规定产生的法律后果。实务中，除全国成立的十几家破产审判法庭外，大部分破产审判法官并非专司企业破产案件，破产审判法官大量时间用在处理非破产案件上，某种程度上甚至可以认为破产案件成为破产审判法官的额外工作。鉴于此，破产审判法官在破产案件立“破申”号到作出“破”号的审查期间，并未按照法定的时间截点作出审查结论，有的地方在法律规定的基础上增设受理条件，受理与否有时主要依赖法官的主观判断而非法定条件。[①] 审查期间形同虚设，有些案件审查期间长达半年以上，延误案件审理期间。

（二）破产案件审理周期长

《企业破产法》关于通知的送达、债权申报、召开债权人会议、裁定终结破产程序等环节的时限作出了规定。但是实践过程中，破产案件的审理周期仍然普遍较长，全国范围内因案因地差异很大。一些省份法院已审结的破产案件平均周期超过500天，有些破产案件审理时间长达数年，少数破产案件甚至超过10年未能审结。

1. 简案审理过长

从破产企业类型看，随着国企改革持续推进，国有困难企业完成集中退出，民营企业破产案件占绝大多数，此类案件大多为资产体量不大、债权人人数较少、债权债务关系清晰的破产案件，甚至是无财产、无人员、无账册的“三无”案件，属于最高人民法院提倡破产程序繁简分流的简单破产案件，应在6个月内审

---

① 参见王东明：《王东明作企业破产法实施情况的报告》，载法治网，http://www.legaldaily.com.cn/rdlf/content/2021-08/19/content_8584217.html。

结。但是,在实务中不同的法院对推进破产案件简化审理机制的力度不同,且简案与难案的区分不是非常明显,在审理过程中可能转化为普通案件。破产审判法官和管理人未能真正有效贯彻简案快审的理念,在债权申报、债权人会议合并、简化公告方式等方面未简化审理,没有做到能够压缩的期限尽量压缩,能合并处置的事项尽量合并,以至于有些简单案件审理期限超过 1 年,甚至 2 年、3 年。债权债务未快速清理,资产未快速处置,降低破产案件审理效率,使各方通过简案快审机制能尽早脱身的希望落空,简案快审的程序价值未得到彰显。

2. 难案久拖不决

疑难复杂的破产案件中,“烂尾楼”、违法建设、违章建筑等资产难以处置的破产清算案,涉及数百亿资产的上市公司重整案,债权债务关系极其复杂的关联企业合并破产案,破产程序中涉嫌逃废债等犯罪行为涉及刑事和民事程序交叉问题,破产案件受理后对债务人企业的财产保全措施解除规定难以落实,等等,足以让破产审判法官望而生畏,管理人心有余而力不足;有些疑难复杂案件审理周期长达 5 年以上,甚至有些案件长达 20 余年,成为“抽屉案”。例如,2019 年 3 月 26 日,上海市高级人民法院发布的《上海法院破产案件情况大数据》中,已结案件中审理周期最长的达 3188 天(8.7 年),未结案件中审理时间最长的长达 6276 天(17.2 年)。[①] 另外,目前尚未普遍建立破产案件单独考核的机制,对破产审判法官在年终评优评先、晋职晋级等绩效考核中,1 件破产案件仅按 1 件普通民商事案件对等计算,严重挫伤了破产审判法官的办案积极性。

(三)破产案件管理失范负面影响大

1. 营商环境承受消极评价

一直以来,“办理破产”指标是世界银行考评各国的重点指标之一。为认真落实党中央关于优化营商环境的决策部署,全国各地对标世界银行找准失分点、发力点,采取针对性措施,争取有效提升“办理破产”指标。“办理破产”指标注重评估破产程序的规范质量、公共服务的可得性、办理破产的便利度等内容,破产案件立案难、受理难、简案审理时间过长、难案久拖不决等突出问题,都将极大

① 参见上海市高级人民法院:《上海法院破产案件情况大数据分析》,载法信网 2019 年 3 月 26 日,https://www.faxin.cn/lib/lfsf/sfContent.aspx?gid=H5895。

影响“办理破产”指标的得分。充分发挥破产程序作为市场主体退出的重要通道作用,坚持以市场化理念推动风险的有效出清和资源的高效配置,是破产程序的应有之义。上文提及的破产案件立案受理难、破产案件审理周期长等问题,不利于通过破产程序实现债务清理和市场退出,不利于破产程序充分发挥盘活存量资源的作用,持续优化法治化营商环境的希望将落空。

2. 破产程序参与人司法获得感差

“迟来的正义非正义”,我们追求的是有效率的公正,要求产出正义的司法效率。效率意味着公正的快速实现,司法实践中表现为要求缩短案件审理周期,避免拖沓冗长的无尽审理时间。正如上文所述,现阶段破产案件审理时间普遍过长,就连处于经济中心的上海尚未审结的破产案件都长达 17 年之久,更何谈一些经济落后的地方法院,这正是属于缺乏效率的非正义。对于破产程序参与人而言,债权人希望快速实现债权,债务人希望通过破产程序快速实现市场出清或得到重生,出资人亦不想也不愿意在无尽的破产程序中难以脱身,意向投资人希望投入的资金早日转化为产出。破产程序中的各方利益主体无疑都寄希望通过破产程序快速清理债权债务、处置资产、分配财产,使利益得以实现,而不是处于无尽的等待。否则,破产程序的参与人对这种缺乏效率的破产程序的公正产生不信任,司法的公信与权威也会受到严重损害。

二、破因:破产案件管理失范成因剖析

各地法院普遍存在破产案件立案受理难、审理周期长等问题,造成目前破产案件普遍游离于有效监管范围之外,“办理破产”指标下滑,营商环境承受消极评价,破产程序的参与人对低效率的破产制度产生不信任感。究其原因,在于立法不完善、司法不协同、管理不尽职、社会不畅通等。

(一)立法不够完善

1. 法律规定有待明确

第一,破产立案受理方面。虽然《企业破产法》第 10 条规定了破产案件立案审查时限,但未明确违反该规定应承担的法律后果,且办案系统并不像诉讼案件一样在审限届满前进行提示警示,在绩效考核过程中法院内部考核亦忽略该规

定，以至于破产审判法官并不完全遵循该规定，审查期限形同虚设，立案审查期限无限拉长。第二，破产案件审理方面。破产案件缺乏总的弹性审限，《企业破产法》对通知债权人申报债权、债权申报期限、召开债权人会议等内容进行规定，但都是宽泛期限。债权人会议应当提前15日通知到位，明显与目前高效司法现状相左，因此，《推进破产案件高效审理意见》规定可提前3日通知，此举反映出《企业破产法》的该规定已不利于提升破产审判效率。关于破产解除权、提交重整计划草案、裁定终结破产程序等破产程序主要环节的时限，《企业破产法》都作出了规定，但是司法实践中并未对破产审理时限进行有效约束，破产案件的审理时间仍然普遍较长。可见，《企业破产法》虽然对破产案件的审理节点分别有所规定，但规定过于宽泛不够具体，缺乏实操性，难以有效满足现行破产案件的审理需要。

2. 法律冲突明显

《企业破产法》与其他部门法律法规的规定冲突明显，造成破产案件审理过程中难以协调，破产审判法官、管理人处于尴尬境地。其一，程序上，如关于破产案件立案受理方面，《企业破产法》规定人民法院应当自债权人申请的异议期满之日起10日内裁定是否受理，自收到破产申请之日起15日内裁定是否受理，特殊情况可延长15日；但最高人民法院印发的《关于审理上市公司破产重整案件工作座谈会纪要》却要求上市公司破产案件必须逐级上报最高人民法院同意才能立案受理，而一般上报程序至少三四个月才能完成。可以理解重大案件逐级上报程序，但立法上并未对此进行协调，这明显与10日、15日内作出是否受理裁定的前述规定相冲突。其二，实体上，长期以来，对于税收债权的清偿顺位问题存在立法冲突。《企业破产法》规定破产财产分配顺位系抵押财产优先权、破产费用、共益债务、职工债权、税收债权、普通债权等顺位依次分配，而涉及抵押财产之上欠缴税款及滞纳金时，税务部门以《税收征管法》规定优先为由，强制要求必须先缴纳抵押财产设定时欠缴的税款及滞纳金，才予以解除保全准许抵押财产过户，甚至有些地方税务部门以税款未清偿为由不予出具清税证明。虽然各地生效判决认为《企业破产法》系特别法，《税收征管法》是一般法，前者应优先于后者，但实务中，税务机关不予理会，造成实务操作困境重重。尽管理论界、实务界呼求调整法律规范，统一裁判尺度，但两者矛盾仍难以解决，破产审判法官、管理人履职进退两难，严重影响高效推进破产案件的审理工作。

(二)司法不够协同

1. 理念不够协同

破产案件审理涉及程序上、实体上的方方面面法律业务,法院内部需协同向前、高效推进,才能快速审结破产案件。目前来看,无论是诉讼案件还是破产案件等非诉案件,法官未重视司法效率,疲于应付堆积如山的案件,破产程序涉及的各相关业务庭室缺乏破产案件需协同推进的理念。难以有效形成合力高效推进破产案件审理进程。

2. 机制不够协同

破产案件立案、受理、审理、结案的过程是一个系统工程,目前法院内部协同办理破产案件的机制普遍不完善,缺乏条线上立、审、执、破的有效衔接机制,破产案件涉及的各链条环节经常脱钩,未形成有效合力。各地法院不断创新破产案件办理机制,在"执转破"的基础上,推出"执破直通""执破融合"等机制,但这不能满足"执转破"制度的内在需求,须花更大力气尝试"立审执破"条线的全链条机制,才能高效协同解决破产事务问题。在繁简分流机制上,破产案件并未做到与诉讼案件繁简分流的协同,破产案件的审理未真正做到快慢分道,以有效推行简案快审、难案精审。在院庭长监督机制上,没有将院庭长监督机制真正落地,监管不到位,甚至一些案件决定权在于破产案件承办人,合议庭合而不议,合议庭制度功能形同虚设。

3. 保障不够协同

破产案件不同于其他诉讼案件,破产审判法官审理破产案件背后的大量协调工作、信访维稳工作、衍生事务、疑难法律问题等,都需要法院内部做好保障工作。目前,我国尚未建立全国统一的破产案件绩效考核制度,各地因案而异,有些地方将破产案件等同于普通诉讼案件,严重挫伤破产审判法官的办案积极性。在国家供给侧结构性改革的大背景下,破产案件逐年增加,在司法资源有限、专业人才紧缺的情况下,急需运用大量科技手段协同处理破产事务,如在线申报债权、在线召开债权人会议、在线表决、电子送达等,需要网络信息化办案平台提供技术支持。但各地因经济差异,并未全面有效运用科技手段辅助破产案件的高效审理,这不断增加破产费用,也在一定程度上阻碍了破产案件的高效审理。

(三)管理不够尽职

管理人办理破产案件的业务能力不足、管理制度不完善、监督不到位,是当前影响破产案件效率的核心因素。当然,对管理人的履职保障是否到位也是影响管理人能否高效履职的重要因素。

1. 履职不够到位

管理人履职破产案件的能力参差不齐,习惯性地将破产审判法官当作现成老师,凡事问法官,不主动学习破产法律法规。管理人在履职过程中常出现的问题有,未依法通知债权人申报债权,错误审查债权金额及优先顺位,接管企业财产账簿不全面,协调破产事务能力差,制定重整方案质量参差不齐,有些重整方案难以实现促进企业重生发展的目的,等等,在破产程序中的履职能力差异明显,难以有效适应现有破产案件的高效审理要求。

2. 人案不够匹配

各地对管理人分级管理,对案件分类处理,取得一定成效,但实践中仍存在大量问题。破产案件管理人的选任方式有待改进,根据《最高人民法院关于审理企业破产案件指定管理人的规定》,目前主要通过抽签、摇号等方式随机指定管理人,这难以有效保证管理人的履职能力水平与破产案件难易程度相匹配。一些烂尾楼盘、违章建筑、违法建设等疑难复杂破产案件难以有针对性地选任履职能力强的管理人,导致管理人进场后,履职能力堪忧,高水平管理人捉襟见肘,难以有效满足破产案件的审理工作。

3. 监管不够到位

虽然各地陆续成立省级、市级管理人协会,但是,实践中,管理人协会作为自律组织,难以有效监督管理管理人在破产案件中的依法高效履职,往往是事后反映才暴露问题,难以形成有效监管机制。有的管理人入册后,频繁更换经办人员,并未相对固定经办破产案件的团队专办,甚至将破产业务转包或合作,造成业务广而不精,到后续复杂案件办理问题暴露明显,难以使案件高效推进。一些管理人以缺乏办理能力为由拖延履职、消极办案,等待破产审判法官催促,甚至动用督促办案函才匆忙应付,严重影响破产案件的高效办理。管理人协会作为自律组织,普遍缺乏机制性文件有效约束协会成员,履职优劣未对应明确的奖惩,久而久之管理人各自为政,难以高效履职。此外,债权人、债务人、债权人委员会对管理人的履职难以进行监管,司法机关对管理人的监管缺乏有效抓手,管理人向破产案件审理法院的报告工作大多流于形式,尚未形成有效机制对管理人违规执业形成制约。

(四)社会不够畅通

1. 社会谈“破”色变

虽然《企业破产法》已施行 17 年之久,破产案件逐年增加,但当前社会对破产制度包含重整、和解、破产清算三大功能普遍不了解,对破产程序存在误解,甚至抗拒债务人企业进入破产程序。作为债权人,担心企业破产了,债权就没了,还不如终结本次执行程序。债务人企业不想破、不敢破的现象更为普遍,担心公司治理结构不健全、经营不规范等问题,怕一旦破产就被追究刑事、民事责任,继而不愿意申请破产;即使启动破产程序,也寄希望通过不主动配合破产程序妄想逃避债务。一些政府因担心影响当地经济发展、人员就业、信访维稳等问题,对国有企业、当地较大规模企业等的企业破产持谨慎保留意见,而不是积极通过破产程序予以挽救,以至于一些有重生机会的企业“应破未破”,最后走向破产清算的命运。因破产案件难办,员额法官宁愿办理诉讼案件也不愿承办破产案件,即使为完成营商环境考评任务办理破产案件,也是消极对待。债权人、债务人、政府、法院等社会各界都对破产制度存在不同程度的误解,这不利于充分发挥破产程序的制度功能,从而无法提升破产审判效率。

2. 府院联动不够

企业破产涉及查询企业账户、接管财产、清理税务、工商注销、职工安置等问题,都离不开政府的管理服务和社会各界的配合支持,需要有效的政府治理和充分的政府服务,法院办理破产案件的过程中需与政府形成有效联动。但是在司法实践中,部分地方政府部门认为破产案件的审理事不关己,是法院内部事务,忽视破产程序对完善市场退出机制、市场资源重新配置的重要意义。即使各地纷纷建立“府院联动”机制,也未能有效落地,多数地方出台的“府院联动”机制文件可操作性有待加强。破产程序涉及经费保障、税费优惠、政策帮扶、社会稳定等方面,法院协调办理难度大,甚至无能为力。破产程序中的行政事项涉及多个政府部门,目前国内大多数政府部门缺乏专门的破产事务管理机构负责统筹协调,一旦涉及烂尾楼盘、违章建筑处理问题,相关部门便互相推脱,不愿协调,问题难以得到解决。破产程序终结后,市场监督管理部门仍然在对企业适用简易注销程序外额外设置条件,对管理人的申请不予配合办理,对股权存在质押、冻结的情形拒不按照《保障管理人履职意见》予以注销或变更等。一些地方税务部门仍然以税款未获全部清偿为由拒绝出具清税文书,税收优惠政策至今难以落地。破产程序中涉及跨部门、跨区域的破产财产保全解除、企业账户解封、资金划扣等问题,因地方保护主义或认识不一的问题,难以协调解决。

三、破论:全生命周期管理破产案件实现价值回归

公正与效率是司法的生命线。在司法的主旋律下,解决破产案件立案受理难、审理周期长等管理失范的问题,需要全生命周期管理好破产案件的审理工作,这有助于实现破产审判质量优先、兼顾破产审判效率、重视破产审判效果的统一效果,让破产程序参与人在破产案件中感受到有效率的公正。

(一)正义价值:规范审理实现司法公正

公正和效率是破产审判工作永恒的主题,两者缺一不可,紧密相连,管理好破产案件可以实现司法公正和效率的有机统一。破产案件实现有效率的公正,既要把好源头治理司法服务,也要注重规范审理。目前破产案件审理乱象遭受各界诟病,因此必须从源头抓起,对破产案件源头治理。要把握好破源治理,为困境企业提供破产司法服务,提供预重整、破产咨询、调解等破产前司法服务,识别企业风险,提供救助服务,第一时间实现困境企业得到司法救治,为后续破产程序的司法程序奠定基础。在破产程序中,要把好立案关口,及时提供程序内司法服务;要注重破产案件审理质量,坚持破产案件质量优先的原则,在不断规范审理中提升破产效率,规范企业破产程序,公平清理债权债务,保护债权人和债务人等破产程序参与人的合法权益,维护市场经济秩序。坚持能动司法,在规范中改进,在改进中规范,形成一套切实可行的程序现代化破产案件审理机制,实现高效破产程序下的司法公正,彰显司法温度,让破产程序参与人切实感受到司法公正。

(二)程序价值:程序现代化实现司法效率

在有限的司法资源背景下,要最大限度实现司法效率,最佳路径就是优化司

法资源配置。一味地通过压缩审限来提高破产效率不可取,也不科学,只有通过设计程序现代化的破产机制,才能实现有公正的现代化破产效率。

第一,审理现代化,破解办案机制难问题。通过构建“立审执破”直通机制,开通破产案件办理绿色通道。建立破产案件繁简分流机制,实现简案易审,繁案精审,快慢有道,科学审理;扩大范围建立专业破产法庭,让更专业的法官审理专业破产案件,让更专业的管理人勤勉尽职,做到破产案件专业有道。建立破产案件审判流程管理体系,将破产案件列入全生命周期动态监管,以实现案件全天候系统科学监管,不留死角。建立破产案件常态化质量评查、定期抽查制度,对风险大、信访多、影响大的破产案件重点评查,以查督办,提升办案质量。此外,在破产程序中坚持落实院庭长监督机制,依法监督、有力监督破产案件的办理过程。通过破产案件现代化审理机制,解决破产案件长期以来的管理失范问题,在破产程序中解决难点堵点,不断提升破产效率。

第二,联动现代化,破解府院协调难问题。一直以来,府院联动的机制不畅,造成破产案件的审理进退两难。只有不断创新构建科学现代化的府院联动机制,才能有效地解决破产程序中行政事务上的难点堵点。目前,府院联动基本停留在地方府院联动机制上,因此需从顶层设计府院联动机制,地方政府条线配合,成立专门的破产事务协调部门,明确职责,确保府院联动工作机制落地落实。为管理人调查接管处分破产财产、开立撤销账户、调查取证、财产保全等履职行为提供便利化条件,真正破解联而不动的机制堵点。

第三,配套现代化,破解科技保障难问题。紧跟科技潮流,与时俱进,数字赋能,运用人工智能助推破产案件高效审理。建立破产审判信息化平台,破产审判法官、管理人、债权人、投资人等在线参与破产程序,实现线上申报债权、网络债权人会议、资金在线监管,并全周期覆盖破产案件审理过程,数字破产助推破产案件高效审结,实现现代化数字破产效率,提升法治化数字化营商环境。

(三)社会价值:破立重生实现高质量发展

全生命周期规范管理破产案件,是司法回应司法便民所需。破源治理,抓前端、治未病,是贯彻多元解纷机制和实现程序繁简分流的现实需求,为困境企业提供有力司法服务。“应破尽破”,防止选择性破产乱象,将具备拯救价值的困境企业及时导入重整、和解程序,司法主动应对企业需求,做好破产司法服务。立足司法职能,科学管理破产案件,精准运用重整、和解、破产清算三大破产程序,加大盘活和优化配置市场资源力度,加快破产程序现代化,优化法治化营商环境,为营造稳定公平透明、可预期的营商环境提供有力的破产审判服务和保障,有力服务保障经济社会高质量发展。

四、破解:构建破产案件全生命周期管理路径

面对破产案件的失范管理问题,既要把握修改《企业破产法》的契机,加快破产法律修改工作,填补破产法律漏洞及解决法律冲突问题,也要以程序现代化为引领,创新破产案件管理规则构建,从破前治理、破中管理、破后处理全生命周期程序提供服务和有效规制,有力保障破产案件的审理规范运行;还要提供科学配套机制,通过构建现代化府院联动程序和借助数字赋能的科技力量,助推破产案件高效公正审理。

(一)科学立法:填补法律漏洞和解决法律冲突

为尽快解决企业破产法律制度不适应破产审判需要的问题,应加快填补《企业破产法》及司法解释漏洞,原则上明确破产案件审理期限,但应根据案件情况设定弹性审限,赋予破产审判法官一定的自由裁量权。在具体规则的设定上,应尽快弥补缺失的审理规则,如破产案件简易程序的审理规则、金融机构破产、上市公司破产、关联企业合并破产等具体操作层面的法律条文,并在修改法律时做好研究论证工作,积极回应破产审判实践需要。此外,还要做好《企业破产法》与其他部门法之间的衔接。对于税收债权的认定规则与清偿顺位的认定,以及破产案件中刑事与民事交叉并行的法律冲突等问题,应以《企业破产法》的修改为契机,加快协同推进其他关联法律法规同步修改,推动破产法律体系不断完善,以更好地指导破产审判工作,提高破产审判效率。

(二)规则构建:破产案件全生命周期管理路径

如何做到破产程序现代化?应从前端治未病、中端抓监督管理、后端抓服务三大路径入手,实现破产案件的全生命周期管理。

1. 抓前端：破前多元治理。

（1）创新破产前司法服务。2023年5月，世界银行发布了新一轮营商环境评估（Business Ready, B-READY），破产前程序及启动后的正式破产程序是新指标要求。为精准对接指标要求，进一步强化破源治理，加大对危困企业的救治力度，应创新打造破产前司法服务机制。该机制由“破产平台＋法官管理人＋破产前服务”三位一体构成，借助各地既有的破产审判信息化平台，组建破产法官队伍和公益管理人队伍，线上线下为市场主体提供破产法律专业咨询、企业困境识别诊断、危困预警、重整价值识别等司法服务，旨在为债务人企业在陷入困境之际提供提前识别危机、预警预判、化解救治等综合服务，切实解决困境企业的司法难题。

（2）创新构建预破产程序。通过提供破产前综合司法服务，将陷入困境的债务人企业提前导入预破产程序，因企施策、因案施策，及早挽救困境企业。准破产程序可分为预重整、预和解、预清算三大程序，分别对应破产程序中重整、和解、破产清算程序。经困境诊断、重整价值识别，及早将具备重整价值且具有重整可行性的困境企业导入预重整程序，并将预重整成果有效转化对接司法重整程序，让困境企业绝境逢生。经征询债权人、债务人和解意愿和考量和解计划执行的可行性，及时启动预和解程序；预和解计划草案获得通过后，导入破产和解程序，债权人、债务人双向共赢。当困境企业已明显资不抵债且明显缺乏清偿能力，符合破产受理条件时，不要急于令困境企业陷入诉讼与执行的泥潭，应提前启动预清算程序，债权人、债务人协同清算，整体或分类处置资产，实现各方清算利益最大化。

2. 抓中端：破中四道管理

（1）绿色通道：构建“立审执破”直通机制。在继续常态化推进执行程序和破产程序有效衔接的基础上，创新构建“立审执破”直通机制。法院内部保持一盘棋思想，将具备破产原因的企业法人在立案、审判、执行阶段及时移送破产审查，应移尽移、应立则立、应破尽破。“立审执破”直通机制，由立案、审判、执行阶段的经办法官带案加入破产案件团队，带案进销案出，以直通对接和绩效激励为两翼，融合立案、审判、执行、破产优势专长，打通立案、审判、执行、破产程序的衔接堵点，实行人员、职责等程序直通，提升破产案件审判质效，从而有效缩短案件审理周期，降低破产成本，同时减少诉累，有效避免程序空转。

(2)快慢分道:构建繁简分流机制。面对日益繁多的破产案件,出现了程序繁、成本高、效率低等弊病,构建破产案件繁简分流审理机制,势在必行。虽然《企业破产法》未规定破产案件审理程序的繁简分流程序,但司法实践中已有大量实证案例,且取得了不错成效。一方面,明确破产简易审理规范。在适用范围方面,对于事实清楚、债权债务关系明确、资产规模不大、无风险隐患的中小微企业破产案件,可以探索适用简易破产程序快速审理。在审理程序上,简化通知送达、债权人会议、债权审查、财产接管、终结破产等程序,快审快结。另一方面,做好简易程序与普通程序的转化衔接工作。在适用简易程序审理破产案件的过程中,发现不宜再继续简易审理时,应当及时转化为普通程序依法推进。疑难复杂案件应通过标准程序审理,繁案精审。破产案件的审理快慢分道,才符合司法效率原则。

(3)专业速道:加强破产专业化建设。一方面,加强法院破产审判队伍的专业化建设。探索“省级破产合议庭 + 市级破产法庭 + 县级破产团队”的审判组织体系,对破产案件集中管辖、专业化审理,继续充实破产审判队伍,以适应不断发展的破产审判工作的需要。通过“走出去、请进来”方式加强业务培训、交流等,提升破产审判法官的破产审判业务能力。另一方面,强化管理人履职专业化能力。加快优化管理人结构,拓宽管理人种类,鼓励在经济、财务、金融等方面具备知识和优秀经验的机构和人员参与管理人队伍。充分发挥专业判断、资源整合等优势,更好地处置重大复杂破产案件。继续加强管理人执业能力培训和业务交流研讨,提高管理人履职水平。

(4)监督有道:建立破产案件流程管理体系。一是创新破产审判管理模式。应建立破产案件流程管理体系进行全流程监管,在立案受理、指定管理人、债权申报与核查、财产接管、债权人会议、财产变价与分配、程序终结等全链条上,设定每个环节具体的审理标准与业务要求,对工作内容、完成时间、方式和目标实时监管。二是将破产案件的审理全流程纳入院庭长监督机制并落实。将破产案件的审理与院庭长监督机制挂钩,对破产案件的审限、审理时间节点常态化监督,采取事先警示、临界催办、事后通报的流程管理措施,重大、复杂、疑难案件采取督办方式,化解风险协同推进,抓好案件质量关。三是建立破产案件质量评查机制。定期对破产案件审理巡查,对重大案件、信访风险大的案件重点评查,倒逼破产案件的审理质量提升。

3. 抓末端:破产后内外处理

(1)内部考核:科学评价破产审判工作。首先,建立单独的法官绩效考核标准。基于破产案件的特殊性,应加强破产案件审判绩效考核,确立绩效单独考核、案件归类考核、难易差异考核、平台规范考核等原则,逐案对承办法官的工作成效进行评估,合理核算破产案件审判业绩,调动破产审判法官工作积极性。其次,强化管理人绩效考核机制。通过破产案件信息化平台考核管理人履职能力,对管理人工作流程加强监督,将破产案件数据的录入、在线办理情况等履职情况和个案评价作为考核管理人工作的重要内容,以增强评价的科学性和透明度。同时,强化管理人监督,明确管理人责任追究机制,常态化开展管理人履职检查,将开展管理人履职专项检查与动态管理、名册动态调整有机结合,提升管理人履职的规范化、专业化水平。

(2)外部服务:提供破产后端延伸服务。根据《征信业管理条例》《企业信息公示暂行条例》等的规定,重整后企业的不良信息将长期保存,这将对重整后企业的生产经营带来不利影响。重整中要坚持债务整理与营业整合相统一,还要加大对企业重整后因现行规定引发的不良信息、融资难等问题的解决力度,帮助企业信息修复、融资贷款,解决破产后职工安置和权益保障问题,保障破产企业发票供应,核销破产企业历史欠税,及时修复重整成功企业的纳税信用。提供破产后外部服务,意在确保企业既能化解债务负担,又能放下包袱轻装上阵,加快恢复营利能力,实现新的发展,防止企业获得重生后又走向破产。

(三)协同配套:助力破产程序现代化

1. 府院联动:构建现代化府院联动程序

现阶段府院联动停留在个案沟通协调机制的层面,随着破产审判工作的不断推进,由国家部委牵头,顶层构建府院协同的规范化、常态化“破产协调机制”势在必行。政府下设破产事务管理机构,专司破产案件审理过程中需协调的行政事项,由法院主导转变为政府主动行政服务,有效解决破产审理法院难以协调的被动局面。破产事务管理机构对接大数据中心,开放平台端口,线上线下常态化办理涉及破产程序中的行政事项,从企业信息查询、财产接管、资金冻结与划扣、涉税事项办理、工商查询与注销等普通事项,到涉及烂尾楼盘、违法建设、违章建筑、重大复杂案件协调等疑难问题,通过政府下设的破产事务管理机构统筹处理,切实解决破产协调难点堵点,有力提升破产审判工作的质量和效率。

2. 数字赋能:推动破产案件信息化处理

在最高人民法院"一网两平台"(全国企业破产重整案件信息网、企业破产案件法官工作平台、企业破产案件破产管理人工作平台)的基础上,通过信息化进一步提高破产审判工作的规范化流程化,提高破产效率。加快解决全国企业破产重整案件信息网与各地法院办案系统、执行查控系统等衔接不畅问题,整合提升"一网两平台"实现一网通办,在线实现债权申报、债权人会议、信息查询、事项表决、破产财产分配等全流程破产事项,支持破产审判法官、管理人、投资人、政府等多端口使用,实现数据交互共享。同时,推出管理人履职监管、营商环境监测等功能模块,加强对管理人的平台监督,将案件数据录入、在线办理情况等作为管理人履职评价的重要内容。

结　语

本文从破产案件立案受理难、审理周期长等管理失范问题出发,分析立法不完善、司法不协同、管理不尽职、社会不畅通等造成因素,提出对破产案件进行全生命周期管理势在必行,规范破产案件审理,实现有公正的现代化破产效率。对于如何构建破产案件全生命周期管理路径,笔者着重以审判机制现代化为引领,创新构建破产案件程序现代化审理机制,从"破前治理治未病、破中管理立规范、破后处理抓服务"全链条科学化管理出发,切实解决破产案件审理周期长等失范问题。全生命周期管理破产案件,实现破产案件审理程序现代化,助推破产案件高效公正审理,正向优化营商环境,让破产程序参与人真切感受到破产效率下的司法公正。诚然,如何真正做到可复制实践的破产案件全生命周期管理机制,仍然是破产审判的难题,本文对如何提高破产效率作出粗浅认识与勇敢尝试,希望对破产实务有所裨益,更希望专家学者前辈多提宝贵意见,以共同提升破产审判质效,优化营商环境。

供给侧结构性改革背景下完善破产重整审判机制研究

——以构建“诉破直通”机制为实现路径*

引　言

党的十九大报告指出,“必须坚持质量第一、效益优先,以供给侧结构性改革为主线,推动经济发展质量变革、效率变革、动力变革”。破产制度是市场经济国家最为重要的法律制度之一。破产审判具有依法促进市场主体再生或有序退出、优化社会资源配置的独特功能,是人民法院为供给侧结构性改革提供司法保障的重要途径。① 破产重整制度的主要价值在于挽救具备重整条件及价值的企业,以达到盘活资产、优化法治化营商环境的效果。但破产重整制度的实际施行效果并不理想,最高人民法院工作报告显示,2023 年度我国审结破产案件 2.9

---

* 作者:龙岩中院课题组。课题负责人:王孔坚,时任龙岩中院院长、现任福建高院副院长。课题执笔人:刘伟明,龙岩中院民四庭副庭长、一级法官。课题组成员:张煌忠,龙岩中院民四庭庭长、四级高级法官;张婷婷,龙岩中院民四庭副庭长、二级法官;张宇凯,龙岩中院民四庭法官助理;林渊,龙岩中院执行局法官助理;林泰良,龙岩中院法官助理;杨青,龙岩中院法官助理。

① 参见郑伟华、苏汀珺:《供给侧改革背景下破产审判理念的四个转变》,载《人民法院报》2017 年 2 月 15 日,第 7 版。

万件,其中审结破产重整、和解案件1485件。① 破产重整的价值功能未能被充分发挥。债务人挽救时机过晚,这是我国司法实践中最为突出的“痼疾”之一。其中最为重要的原因是缺乏一个让债务人放下各种顾虑,自愿尽早进入挽救程序,或者具有可复原性或者可逆转性的保障制度。② 为此,本文提出树立司法服务经济精神新理念,从预重整角度出发提出“诉破直通”机制,建立企业破产重组关口前移机制,探索在诉讼阶段,甚至在立案阶段对企业经营情况甄别的机制,以期改变我国目前破产重整案件少、重整率低的现实困境,使破产制度尤其是预重整(重整)制度的优越性得以实现;解决企业正常负债问题,拯救危困企业,服务供给侧结构性改革,推动经济体系转型升级,提高经济质量和核心竞争力,优化法治化营商环境。

一、现状:企业法人为债务人在诉执阶段的困境

现下如果债务人为企业法人,其资产不足以清偿债务,解决的司法路径为立案—审判—执行—破产。但是,在此司法流程中,不仅司法资源被严重耗费,个别具备重整价值的法人企业因被动陷入诉讼、执行程序中,没有相应行之有效的机制可挽救企业于危难,而最终走向破产清算。

(一)财产保全:企业正常经营受到影响

近年来,随着中国特色社会主义法治建设的不断推进,人民群众的法律维权意识逐步增强。财产保全制度作为前置性执行制度,在确保生效的法律文书最终顺利执行、切实维护司法的权威性和严肃性以及保障胜诉当事人的合法权益方面具有重要且不可替代的作用。财产保全逐渐成为债权人提起诉讼时采取的一项必要措施。2019年至2024年8月龙岩两级法院涉企商事纠纷案件呈现递增趋势,涉企保全案件也在不断增加。涉企保全案件2019年453件,2020年486件,2021年530件,2022年580件,2023年596件,2024年1月至8月563件。涉企案件占涉企商事案件的比例由2019年7.04%增长到2022年的9.54%。财产

① 参见最高人民法院:《最高人民法院工作报告》,载中央人民政府网2024年3月15日,https://www.gov.cn/yaowen/liebiao/202403/content_6939583.htm。

② 参见王欣新:《建立市场化法治化的预重整制度》,载《政法论丛》2021年第6期。

保全措施对债权人而言是其债权得以实现的保障,但对经营出现困难的企业而言,则可能是企业破产的首道催化剂。财产保全制度在司法实务中体现出非制度化、非程序化、非当事人化的特点。① 法院在对企业采取财产保全措施时,往往选择最简单、最便捷的方式,即冻结银行存款或者查封厂房和设备。尽管保全并不是实质性处分当事人的财产,是临时性措施,但是企业资金的可流动性、商誉都有可能因此受到影响,其使得企业得以维继的平衡被打破,可能导致企业经营发生困难,出现资不抵债的情况。如果申请保全的标的超出企业可以承受的范围,保全带来的影响则更加严重。尤其是对希望通过预重整制度保护自己的企业债务人而言,在具备了重整条件的情况下,其所涉及的诉讼,以及随之而来的财产保全措施,都可能成为压垮企业债务人的最后一根稻草。②

(二)耗时诉讼:企业错过最佳挽救窗口期

近年来,我国虽然加强了对民事诉讼案件审限的考核力度,以确保民事诉讼案件能够在审限内结案,但不可否认的是,一审诉讼案件普通程序 6 个月的审限、二审案件 3 个月的审限,再加上管辖、鉴定、一审法院向二审法院移送案件等诸多不计入审限的时长,一起民事案件对企业而言仍是一场"负重长跑"。2019 年至 2024 年 8 月,龙岩市两级人民法院共审结涉企业商事纠纷诉讼案件 36,538 件,平均审理期限为 63 天,最长为 1437 天。其中,审理时长 1 个月至 3 个月的案件约占 57.86%。因此,耗时数月甚至数年的诉讼案件对企业而言,将引发一系列连锁负面反应,导致优质企业错过最佳挽救窗口期。而且,当今社会发展瞬息万变,企业发展有其机遇、阶段性,最终会使企业被破产清算。

另外,企业经营的前中期大多是负债经营,一旦企业无法及时收回债权、项目投资失败等导致短期资金周转困难,便会引发其无法按时支付货款、偿还贷款进而陷入诉讼;与此同时,债权尚未到期的债权人尤其是银行债权人为确保其债权得以实现,将行使不安抗辩权,要求提前收回贷款,从而引发连锁反应。此外,违约、诉讼等将增加企业的成本,这对本就资金困难的企业而言无疑是雪上加霜。同时,企业管理层因疲于应诉、融资而无心经营,最终企业只能走向破产。

① 参见刘哲玮:《论财产保全制度的结构矛盾与消解途径》,载《法学论坛》2015 年第 5 期。

② 参见金鹏、傅伟芬:《财产保全解除与执行程序中止在预重整中的解释论研究》,载《上海法学研究》2021 年第 9 卷。

任何企业、行业的发展均有一定的阶段性，在我国企业尤其是企业发展初期负债率较高的情况下，若企业陷入诉讼当中，将导致企业错过其自身或行业发展的最佳阶段，最终一蹶不振、走向破产。以福建省连城县某地瓜干生产企业破产清算案为例，该企业成立于2012年，前期通过抵押贷款等方式兴建厂房、购置设备，甚至率先购置相关污水处理设施，是当地少有的取得排污许可证的地瓜干企业。但因大量应收账款未收回加之自身经营不善，该企业于2013～2015年先后多次涉诉并最终停止经营。但从地瓜干行业来看，2015年、2016年，在政府部门的支持下连城县地瓜干取得长足发展，2015年连城县地瓜干销量占全国8成以上，并成功举办了第一届“中国·连城地瓜产业发展大会”。但该企业却因负债等问题，错过连城县地瓜干发展的最好阶段，黯然收场，最终普通债权人的清偿率不足10%。实践中，同样具备较高重整价值的企业不在少数。

（三）执行阶段：企业的财产价值严重虚耗

执行和破产程序都是强制清理债权债务关系的执行制度，两者存在相同点，但是两者之间的价值功能是截然不同的（见表1）。执行的价值在于富有效率地实现公平正义，[①]确保生效判决得到履行系强制执行的目的和意义。具体表现为：进入执行程序后，法院根据强制执行相关法律规定，为确保申请执行人的债权得以尽快实现，首先采取查封土地房产、冻结银行账户、列入失信被执行人名单等措施，随后则通过司法拍卖等方式处置企业资产，最终导致企业可供执行的土地厂房、机器设备等财产被强行处置。在此过程中，被执行企业需要经过较长的执行周期。2019年至2024年8月，龙岩市两级法院涉企商事案件进入执行阶段，形成执行案件8532件，结案平均用时为136.5天，最长为1024天，涉企商事案件的执行周期远超非商事案件。

---

① 参见王志鹏：《破解“发还难”——论法院执行案款依职权提存机制的构建》，载《法学杂志》2016年第5期。

表 1　执行程序和破产程序不同点

程序类型	相同点	不同点					
		前提	程序启动者	对象	价值取向	清偿原则	优势
执行程序	借助国家公权力实现债务清偿	有财产可供执行	债权人	个别执行	效率	查封先后	立案门槛低、执行查控功能
破产程序		无财产可供执行	债权人、债务人	概括执行（全体债权人）	公平	平等受偿	挽救功能、财产追加制度

根据美国学者提出的“公共鱼塘”理论，将资不抵债的企业法人形容为一个大的鱼塘，债权人如同众多的垂钓者，破产程序给予各个债权人公平钓鱼的机会，不会发生像执行程序中一哄而上，致使鱼塘枯竭的局面。[①] 通过《企业破产法》关于破产重整的有关规定可以明确，破产重整的目的和意义在于对出现破产原因但具备挽救价值的企业通过引入投资人、聘请专业管理人等方式，使企业重新焕发活力。显然，囿于执行与破产重整之间的价值冲突，人民法院在执行过程中“一卖了之”的做法虽然符合现行的强制执行相关规定以及执行价值理念，但执行程序无法终止被执行企业的生产经营，债权债务可能仍然在继续发生，被执行企业资产和负债也无法穷尽，财产愈加稀释，相应地，企业的重整价值也在不断的执行过程中被消磨。

（四）“执转破”阶段：企业近乎丧失重整价值

《民诉法司法解释》第 511 条、第 513 条规定，“执转破”制度是指在执行过程中，执行法院发现作为被执行人的企业法人无财产可供执行，无法清偿全部到期债务，经申请执行人或被执行人之一书面同意，裁定案件中止执行并依法移送有管辖权的法院进行破产审查，一旦审查通过，双方之间的债权债务由个别清偿程序转为债权人集体公平清偿的程序。“执转破”制度因应功利主义导向下贯彻国

① 参见韩长印：《破产程序的财产分配规则与价值增值规则——兼与个别执行制度的功能对比》，载《法商研究（中南政法学院学报）》2002 年第 3 期。

家供给侧结构性改革、解决执行难和法院绩效考评问题的需要而产生。① “执转破”制度出台的背景是执行积案问题严重,虽然法院系统内部多次开展全国范围内的清理执行积案活动,但是一直未能彻底解决。虽然各地陆续出台了相应规定,其中部分地区法院基于“执转破”出现的痛点、难点,相应出台“执破直通”机制,但对于企业破产重整而言收效甚微。从龙岩法院 2019 年至 2024 年 1 ~ 8 月的数据来看,以企业法人为被执行人的终结本次执行程序案件中,“执转破”案件呈现明显的程序启动难,适用率低,甚至“空转”现象(见表 2)。

表 2 龙岩法院 2019 年至 2024 年 1 ~ 8 月“执转破”案件情况

年份	终结本次执行程序案件数/件	“执转破”案件数/件	破产案件占终结本次执行程序案件比例(约数)/%
2019 年	4775	10	0.21
2020 年	5100	18	0.35
2021 年	7200	71	0.99
2022 年	8305	86	1.03
2023 年	8632	124	1.44
2024 年 1 ~ 8 月	6523	132	2.02

长期以来,由于观念的误解、适用法律程序的失当,用执行手段解决其无力解决的破产问题,不仅未能化解相关社会矛盾,反而导致案件无序积累和集中爆发,使法院的工作陷入困境。② 具体而言,在企业法人尚有可供执行财产时,人民法院基于债权人的压力、债权人及债务人移送破产意愿低等原因未及时将已资不抵债的企业移送破产,而仍是采用传统“执行—执行不能—破产”的做法,导致经过漫长的执行程序,大部分“执转破”案件成为无资产、无账册、无人员的“三无”案件,客观条件上根本不存在破产重整的可能性。

《企业破产法》设置了破产清算、破产重整、破产和解三套并行的程序,对于那些资不抵债、无力存续的企业应当适用破产清算程序,对于那些仍有挽救可能

① 参见廖丽环:《正当程序理念下的执行转破产机制:基于法理视角的反思》,载《法制与社会发展》2018 年第 3 期。

② 参见王欣新:《以破产法的改革完善应对新冠疫情、提升营商环境》,载《法律适用》2020 年第 15 期。

性的企业应当进入破产重整或破产和解程序，使企业“起死回生”“重见光明”。然而，在现行破产制度下，具备重整条件的企业因无第三方提供重整的条件，只能在一系列耗时的诉讼、“一卖了之”的执行等程序中走向破产，再无破产重整的可能，这也是我国目前破产重整案件较破产案件而言，数量、比例较低的原因之一。

二、析理：预重整视角下“诉破直通”机制的实证分析

新时代破产审判理念应当从重裁判向裁判和服务并重的方向转变，不仅要能够对“生病”企业进行“把脉”“开方”，也要主动联合相关部门对企业进行“问诊”，发挥司法介入保障功能。预重整是在庭外重组和破产重整两种制度基础上结合创新产生的具有企业挽救辅助性功能的法律制度。① 预重整制度在发挥企业破产法的困境拯救功能方面具有不可替代的作用。② 其具有节省重整成本、确保更真实呈现企业价值、提升重整程序质量，以及尽早开展企业拯救的功能。③

（一）有利于兼顾实现个案正义与社会公平

司法的价值不仅需要考虑个案的公平、正义，也需要考虑是否符合社会公众的利益。破产程序系概括性执行制度，追求的是公平和一般正义最大化，可以实现一次性地清理企业法人的债权债务关系，能够保证全体债权人公平清偿。但实践中，囿于“诉执分离”“诉破分离”的现状，单一的诉讼程序、执行程序可能导致“一审了之”“一卖了之”的局面。虽然从程序上看均符合法律规定，实现了个案的正义，但从预重整角度来看，单一的诉讼程序、执行程序可能导致“无产可整”“无产可破”，使债权人的债权并未得到公平清偿、债权人的利益并未得到最大化。“诉破直通”机制的引入，一方面，并未影响诉讼案件的公正审理，保证了个案正义；另一方面，在诉讼阶段及时对符合破产清算、重整、和解条件的企业，通过“诉破直通”机制进入相应程序，确保债权人的债权得以公平清偿、债权人的

---

① 参见王欣新：《建立市场化法治化的预重整制度》，载《政法论丛》2021 年第 6 期。

② 参见徐阳光：《困境企业预重整的法律规制研究》，载《法商研究》2021 年第 3 期。

③ 参见杜军、全先银：《公司预重整制度的实践意义》，载《人民法院报》2017 年 9 月 13 日，第 7 版。

利益最大化，实现资源优化整合，最终兼顾个案正义与社会公平。

（二）有助于提高重整成功的可能性

法谚云，“迟来的正义非正义”，程序的及时性具有重大的价值。预重整机制角度下的“诉破直通”机制相较于现行的破产重整制度而言，具有“早发现”“早治疗”的显著优越性。从目前各地区关于预重整的司法实践看，预重整主要有赖于债权人、债务人申请启动。不论是债权人还是债务人，对于申请破产重整的积极性、意识以及能力均有其现实上的不足。因此，仅依赖债权人或债务人主动申请预重整，将严重降低、贬损预重整制度的优越性，即使最终债权人或债务人申请启动，由于其申请时间较晚，也极有可能错过重整的最佳时机，导致重整失败。通过对龙岩市 2019 年至 2024 年 1 ~ 8 月破产案件破产的主要原因进行分析整理后发现，约 55% 的企业破产系对外担保或资金链断裂等非自身经营问题导致的破产，且这 55% 的破产企业在出现破产情形前均具备较好的营利能力。若通过“诉破直通”机制，由人民法院提前在诉讼阶段主动发现前述具备预重整条件的企业并予以引导、释明，则这些企业化解债务困境，实现经济再生的可能性极高。

（三）有效降低企业重整的成本

最大限度地减少法律实施过程中的经济耗费是评价和设计法律程序时所应考虑的重要价值，也是司法活动所应追求的价值目标。[①] 企业经营出现困难后，不可避免地将出现大量诉讼，一旦进入诉讼、执行程序，将给企业带来案件受理费、保全费、律师费、执行费、迟延履行金、利息、违约金等诸多费用，增加企业的额外负担。“诉破直通”下的预重整机制有利于提前将企业的诸多问题扼杀在“摇篮”阶段，有效降低企业重整成本。同时，由第三方提早介入，发现问题、解决问题，在有效降低成本的同时确保企业正常的生产经营，维持企业正常的“造血功能”，有助于提高债权人债权的清偿率。

（四）有效提高债权清偿率

人民法院对企业可供执行财产的处置方式主要是司法拍卖，但该处置方式

---

① 参见［美］理查德·A. 波斯纳：《法律的经济分析》，蒋兆康译，中国大百科全书出版社 1997 年版，第 31 页。

并非最优方式,甚至可能导致企业财产的严重贬损。因为部分企业相关资产是相互配套的,但若统一处置则可能因价值过高无人参与竞买,为及时处置资产,人民法院只能通过拆分方式分别处置企业资产,导致企业资产价值因拆分而严重贬损。比如,在办理破产案件时常听到一句话:"这些设备都是企业花大价钱买来的,对于企业或是需要它的人而言值钱,但对于其他人而言就是废铁。"这正是人民法院、破产管理人在执行、破产清算时面临的"尴尬"局面,许多生产型企业车间内的机器设备均是定制化或直接嵌入车间内的,这就意味着该设备只有就地投入使用才能确保其价值最大化,否则一旦拆卸、出售,其价值将严重贬损,甚至只能以废铁价格出售,这显然与盘活资产、节约资源的政策相悖。再如,企业商标等无形资产虽在执行、破产清算阶段具备一定的处置价值,但社会公众对商标的认可在很大程度上依赖于企业本身,脱离了原有企业的商标,其处置价值将严重贬损。此外,需要强调的是,企业进入处置商标阶段,意味着企业可能停止经营或非正常经营许久,该商标价值较之其正常生产经营阶段也早已严重贬损。相反,若将具备重整价值的企业及时通过"诉破直通"机制予以重整,则能够最大限度地利用企业现有财产,进而提高债权人债权的清偿率。

(五)有效节约司法资源

"执转破"制度的目的在于缓解目前"执行难""执行积案"的问题。在现有破产制度下,企业进入破产前,必然产生诸多诉讼、执行案件。龙岩法院2019年至2024年1~8月立案受理破产案件563件,企业涉诉涉执案件达到2371件。随机抽取20件破产案件进行统计发现,20个破产企业中涉诉涉执案件数量5件以上的破产企业分别达19个、16个。如果借助"诉破直通"下的预重整机制,将问题解决在萌芽阶段,因企业经营困难而引发的一系列诉讼、执行案件也将相应减少,从而真正做到源头治理,有效节约司法资源。在实践中,诉讼转破产制度在尝试中取得了良好的效果。例如,江苏省启东市人民法院通过"诉讼转破产"程序受理破产案件18件,化解执行积案458件、审理案件168件。[①] 当某一企业出现资产不足以清偿债务,或者出现经营危机的情况时,仍然视其同正常经营的

① 参见朱志亮、魏清见:《启东:为服务供给侧改革精准发力》,载《人民法院报》2017年3月28日,第6版。

企业一般，通过个别审判或者个别执行来处理其所涉债权债务关系，乃至发生反复审判和反复执行，必然导致诉讼效率低下甚至无效，司法资源和当事人成本被无端损耗，司法公信力受损，被误解为无能，这绝不是法治应当拥有的面貌。法治既是实践概念，也是一种理性的社会秩序。法治之下的所有制度和规则应当对实践有利，并提升司法效率。

（六）服务优化法治营商环境

最大限度维护企业营运价值，保障市场主体等权利人的合法权益，为全面恢复经济社会秩序，服务经济高质量发展提供有力司法保障，营造更加稳定公平透明、可预期的法治化营商环境是审判实务面临的主要课题。企业作为市场的重要组成部分，其有序退出市场，以及在经营困难时能否在制度上得到及时有效的引导、帮扶，是考验一个国家、地方营商环境优劣的重要指标。在供给侧结构性改革的背景下，需要在法治轨道中，运用法治思维化解企业债务危机。为此，各地积极试点“执转破”“预重整”制度并取得一定成效。全国人大常委会企业破产法执法检查组于2021年5月18日召开第一次全体会议，会上表示将前往各地区就企业破产法贯彻实施情况进行检查，其中一项重要检查内容就是破产重整制度实施情况。[①] 但正如前文所述，现有诉讼程序及重整相关制度囿于其价值取向、启动方式、启动时机等诸多因素，实际效果并不理想，甚至可能使具备重整价值的企业无法得到拯救。为此，在现有制度下，构建人民法院提早介入、引导甚至主动启动预重整机制，可极大改善我国目前破产重整面临的数量少、比例低、成功率低等问题，这也是优化法治化营商环境的应有之义。

三、探寻：构建预重整视角下“诉破直通”机制

从供给侧结构性改革角度看，重整制度本质上是化解企业的债务风险和产能过剩风险，促进经济转型和升级。为摆脱我国现行破产制度存在的效率低、成本高、周期长等问题，构建“诉破直通”机制是改革的必由之路，其与预重整的破

---

① 参见《全国人大常委会启动企业破产法执法检查》，载《人民日报》2021年5月19日，第7版。

产拯救文化相融合。“诉破直通”机制的介入时间早、效率高等优势对具备重整条件的企业尤为重要。为此，以现有诉讼、破产程序为基础，在预重整视角下，构建以企业法人为被告的“诉破直通”模型（见图1），建立成熟、高效的债权债务实现体系，形成分工明确、紧密相交、运行畅通的诉讼与破产制度，可以实现企业生存发展与投资者权益、社会公共利益的高度平衡，营造良好的法治营商环境。

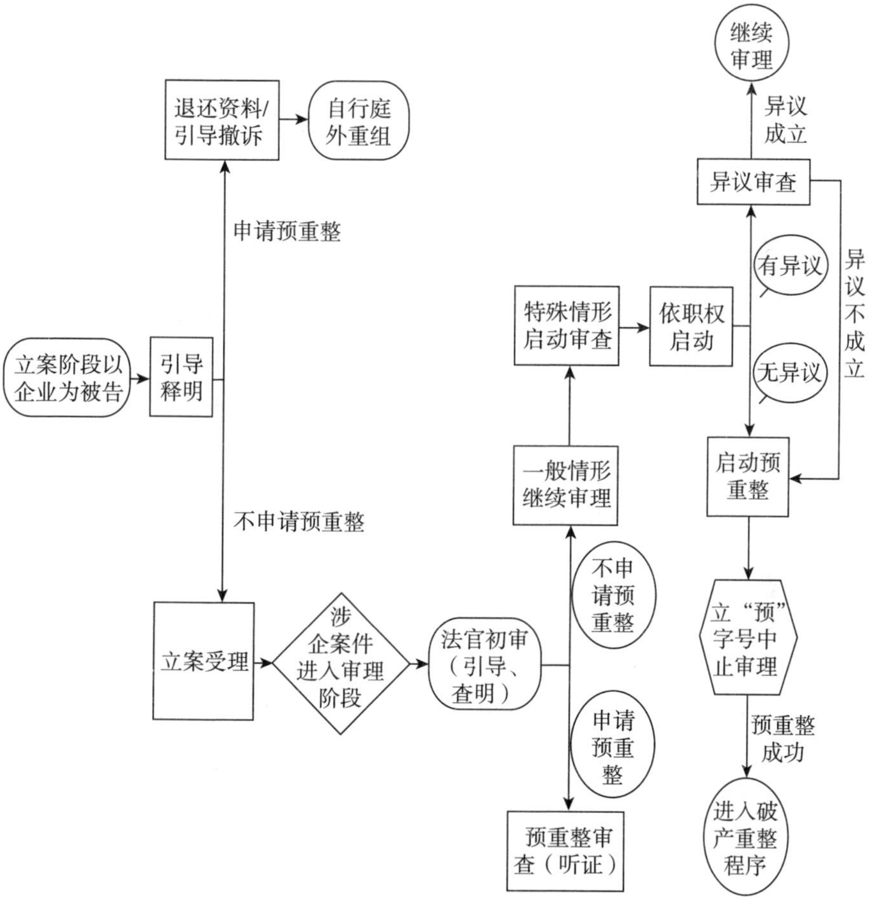

图1　预重整视角下“诉破直通”机制模型

（一）模型构建：打造全新“诉破直通”模式

1. 受理阶段：引导债权人及时启动预重整机制

债权人、具备破产原因的债务人是企业状况的第一知情人，因此，由债权人、债务人自行申请破产预重整可极大提高破产重整的申请效率。但目前我国破产重整案件数量较少,企业及民众对破产预重整的接受度较低,更遑论诉讼阶段申请预重整。因此,人民法院受理以企业为被告的民事诉讼案件时,应当及时告知原被告双方可向人民法院申请破产预重整,并将附有破产预重整的申请程序、条件、意义、法律后果等的文件作为立案时的必备文件、必要告知事项,以引导公众在诉讼阶段树立申请预重整的意识。对于在立案阶段申请预重整的,则将立案资料退还或引导当事人撤诉并由当事人自行庭外重组;对于当事人不申请预重整的案件,则依法受理。

2. 审理阶段:法官主动审查企业的重整价值与可能

在供给侧结构性改革背景下,企业法人破产重整机制的改革与创新必须坚持人民法院主导原则。① 一方面,从目前破产案件的启动情况来看,债权人基于先诉先得、及时执行、重整不确定性等因素,较少主动申请预重整;另一方面,企业经营困难,在涉诉初期,更多仍是按照传统的融资、自行整顿等方式自救,甚至部分企业并未意识到企业已面临的危机,故企业自身亦无主动申请破产预重整的积极性。恰恰正是这个原因,企业最终错失重整的最佳时机。为突破这一困局,有必要在案件审理阶段,引入经办法院主动对企业是否具备预重整条件进行审查。若经办法官经审查,认为尚有发展前景的濒危企业确实具备重整条件及价值,则经办法官可通过对诉讼案件整体情况、预重整制度价值、企业情况等方面统筹考虑分析,引导债权人、企业主动申请破产预重整,从而突破债权人、企业没有申请破产预重整积极性这一困境。如果当事人经法官引导、释明后同意申请预重整,为防止当事人或法官滥用“诉破直通”机制,通过听证或由人民法院组成专门进行预重整审查的合议庭对企业是否具备预重整价值进行审查,并对符合预重整条件的企业依法启动预重整程序并中止案件的审理。

3. 例外情形:引入有限职权主义的辅助启动模式

《民诉法司法解释》第511条以有限职权主义的思路,规定了执行法院经申请执行人之一或者被执行人同意,有权移送执行案件至破产受理机构以启动破产程序的规则,在制度模式上采用了申请主义的变形形态,赋予执行机构破产程

① 参见唐卫华:《供给侧改革视阈下企业破产重整机制的创新》,载《经济论坛》2016年第11期。

序的释明权和建议权。[①] 虽然这在一定程度上改变了单一的由当事人申请的模式,但从实际效果来看,以企业为被执行人的终结本次执行程序案件数量虽居高不下且有逐年上升的态势,但破产案件数量及占比仍处于低位状态。究其原因,除债权人期望率先通过执行程序实现债权,债务人内部管理纠纷以及对破产制度不了解等诸多因素外,法院内部考虑到执行案件案多人少、相关资源紧张等多重因素,执行人员主动引导案件从执行程序移送破产程序的积极性不高。[②] 相应地,若将本模型的启动完全依赖于当事人的同意,将出现如同部分地区至今尚无破产重整案件一样,导致本模型下机制"空转"的尴尬局面;甚至可能导致具备极高重整价值的企业,因当事人拒不启动,走向破产并引发一系列社会问题。

鉴于此,参照部分地区"政府启动预重整"的模式,"诉破直通"机制下的预重整启动引入人民法院在一定条件下主动启动,有其必要性及可能性。具体做法可以是:案件审理阶段经办法官经审查,认为被告企业具备重整条件及重整价值的,由经办法官引导当事人申请预重整;当事人经法官引导、释明后仍拒不申请,而同时,存在人民法院经审查认为该企业具备重大重整价值、重整可能等应当由人民法院主动启动情形的,由人民法院主动启动被告企业的预重整程序。若当事人对人民法院主动启动有异议,可以向上级人民法院提出异议。上级人民法院决定撤销的,则继续诉讼程序;上级人民法院决定维持的,则进入破产预重整程序。

破产预重整视角下"诉破直通"机制模型引入有限职权主义的辅助启动模式,可有效防止具备重整价值、重整可能或是有重大社会影响的企业因当事人的不当决策、不当目的而走向破产,以充分实现破产重整制度的价值。

4. 人员直通:有效形成程序集约合力

提高破产审判的质量与效率,在法院内部实行司法供给侧结构性改革尤其关键。在司法资源的配置上,应当选定政治业务素质高、审判经验丰富、破产法律知识功底深厚和协调能力强的法官组成专业的破产审判团队。同时在内部管理上,打破庭室之间的壁垒,实行扁平化管理,诉讼案件经办法官以及在企业是否具备破产重整价值审查过程中的相关人员,在前期审查阶段对企业的状况相

---

① 参见郭洁、郭云峰:《论执行与破产的对接程序》,载《人民司法》2015 年第 11 期。

② 参见王雪丹:《试论破产程序与执行程序的竞争与共生》,载《江西师范大学学报(哲学社会科学版)》2018 年第 5 期。

较于其他法官而言更为了解。因此,从提高重整效率角度出发,在正式启动破产预重整程序组成合议庭时,应当将诉讼案件经办法官或预重整价值审查阶段的经办法官纳入预重整案件合议庭组成人员,即“带案进入预重整”,以充分连接、发挥诉讼、破产阶段的优越性,达到“1 +1 >2”的效果。

进入预重整程序的企业不可避免地存在尚在执行的执行案件,执行法官通过执行程序,对企业的资产、债权债务情况有一定的了解。因此,为进一步提高预重整案件的效率及效果,充分发挥执行部门的优势,由执行法官“带案进入预重整”,充分连接诉讼、执行、破产程序,可以形成“1 +1 +1 >3”的效果。此外,除人员直通外,诉讼、执行、破产各阶段还可形成材料直通、系统直通、销案直通等机制,进一步提高“诉破直通”机制的优越性。

(二)相互衔接:“诉破直通”与个人破产制度并行

现行《企业破产法》主要适用于企业法人组织,被执行人为自然人的执行案件,在执行程序中无法完全实现市场出清。个人破产制度的立法与实施,是我国市场经济体制完善与健全过程中必须走出的重要一步。[①] 因此,2019 年 2 月最高人民法院在《关于深化人民法院司法体制综合配套改革的意见——人民法院第五个五年改革纲要(2019—2023)》中提出“研究推动建立个人破产制度及相关配套机制”。深圳市第六届人民代表大会常务委员会第四十四次会议通过的《深圳经济特区个人破产条例》已于 2021 年 3 月 1 日起施行,该条例自实施以来,申请主体主要是具有创办或经营企业经历的中青年。个人破产与企业破产、重整密不可分。个人破产是整个破产制度的基石,是企业破产的根基所在。[②] 个人破产案件中因经营企业破产的占多数,而与此同时,构建“诉破直通”机制无论是预重整启动还是进入预重整程序等诸多事宜,均需要企业股东或实际控制人的配合,否则预重整将无法顺利开展。如果在开展企业预重整的同时开展个人破产,在免除企业债务的同时免除诚实而不幸的个人债务,此举不仅能够极大提高企业股东申请预重整的积极性,提供重整可能性,同时能够加快推进个人破产制度的有效推行。

---

① 参见王欣新:《个人破产法的立法模式与路径》,载《人民司法》2020 年第 10 期。

② 参见张阳:《个人破产何以可能:溯源、证立与展望》,载《税务与经济》2019 年第 4 期。

(三)多方合力:打通“诉破直通”机制的难点堵点

法院是破产审判权力的执掌者,但绝不能孤军奋战。[①] “诉破直通”机制的运行离不开政府部门的支持,预重整、破产重整涉及的土地、房产、税收、信用、劳动保障以及企业帮扶、社会稳定等问题,都离不开当地政府及其有关部门的帮扶和支持,[②]因此建立有效的“府院联动”机制就显得尤为重要。《2015年中央经济工作会议公报》强调,“要依法为实施市场化破产程序创造条件”。在启动阶段,人民法院在对企业是否具备重整价值进行判断时,不可避免需要向政府工商、税务等部门了解企业的经营、纳税情况,了解企业所处行业的发展情况,以便对是否启动预重整作出较为准确的判断,以提高重整成功率,节约司法资源。在启动预重整及进入破产重整阶段,企业尽管具有重整价值和拯救可能,但仍会遇到不少困难和阻力需要解决。对此,法院和管理人仅能解决公平清偿债务等法律问题,帮扶和拯救债务危机企业的司法资源相当有限,而地方政府及其有关部门对企业拥有大量的行政管理权力。当然,“府院联动”机制的构建不仅是“诉破直通”机制的需求,也是优化营商环境背景下政府角色转变的客观要求。政府从过去直接投身经济建设的主动、积极、强势的“经济人”角色,向更为中立、公正的公共权力与公共权威角色转变,从而在整体上实现政府角色的重大转型和政府权威形象的重新塑造。[③]

完善“府院联动”机制,建立法院与政府高效沟通的平台,推进法院与政府职能部门协作会商,形成法院与商务、人力资源和社会保障、国资监管、税务等部门的常态化沟通平台,为涉及企业破产、劳资纠纷、物业服务等社会影响较大、群众给予关注的群体纠纷或集团诉讼,建立信息联动共享、案件联动会商、执行联动协作的“三项机制”。在对企业进行日常监督、管理、服务的过程中,如果发现企业存在经营问题,及时告知其可通过“诉破直通”机制申请预重整。人民法院做好审判大数据整合与分析,总结归纳涉企业法人案件特点,从中找出案件的发展态势与规律,定期形成分析报告,同辖区政府部门共享,为政府制定政策提供重

---

① 参见魏新璋:《破产审判与“僵尸企业”处置的实践探索与思考——以衢州法院加大“僵尸企业”司法处置力度助推供给侧改革为观察点》,载《法治研究》2017年第2期。

② 参见江丁库主编:《破产预重整法律实务》,人民法院出版社2019年版,第51页。

③ 参见李旭东:《营商环境建设中的政府角色转变》,载《黑龙江社会科学》2019年第3期。

要参考。要主动融入党委政府领导下的诉源治理体系,积极与金融监管局、证监局、银保监局等建立金融借贷、证券期货、保险纠纷的多元化解机制,就辖区内经济纠纷反映的阶段性、地区性、苗头性问题联动预警,找准商事矛盾纠纷易发点,及时开展风险研判,并就重点企业涉诉案件及涉众案件联合调处,促进矛盾纠纷实质化解,提高企业涉诉问题解决效率,防止诉讼影响企业发展,致使企业破产。

结　　语

本文在供给侧结构性改革背景下,从目前具备破产原因及重整条件的企业在现有制度下因涉诉、执行等问题贻误重整时机,最终走向破产这一困境出发,构建企业破产重组关口前移机制即预重整视角下的“诉破直通”机制,以助力具备破产原因及重整条件的企业摆脱困境。我国正处于后疫情时代,大量优质企业基于疫情原因在现有制度下无法“重获新生”,企业破产重组关口前移机制的提出为我国在后疫情时代优化营商环境提供新的可能。同时,我国深圳经济特区已开展个人破产实践,而个人破产与企业重整密不可分,希望企业破产重组关口前移机制的积极探索对个人破产的立法与实践有所裨益。

反思与重构："执破直通"机制路径探究

——基于龙岩法院执破案件的实证分析*

一、实证检视："执转破"制度现状反思

（一）现状概述

近年来，江苏、浙江、广东、福建等地人民法院根据当地实际情况，通过破产审判实践和积累，对落实"执转破"制度进行了大量探索，亦出台了关于"执转破"较为详细的地方性规定、实施意见或规则指引，对"执转破"案件的释明与征询，如何简化"执转破"案件的操作流程，提高执破效率，降低司法成本等方面做了探索性的尝试。

目前，我国"执转破"运行模式需经过决定、移送、审查三个步骤：第一，决定程序发生在执行法院，移送需符合《企业破产法》要求的对象要件、原因要件、意思表示要件三个要件；第二，执行法院作出移送决定后，将材料移送有管辖权的破产审判部门审理；第三，是否受理由受移送法院的破产审判部门按破产法相关规定审查。

（二）现实困境

从大量司法实践来看，"执转破"制度在司法实践中

---

* 作者：张意文，龙岩中院审判委员会专职委员，三级高级法官；刘伟明，龙岩中院民四庭副庭长，一级法官。

仍未能充分发挥作用。无论从执破案件数据看,还是在具体案件处理中,“执转破”制度在我国司法界难以达到《民诉法司法解释》创设的预期,也未达到社会各界所期待的理想效果。

1. 无米之炊:“执转破”案件数量严重不足

据不完全统计,2012 年至 2018 年,执行案件共计 13,921,773 件,破产案件共计 328,235 件,“执转破”案件共计 114,064 件。其中,“执转破”案件占执行案件总数的0.82%,占破产案件总数的34.75%。自 2018 年以来,“执转破”案件数量虽有提升,但仍占比不高。

从上述数据分析可知,自 2015 年《民诉法司法解释》概括规定“执转破”制度以来,破产案件数量大幅上升,“执转破”案件数量也水涨船高,但从总数上来看仍然很少。“执转破”案件占执行案件的百分比较低,不仅基数较少,增长速度也十分缓慢,说明我国目前执行案件转为破产案件仍面临很多阻力,“执转破”程序存在“启动难”的困境。①

“执转破”制度是为了解决积压的执行案件而创设的,但司法实践中的“执转破”情况并不理想,适用率不尽如人意,无法从积压案件的体量上来解决问题。执行部门积压大量执行不能的案件,但是实际通过“执转破”程序进入破产的案件数量严重不足,形成执行部门大量案件积压与破产审判部门“无米下锅”的尴尬处境。“执转破”程序的启动困境,破产受案量低迷,这与“执转破”制度创设的初衷背道而驰。

2. 程序瑕疵:“执转破”衔接程序有待完善

各地法院对“执转破”操作规程的细化规则各异,司法观点未统一,司法实践中也缺乏统一审理标准导致“执转破”制度衔接不畅,规则适用僵化。

(1)“执转破”启动程序单一。根据《民诉法司法解释》及《执转破指导意见》的规定,“执转破”案件的启动需要经任一申请执行人或者被执行人的书面同意,将申请破产启动权的主体范围限定在了债权债务关系中的当事人之内。但在司法实践中,债权人和债务人均出于自身利益考虑不愿意启动破产程序,导致法院在面对执行不能的情况时,既无法通过更多的执行措施清偿更多的债务,也无法把案件转入破产程序加以解决,反而增加更多的终结本次执行程序案件。执行

① 参见祝祎:《执行转破产程序“启动难”的解构与应对》,载《中州大学学报》2020 年第 1 期。

法院在现行的执行程序与破产程序衔接制度中面临着两难的选择。①

(2)执行法院的决定程序烦琐。《执转破指导意见》规定执行法院决定“执转破”的程序为“承办人提出—合议庭同意—执行法院院长签署”的移送决定批准流程。实践中,执行法官本就对“执转破”案件缺乏积极性,加之内部层层审批的复杂门槛,执行法官对“执转破”案件的启动望而却步。事实上,终结本次执行程序的案件一般情况下符合“执转破”的移送条件,执行承办人也对执行案情比较了解,而现行规定对“执转破”案件的内部决定程序设置得复杂烦琐,加剧了执行法官对启动“执转破”程序的抵触情绪。

(3)“执转破”程序通道不顺。“执转破”实践中,执行法院与破产案件受理法院之间在执破运行机制上仍存在理念理解分歧、人员融合度不高、平台系统分享不到位、职责划分不清、材料移送散乱、信息共享缺失等方面的瑕疵,在一定程度上影响“执转破”案件的启动、移送、审查、办理全流程的融合,不利于“执转破”案件的高效运转。

(4)“执转破”案件管辖不尽合理。《执转破指导意见》规定“执转破”案件实行以中级人民法院管辖为原则、基层人民法院管辖为例外的级别管辖制度,经高级人民法院批准,可交由基层人民法院审理。实践中,此管辖制度存在一定问题:一方面,随着“执转破”制度纵深推进,大量“执转破”案件流入中级人民法院;而未设立专门破产法庭的中级人民法院,其破产合议庭将难以承受海量破产案件。在未得到高级人民法院概括授权的情况下,个案请示高级人民法院批准下移至基层人民法院审理,工作量大且效率低下。另一方面,大部分执行案件在基层人民法院,其有能力审理一般企业的破产案件,且对被执行人的企业财产和债权债务情况更为熟悉,同时破产过程中涉及召开债权人会议、进行债务清算、与相关部门沟通协调等问题,基层人民法院审理起来更为方便,如果都移送至中级人民法院不仅会造成司法资源的浪费,而且会带来程序上的拖沓,增加当事人的诉累。

3. 制度掣肘:“执转破”配套制度尚不健全

企业破产案件审理涉及职工安置、资产处置、利害关系人群体性矛盾激化等

① 参见赵秋月:《执行程序与破产程序衔接制度研究——执行转破产的启动权探讨》,浙江工业大学2017年硕士学位论文,第4~7页。

问题,而“执转破”制度主要是针对法院内部程序上的分工与配合,仅靠“执转破”制度难以适应大量破产案件的审理。一方面,从外部配套制度而言,虽然各地在陆续出台“执转破”配套制度,但并未全面铺开也不完善,破产案件的审理仍需健全各类配套制度。比如,根据当地实际情况建立“府院联动”机制,利用政府资源配置和协调能力来解决种种棘手问题;协调税收、金融等部门,出台企业破产程序中资产处置环节的税收减免优惠政策。另一方面,从内部配套制度而言,全国仅成立十几家专门破产法庭,大多数地方审判机构和队伍不够专业,审判力量不足;破产案件法官工作平台、破产管理人工作平台普遍反映不太好用,系统仍需进一步完善;破产繁简分流机制缺失,应建立简案繁案识别办理机制,做好简案快审、繁案精审,快慢有道,分别推进;破产费用保障机制欠缺,企业破产过程中产生的破产费用、管理人报酬、职工安置费用等,常因被执行企业“无产可破”而难以得到有效保障,从而影响破产工作的正常开展;个人破产试点工作不够广泛,应加快放权推广,与企业破产形成合力,实质性解决企业与个人债务全面清理,开辟企业、个人重生之路。

二、问题归因:“执转破”制度困局剖析

(一)立法欠缺:法律规定契合不足

《民诉法司法解释》《执转破指导意见》关于“执转破”的规定相对滞后,也存在一定的空白与漏洞,目前还主要停留在制度设计和框架搭建阶段,具体实务操作细则未形成司法统一意见,与“执转破”案件的现状难以契合。例如,执行法院与破产受理法院的权利义务清单缺失;执行法院告知与征询程序缺乏规制,未规定执行人员的释明义务,执行人员怠于履行告知、征询程序,也未规定移送破产的责任和相关的激励机制;“执转破”缺乏具体有效的监督机制,容易出现抢先执行、拖延移送、拒不移送、“以破代执”、有关部门拒不配合等问题;目前尚缺乏对“执转破”程序环节的监督程序;个人破产制度立法滞后、配套机制不完善。

(二)动力不足:各方主体响应消极

1. 债权人缺乏启动“执转破”的动力

对于债权人而言,启动破产程序并非实现债权的最好选择,债权人一般会对

破产程序存在排斥情绪。第一,对于已经对债务人财产采取保全措施的债权人,更热衷于选择申请强制执行来尽快实现债权,而不愿意选择时间成本高的破产程序,也不愿意与其他债权人分一杯羹。第二,对于担保物权人而言,其享有优先受偿权,可在执行程序中高效实现债权,而进入破产程序后,实现债权将付出额外的时间成本,故其对“执转破”的启动持反对态度,甚至会阻碍“执转破”程序的启动。第三,对于普通债权人而言,由于破产案件审理周期较长、破产费用较高、破产分配率极低等,普通债权人对破产程序的期望普遍较低,大多也不愿意启动“执转破”程序。

2. 债务人不愿意启动“执转破”程序

债务人往往对“执转破”存在抵触情绪,宁愿选择转移财产逃避债务。一方面,进入执行程序的债务人企业往往已经濒临绝境,债务数额巨大,出资人自身难保,已无力关心企业是被执行还是被破产,消极的不作为导致法院无法启动破产程序。[①] 另一方面,被执行人担心进入破产程序,企业将再无生机可言,企业法人的市场主体资格就不再存在,若企业法人经营过程中存在违规操作、偷税漏税,股东存在虚假出资、抽逃出资等问题时,则害怕进入破产程序经过审计环节后需要承担法律责任,不愿甚至阻止债务人启动“执转破”程序。

3. 法院启动积极性不高

“执转破”程序中,执行法院不但要在移送前期对被执行企业进行全面的调查、审查,并对结果进行汇总、整合,还要对恶意破产的行为进行鉴别以及承担移送后被退回导致“无用功”的风险。因此,考虑到执行案件案多人少、相关资源紧张等多重因素,执行人员主动引导案件从执行程序转为破产程序的积极性不高。[②] 破产受理法院也基于案多人少的突出矛盾,同时基于破产案件工作量大、审理周期长、破产资产变现难、破产债权清收难等因素,不愿接收过多破产案件,从而导致法院内部也对“执转破”案件的积极性不高。

(三)制度弱点:执行分配抑制破产程序

在执行程序中,权利人可基于优先主义在参与分配中获得更高比例清偿。

---

① 参见杨玉泉:《执行转破产工作机制探索》,载《人民司法》2020 年第 1 期。

② 参见王雪丹:《试论破产程序与执行程序的竞争与共生》,载《江西师范大学学报(哲学社会科学版)》2018 年第 5 期。

当参与分配制度扩张适用于企业法人时，其实际上具备破产程序功能，蕴含的公平清偿债权机理与破产程序的概括清偿规则相类似。司法实践中，当事人、法院倾向于从宽把握企业法人扩大化适用参与分配制度，这在一定程度上突破了民事执行程序中的个别债权优先主义，在参与分配制度下部分完成破产程序的概况清偿功能。参与分配制度由于主体适用的扩大倾向，对破产制度有部分替代效应。债权人出于自身利益的考虑，更愿意选择执行程序的参与分配制度来保护自身债权，这也影响了“执转破”程序的顺利启动。

（四）保障失位：执破绩效考核滞后

“执转破”衔接程序有别于普通民商事案件的程序，建立一套合理的涉及执行与破产审理的绩效考核标准，有利于激励执行人员积极移送符合条件的“执转破”案件，同时能更好地调动破产案件法官审理破产案件的积极性。但是，目前没有制定全国适用的执破绩效统一考核标准，各地制定的标准不一，无法合理核算“执转破”中执行人员和破产审理法官的业绩，也难以有效地对“执转破”衔接程序的激励措施及惩戒机制予以明确，难以调动和激发执行人员移送破产案件的积极性，造成大量执行案件积压；同时，鉴于破产案件的法律问题多、社会影响面大、程序复杂、审理周期长等特点，现有考核机制难以客观反映破产审判法官的工作绩效，这也容易挫伤破产案件法官的工作热情。为确保“执转破”衔接程序的高效运转，应充分考虑“执转破”案件的特点，执行专门的配套考核标准，对执行人员和破产审判人员的工作绩效进行单独考核。

三、进路探寻：“执破直通”机制机理证成

2017 年《执转破指导意见》施行以来，各地落实效果参差不齐，总体状况不尽如人意，其原因来自多方面，主要是执行与破产程序衔接机制不畅，对人员的激励和管理机制不健全。为提升“办理破产”指标，优化营商环境，福建省高级人民法院出台《福建执转破规定》，在福建省各地建立“执破直通”机制。龙岩中院为进一步畅通执行与破产的程序衔接，落实“执破直通”程序的案件审判模式，制定《龙岩执转破规定实施意见》，建立人员、职责、材料、程序等一系列直通机制，实现人力融合、资源聚合。

(一)机理分析:“执破直通”机制解构

“执破直通”机制以执破团队为主体,以直通对接和绩效激励为两翼,融合执行、破产优势专长,打通执行、破产程序的衔接堵点,通过系统对接、信息共享、人员互通、职责直通、司法资源整合,实现执行人员“带案进、销案出”的程序集约效应,提升“执转破”质效,有效缩短“执转破”案件审理周期,降低破产成本。“执破直通”机制以依法推进、高效便捷、降费减负、协作联动为基本原则,依法运用破产法律制度和相关配套制度,稳妥有序地推进“执转破”工作,做好“执转破”案件的受理审查、审理以及相关工作;创新工作机制,简化审判方式,加快“执转破”案件流转,有效缩短审理周期,提高审判效率;借力运用科技力量、大数据平台,降低破产案件鉴定、审计、财产处置等维权成本和企业负担,让市场主体有更多获得感;积极推动府院联动、上下联动、内部联动机制建设,实现人力融合、资源整合,推动破产案件审判体系和审判能力现代化。

(二)正当证成:“执破直通”机制的应然价值

1.“执破直通”机制响应司法改革的内在要求

“执转破”工作是法院服务和保障供给侧结构性改革,依法维护市场主体合法权益,统筹解决企业破产难和民事案件执行难问题的有力抓手。“执破直通”机制在“执转破”制度的基础上进行提炼和升华,它是进一步推动建立和完善市场主体救治和退出机制的需要,是构建解决执行难长效机制的创新举措,是公正高效保护债权人和债务人合理权益的需要,能更加有力地解决破产程序启动难顽疾,能更好地发挥破产程序对执行不能案件的消化功能,确保“执转破”工作能高效运转。构建“执破直通”机制顺应了当前优化营商环境的正确形势,符合司法改革的内在需求,是一次必要且有益的司法实践。

2.“执破直通”机制符合效率与成本的价值取向

执行程序追求效率,破产程序旨在公平,两种程序追求的价值取向有所区别。然而,通过“执破直通”程序的深度融合,有利于充分发挥两种程序的不同价值定位和功能,二者各司其职、互动共生,可以给予各方当事人更充分完整的保护。“执破直通”机制通过人力融合、移送直通、平台直通、程序整合、资源聚合,整合执行、破产两个程序规则,细化案件移送标准,明确启动条件、程序衔接、材料移交、责任划分等事项。既可以加快“执转破”案件流转,有效缩短审理周期,提高审判效率,又可以借力运用科技力量、大数据平台,降低破产案件处置成本和企业负担,大大降低破产程序的实施成本,实现破产财产的最大化。“执破直通”机制既是基于“执转破”实践的理性选择,也是追求执行效率与破产公平高度融合价值的应然选择。

3.“执破直通”的证成提供司法实践参考

“执破直通”机制是“执转破”衔接模式的一个新探索与尝试,创新性地建立人员、职责、材料、程序等一系列直通机制。通过整合执行、破产两个程序,组建由执行人员和破产审判法官共同组成的执破审判团队,实现执行人员“带案进、销案出”的程序集约效应。优化整合司法资源,打通“执转破”案件的难点堵点,进一步畅通执行与破产的程序衔接,创设执行与破产直通程序的案件审判新模式,为“执转破”制度提供了有效的机制参考。

(三)必要性探析:“执破直通”机制的实然价值

1.“执转破”衔接机制未能得到有效贯彻

如前文分析,司法实践中的“执转破”情况并不理想,“执转破”制度未能充分发挥作用,执行不能案件大量积压,移送破产审查案件数量严重不足,“执转破”制度存在衔接不畅、融合度不高、规则适用僵化等问题,司法实践偏离“执转破”制度的创设初衷。在这样的背景下,“执转破”升级版的“执破直通”机制应运而生,通过整合执行、破产两个程序,创新工作机制,简化审判方式,加快“执转破”案件流转,突破“执转破”制度的瓶颈,使执行与破产的程序无缝对接,解决“执转破”制度衔接不畅问题,进一步升级“执转破”衔接机制,体现出“执破直通”机制是必要且司法实践迫切需要的。

2. 现阶段“执破直通”机制成效初显

2016 年至 2020 年 9 月,龙岩法院共受理企业破产案件 71 件,结案 50 件,平均审理时间超过 90 天的案件占比高达 90%,且只有 2 件破产案件执行人员参与其中;2020 年 10 月,龙岩中院出台《龙岩执转破规定实施意见》以来,龙岩法院共受理企业破产案件 48 件,结案 32 件,平均审理时间超过 90 天的案件占比仅 15%,尤为重要的是,执行人员全部带案跟进。龙岩法院“执破直通”机制成效初显,通过整合执行、破产两个程序,并以“执破直通、保障直通、管理直通”的平台进行资源聚合，确保执行人员"带案进、销案出"的程序集约效应，创新打造破产审判"三通"模式，凝聚执破合力，大力提升破产审判质效，初步实现"执破直通"机制的良好效果，也更加坚定了龙岩法院全力推进"执破直通"机制的信心。

3. 推进"执破直通"机制是执破团队的共同期待

"执破直通"机制通过人力融合、条线直通，打破传统"执转破"衔接机制的固有思维和审判执行条线的壁垒，组建由执行人员和破产审判法官共同组成的执破团队，并明确执破团队成员职责及考评考核细则，完善正面激励与负面鞭策机制，有效解决执行与破产程序衔接问题。它既可以有效化解执行中的"僵尸案件"，精准解决执行难的顽疾，同时挽救具备重整价值和重整可能性的企业，盘活企业资产，又可以合力推动"执转破"案件无缝对接的长效联动机制，创新破产案件审判方式，加快执破案件流转，有效缩短审理周期，提高审判质效，推动破产案件审判体系和审判能力现代化。现阶段，"执破直通"机制已落地生根，开花结果是执破团队共同的美好期待。

四、路径优化：构建执破多元直通机制

为有效缩短"执转破"案件审理周期，提高审判效率，降低破产成本，龙岩法院积极探索"执破直通"机制的全新审判模式，打通执行、破产程序的衔接堵点，构建多元直通机制样本，并积极优化配套机制，切实优化法治化营商环境。

（一）构建执破多元直通机制样本

1. "执破直通"：提升破产审判质效

通过整合执行、破产两个程序规则，发挥执行、破产优势专长，构建人员直通、团队直通、职责直通、机制直通、审查直通、材料直通、系统直通、上下贯通、难案直通、销案直通 10 个直通机制，实现执行人员"带案进、销案出"的程序集约效应。

"执破直通"机制中，明确执破团队中执行人员、破产审判人员的职责范围，做到人力融合，条线直通；细化案件移送标准，明确启动条件、程序衔接、材料移交、责任划分等事项，有效解决执行与破产程序衔接问题，做到程序整合，移送直

通；创设“执转破”案件调配机制，使市县（区）两级法院均有同一债务人作为被执行人的“执转破”案件统一调配机制，实现两级法院破产案件的上下贯通和全覆盖，做到上下结合，层级直通；建立“执破会商”机制，开展关联案件集中排查，实现“立审执破”信息沟通；优化整合司法资源，建立执破移送台账，将执行调查、评估、鉴定、财产处置等成果运用到破产程序，实现人员、信息、平台互通共享，做到资源聚合，平台直通。

2.“保障直通”：凝聚破产审判合力

一是打通程序堵点，保障执破无缝对接。畅通中止执行、终结本次执行程序、保全延续、财产移交等程序中的重要节点，扫除“执破直通”机制中涉及执行、破产两个程序中的各种障碍；实行程序前置，将被执行人对移送破产决定的异议权利前置到执行审查阶段，提高破产审判效率。二是积极构建府院联动机制，强化部门合力。建立由法院、发改、工信、财政、税务、金融监管等部门共同参与的制度化、常态化企业破产处置工作府院联动协调机制；明确联动会商启动情形，充分发挥联动单位在费用保障、劳动关系处理、不动产处置、税收优惠等方面的政策优势；重点突破破产审判过程中的企业注销、税务核销、职工安置、资产处置等难题，着力解决制约破产审判的各类障碍堵点。三是优化繁简分流机制提速度。明确破产案件繁简分流标准，债务人为单一企业法人、停工停业、无财产或财产已经处置完毕的案件适用快审程序，简化债权申报、文书送达、财产审计等程序，采用视频会议等形式召开债权人会议，有效缩短办理周期。

3.“管理直通”：助力破产案件审理

第一，明确“执破直通”的管理细则，确保案件高效审理。为确保“执破直通”机制落地落实，充分考量执破案件特点，专门制定配套考核标准，明确执破团队成员职责及考评考核细则，完善正面激励与负面鞭策机制；创设基层法院破产案件“跟案培训”制度，对基层法院破产有关业务进行零距离指导，积极培养两级法院破产案件审判人才。第二，积极构建“互联网＋破产”审判模式。加强破产案件信息化应用，完善法院智慧破产审判管理系统，着力推进破产案件工作系统与破产案件第三方监管系统深度融合，运用区块链技术实现破产案件全流程线上办理，优化升级网络司法评估、破产拍卖平台建设，完善破产案件监管与管理人、债权人信息的互联互通机制。

(二)采用有限职权主义的辅助启动模式

如前文分析,“执转破”启动程序采用当事人申请主义模式,而单纯的申请主义无法高效、集中、批量地解决当下积累众多的执行案件,[①]尤其是对那些“三无”企业,“执转破”程序无济于事。引入有限职权主义作为当事人申请主义的补充,具备充分的理论合理性与实践必要性,也是司法回应社会需求的应然选择。

职权主义作为“执转破”程序启动方式的例外,现阶段比较可行的做法是在条件成熟的一些地方进行试点,待条件成熟后再予以立法解决。具体做法为:在当事人不愿、无法、难以主动申请进入破产程序时,允许法院依职权启动“执转破”程序,但必须经过两个前置程序的限定,即在执行阶段穷尽执行措施后被执行企业法人确无财产可供执行,以及在法院履行释明告知义务后当事人均不提出申请且案件确属执行不能。当然,不宜启动“执转破”程序的执行案件除外。目前“执转破”实例较少,需要法官在司法实践中总结出优先启动“执转破”程序的案件类型,避免制度空转。[②] 同时,为尊重当事人意思自治,充分保护其私权,仍需保障当事人的异议权。对于异议权,建议由申请执行人、被执行人向执行法院提出执行异议,并由执行法院加以审查;若当事人对法院执行异议裁定不服,应当赋予其复议权,即债务人在认为自己未达到破产界限而执行法院裁定移送破产程序时,可向上级法院提起复议。[③] 引入“执转破”有限职权主义的辅助启动模式,可以有效地解决执行不能案件大量积压、移送破产审查案件数量不足的困境,也可以弥补单一启动模式下“执转破”启动难的顽疾,高效畅通执破衔接机制,解决破产审判人员“无米之炊”的问题。

(三)加快推动个人破产试点工作

现实社会中,一些“诚信但不幸”的自然人债务人陷入财务困境,往往因企业法人作为被执行人,自然人也被捆绑执行,丧失融资再创业的能力,进退不能。

---

① 参见刘旭东:《执破衔接视阈下“执转破”要点透视及规范进路》,载《河北法学》2019 年第 4 期。

② 参见廖丽环:《执行转破产制度的路径优化》,载《北京理工大学学报(社会科学版)》2018 年第 2 期。

③ 参见李帅:《论执行案件中法院职权主义破产启动程序的构建》,载《法律适用》2015 年第 11 期。

从更长远的角度来看,要彻底解决执行难,有必要建立起与企业法人一样的自然人破产制度。通过个人破产,可以保护破产人的自由财产,对债务人个人进行拯救,有益于债务人获得“新生”。

2019年2月,最高人民法院发布《关于深化人民法院司法体制综合配套改革的意见——人民法院第五个五年改革纲要(2019—2023)》,首次提出研究推动建立个人破产制度。同年6月,最高人民法院《关于深化执行改革健全解决执行难长效机制的意见——人民法院执行工作纲要(2019—2023)》明确指出要开展与个人破产制度功能相当的试点工作。2020年5月,中共中央、国务院印发《关于新时代加快完善社会主义市场经济体制的意见》,要求“健全破产制度”“建立健全金融机构市场化退出法规,实现市场主体有序退出”。目前,我国尚未制定个人破产法,但广东、浙江、江苏等地逐渐开展个人债务清理工作,深圳市通过《深圳经济特区个人破产条例》正式实施个人破产制度,取得良好的法律效果和社会效果。

在这一背景下,应在国家层面加快扩大个人破产试点工作,在提炼总结先进实践经验的基础上,推动建立具有个人破产制度功能的债务集中清理工作机制。对诚实的债务人给予破产免责的待遇,同时可以设定破产限制性规定和破产撤销制度,在破产程序进行时甚至破产程序终结后,如发现债务人存在欺诈行为、隐匿财产行为,可以不给予破产免责保护,破产终结的还可以向法院申请撤销其破产免责。①

结　语

本文对“执转破”程序启动难、衔接程序不完善、配套制度不健全等现实困境进行思考,并对其成因进行剖析;为完善“执转破”制度功能,适时提出构建“执破直通”机制,并对其正当性及必要性进行分析;构建多元直通机制是司法实践的应然选择,并辅以有限职权主义启动模式及个人破产试点工作的推广。“执破直通”机制是完善“执转破”制度的探索性尝试,期望其能更好地解决司法实践中的“执转破”顽疾,最终实现执破无缝衔接、执破双赢。

---

① 参见潍坊市中级人民法院课题组、姜树政、叶伶俐:《关于完善执行转破产程序的调研报告》,载《山东审判》2017年第1期。

何以救治:预重整企业识别机制构建

——以 AI 技术的司法应用为导向*

近期,以人工智能(Artificial Intelligence, AI)技术为代表的人工智能技术已开始在世界范围内得到应用,在合法、安全的前提下,可尝试探索建立预重整企业 AI 识别机制,以改变目前具备重整价值、条件的企业发现晚、拯救可能性低的局面,及时将困境企业挽救于苗头初现之际。

一、现状分析:预重整企业的现实困境及原因分析

企业在生产经营初现问题后,往往面临诉讼、强制执行的窘境,具备预重整价值的企业可能因预重整程序介入不及时导致债务人企业被“一执了之”的局面,这种局面系各种因素叠加所致。

(一)现实困境

1. 预重整启动难

相较于企业进入破产程序后,人民法院、政府或管理

---

* 作者:刘伟明,龙岩中院民四庭副庭长,一级法官;罗诗万,福建天衡联合(龙岩)律师事务所律师。

人可根据破产企业的实际情况，通过与债务人、债权人沟通的方式引导债务人企业进入重整程序，具备预重整价值的企业仅能依靠债务人、债权人以及出资人通过自我发现、自我协商的方式启动预重整，政府等第三方提前发现并介入的难度较大，进而导致即使债务人确实出现破产端倪且具备重整价值，启动预重整的不确定性仍然很高。

2. 预警机制缺失

在如今信息爆炸、全球互联的社会背景下，每个人既消息灵通又消息闭塞。一方面，人们可以通过互联网及时、有效地获取第一手资讯；另一方面，囿于信息的庞大、驳杂，人们无法有效地掌握、分析每一则消息。具体到企业价值方面，企业是否出现破产原因、是否具备重整价值并不是一成不变的，可能因为某项政策、某个国际事件而出现两极反转。但现有机制无法对企业进行动态分析，并适时进行预警。

3. 重整价值渐弱

据有关强制执行的规定可以明确，人民法院对企业采取强制执行的目的和意义在于确保生效判决得到有效执行、债权人的债权得以全部实现。为督促、惩戒被执行人，最高人民法院先后配套出台了《关于执行程序中计算迟延履行期间的债务利息适用法律若干问题的解释》《限制被执行人高消费的规定》《公布失信被执行人信息的规定》等相关规定，加大对企业的执行力度，而企业的重整价值也在漫长的执行程序中被消磨。

4. 审理期限过长

目前，虽暂无预重整以及重整案件周期的具体统计数据，但仅从部分案件反馈的情况来看，经预重整程序的重整案件的办理周期确有显著缩短。但需要注意的是，这里的缩短仅是就重整程序而言，对债务人、主要债权人以及投资人而言，其参与了整个预重整、重整流程，因此对债务人、主要债权人以及投资人来说，预重整并未实质缩短其处理事务的周期，反而可能因前期的识别、协商程序陷入僵局，拉长办理周期。

5. 外力助推不足

从目前的预重整制度来看，其主要依赖于债务人、债权人自我发现、判断企业的重整价值，并进行沟通、协商，第三方难以介入。除此之外，更重要的原因是，对于第三方尤其是政府部门而言，协助企业渡过难关本是政府的职责范围，但因预重整价值判断不清、无权威的机构对重整价值进行评判，在如此多需要帮助的企业里，第三方无法判断哪些企业是属于真正需要帮助以及有帮扶价值的。

囿于上述困境，《九民纪要》第115条明确要继续完善庭外重组与庭内重整的衔接机制，各地也先后出台相应的预重整指引；与此同时，国务院以及地方政府出台的优化营商环境条例也多次提及建立重整识别机制。但在自上而下重视预重整以及重整识别的大背景下，重整案件的数量、占比却没有显著提升。根据最高人民法院2021年至2023年发布的工作报告，2020年至2022年破产重整占破产案件数量的比例分别为7.19%、5.63%、5.96%。结合预重整与重整相互衔接的制度设计看，前述数据至少说明预重整转化为重整案件的数量并不多，对重整占比提升无显著推动作用。可见，预重整制度虽具有提早介入、提高成功率的优势，但诸多客观因素促使具备预重整条件的企业难以及时、有效地进入预重整程序，导致预重整制度的优势无法有效发挥。

（二）原因分析

1.企业的法律意识薄弱

根据司法部发布的《2021年度律师、基层法律服务工作统计分析》，2021年，全国律师办理各类法律事务1308.5万多件。其中，办理诉讼案件811.6万多件，办理非诉讼法律事务167.9万多件，为84.6万多家党政机关、人民团体和企事业单位等担任法律顾问。[①] 与此同时，根据工业和信息化部于2022年发布的关于“支持中小企业创新发展，培育更多专精特新企业”的新闻动态，截至2021年年末，全国中小微企业数量达4800万户。[②] 也就是说，即使前述的84.6万多家聘请法律顾问的单位均为中小微企业，中小微企业聘请法律顾问的比例也仅为1.76%，更遑论2016年国家出台《关于推行法律顾问制度和公职律师公司律师制度的意见》，数十万的党政机关、国有企业等大都聘请了法律顾问，84.6万多家单位中有一部分为党政机关、国有企业。因此，中小微企业聘请法律顾问的比例

① 参见《2021年度律师、基层法律服务工作统计分析》，载中华人民共和国司法部网2022年8月15日，http://www.moj.gov.cn/pub/sfbgw/zwxxgk/fdzdgknr/fdzdgknrtjxx/202208/t20220815_461680.html。

② 参见《“新时代工业和信息化发展”系列新闻发布会第三场实录——支持中小企业创新发展，培育更多专精特新企业！》，载中华人民共和国工业和信息化部网2022年8月30日，https://www.miit.gov.cn/jgsj/qyj/gzdt/art/2022/art_190e65d539b84ac3b33c95441cf77c60.html。

远低于1.76%。在此情况下,大部分企业主尤其是中小微企业主经营企业更多是凭借其商业思维,其并不了解预重整、重整制度,更无法知悉、判断企业是否具备重整价值。

2. 企业的破产思维缺失

我国现行的《企业破产法》于2007年开始实施,破产制度尤其是重整制度尚未得到很好普及,社会各界对于破产制度的理解仍十分片面。再加之数千年来我国农耕文明制度以及“子女抵债”“父债子还”等传统文化的影响,一方面,企业碍于情面认为破产是很不光彩的事情;另一方面,债权人认为,企业破产后企业家对剩余部分无须清偿的制度设计,与债权人长久以来形成的预期相悖,导致企业、债权人均视“破”如虎。

3. 企业的重整意愿不强

预重整的意义在于,对具备拯救价值的企业,在其出现破产危机之时加以拯救。但以笔者所在的龙岩市执行统计情况为例,根据企业出现执行案件情况及进展,将企业出现被执行案件分为前期、中期和后期,统计显示:前期清偿率达到70%以上的执行案件占比为80%、中期占比为40%,后期为10%。换言之,对于正在经营的企业而言,从第一个执行案件至破产,其清偿能力有一个逐步下降的过程。在企业初见破产端倪时,就债权人而言,此时的企业尚具备较强的清偿能力,申请预重整或进入重整程序,对债权人提升清偿率而言没有明显帮助,故债权人与债务人、出资人沟通进入预重整程序的积极性不高。

4. 重整识别因素复杂

从现行政策、制度来看,虽然《破产审判纪要》提出从债务人的资产状况、技术工艺、生产销售、行业前景等因素进行重整识别,各地也提出不同的重整价值判断的标准,但相关标准均过于原则性,不具备可操作性。具体到个案,适用的重整识别程序较为复杂,因案而异,须细化如何识别重整价值的操作标准。近年来,多地按照最高人民法院印发的《破产审判纪要》《九民纪要》等指导意见制定相应的预重整办案指引,以上海破产法庭2022年实施的《上海破产法庭预重整案件办理规程(试行)》为例,其要求债权人或债务人提供企业及所在行业发展前景良好,具有挽救价值等相关证明材料,但其规定过于原则性,可操作性差,进而导致有预重整意向的企业或利害关系人需要收集大量数据,甚至需要聘请第三方专业机构予以辅助,以充分了解企业是否符合预重整相关条件,且需要一定的时间，这对于已陷入困境的企业或是已有应收账款而未收回的债权人而言均是一项沉重负担。

5. 数字技术应用不足

根据国际数据公司（International Data Corporation，IDC）发布的《数据时代2025》白皮书显示，其预测到2025年全球的数据量将达到163ZB，是2016年的10倍。与之相对应，2023年中共中央、国务院发布的《党和国家机构改革方案》明确，组建国家数据局，负责协调推进数据基础制度建设，统筹数据资源整合共享和开发利用，统筹推进数字中国、数字经济、数字社会规划和建设等，由国家发展和改革委员会管理。可见，目前数据的庞大及重要性，需要运用先进的区块链存证、AI等技术支撑。

二、实证分析：预重整企业AI识别机制的现实考量

AI技术精准识别预重整企业，无论是在法律理念还是技术可靠性上都已具备了一定的理论基础和现实基础，AI识别预重整企业在司法应用上是一种必然趋势。AI识别机制在动态监测企业、风险提示等方面可以发挥积极作用，尽早探索可以尽早预判企业经营风险和是否需要及早启动预重整机制拯救企业，有利于破产重整程序顺利推进，这对于提升企业核心竞争力，优化法治化营商环境具有积极的助推作用。

（一）价值分析

1. 提高预重整成功率

从现有预重整实践经验来看，预重整耗时主要集中在预重整企业识别（价值判断）、预重整方案协商两个方面。预重整企业识别机制若要发挥其优势，通过识别模型的构建做到精准识别必不可少。预重整企业的精准识别将有效改变现下预重整的不确定性，可以方便投资人以及第三方集中精力协助重整价值高的企业开展重整工作，提高预重整效率，防止预重整制度空转。

在进入预重整程序前，债务人、债权人以及投资人甚至是债务人管理层内部出于自身利益考量，对于企业的预重整可能性、可行性方面都会有自己的判断。在相对确定的预重整识别标准制定后，再辅以AI的分析，其出具的报告相对于

传统的评估方式更具全面性、客观性，可以减少债务人、债权人以及投资人就企业是否具备预重整条件不停地争论，推动预重整程序有效开展。

2. 促进营商环境优化

党的二十大指出，着力推动高质量发展。根据统计近五年，我国受理执行案件4577.3万件，2022年度审结破产案件4.7万件，与此同时，截至2021年年末，全国中小微企业数量达4800万户。在如此庞大的数据面前，通过预重整识别机制对企业的重整价值进行判断，为具备较高甚至极高重整价值的企业提供帮扶服务，对不具备重整价值的企业引导进入清算程序，将极大提高市场经济中企业的整体质量。中国财政科学研究院于2019年10月18日发布的《2018年“降成本”问卷分析报告》显示：(1)2015年至2017年，企业资产负债率分别为58.20%、58.00%和57.97%；(2)整体上，大中型企业资产负债率下降较为明显，小微企业资产负债率呈小幅上升态势；(3)从行业类型来看，房地产业企业资产负债率最高，批发零售业和采矿业次之，信息传输、软件和信息技术服务业最低。采矿业、建筑业、批发零售业、信息传输、软件和信息技术服务业资产负债率呈上升趋势。[①] 在企业负债率居高不下的情况下，越早越精准地进行预重整识别，越能有效防止企业资产在前期的执行程序中被“贱卖”，从而更加有效地盘活企业资产，更好地推动企业高质量发展，不断提升法治化营商环境，确保企业的核心竞争力。

3. 维护社会稳定

根据各地人民法院公布的相关信访统计数据来看，执行阶段的信访占比均较高，浙江省湖州市中级人民法院公布的2016年至2020年关于涉诉信访案件处理情况的调研报告显示：这5年的信访案件中，涉执行类2051件，约占35%；涉民商事类1497件，约占26%；涉刑事类505件，约占9%；涉行政类295件，约占5%；其他类1467件，约占25%。无论是重整还是预重整，其在司法领域的一个重大成效为减少破产企业相关诉讼、执行案件，执行案件相应减少将有利于相关信访案件的减少，维护社会稳定。2023年最高人民法院工作报告显示：2022年

① 参见《2018年“降成本”问卷分析报告》，载中国财政科学研究院网2019年10月18日，https://www.chineseafs.org/ckynewsmgr/newspic/2018%E5%B9%B4%E2%80%9C%E9%99%8D%E6%88%90%E6%9C%AC%E2%80%9C%E9%97%AE%E5%8D%B7%E5%88%86%E6%9E%90%E6%8A%A5%E5%91%8A.pdf。

度审结破产重整案件2801件,稳住92.3万名员工就业岗位。重整相较于清算而言更有利于将职工稳定在原有劳动岗位,维护社会稳定。通过AI技术精准识别具备重整价值的企业并将其导入预重整机制,可以消化一大批诉讼、执行、破产清算的案件,实现诉源治理的良好效果。

(二)功能分析

1.动态监测企业

在如今数据大爆炸的时代下,数据每时每刻都在更新,若仅凭债务人、债权人或是聘请第三方中介机构出具评估报告,则仅能以某一时间节点为评估基准日,再根据债务人自行提供的数据以及相关资料作出评估,相关评估报告的时效性极强,无法在如今信息大爆炸的时代下对其报告作动态调整。相反,以AI技术为基础构建的预重整企业识别机制,可以动态监测企业以及影响企业预重整因素的相关信息,为企业是否进入预重整、进入预重整阶段后程序能否继续开展等提供实时参考数据。

2.动态护航企业

识别模型的构建,不仅有利于已出现破产原因的企业自行判断是否具备预重整价值,对于经营状况良好的企业,同样具备动态预警、健康监测的功能。多数企业从正常经营至转入破产,并没有一个准确的时间点或准确的事件,而是在长期的经营过程中积累下来、逐步出现破产原因。因此,对于正常经营的企业而言,动态预警机制可实时对企业的健康状态进行评估,评估结果包括健康、亚健康、危险等维度,可以帮助企业及时发现问题,把破产危机扼杀在萌芽状态,为企业良性发展保驾护航。

3.服务企业评估

预重整企业识别机制的构建,可通过评分制的方式对企业的重整价值进行评估,给企业是否进入预重整提供参考;对预重整价值较高的企业,通过第三方诸如政务平台等方式予以推广,同时相关政府部门重点介入协调,以充分发挥社会资源优势,集中力量办大事。

4.搭建投资平台

具备预重整价值的企业苦于找不到合适的投资人,而具备资金实力希望投资的投资人却苦于找不到合适的项目。预重整企业识别机制(平台)可以将具备预重整价值、有预重整意愿的企业信息推送给相关政府部门、投资人,政府相关部门以及投资人可以根据模型的评估情况判断是否支持、投资。

(三)可行性分析

近年来,随着人工智能的不断发展,AI 相较于以往有更强的资源整合能力、识别能力以及逻辑思维能力;与此同时,国家网信办等 7 部门于 2023 年 7 月 10 日联合发布的《生成式人工智能服务管理暂行办法》也明确指出“鼓励生成式人工智能技术在各行业、各领域的创新应用”,这些都为我们构建预重整模型提供技术可能。

1. 信息整合可能

从目前的信息来看,AI 可以利用网络数据进行自我训练,自我成长。相较于以往的搜索引擎仅能够根据使用者需求、习惯推荐相关页面,AI 能够对海量信息加以搜集、整合、分析,这就为全面、海量地获取预重整识别所需的数据提供了技术上的可能性。

2. 语言技术可能

以往所有的 AI 基本无法理解复杂的人类语言,即便是此前高效的人机翻译,更多的也是借助人类词频分布实现文本的互应,而不能说是“理解”了人类语言。然而,AI 中大语言模型的出现,“模型可执行开发者未明确编程的任务,通常基于大规模语料库的学习与训练,是模型自我提取与深层理解的语言模式。这种涌现能力使得大语言模型能够在复杂动态与充满不确定性的人机交互场景中,除了可以生成连贯与可理解的类人语言文本并用自然语言保持灵活对话,还能处理更为复杂的语言任务,是人机交互迈向自然的重要环节并推动内容生产领域的智能变革”。① 这种友好的人机交互模式,为模型将其整理的信息转换为人们可以接受的语言提供了技术的可能。

3. 定制化学习

在大规模训练语料的基础上,目的 AI 技术能够针对特定场景、人类提示,输出高质量的结果。在此基础上,采用对比预训练技术,捕捉文本片段、代码片段的语义相似性与相关性特征,生成更加准确的文本、代码向量,以支持后续的微

① 余梦珑、沈阳:《生成式人工智能中的关键语言问题解析》,载《青年记者》2024 年 5 月 21 日。

调任务。这为我们将预重整典型案例、预重整影响因素等数据导入模型,根据实际情况调整预重整模型内在机制提供了可能,从而确保模型能不断适应新情况、新问题。

4. 综合智慧能力

如今的AI技术不仅能够与人对话,还具有进行复杂智慧工作的能力,如编辑图表、图像识别、生成图片、分析数据、撰写论文或小说,甚至可以根据指令自动生成代码。相较于传统AI较为倾向于单一的文本或语音识别模式,AI的综合分析、识别能力,为模型建立后识别企业相关报表、分析非文字的抽象信息提供了技术支持。

三、实现进路:预重整企业AI识别机制构建

运用AI技术构建预重整企业识别机制,将影响企业经营、预重整价值的因素嵌入模型,对不同的影响因素占比进行动态调整,得出企业的健康状况及预重整价值的动态数据,并对出现问题的企业进行预警,同时将具有较高预重整价值的企业推送给第三方机构,通过政府部门协调等方式,使预重整价值较高的企业进入重整程序,达到及时挽救企业的目的。

(一)识别机制

1. 体检研判

通过"7+N"模式构建企业健康评估模型,即结合行业前景、资产负债、经营能力、涉诉情况、企业资信、社会舆情、国际环境等七大影响企业经营状况的因素,同时授权AI结合大数据,在七大因素外对企业状况进行综合分析判断,得分在80分以上的企业为健康,60~80分的为亚健康,低于60分的为危险(见表1)。

表 1　企业体检表

序号	因素	分值	说明
1	行业前景	15	结合国家行业政策，对企业所在行业前景进行分析，并按照企业所在行业与行业政策的契合度进行评分，契合度高则评分高
2	资产负债	20	重点审查企业的现金流、应收账款、资产估值价值，并结合企业的负债率、现金流承载能力进行评分
3	经营能力	15	从企业股权结构、股东投资信心、股东关系、管理人员结构等角度，对企业的经营能力进行评分
4	涉诉情况	10	从企业涉诉（含涉执行）情况进行分析，通过分析以企业为原告/申请执行人的案件情况分析企业管理能力；通过分析企业为被告/被执行人的案件情况分析企业的继续经营能力并进行评分
5	企业资信	10	根据市场、银行、客户等反馈的信息，分析企业的资信状况，并根据咨询情况进行评分
6	社会舆情	10	在“流量为王”的信息爆炸时代，社会公众对企业的态度是一项无形资产
7	国际环境	5	在数据时代，全球的组织都紧密关联，如国际局势将导致原材料、石油等的价格出现波动；根据企业受国际局势影响程度进行评分
8	N	15	基于 AI 的强大分析能力，以及前述因素的局限性，授权模型结合海量数据，对企业进行综合评分

2. 及时预警

经过体检研判，对评级为亚健康、危险的企业及时作出预警，提醒企业及时关注相关重要影响因素，并及时作出相应调整。同时，鉴于存在部分数据、信息系由企业自身掌握未对外发布，相关信息反馈可能有误，企业可根据自身情况对模型评分欠缺部分进行反馈，以适时调整体检评级机制。对企业经营存在的风险及时预警，促进企业提高风险防范意识，加强企业经营决策等商事行为的风险预估能力，提升企业抗风险能力。

3. 价值评估

经企业反馈后，对评级为亚健康、危险的企业启动预重整价值评估。通过

“7 +1 +N”模式构建企业健康评估模型,对企业重整价值进行评估。需要说明的是,相较于企业体检评估更加重视企业按照目前经营状况持续发展的能力,预重整价值评估更关注企业的未来发展前景以及融资能力,因此在评分比重上分值侧重不同。例如,高污染、劳动密集型的产业,虽在其他因素上评分较高,但鉴于该行业与如今的产业政策背道而驰,仍不考虑对其进行预重整。此外,企业出现危机原因对企业后续预重整、债权人以及投资人重整信心而言影响重大,因此,授权模型综合分析企业危机原因并根据危机原因综合打分。同样地,因部分数据、因素掌握在企业手中未公开,允许企业对评估结果进行反馈,并由模型对反馈信息进行分析后据实调整(见表2)。

表2　价值评估表

序号	因素	分值	说明
1	行业前景	-10 ~ 20	为确保企业预重整价值,确保企业高质量发展,应高度关注企业所在行业与国家产业政策的契合度,若与产业政策完全相反,则评分上按 -10 分计算
2	资产负债率	10	对企业的资产负债情况进行综合分析,尤其审查无形资产价值,判断企业负债率,负债率越高,评分越低
3	继续经营能力	20	从企业股权结构、股东投资信心、股东关系、管理人员结构等角度,对企业的继续经营能力进行评分
4	涉诉情况	5	—
5	企业资信	15	根据市场、银行、客户等反馈信息,分析企业的资信状况,根据咨询情况进行评分;重点审查企业再融资能力,根据融资金额占资产、负债比重评分
6	社会舆情	5	—
7	国际环境	5	—
8	危机原因	10	通过前述综合分析得出企业出现危机的主要原因,并根据危机原因类型进行打分
9	N	10	—

4. 推送建议

经企业反馈后的价值评估得分≥80 分的企业即视为预重整价值极高的企业,将信息推送给政府部门,由政府部门成立工作专班对企业予以专项帮扶;同时，根据企业授权将价值评估信息推送给相关投资人，以充分发挥各方面的社会资源。此外，对于预重整价值在60～80分的企业，为确保资源的有效利用，虽未将其信息推送给相关政府部门，但可根据企业授权将相关信息推送给相关投资人。对于预重整价值低于60分以及未能成功进入预重整的企业，由系统结合评分情况、危机原因等分析，结合海量数据，对企业的下一步经营提出建议。从目前AI技术的实践情况来看，其具备极强的写作能力。因此，对有意向进入预重整的企业，模型可以根据企业资产负债情况、企业资信、行业前景等因素，为企业量身定做初步的预重整方案，为企业提供前期谈判的参考依据。

5. 启动预重整

对≥80分的企业，由政府专班积极引入投资人，聘请专业的第三方机构，协助企业与债权人、投资人进行谈判，并根据谈判适时进入预重整程序。对评分在60～80分的企业，由企业自行与债权人、投资人协商，同时，政府部门将提供相关专业机构库供企业选择，以帮助企业顺利开展预重整相关准备工作。

（二）配套措施

1. 政府牵头

因模型建立需各方配合，且所需数据较为庞大，可以考虑以在部分地区试点的方式开展。同时，因数据需获取大量政府及司法系统内部数据，为协调各方数据，各地已陆续根据2023年《党和国家机构改革方案》组建地方数据局。因此，建议试点地区以当地数据局为牵头单位，并建立模型投放至当地政务服务平台。

2. 数据授权

AI可以通过爬虫软件等检索海量的公开信息，但无法搜集非公开资料。但不论是健康监测还是预重整价值评估，除检索公开资料外，还需要分析企业的财务账册、税务数据、司法数据（诉讼、执行数据等）。因此，必须有相关部门以及企业的数据准入授权，可在一定范围内先行试点数据授权。同时，要注意获取数据的保密工作。中共中央、国务院于2022年12月2日发布《关于构建数据基础制度更好发挥数据要素作用的意见》，强调数据的运用以及保密同样重要。数据不论对企业还是国家而言，均具有举足轻重的作用，因此，在模型运用过程中数据的保密性、独立性应排在第一位。

3. 区域协调

如前所述,对经济落后地区而言是优质、预重整价值极高的企业,对于一线城市而言则价值不大。因此,在对经济发达地区进行价值判断后,应当进一步审查其是否具备向周边地区进行产业转移的可能,促进区域之间产业结构协同发展。

(三)机制运用

相较于传统的企业或其他利害关系人在不确定的标准下结合个人经验作出评审,预重整识别模型能够综合企业、政府以及海量社会数据,再结合预重整预置模型作出精准识别。模型构建后,模型可根据社会、政府部门以及企业提供的数据,为企业提供全天候的数据分析,告别以往由于数据更新需要不断聘请第三方机构重新评估的尴尬局面。企业可随时了解自身经营情况,政府可随时了解所在区域企业的整体运转情况。

结　　语

本文提出应用 AI 技术构建预重整企业识别机制,通过 AI 识别机制对具备重整价值的困境企业进行甄别、预警,以期及时救治困境企业。然而,因目前世界各地对 AI 技术的应用持不同态度,是否司法准入仍需探究。本文在理论上先行先试,但对预重整企业进行 AI 识别需要庞大的数据支持,可能存在较大困难。但其将从源头上解决我国目前遇到的诸如企业重整价值磨灭、重整效力低,以及相关信访、诉讼问题,真正实现源头治理。由于个人因素及研究样本所限,对于预重整企业 AI 识别机制的构建还需进一步探讨、论证。

营商 VS 宜商:破产案件在线审理规则构建

——以龙岩法院 100 件破产案件为实证研究样本*

引 言

"办理破产"是世界银行"营商环境"考评的一级重要指标,2021 年 9 月,世界银行决定停发运行了 17 年的《全球营商环境报告》(Doing Business, DB)。2022 年 2 月,世界银行创新提出"宜商环境"(Business Enabling Environment, BEE),"商事破产"成为"宜商环境"考评的一级重要指标。① 无论是"营商环境"强调的"回收率"考评指标,还是"宜商环境"强调的为法院、管理人、债权人等服务的破产平台,以及专门电子平台、电子方式支付、线上案例备查系统等考评指标,无疑都强调了加快破产审判的信息化、数字化、智能化的重要性,对破产案件智慧审理系统的研发成为应有之义,以全面提升破产审判质效。2021 年 6 月以来,最高人民法院陆续出台《人民法院在线诉讼规则》(法释〔2021〕12 号)、《人民法院在线调解规则》(法释〔2021〕23 号)、《人民法院在线运

* 作者:刘伟明,龙岩中院民四庭副庭长,一级法官。

① 参见梁春瑾、陈科林:《译文丨世行宜商环境评价指标"商事破产"(Business Insolvency)》,载微信公众号"阳光破产法课堂"2022 年 4 月 21 日,https://mp. weixin. qq. com/s/vkCHLao3GQPxWfutz-DW2Q。

行规则》(法发〔2022〕8 号),规定破产案件适用在线诉讼规则。笔者认为,上述三大在线规则的适时出台,为构建破产案件全流程在线审理奠定了法律基础。本文对破产案件在线审理规则进行检视与再造研究,意在发现并分析现有破产案件在线审理的问题,对标"宜商环境"中"商事破产"最新指标,打造提升科学可行完备的破产案件在线审理规范,切实打通破产案件在线审理的难点堵点,有力提升破产案件审判质效,助力"宜商环境"考评中的一级指标"商事破产"再上新台阶。

一、选题缘起:破产案件在线审理规则的功能定位与价值回归

从线下到线上融合,从内网与外网融合,从异步到同步融合,未来破产案件在线审理将从单一功能向复合功能华丽转身,并将公正与效率的应然价值与提升破产审判质效的实然价值有效融合。

(一)功能定位:单一功能转向复合功能

破产案件审理的传统模式体现为窗口立案、管理人办公场所申报债权、法庭召开债权人会议、拍卖行拍卖财产等线下流程。2016 年 8 月,最高人民法院发布"一网两平台",即全国企业破产重整案件信息网、企业破产案件法官工作平台、企业破产案件破产管理人工作平台,规范预约立案、申报债权、提交异议申请、参与债权人会议进行表决等线上活动,对破产案件线上审理进行了有益探索。2021 年 6 月以来,最高人民法院发布的三大在线规则对在线审理规则进行明确规定,从司法解释的层面构建形成系统完备、指向清晰、务实管用的在线诉讼规则体系,①推动破产案件在线审判模式转型升级。笔者认为,"宜商环境"视野下的破产案件在线审理规则将从传统线下单一审理模式中得到解放,并通过破产审判实务不断探索完善,将基于网上立案、线上申报债权、线上指定管理人、管理人线上履职、线上召开债权人会议、线上处置资产、线上分配财产、线上衍生诉

① 参见刘峥、何帆、李承运:《〈人民法院在线诉讼规则〉的理解与适用》,载《人民司法》2021 年第 19 期。

讼、线上注销税务工商登记、线上送达、电子卷宗等全景式实现线上线下融合、内网外网系统数据互通的一体化、系统化、规范化破产案件在线审理复合功能。

(二)应然价值:公正与效率的内在要求

公正高效是开展破产案件在线审理活动的根本特征,通过探索构建破产案件全流程在线审理机制,健全破产案件审判流程,优化在线诉讼服务,完善在线审理平台功能,充分利用信息技术,提升审判质量效率,保障破产案件审理更加公平公正。便民利民原则是在线诉讼的价值取向,破产案件全流程在线审理机制具有时间短、成本小、效率高等天然优势,通过推动大数据、区块链、人工智能等新技术在破产审判工作中的深度运用,[①]为审理法院、管理人、债权人、投资人等各方主体提供工作便利,切实有效降低破产成本,统筹兼顾各类债权人、债务人、投资人的司法需求,提供差异化、精准化的在线服务,持续优化提升司法便利,不断提高破产案件审理效率。从“面对面”到“屏对屏”开展破产案件在线审理,既能保障各类利益相关主体在破产案件中的直接参与度、知情权,又能在切实提升效率的同时降低破产成本,有利于债权人等利益主体在破产案件中有真切的司法获得感,这也是破产案件在线审理的应有之义。[②]

(三)实然价值:案件质效与宜商环境的有效契合

破产案件全流程在线审理模式从立案、审理、结案每个环节立体优化时间节点,降低诉讼成本,通过法院内网与互联网无缝衔接,打通法院监督、管理人履职、债权人参与等的内网外网衔接堵点,贯通法院、政府职能部门在府院联动中的横向对接难点,切实保障管理人高效履职,打通绿色通道,服务破产案件高效审理,有力提升破产案件的审判质效。无论是“营商环境”考评还是“宜商环境”考评,在探索完善破产案件全流程在线审理模式的过程中,主动对标并建立健全“商事破产”考评指标所需的破产服务平台、专门电子平台、电子方式支付、线上案例备查系统等,从点到面无缝衔接,加快破产审判的信息化、智能化,着力提升

---

① 参见吴逸、裴崇毅:《我国民事诉讼电子送达的法律问题研究——以杭州互联网法院诉讼规程汇编为例》,载《北京邮电大学学报(社会科学版)》2018年第5期。

② 参见杨维立:《从“面对面”到“屏对屏”,在线诉讼你准备好了吗》,载《人民法院报》2021年6月21日,第2版。

未来“宜商环境”考评排名，切实优化法治化“宜商环境”。同时，优质的“宜商环境”也将促进破产案件的高效审理，推动破产案件全流程在线审理规则的持续优化。

二、实证检视：破产案件在线审理现状反思

本文通过对龙岩法院破产审判实践进行研究分析，发现近年来破产案件在线审理应用最高人民法院“一网两平台”未达预期目的，主要问题集中在：在线平台缺陷明显、法院工作平台与管理人工作平台内外衔接不畅、法院与政府联动在线平台缺位等。

（一）研究样本选定

以2016年8月最高人民法院发布“一网两平台”，2020年10月龙岩中院与阿里巴巴签约启动“龙岩市破产案件办理监管平台”，以及2021年6月最高人民法院发布《人民法院在线诉讼规则》为三个重要时间节点，在全国企业破产重整案件信息网搜索汇总后选取龙岩法院办理的100件破产案件，作为分析破产案件“互联网+”审判模式的基础数据，客观展现龙岩法院破产案件在线审理的实际情况。从汇总数据分析，龙岩中院办理了龙岩市的大部分破产案件，基层人民法院零星办理了部分案件；但随着时间的推移，龙岩法院办理破产案件数都在同步持续增加。

（二）研究样本分析

从前述破产案件研究样本中选取三个阶段100件具有代表性的案件，回望剖析最高人民法院发布“一网两平台”、阿里巴巴研发的“龙岩市破产案件办理监管平台”以及最高人民法院发布《人民法院在线诉讼规则》后，龙岩法院破产案件应用在线审理模式的成果与不足，从起步初探、总结提升、深度融合的过程中不断发现问题、分析问题。

1. 应用失量：在线应用渐增但未全面铺开

据笔者统计，2016年8月最高人民法院发布“一网两平台”以来，应用在线审理规则的案件逐渐增多。但是，破产案件在线审理的效果并不尽如人意。因宜

传不到位、拘泥于传统线下审理模式、重视新事物不够等问题，不仅审理的破产案件数量少，而且破产法官、管理人消极对待“一网两平台”。与阿里巴巴“龙岩市破产案件办理监管平台”对接后，法院、管理人等在线意识不断增强，应用在线审理模式的案件逐渐增多，但因应用程序不全面、内外衔接程序不顺畅等问题，在线平台又逐渐被冷落。最高人民法院发布《人民法院在线诉讼规则》至今，限于时间不长、应用不广、技术不够等问题，在线审理尚未从量变升华到质变，大多停留在召开债权人会议参与表决方面，并未真正做到全流程在线审理破产案件。

2. 内部失范：在线平台日渐成熟但缺乏统一标准

无论是最高人民法院“一网两平台”，还是全国各地探索破产案件网上办理平台、“智慧破产”管理信息平台库，龙岩法院对标先进，对破产案件在线审理模式进行了有益探索，审理模式越来越成熟，但实践中始终缺乏一个全国统一的破产案件在线审理规则和完备的全流程多角色多终端协同化线上工作平台，在解决线上线下、内网外网融合、同步审理与异步审理协同等问题上掣肘，作为中基层人民法院平台的高度有限，难以从根本上解决问题。法院主导破产案件审理的同时处于全程监督者的地位，而管理人是参与破产案件的中心主体，主要破产事务由破产管理人执行。目前“一网两平台”中，法官工作平台与破产管理人工作平台尚未打通内网外网的直连，需要通过重整信息网发布相关信息公告。事实上，办理破产案件的过程中存在三个相对独立的平台，难以形成合力共同在线办理案件，法官、管理人、债权人、债务人等主体在参与案件过程中处于相对独立分割的尴尬位置。阿里巴巴、中国银行等市场主体纷纷探索“智慧破产”管理信息平台，与法院合作开发新型在线办理破产案件的系统，与“一网两平台”相比，具有一定的先进性，具有“补丁”功能。但是其研发的系统仍不完备，如平台衔接、信息录入、公告效力、程序集约、府院联动等在线模式仍无法在体制外解决。即使最高人民法院发布《人民法院在线诉讼规则》，其更多的是针对诉讼案件的审理，而破产案件明显不同于诉讼案件，其对在线审理的要求是从内而外、横向纵向都必须有更高的标准。目前仍缺乏规范完备的统一破产案件在线审理标准，在各地探索实践的基础上，急需在最高人民法院层面整合“一网两平台”和全国各地平台，对其加以规范统一。

3. 外联失衡：府院联动渐增但缺乏线上衔接平台

破产案件是概括清偿程序，从立案到结案的环节节点繁多，存在大量需要府院协调处理的破产事务。如果简单地处理法院内部审判事务,管理人的工作将难以开展,如"烂尾楼"案件需要由法院与政府处理大量的沟通协调工作,想要做到全流程在线审理破产案件,对外的联动也需要纳入在线范畴。据笔者调查,龙岩市近几年来,与龙岩市政府构建市级府院联动机制,与发改、财政、市场监管、税务等多部门出台实施意见,打通破产案件中的难点堵点,但实践中都停留在面对面解决,不仅费时费力,收效也并不显著。目前,不仅缺乏线上完成债务人财产接管、调查、上拍处置和案款分配等内部机制,还缺乏法官办案系统、破产管理人工作系统对接工商、税务、医保社保等政府相关职能部门的外联机制,大量的破产事务需要由管理人跑多趟处理。管理人在疫情期间很难到外省市调查破产企业分公司的资产债务情况以及办理催收债权等事务,案件审限被无限拉长,影响案件审理质效,"线上跑"代替人工"线下跑"①的预期目的落空。因此提出的问题是,如何改变府院联动的破产事务传统线下处理方式,让法官、管理人从繁杂的事务中解放出来;能否建立一套线上平台系统,将线下传统协调事务归集到线上平台异步处理,在平台中各联动单位各司其职,限时办结各职权范围内的破产事务,从而达到管理人免于"跑多趟、多趟跑",切实降低办理破产案件的破产费用,有力提升审判质效。

(三)样本问题归集

通过分析样本数据,结合破产审判实践,笔者发现,目前国内破产案件在线审理模式各异,平台系统散乱,缺乏全国统一完备的破产案件在线审理规则与平台;无论是最高人民法院发布的"一网两平台"还是各地探索的破产案件智慧审判系统,都难以全面有效地应用在线审理模式。在应用的广度上,缺乏全面应用在线审理模式的实践,"一网两平台"的应用较少,基本宣告该平台应更新换代。在应用的深度上,基本停留在线上召开债权人会议,其他功能被忽视,在立案、审理、管理人履职等方面以线下方式处理破产事务,未全面应用在线审理模式。在应用的外延上,内网外网仍难以有效衔接,法官监督与管理人履职处于脱节状态;需府院联动解决的破产事务,仍寄希望于部门之间联动线下协商解决,缺乏统一的府院联动在线平台系统一揽子异步解决难点堵点问题。总结而言,目前

---

① 参见左卫民:《中国在线诉讼:实证研究与发展展望》,载《比较法研究》2020年第4期。

现有破产案件在线审理平台难以内外上下联动、横向纵向形成合力,形式上层出不穷的创新难以解决根本问题,以至于破产案件真正在线审理的效果并不理想,案件问题疏漏百出;破产案件在线审理的各个节点仍存在难点痛点,无法通过现有在线审理平台有效提升破产案件审理质效。世界银行“宜商环境”评价指标的“商事破产”,其中专门电子平台、线上案件系统、法院信息化等指标的优化仍未有实质性推进,优化法治化宜商环境任重道远。如何快速实现“互联网+”破产案件新型审判模式的转型升级,将是破产审判实践面临的重大机遇与挑战。

三、成因剖析:揭开破产案件在线审理的困惑面纱

破产案件在线审理模式在《人民法院在线诉讼规则》出台前已先行先试,但实际效果并不理想。即使《人民法院在线诉讼规则》已出台,转化为破产案件在线长效机制也尚需时日落地落实。笔者认为,造成破产案件在线审理尚不完备的原因,可从立法、理念、制度、技术等方面研判。

(一)立法层面:规则不明缺乏统一规范

《人民法院在线诉讼规则》明确了在线诉讼的法律效力、基本原则、适用条件,内容涵盖在线立案、调解、证据交换、庭审、宣判、送达等诉讼环节,首次从司法解释层面构建形成系统完备、指向清晰、务实管用的在线诉讼规则体系。[①] 其中,《人民法院在线诉讼规则》第3条规定破产案件可适用在线诉讼。在线诉讼侧重解决诉讼案件的在线审理,而破产案件更多涉及的是非诉事务,破产案件的非程序性事务主要体现在债权申报与审查、债权人会议、破产事务调查、破产财产拍卖、破产财产分配、府院联动协调事务等非诉事务上,与传统诉讼案件的交换证据、开庭审理、宣判等诉讼程序大相径庭。《人民法院在线诉讼规则》着重解决的是传统诉讼案件,对于破产案件而言,其难以适用在线诉讼审理规则,这就对破产案件全流程在线审理规范提出了制定具体详尽、操作性强的细化规定的更高要求。遗憾的是,目前《企业破产法》及三部破产法司法解释均未对破产案

① 参见刘峥、何帆、李承运:《〈人民法院在线诉讼规则〉的理解与适用》,载《人民司法》2021年第19期。

件在线审理作出规定，缺乏专门法律法规规范破产案件在线审理要素，散落在最高人民法院若干实施意见及会议纪要中的规定难以有效满足破产案件在线审理的法律需求。对于破产案件的在线审理，无论是全国“一网两平台”还是各地探索的智慧审判系统，都在积极实践，从新生到成熟的蜕变，有规范也有失范，急需从应用层面对“互联网 +”破产审判活动进行立法规制，制定明确统一的审理细则规范破产案件在线审理活动，也为法官、管理人、债权人、债务人以及破产程序其他参与者提供在线活动及其效力的法律依据。

（二）理念层面：素质不齐缺乏统一认识

在互联网规则和行为模式的作用下，对在线纠纷解决的信任从传统的对法院、人际、结果、制度的信任向现代的网络、系统、程序、信息技术方向漂移。弱信任建立和弱信任维持危机已成为纠纷当事人对在线纠纷解决系统付诸信任的最大障碍。[①] 基于“一网两平台”自身瑕疵、推广不够、普及率不高、参与主体不多等问题，各类主体普遍对应用“一网两平台”的信任度存在偏差，对在线模式陌生，缺乏必要的信任感，从而心存疑虑、缺乏积极参与的热情，以至于传统的破产案件参与者更乐于接受线下审理活动。破产案件在线审理平台是新生事物，要全面推广应用不是一件简单的事情，需要法院、管理人、债权人等各方主体统一认识，加大宣传，方能做好。笔者发现，年轻破产法官主动并乐于接受在线审理平台，年龄较大的法官则安于现状不愿意主动寻求变革，交由法官助理、书记员代劳，造成主审法官不熟悉在线平台的应用。管理人队伍中亦如此，律师事务所、破产清算事务所、会计师事务所忙于应付各类诉讼案件，对在线应用并未花费心思去研究，加之法院内网与管理人外网的脱节，管理人对在线应用消极以待。债权人、债务人来自社会上各行各业的普通群众，由于法律素养、学识文化有限，也难以真正有效应用在线审理平台，往往都是被动接受。无论是监督主体的法官还是履职主体的破产管理人，抑或参与破产程序的债权人、债务人等其他主体，都难以理解破产案件在线审理平台的重要性，理念难以得到统一，对在线平台缺乏信任，在认识度上未达成一致意见。

---

① 参见谢鹏远：《在线纠纷解决的信任机制》，载《法律科学（西北政法大学学报）》2022 年第 2 期。

(三)制度层面:难点堵点缺乏统一衔接机制

无论是“一网两平台”还是各地的破产智慧审判系统的应用都较少,究其根源,是未在制度机制上作统一安排,仍然存在平台散乱、法院内网平台与管理人外网平台衔接障碍、纷繁复杂的破产事务及大量协调工作难以导入统一的府院平台联动处理等机制性的内在问题,症结所在的平台难点堵点未得到根本解决,结果是破产案件的参与者大都被动参与在线平台。破产案件除了繁杂的常规事务需要处理外,一大部分的工作需与政府协调联动,各地政府基于营商环境的考评要求,愿意与法院成立府院联动机制,但线下收效甚微,更何谈线上的衔接处理。后疫情时代,管理人履职困难成为常态,如破产企业外地分公司的尽职调查难以完成、破产财产异地解封协调困难、涉税申报清偿成为卡点、“烂尾楼”破产涉及大量政府职能部门协调的堵点等,这些难点痛点堵点冰冻三尺非一日之寒,各地畅通程度也因政府的配合程度有所不同。诸如此类的府院联动的难点堵点缺乏高层制度上的统一安排,经过 3 年的疫情考验,是否可以考虑成立统一的破产事务协同中心,线上高效解决破产实务问题,这将对破产在线审理如何做到真正便民利民提供指引。

(四)技术层面:研发滞后缺乏统一布局

在线纠纷解决聚合了交流媒体、网络科技、大数据、算法等现代技术和众多纠纷解决参与主体,突破了双方协商以及第三方介入的传统纠纷解决模式,将科技作为“第四方”、提供技术支持的人作为“第五方”,创造了一种独特的在线环境。① 最高人民法院“一网两平台”通过第三方技术平台开发专门的应用软件已运行 8 年之久,无论是立案受理“在线化”、材料提交“电子化”、破产事务“智能化”还是破产档案“无纸化”,均为破产案件在线审理全程“数字化”所应面对的技术革命,但司法层面对技术的研发并未及时跟进。市场主体嗅觉灵敏,根据破产案件在线审理的需求开发在线办理系统,尽可能满足破产案件在线平台的技术要求。随着智慧法院建设不断深入,在线破产程序中的区块链存证、电子送

---

① 参见谢鹏远:《在线纠纷解决的信任机制》,载《法律科学(西北政法大学学报)》2022 年第 2 期。

达、电子卷宗等前沿问题[①]也将逐步向规范化、系统化发展。其中,从三大互联网法院对"区块链"技术的应用过程看,其在一定程度上实现了电子证据的全节点可见,但具体的认定规则和标准却依旧缺位。目前我国并没有建立统一的电子证据审查认定标准,缺乏统一的电子证据规则[②]等,最高人民法院是否可以考虑统一布局,对在线破产审判向网络化、智能化、数字化方向演进作出有力的技术回应十分重要。[③] 否则,在当下互联网科技变革时代,各类利益主体对破产案件在线审理的信息和技术领域缺乏基本的信任,将阻碍破产案件中各类纠纷的高效解决。

四、规范路径:破产案件在线审理规则再造

笔者认为,在《人民法院在线诉讼规则》出台即将 3 年之际,应在在线诉讼的未来进路上对破产程序主动作为,在修改《企业破产法》在线审理规则的基础上,探索一套科学合理、系统完备、务实管用的破产案件在线审理规程,形成破产案件线上线下融合、内网外网衔接、异步同步配合、府院协调联动的线上审理规则,整治顽疾打通难点堵点,实现破产案件在线审理模式转型升级。

(一)立法明晰:规范破产案件在线审理细则

修改《企业破产法》已列入十四届全国人大常委会立法规划,鉴于《人民法院在线诉讼规则》未明确破产案件在线审理的细则,有必要在此次的修改法律的过程中,对破产案件在线审理规则进行细化规范,以《人民法院在线诉讼规则》为指引,制定具有可操作性的在线审理规则,为后续破产案件在线审理更加成熟完备奠定立法基础。修改《企业破产法》涉及在线审理规则时,应坚持法治化、科学化、在线化原则,梳理总结国内外破产案件在线审理的有效经验,把探索实践的司法成果上升为更高位阶的特别法律规定。鉴于破产案件的特殊性,明确以异

---

① 参见刘峥、何帆、李承运:《〈人民法院在线诉讼规则〉的理解与适用》,载《人民司法》2021 年第 19 期。

② 参见董储超:《在线诉讼的实践困境与进路——基于互联网法院的视角》,载《浙江万里学院学报》2020 年第 3 期。

③ 参见朱舒婕:《从营商环境评价视角看我国破产司法制度优化》,载《现代交际》2021 年第 18 期。

步审理为主、同步审理为辅的审理规则，规范法院、管理人、债权人、债务人、投资人等主体参与破产案件在线审理活动的法律效力，赋予全流程网上办理平台应有的法律功能。既要确认线上立案、在线指定管理人、重整网上公告、线上接管、在线申报债权、网络债权人会议、线上处置资产、线上分配财产、线上送达等线上办理破产案件流程节点具备的传统法律属性，增设重整、和解、破产清算在线简易要素式审理的法律流程，也要在修改不合时宜的现有规定的同时，在破产法意义上创设“府院联动”机制的在线规范，确认在线监督考评管理人机制，区块链存证技术的法律效力，为全面铺开破产案件在线审理活动奠定坚实的法律基础，确保破产案件全流程在线审理活动中的内外对接、上下衔接、横向纵向联动具备充分的法律依据。

（二）法院主导：打造完备的全流程网上办理平台

1. 整合平台：规范破产案件全国统一平台

全国各地如火如荼探索破产案件在线审理平台，而最高人民法院“一网两平台”却应用较少，对此问题，有必要由最高人民法院整合规范“一网两平台”和全国各地破产案件在线操作平台，打造全国统一的破产案件一体化审理平台，统一操作标准，明确具体规则。笔者认为，对标“宜商环境”考评要求，建议由最高人民法院整合“一网两平台”，将全国企业破产重整案件信息网、企业破产案件法官工作平台、企业破产案件破产管理人工作平台融合为全国统一破产平台，将法官工作平台的内网数据与破产管理人工作平台的外网数据通过全国企业破产重整案件信息网进行数据交汇融合，将内网外网交换中心的联动内外数据统一到全国统一破产平台，突破技术和数据瓶颈，打通法官工作平台内网与破产管理人工作平台外网的数据孤岛，让法官、破产管理人在全国统一破产平台各司其职的同时达到同步或异步审理均可自由转换的功能，使办案法官、破产管理人不受内网外网限制全流程依法线上履职。同时，增设移动小程序应用系统，可根据案件需要，设定由法官端口、管理人端口、债权人端口、债务人端口、投资人端口、第三方机构端口等构成，不受时空限制，各方主体可以随时在掌上移动小程序上完成提交材料、审阅文件、审批事项、出具相关法律文书等工作。全国统一破产平台既能打通法官工作平台内网与破产管理人工作外网的数据壁垒，又能全流程全时空无死角对接移动小程序，实现办案法官、管理人、债权人、债务人、投资人、第三方机构各主体在线无缝对接，足不出户完成各项破产事务。

在全国统一破产平台中，打造完善统一的“法官＋破产管理人＋债权人”等多方主体参与的破产案件全流程在线审理系统，实现网上立案、在线指定管理人、在线公告、管理人在线接管、线上申报债权、网络债权人会议、线上评估并处置资产、在线分配破产财产、线上送达、电子卷宗等全景式可视化全流程在线审理破产案件。同时，通过法官办案系统与破产管理人工作系统数据无缝对接，达到法官对破产管理人的工作全流程及时指导、动态监督与阶段性考评。此外，在利用“互联网＋”技术处理好案件数据保密工作的同时，主动对接外网端口平台，连接破产案件审理过程中需要府院联动，以及对外招募重整投资人、第三方机构等的各类主体，打通障碍堵点，线上完成线下工作。

2. 程序交互：规范三大程序在线要素审理模式

根据《推进破产案件高效审理意见》的要求，要根据案件具体情况和经济社会发展形势，充分发挥重整、和解、破产清算等不同程序的制度功能，充分发挥破产审判工作在完善市场主体拯救和退出机制等方面的积极作用，助推营造国际一流营商环境。根据最高人民法院意见的要求，结合当前破产审判工作，在全流程网上办理平台中，规范简化破产程序中重整、和解、破产清算三大程序在线要素审理模式（见图 1），对三大程序在线审理规则进行解构，规范要素式审理流程。既要规范和解、重整、破产清算三大程序，也要对三大程序转换审理进行在线流程整合，达到可视化、一体化、交互式审理效果，让法官、管理人、债权人、债务人、投资人等各方主体按图索骥，简化破产案件在线审理程序，积极推动破产案件高效审结，以期达到集约化审理的良好效果。通过统筹规范和解、重整、破产清算三大程序在线要素审理模式，集约处理并缩短审理周期，提高审判质效，最大限度实现债权清偿、盘活资产，不破不立，涅槃重生。注重做好对当事人的释明和协调工作，积极在线受理符合法定条件的重整与和解申请，充分发挥破产重整和和解程序挽救危困企业的功能，实现企业更生和良性发展，保障社会资源有效利用；对“僵尸企业”通过强制清算和破产制度来实现出清，保障债权公平有序受偿，完善优胜劣汰的市场竞争机制，调整社会产业结构。

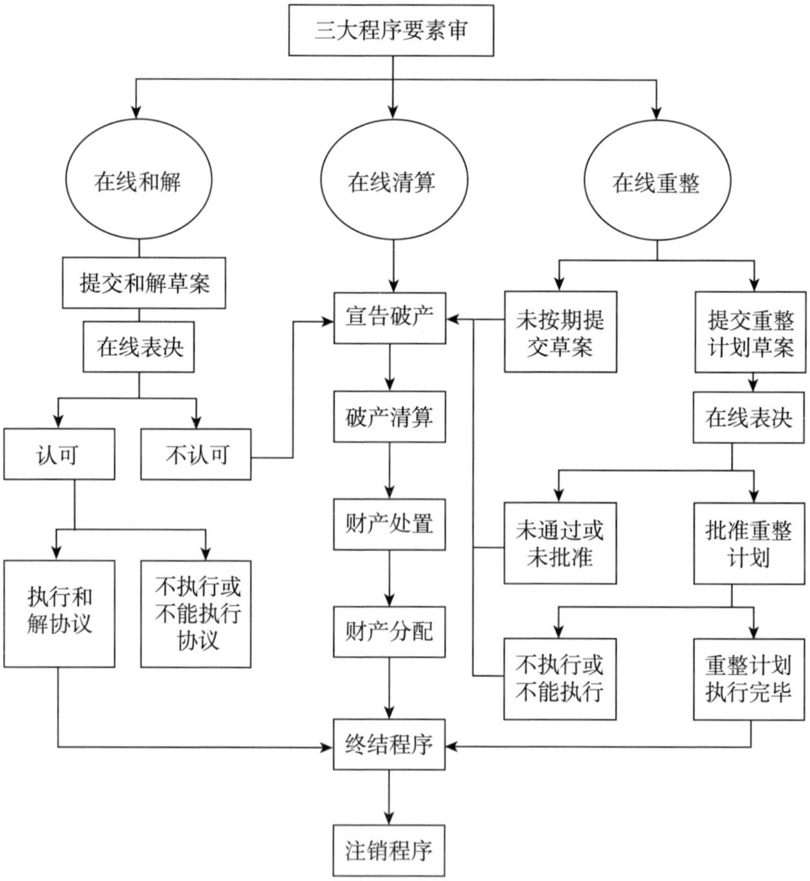

图1　三大程序在线要素审理模式

3. 配套机制:辅助破产程序在线高效运行

在“一网两平台”中增设切入口,统筹推进破产程序中需配套的运行机制,实现财产查控、评估询价、网络拍卖、在线衍生诉讼、线上分配财产、资金监管、管理人考评、法官绩效考核等配套机制有序对接。通过财产查控系统,在线完成财产查明、查封、冻结、扣押等接管查控程序;充分利用大数据的优势,设定衔接机制选定网络询价评估平台或询价机构,及时与京东、阿里等网络拍卖平台实现无缝对接,加快资产处置效率和提高溢价率;主动对接法院在线诉讼平台,为破产程序中衍生诉讼案件的高效审结开通绿色通道,实现司法数据有效交互。在破产资金监管上,利用区块链存证技术,通过数据统计分析,确保破产资金稳控安全;

在管理人考评、法官绩效考核上,通过大数据分析自动量化、公开、可视化。

4. 内外衔接:实现内网外网数据无缝对接

目前,法院内网尚难以与互联网直接对接,主要还是通过互联网系统中的管理人平台录入数据,上传后进行技术处理后再导入法官办案平台,程序烦琐复杂,操作不便,也是目前"一网两平台"应用较少的原因之一。要实现破产案件全流程在线审理,必然需要努力突破这一瓶颈,否则仍将处于信息孤岛的尴尬境地。在有效保障破产案件在线审理数据的信息安全的前提下,应加大统筹协调力度,规范技术应用,确保技术中立和平台中立。充分运用技术革命优势,通过区块链存证技术、人脸识别身份验证等互联网技术为破产案件在线审理提供智能安全保障,[①]打通法官内网办案系统与破产管理人互联网履职系统、债权人端、债务人端、工商、税务、医保社保、执行查控、评估询价、拍卖平台、银行等互联网系统协同共享,实现内网外网全流程破产业务的线上归集办理,确保在线破产模式顺畅运行。

(三)多方合力:打造"E 站式"破产公共事务中心

推进破产案件在线审理一体化发展,除了完善破产综合事务的内部在线处理机制外,还需加大统筹协调力度,持续推动破产综合事务改革,完善破产工作的外部在线府院协调联动机制。笔者认为,后疫情时代,在现有破产工作府院联动机制的基础上,有必要打造"一站式"线上破产公共事务中心,集约化着重解决府院协调机制中的难点、堵点。在"一网两平台"开放端口,切入线上破产公共事务办理中心端口,联合府院协调机制各成员单位,整合相关单位的资源力量,打破时空限制,将线上破产公共事务中心与公安系统、工商系统、税务系统、不动产登记中心、征信平台、医保社保平台、车管系统、银行系统等进行有效对接,让府院协调工作从人工"线下跑"转向"线上跑",产生聚合效应,实现破产工作府院工作"足不出户、一站办理"式的线上归集办理,提升破产领域公共事务办理质效水平,降低破产成本,全力营造可期待的法治化宜商环境。

---

① 参见陈锦波:《论信息技术对传统诉讼的结构性重塑——从电子诉讼的理念、价值和原则切入》,载《法制与社会发展》2018 年第 3 期。

1. 职能定位：在线统筹破产事务府院协调机制

“E站式”破产公共事务中心全面落实破产工作府院协调机制，在线打通府院协调机制中的难点、堵点，整合各成员单位的资源，打造“E站式”集约破产公共事务办理中心，主要承担以下工作职能：(1)在线提供破产公共法律服务。“E站式”中心在线集约提供破产领域的公共法律服务：提供企业信息查询、破产领域的法律咨询、破产领域法律援助、破产申请指导；建立破产信息系统，识别企业困境原因，将符合条件的企业导入预重整程序；协助开展破产案件办结后的信访化解、职工再就业、社会关系修复与治理、宣传推广成功挽救企业的工作亮点和特色做法等。(2)在线办理破产公共事务。“E站式”中心专业协助办理破产工作中的公共事务，在线指导符合条件的债务人企业开展预重整工作，协助管理人办理府院联动相关事项的对接工作，协助管理人办理破产案件中的其他公共事务，开展营商环境问卷调查；与人社部门协商解决职工社保、失业保险、再就业等问题，与重整企业协调职工再就业问题；对接税务部门及金融机构做好破产企业的信用恢复等后续工作。(3)在线提供破产司法保障。“E站式”中心线上为符合条件的企业提供预重整咨询、指导和协助企业破产立案，协调推进“执转破”衔接中的相关工作和事宜；提供破产案件信息查询，调处管理人与债权人、债务人等利害关系人之间的矛盾争议，组织债权人与债务人企业协商和解以及其他破产程序中涉及的司法保障事项。

2. 组织构架：协作分组推进破产事务

鉴于府院联动协调能力以及便于府院协调机制对接，笔者认为，由设区的市的市级政府办公室牵头，在线统筹构建、规范化管理、实质化运作破产公共事务中心，负责管理协调“E站式”中心全面工作。府院协调机制的成员单位按照协调机制确定的职责，在中心线上履行相关职责。“E站式”中心依托设区的市的市级行政服务中心设立，下设综合管理办、公共法律服务组、破产案件办理组、民营企业援助组。

具体如下：(1)综合管理办。设在设区的市的市级行政服务中心窗口，负责破产公共事务中心的线上日常管理和相关工作的交办，在线办理与中心各成员单位之间的协调工作，增设功能模块实现各部门的联通，“一站式”解决破产公共服务事项。(2)公共法律服务组。由设区的市的市级司法局指导市律师协会和破产管理人协会建立工作人员名单，指派相关公共法律服务主体如律师、律师助理、调解员等具备破产法律服务经验的相关人员,在破产公共事务中心在线开展工作。(3)破产案件办理组。设于市人民法院,全面承担各项在线破产审判工作,负责协调推进“执转破”相关工作,处理协调破产审判中的有关事项和化解矛盾,指导监督破产管理人依法履职,对破产审判工作进行总结、调研、宣传,开展破产领域的培训工作。(4)民营企业援助组。由市工商联、破产管理人协会等部门、单位指派人员在破产公共事务中心开展工作,负责民营危困企业的在线诊断和援助指导。推动有市场价值的危困企业开展预重整,通过信息发布、投资招募、组织洽商、处置不良资产、协调融资渠道等方式,将困境民营企业导入预重整、重整程序,及时在线救助。

“E 站式”破产公共事务中心通过在线整合成员单位、相关部门的资源力量,产生聚合效应,全力提升破产领域公共法律服务和公共事务办理质效水平,推动预重整实施,推进破产案件办理,提升破产领域的社会治理效能。同时,“E 站式”中心推动府院协调机制落实和各部门破产领域事务衔接配合,在线提供便捷的破产公共法律服务和强力的司法保障,为民营危困企业纾难解困,切实降低破产成本,打造一流的市场化、法治化“宜商环境”。

(四)技术保障:提供系统完备的技术支撑

《最高人民法院关于加强区块链司法应用的意见》明确要求:“支持企业破产重组。构建与相关政府部门区块链平台的跨链协同应用机制,支持对债务人企业的经营信息和涉诉涉执行信息互通共享,支持债权申报信息在线验证质证,在保障全体债权人知情权和查阅权的同时,强化债权审核公开透明,并进一步确保网络债权人会议的表决效力,更好地服务市场主体救治和退出。”这是最高人民法院以司法解释性质文件明确破产程序应用区块链技术的法律依据。实现破产案件全流程在线高效审理,理应加大先进技术的研究和应用力度,加强与互联网、区块链、智慧司法等科技方法深度融合,推动在线审判模式与时俱进。运用互联网、大数据、云计算、移动互联、人工智能和区块链等信息技术,规范应用方式,强化运行管理,高效支持破产案件在线审理活动,全面打造信息时代破产新模式,形成破产业务在线办理、全流程依法公开、全方位智能服务的智慧服务破产新格局。同时,破产案件在线审理系统需要通过建立健全安全规则体系及运用技术解决信息保密和数据安全等问题,以消除各类参与主体使用后的顾虑。

因此,应着重加强运用区块链等技术,提高破产案件数据和信息的安全保密强度,提升各类参与者对破产案件在线审理活动的信任度,以便破产案件在线审理高效运转。

结　语

本文从破产案件在线审理的实践中发现问题、分析问题,从“立法明晰、法院主导、多方合力、技术保障”四位一体的规范路径,创新“整合全国平台、规范三大程序、打造E站式中心”三大要点,重新构建破产案件全流程在线审理模式。通过将“一网两平台”整合为全国统一破产平台,打通数据壁垒,统筹交互内网外网交换中心,联动内网外网数据无缝衔接,实现破产案件不受时空限制的全流程在线审理。创新打造“E站式”破产公共事务中心,在线统筹破产事务府院协调机制,实现破产公共法律服务、公共事务、司法保障等府院工作“一站式”线上归集办理。笔者认为,重新构建破产案件全流程在线审理模式,能切实改变解决最高人民法院“一网两平台”应用较少的问题,真正为法官、破产管理人、债权人等各方主体运用在线审理模式提供便利化服务,切实提升破产案件审判质效。本文既填补了破产案件在线审理规则的理论空白,也能较好地提升破产案件审判实务经验。笔者希望,破产案件先行先试积极应用全流程在线审理模式,在下一步个人破产案件的探索中也积极践行,切实降低破产成本,缩短审理期限,提升审判质效,正向优化“宜商环境”指标。在探索破产案件全流程在线审理模式的路上,本文作出了勇敢探索,希望有更多的专家学者提出宝贵意见,产出更多更好的研究成果,进一步提升破产案件在线审理机制。

执破直通　涅槃重生：龙岩中院创新打造破产审判“三通”模式*

一、背景描述：创新打造“执破直通”机制

2020年9月，福建高院下发《福建执转破规定(试行)》，创新打造“执破直通”机制，获得最高人民法院的肯定。同年10月，龙岩中院出台《龙岩执转破规定实施意见》，迅速部署全面贯彻落实“执破直通”机制，以执破团队为主体，通过建立一系列直通机制，融合执行、破产优势专长，打通执行、破产程序的衔接堵点，创新工作模式，简化审判方式，提升审判质效，降低破产成本，进一步提升“办理破产”指标，有效优化法治化营商环境。时任福建高院院长的吴偕林作出批示，“龙岩中院针对破产审判的难点堵点，善作善成，形成了机制性创新成果”。

二、创新亮点：四个维度

龙岩中院创新建立人员、职责、材料、程序等一系列直通机制，从四个维度强化人力融合、程序整合、上下结

---

* 作者：黄达康，龙岩中院民事审判第一庭审判员，二级法官。

合、资源聚合。

第一，人力融合。抽调精干力量成立清算与破产审判庭，打破审判条线壁垒，龙岩市两级法院均组建由执行人员和破产审判法官共同组成的执破团队；明确执破团队成员职责及考评考核细则，完善正面激励与负面鞭策机制；首创基层法院破产案件“跟案培训”制度，加强两级法院破产案件人才储备，实现执行与破产人员直通、团队直通、职责直通。同时，扩编管理人名册，成立管理人协会，并对入册管理人进行业务培训，强化管理人队伍履职能力建设。

第二，程序整合。整合执行、破产两个程序规则，细化案件移送标准，明确启动条件、程序衔接、材料移交、责任划分等事项，有效解决执行与破产程序衔接问题；实行程序前置，将被执行人对移送破产决定的异议权利前置到执行审查阶段，提高破产审判效率，实现执破程序和案件审查直通、材料直通。

第三，上下结合。首创“执转破”案件调配机制，将两级法院均有同一债务人作为被执行人的“执转破”案件在中级人民法院和基层人民法院间统一调配，实现两级法院破产案件的上下直通、难案直通、销案直通。

第四，资源聚合。建立执破会商机制，开展关联案件集中排查，实现“立审执破”信息沟通；优化整合司法资源，建立执破移送台账，将执行调查、评估、鉴定、财产处置等成果运用到破产程序，互通共享人员、信息、平台，实现机制直通、系统直通。

三、具体做法：执破直通 + 府院联通 + 保障畅通

（一）执破直通：提升破产审判质效

“执破直通”机制落地后，龙岩市两级人民法院执行部门建立台账及时启动“执破直通”机制，将执行案件移送龙岩中院清算与破产审判庭审查。清算与破产审判庭快速启动“执破直通”机制，执行人员第一时间加入执破团队，融合执行法官与破产法官优势专长，打通执行、破产程序的衔接堵点，整合司法资源，有效缩短“执转破”案件的审理周期，实现执行人员“带案进、销案出”的程序集约效应。2021 年，通过“执破直通”机制移送破产案件 110 件，执行人员跟进案件 98 件，执行人员销案 82 件。

(二)府院联通:凝聚破产审判合力

第一,强化部门合力。积极协调市政府出台《关于建立企业破产处置工作府院协调机制实施方案》,明确由市政府常务副市长担任总召集人,破产企业所属行业分管副市长和中级人民法院院长担任召集人,建立由法院、发改、工信、财政、税务、金融监管等20个部门共同参与的企业破产处置工作府院联动协调机制。

第二,打通障碍堵点。建立企业破产案件一般事项、重大事项分级处理机制,明确联动会商启动情形,充分发挥联动单位在费用保障、劳动关系处理、不动产处置、税收优惠等方面的政策优势,重点突破破产审判过程中的企业注销、税务核销、职工安置、资产处置等难题;分别与市税务局联合制定《关于企业破产程序中涉税事项处理的实施意见》,构建院税联动机制,与市市场监督管理局联合制定《关于企业破产程序中办理企业信息查询及变更与注销登记等有关事项的实施意见》,构建企业破产程序联动机制,与市财政局、金融监管局联合制定《龙岩市企业破产处置专项资金管理使用办法》,优化企业破产处置专项资金管理办法,着力解决制约破产审判的各类障碍堵点,为危困企业有序出清和恢复生产创造有利条件。

第三,延伸司法职能。针对有关政府部门和濒危企业“讳疾忌医”“谈(破)色变”问题,采取送法进企业、发布典型案例、开展普法宣传等方式,引导政府和公众正确认识企业破产现象,增强公众风险意识。

(三)保障畅通:提速破产案件审理

第一,机制优化提速度。明确破产案件繁简分流标准,对债务人为单一企业法人、停工停业、无财产或财产已经处置完毕的案件适用快审程序,简化债权申报、文书送达、财产审计等程序,采用视频会议等形式召开债权人会议,缩短办理周期,提升审判效率。

第二,破立融合促重生。坚持“有保有破”的差异化处置原则,建立重整企业识别机制,综合分析危困企业生产经营、商业模式、市场需求、品牌价值等情况,对确有挽救希望的企业尽快引导启动预重整机制和重整程序;对具有和解可能的企业,积极引导管理人、投资人、债权人等多方主体促成破产和解,尽力挽救企业于危困之际;对“僵尸”企业,坚决快速市场出清。

第三,创新手段增实效。构建“互联网+破产”审判模式,与阿里巴巴合作建设“龙岩市破产案件办理监管平台”,运用区块链技术实现破产案件全流程线上办理。创新“清算不停产”的破产处置方式,妥善处置中恒通(福建)机械制造有限公司破产清算案,实现其平稳无缝过渡,维持企业资产整体价值,避免出现大规模员工失业,盘活资产6300余万元。

四、取得成效:提升破产审判质效,优化法治营商环境

第一,有力提升破产审判质效。《龙岩执转破规定实施意见》出台后,龙岩中院在2021年年初集中受理了110件“执破直通”案件,审结的案件平均审理天数为61天,结案速度提高5.8倍,实现破产审判质效的重大突破。充分发挥破产和解制度功能优势,着力引导和督促管理人、债权人、债务人、股东等利害关系人推动案件和解工作,2021年破产和解案件17件,占比约20.7%,通过“执破直通”机制,终结执行案件1000余件,让“执行不能”成为“执行可能”。

第二,优化法治化营商环境。通过快速启动“执破直通”机制,用活破产重整程序功能,2021年,及时将61家“僵尸企业”市场出清,挽救企业19家,盘活资产近20亿元,进一步提升了“办理破产”指标。至2021年,两级法院已稳妥推进九云丰公司等6家水电企业合并5年重整计划,盘活资产1.8亿元,清理债务3.5亿元,保障了200余位债权人的权利实现;妥善审理福建武平双成房地产开发有限公司破产重整案,引进战略投资人筹措资金完成“烂尾楼”续建,盘活资产9554万元,顺利向241户购房户交房,有效维护群众合法权益,保障社会安定稳定。

第三,民企民生双赢获赞。通过“执破直通”机制,既保障债权人的合法权益,充分确保债务履行保障民生,又挽救破产企业于危困之际,获得双方一致肯定,多起破产案件当事人送来锦旗,真正实现了政治效果、法律效果、社会效果的有机统一,为谱写全面建设社会主义现代化国家的龙岩篇章提供了有力司法保障。

法治净化营商环境：房地产企业破产重整之路

——以武平县人民法院一起房地产破产重整案为例*

引　言

随着我国的城市化进程不断加快，房地产业快速发展，城市中的问题楼盘日益增多，或荒废，或闲置，给购房家庭带来切肤之痛，牵扯千家万户，牵连上下游产业，严重影响城市经济发展和稳定。最高人民法院要求，在处置“僵尸企业”时，坚持“尽可能多兼并重组，少破产清算”的理念，将法院当作“僵尸企业”的“医院”，通过重整、和解、破产清算，对企业公平清偿。处置问题楼盘适用破产重整程序符合我国市场经济发展规律，能够最大化地保护各利益关系人，更可以促进房地产行业健康发展，营造公开透明、稳定可预期、公平竞争、规范有序的营商环境。

---

* 作者：宗赞宇，原福建省武平县人民法院民事审判庭审判员，一级法官；童丽萍，福建省武平县人民法院十方法庭副庭长，四级法官。

一、城市之痛:Z房地产公司沦为“烂尾楼盘”

Z房地产公司成立于2011年5月,注册资本为1000万元,公司的经营范围包括房地产开发与经营,房地产销售策划、代理等。2013年Z房地产公司在W县城东南方向开发建设“金港新城”项目,该项目建设用地面积为44,120平方米,总建筑面积为16.2万平方米,项目分二期实施。一期共建5栋楼盘,总建筑面积为9.27万平方米,共675套,其中已销售备案126套,均已备案登记,第二期5栋楼盘尚未开工。2014年10月,该项目因公司管理混乱、资金短缺停工,2015年6月勉强复工后,因Z房地产公司经营状况持续恶化于同年10月再次停工。Z房地产公司面临以下几点问题:

第一,利益主体涉及面广,法律关系错综庞杂。Z房地产公司牵涉利益主体众多,债权人包括购房人、金融机构、建设单位、职工、税务机关、建筑工人等。各主体之间法律关系错综复杂,涉及购房户债权、建设工程债权、抵押优先权、预告登记债权、税收债权、职工债权、保证担保债权等,每项债权均涉及不同的法律关系。Z房地产公司的债权总额3.44亿余元,其中,债权包括购房债权4771万余元(含银行预告登记抵押担保债权1766万余元),职工债权74万余元,税款40万余元,建设工程债权3399万余元,普通债权6739万余元等。

第二,公司内部管理混乱、运行不规范、财务账册混乱。实践中存在公司与公司高级管理人员之间资产混同、财务混同,公司资金体外循环、高级管理人员执行职务无股东会议授权等情况。同时,股东之间缺乏凝聚力、向心力,在公司经营困难的情况下未及时采取有效措施合力共渡难关,而是采用股权转让、以房抵债、公司违规为股东担保等方式,清偿股东或与股东有关的债务,致使公司资产严重流失。

第三,公司无能力继续对项目开发经营。Z房地产公司的出资人对“金港新城”项目的开发没有设定资金规模和投资总额,未签署过完整的投资协议书,对项目所需的资金毫无规划;公司的注册资本仅有1000万元,与房地产开发项目高资金、高风险、高回报的项目投入严重不符,注册资本与投资规模比例严重失衡,无法满足项目开发需要。经评估,Z房地产公司资产价值才2亿多元,审计报表体现公司应付款远大于应收款和固定资产之和,公司无力拿出资金继续项目的开发经营。

第四,群体性事件多发。随之而来的是购房人向政府求助,并发生群体上访,要求交付房屋、解决子女上学等问题,部分购房人及其他债权人向法院起诉,要求与Z房地产公司解除商品房买卖合同并返还购房款,清偿其他债务。Z房地产公司破产,各方债权人的利益如何保障?如果不及时处置,极易导致群体性、突发性事件。"金港新城"项目开发停滞,公司陷入破产,项目成为"烂尾楼盘",不能对150多户购房人按期交房,从而给社会带来严重后果和不稳定因素。

二、进路选择:"烂尾楼盘"何去何从?

针对"烂尾楼盘"问题,常用的处置方式包括民事执行程序、破产清算程序及破产重整程序(三种处置程序对比见表1)。

表1 三种处置程序对比

处置程序	启动主体	企业决策机构	查封冻结	清偿途径	受偿主体	清偿结果
民事执行	申请执行人	股东或控制人	不解除	拍卖变卖资产	申请执行的部分债权人	大部分债权人得不到清偿
破产清算	债权人或债务人	破产管理人	自动解除	拍卖变卖资产	全部债权人	按顺位公平受偿清偿率较低
破产重整	债权人或债务人	破产管理人	自动解除	盘活后实现增值	全部债权人	按顺位公平受偿清偿率较高

(一)民事执行程序

民事执行程序是指法院依据申请执行人的申请,直接对"烂尾"项目资产进行查封、拍卖,并根据生效法律判决内容用拍卖价款清偿申请执行人。在实践中,"烂尾楼盘"的问题较为严重,大多数楼盘因建设资金短缺变成半成品,导致拍卖过程中无人问津,以流拍收场,即使降价出售也难以找到"接盘侠",拍卖变现过程耗时久。若楼盘成功拍出,拍卖的价款一般先用于清偿申请执行人,剩余价款则归企业所有。但实践中,一旦房地产企业陷入危机,金融机构和建设单位等债权人会较早进入司法程序,因而在执行程序中他们的债务会优先获得清偿,而大部分购房人的权益无法得到保障,群体性事件也不会停止。

(二)破产清算程序

破产清算程序是指法院裁定企业进入破产程序,由破产管理人接管企业,对破产财产进行调查,对破产债权进行确认,在法院的监督下,以开发公司的全部资产对全部债权人按照法定顺位公平受偿。与民事执行程序相比,破产清算程序有以下不同:一是破产清算程序保护全体债权人的利益;二是公司进入破产程序后,查封、冻结等强制措施将自动解除,由管理人全面接管企业,调查资产,核查债权,追缴破产财产;三是破产财产的分配由管理人进行,全体债权人将按照法定顺序同比例获得清偿。与民事执行程序相同的是,破产清算程序最终也需要通过拍卖等方式处置资产,同样无法实现“烂尾楼盘”的价值最大化,包括购房业主在内的债权人的清偿比例都较低。

(三)破产重整程序

破产重整程序主要针对有再生价值的企业,通过法定程序,在各方的监督下,由管理人实际操作,协助企业摆脱财务困境、恢复营业能力。房地产企业实施破产重整,对于防范企业破产带来的社会问题,具有不可替代的作用。对“烂尾楼盘”而言,破产重整程序就是在司法监督下,通过再融资、引入投资人等方式,由管理人推动,盘活企业资产,建设完成问题楼盘并重新开盘销售,实现向购房人交付房屋或以销售所得款偿还债务的程序。与上述两种处理路径相比,破产重整解决“烂尾楼盘”问题具有以下几大优势:一是企业进入重整程序后,查封、冻结等强制措施会自动解除,开发企业资产得到保护。二是“烂尾楼盘”的破产重整是一项系统工程,重整程序所涉及的税收优惠、利息让渡、土地政策等有政府相关部门的政策扶持,可以尽快使“烂尾”项目得以复工、顺利交付。三是破产重整程序中共益债务制度的设置,使投资人的权益得到保障,该程序对投资人而言更具有吸引力,更愿意进行投资建设。因此,只有在破产重整程序中,“烂尾”项目的价值才能最大化,包括购房业主在内的全体债权人的权益才能得到最大保障。

三、重整之路:“烂尾楼盘”迎来春天

(一)项目破产重整过程

1. 法院启动破产重整程序

2017年10月17日,购房债权人吴某以Z房地产公司资不抵债,无法清偿到期债务为由,向武平县人民法院提出破产重整申请。武平县人民法院在综合分析Z房地产公司的各项情况下,认为该公司具有重整价值和可能,于2017年11月21日,裁定受理该重整申请,并依法指定某律师事务所为破产管理人。管理人接管后,首先面临的是公司财产接管、公司经营事务移交、接收审查债权、清理债务、处理闲置多年的“烂尾楼盘”工程质量问题、建设工程施工合同及相关合同是解除还是继续履行等问题。由于涉及购房债权的人数众多,维稳成了当务之急,如何挽救企业,让项目起死回生,并能够向债权人交付房产清偿债权,是案件的难点问题。

2. 多方出力引进战略投资人

要实现最大限度保护购房人和其他债权人的合法权益,维护社会稳定,引进战略投资人为最优选择。W县的党委政府高度重视“金港新城”项目破产重整工作,组成了由城乡建设主管部门牵头,公安、国土、金融监管、劳动保障、经信等部门组成的项目重启工作组,首先解决了购房人子女上学问题,并先后前往多地开展考察,寻找品牌好、实力强的房地产企业接手该项目。通过法院微信公众号、政府招商引资平台、各行业协会平台发布招募意向投资公告,经多轮会谈、磋商,最终Z房地产公司与J公司达成重整投资意向协议,由管理人制作重整计划,经债权人委员会表决通过,Z房地产公司与J公司正式签订重整协议,由J公司出资1.8亿元接手“金港新城”项目。

3. 产权出售式重整盘活项目

管理人通过研究相关法律法规和政策、学习房地产行业重整经验,全面征求债权人和其他利害关系人意见,最终确定项目产权出售式重整,并制定重整计划草案。重整计划有力地保障了购房人债权、职工债权、建设工程债权、税收债权的全额清偿,其他普通债权的清偿率达到38%,远远高于同类破产案件。2018年8月2日,Z房地产公司第二次全体债权人会议表决通过管理人制作的重整计

划草案,法院依法裁定批准该重整计划。在法院和债权人委员会的监督下,管理人根据重整计划确定的方案,与投资人签订重整协议,将债务人“金港新城”项目的资产整体出让,由受让人完成项目建设,出让款由管理人用于清偿公司债务,从而保障了新投资人轻装上阵。项目产权出售式重整在引入新的投资人后可保证转让后的项目具有后期投资资金,从而使项目顺利完工,向购房人顺利交房,其他债权也获得相应清偿。

(二)项目破产重整的价值意义

房地产企业破产案件较一般的破产案件有一定的特殊性,具有债权人范围广泛、资产状况复杂、涉及的法律关系复杂且相互交织、处理不当可能会影响社会稳定和造成资源浪费等特点。从Z房地产公司破产重整成功的经验来看,推进房地产企业破产重整具有以下几方面的意义:

第一,对房地产企业而言,最重大的影响是企业恢复正常经营。为濒临倒闭但又有维持价值和再生希望的企业创造了摆脱困境的路径,为濒临破产的企业增加一次恢复生机的机会,减少债权人的损失。引入重整方资金投入,用于再生经营,有利于破产重整企业资产的盘活和使用,提高企业持续经营的价值,创造更高比例的债权清偿。

第二,对债权人而言,债权人在重整程序中享有的权利包括:依法申报债权,参加债权人会议,表决债权人会议讨论的事项,以及依照重整计划规定的清偿比例或者条件获得清偿等。重整程序中要求债权人依照重整计划可获得的清偿,不低于债权人在债务人破产清算的情况下能得到的清偿分配。通过重整程序能够更好地维护债权人的合法权益。

第三,对社会整体利益而言,破产重整制度以债务清理和企业拯救为两条主线,以私权保护和社会利益保护为双重目的,通过重整程序保护债权人以及社会部分公众的整体利益。同时,破产重整通过法律手段解决利益相关方的矛盾,依法化解各类矛盾,有利于社会经济的安定与发展,维护社会的和谐稳定。充分发挥破产重整制度优势,是实现社会综合效益最大化的最优选择,对于保障城市营商环境建设具有重要的现实意义。

四、延伸思考:重整“烂尾楼盘”优化营商环境

武平县人民法院处理的该起房地产破产重整案件,是该市成功处理的首例房地产破产重整案件,从该起案件的处理,可以得出以下几点经验。

(一)加强破产审判专业化建设

破产审判案件和一般的民商事案件相比,对审判队伍的司法能力要求更高,破产审判人员不仅需要具备高水平专业的法律素养,还应具有审计评估、建筑施工、公司管理等各方面的专业知识和解决问题的能力。法院应建立健全破产企业准确识别机制,准确把握重整程序、和解程序及清算程序启动及转换条件的规定,依法及时启动或转换对应程序,节约破产程序时间,提高破产审判效率。是否对企业适用重整程序,应根据房地产企业的具体情况考量其是否符合重整的法定情形,对于不具有重整希望的房地产企业,即使重整,其在当前经济形势下的处境仍比较艰难,故应及时进行破产清算,避免适用重整后又再进入清算程序,造成资源浪费,损害债权人等的合法权益。

(二)建设好破产管理人队伍

破产管理人是破产重整案件工作开展的主要推动者和破产事务实施者。在Z房地产公司破产重整案件中,管理人承担接管债务人财产、接受债权申报、完成债权审核和异议复核、召开债权人会议、招募重整投资人、拟定重整计划草案、表决重整计划草案、实施重整方案等工作;重整工作对管理人有较高的要求,将工作落到实处、具备法律功底、具有强有力的沟通能力等都是管理人的必备要素,破产管理人是破产重整案件能否成功办理的关键要素之一。武平县人民法院通过采取摇号和抽签的方式随机确定的管理人队伍,对较为简单的企业破产案件,都能依法完成破产工作;但在破产重整案件中,采取随机指定管理人的方式,可能存在管理人无法胜任破产重整工作的风险,直接影响重整工作的质效。《破产审判纪要》中明确了破产案件中可以引入竞争机制选任管理人,因此在破产重整等较为复杂、对管理人素质要求较高的案件中,可以采用竞争方式选任管理人,以便能够顺利选定能胜任破产工作、为企业量身定做破产重整方案的管理

人队伍。对管理人实行分级管理,降低管理人选任的制度性成本。实行分级管理后,法院可以综合考虑破产案件的复杂程度和影响程度,在特定等级的管理人中来选任。同时,应设立严格、规范的准入、考评及淘汰机制,实行对管理人名册的动态管理。

(三)建立常态化府院联动统一协调机制

房地产企业的破产重整是一项系统工程,除了涉及买卖合同、担保债权、职工债权等方面的法律关系外,还存在安置下岗职工、维护社会稳定、提供税收优惠等政府各职能部门需解决的系列问题。单单依靠法院的司法审判职能无法解决这一系列问题。Z 房地产公司“金港新城”项目实现破产重整,政府在其中发挥了积极的作用。在县委县政府的牵头下,法院、国土、公安、住建、税务等多个部门成立重启工作组,并前往各地学习借鉴破产重整成功经验,成功招募投资人。各部门各司其职、协调配合,及时会商解决重整工作中出现的招募投资人难、沟通协调难、债权债务复杂等问题,使该项目成为全市首例房地产项目通过破产重整实现重启的案例,具有较大的影响力。为此,仅注重个案解决的府院联动机制无法完全回应实践需求,应建立长效化、常态化、规范化的府院统一协调机制,促进破产审判工作质效提升。

(四)处理好各方利益平衡问题

涉房地产破产案件的债务人的人数和种类众多,Z 房地产公司破产重整案件中涉及多家建筑单位,百余户购房人,多家金融机构、税务机关及职工等,法律关系复杂。平衡协调各方利益、维护社会稳定是房地产破产重整的工作重点。大部分债权人对破产重整制度较为陌生,法院、管理人、政府各职能部门有必要向债权人、购房人释法说理,积极回应债权人的询问,定期通报项目重整工作进展,使债权人知道破产重整是对其利益的最大化保护,引导各方在重整工作中服从安排,按照法定程序解决问题,维护权益。在这一过程中,法院和政府要建立沟通协调机制,积极帮助投资人优化经营环境,坚定重整投资人的信心和决心,消除债权人的顾虑,推进重整计划顺利实施。

破产程序中刑民交叉的类型化问题研究与路径探析

——以隐匿、故意销毁会计凭证、会计账簿、财务会计报告罪为例*

近年来，随着供给侧结构性改革的不断深化，市场退出机制的不断完善，破产案件数量逐年上升。破产程序作为民事程序中的一种具体程序，当破产程序推进过程中涉及刑民交叉的问题时，“先刑后民”的传统思想认为，民事案件的审理应在相关刑事案件审理完毕后才能继续审理。但是，刑事案件从侦查、起诉、一审、二审甚至重审程序下来需耗费少则几个月，多则两三年的时间，这就使破产程序的办理周期被无限拉长，严重降低了破产案件办理效率，违背了破产程序中应当遵循的效率原则，也将影响我国营商环境指标在世界的排名。破产案件办理既应追求实体公正也应追求程序高效。本文以隐匿、故意销毁会计凭证、会计账簿、财务会计报告罪为例，对破产程序中刑民交叉类型化问题进行探究，并提出解决路径，对提高破产案件办理的质效和我国营商环境的持续优化具有很强的现实意义。

---

* 作者：刘伟明，龙岩中院民事审判第四庭副庭长，一级法官；林泰良，曾任福建省龙岩市永定区人民法院民事庭法官助理，现任龙岩中院民事审判第一庭三级法官助理。

一、实证分析:破产案件账册移交的现实境遇

账册移交是破产案件审理普遍存在的事项,在破产案件办理过程中需要相关主体移交破产企业的会计凭证、会计账簿、财务会计报告时,有关人员隐匿、故意销毁,达到司法解释列举的情形时则构成犯罪。[①] 为真实反映破产程序中的账册移交问题,笔者对福建省龙岩市两级法院 2019 年至 2021 年 3 年来所办理的 155 件破产案件涉及的账册移交问题进行了调研,分析概况如下。

(一)履行账册移交义务占比小

福建省龙岩市两级人民法院 2019 年至 2021 年共办理破产案件 155 件,其中破产企业有关人员未按照管理人要求移交账册的有 128 件,移交账册的仅有 27 件,占比较低。

(二)未履行移交义务原因多样化

对未按照管理人要求移交破产企业账册的 128 件案件进行原因分析,主要原因为:有关人员下落不明(22 件),或者称在企业经营过程中未建立会计凭证、会计账簿(49 件)或账册遗失(45 件)等。

(三)未履行移交义务刑事追责占比小

破产企业有关人员未按照管理人或者法院要求移交破产企业账册的 128 件案件中,将有关人员移送公安机关立案侦查追究刑事责任的仅 17 件,占比较小。

---

① 《刑法》第 162 条之一规定:“隐匿或者故意销毁依法应当保存的会计凭证、会计账簿、财务会计报告,情节严重的,处五年以下有期徒刑或者拘役,并处或者单处二万元以上二十万元以下罚金。单位犯前款罪的,对单位判处罚金,并对其直接负责的主管人员和其他直接责任人员,依照前款的规定处罚。”《公安机关管辖的刑事案件立案追诉标准(二)》第 8 条规定:隐匿或者故意销毁依法应当保存的会计凭证、会计账簿、财务会计报告,涉嫌下列情形之一的,应予立案追诉:(1)隐匿、故意销毁的会计凭证、会计账簿、财务会计报告涉及金额在 50 万元以上的;(2)依法应当向监察机关、司法机关、行政机关、有关主管部门等提供而隐匿、故意销毁或者拒不交出会计凭证、会计账簿、财务会计报告的;(3)其他情节严重的情形。

（四）移送公安机关后履行移交义务占比高

移送公安机关立案侦查的 17 件案件中，有关人员移交账册的有 10 件，占比较高，形成了威慑力，倒逼企业法定代表人等有关人员履行配合清算的义务。

（五）未履行移交义务民事追责占比小

破产企业有关人员未按照管理人或者法院要求移交破产企业账册的 128 件案件中，追究有关人员损害赔偿责任的仅 9 件，占比较小。

二、现实困境：账册移交问题引发的现实困境

根据破产法的相关规定，自破产申请被法院受理至破产程序终结这一期间，企业法定代表人、财务管理人员和其他经营管理人员有妥善保管其所占用和管理的账簿的义务，管理人要接管破产企业账簿。有关人员隐匿、故意销毁会计凭证、会计账簿、财务会计报告对破产程序的推进、债权人利益的维护和企业违法行为的追究将造成不利影响。

（一）债权人利益受损

会计凭证、会计账簿等会计账册能够系统、全面地反映一家企业在生产经营过程中的财产、物资、对外投资、借款和资金增减等变动情况。《会计法》《公司法》等法律法规明确规定，公司要建立完备的财务会计制度，[①]且企业账册必须真实、准确、完整。[②] 破产案件办理中，若企业账册被隐匿或者销毁，管理人将无法掌握企业账册，对债务人企业的生产经营状况、企业资产、负债等情况的梳理将无法开展，进而导致破产财产状况不明。如在某物流公司破产清算一案中，该公司有关人员未按照法院和管理人的要求移交账册，导致管理人对企业资产进行调查时无法掌握其向当地工业园区缴纳且未退回的项目保证金 300 万元，管理

---

① 《公司法》第 207 条规定："公司应当依照法律、行政法规和国务院财政部门的规定建立本公司的财务、会计制度。"

② 《公司法》第 216 条规定："公司应当向聘用的会计师事务所提供真实、完整的会计凭证、会计账簿、财务会计报告及其他会计资料，不得拒绝、隐匿、谎报。"

人在对该公司债务进行清偿时未能将该笔款项作为该公司的破产财产进行清偿分配。企业破产财产是破产案件的核心要素，直接关系到债权清偿率，关系到债权人的切身利益。若债务人的账册被隐匿、销毁，债务人破产财产将状况不明，从而损害债权人的合法利益。

（二）违法行为受庇

根据企业破产法的相关规定，管理人在接管破产企业的财产、印章和账簿、文书后，还需要对破产企业的财产状况进行全面的清点、调查。因此，如果法院、管理人无法掌握破产企业账册，对破产企业的生产经营状况、资产状况、债务情况等就无法梳理，破产企业在既往的经营管理活动中的一些被掩藏的如贷款诈骗、非法吸收公众存款、职务侵占、逃税等违法犯罪行为在破产程序中就不易被发现，对违法犯罪行为的打击亦会产生影响。

（三）破产审理质效低下

破产程序能否及时高效处置债务人财产，关系到债权清偿率的高低、破产案件办理的质效和优化营商环境的成效，是《企业破产法》实施中的关键环节。在破产企业账册被隐匿、销毁，破产财产状况不明的情况下，影响破产案件办理的效率主要体现在以下两个方面：一是管理人因无法全面掌握财产信息，无法根据财产的性质作出合理的变价方案，甚至出现需要再次召开债权人会议确定新出现财产的变价方案的情况。二是在破产程序中，对原已掌握的财产进行了处置，甚至破产财产已经分配完毕，破产案件即将办结的情况下，因出现新的财产需要处置无法结案，破产案件审理周期被拉长，破产审理质效低下，偏离了破产法对效率的追求。

三、衡平考量：破产程序中刑民交叉问题的辩证统一

刑民交叉案件最为典型特点是刑事法律事实和民事法律事实同时存在。作为民事程序的一种特殊程序，破产程序中涉及的账册移交问题同样存在刑事法律事实和民事法律事实同在的情况。

（一）事实认定的衡平考量

1. 刑事事实认定的考量

根据《刑法》第162条之一的规定，公司、企业及其有关人员隐匿、故意销毁会计凭证、会计账簿、财务会计报告情节严重的构成犯罪。基于对法条内容的理解，本罪侵害的客体是国家对公司、企业的财会管理制度和公司、企业的管理秩序；本罪的对象包括依法应当保存的会计凭证、会计账簿、会计报表和其他会计资料；行为人实施了隐匿或者故意销毁的行为。其中在破产程序中，“隐匿”是指法院或者管理人要求有关人员提供企业账册，有关人员转移、隐藏的行为。“故意销毁”是指有关人员将应当依法保存的企业账册予以毁灭、损毁，使企业账册的完整性、真实性受损的行为。同时，构成本罪还需符合情节严重的情形。①

2. 损害赔偿责任事实认定的考量

根据《九民纪要》的精神，债务人的有关人员不配合清算的行为导致债务人财产状况不明，债务人主要财产、账册、重要文件等灭失，致使管理人无法执行清算职务，给债权人利益造成损害的，权利人可以请求相关人员承担损害赔偿责任，即管理人或者债权人可以请求有关人员承担相应的损害赔偿责任并将因此获得的赔偿归入债务人财产。在破产程序中因账册移交问题衍生的损害赔偿责任的事实认定中，需要注意有关人员是否存在过错，是否违反《企业破产法》规定的妥善保管其占有和管理的账簿、配合清算的义务，对破产企业账册是否存在隐匿或者销毁的行为，导致债务人财产状况不明。

3. 刑民事实认定的衡平

在刑民交叉类型案件中，刑事责任承担和民事责任承担之间的关系是刑民交叉案件中的重要一环。在刑事视角下，实体问题表现为如何确定刑事责任，其重点在于罪与非罪的区分。在民法视角下，民事实体问题表现为是否承担民事

---

① 《公安机关管辖的刑事案件立案追诉标准（二）》第7条规定：“公司、企业进行清算时，隐匿财产，对资产负债表或者财产清单作虚伪记载或者在未清偿债务前分配公司、企业财产，涉嫌下列情形之一的，应予立案追诉：（一）隐匿财产价值在五十万元以上的；（二）对资产负债表或者财产清单作虚伪记载涉及金额在五十万元以上的；（三）在未清偿债务前分配公司、企业财产价值在五十万元以上的；（四）造成债权人或者其他人直接经济损失数额累计在十万元以上的；（五）虽未达到上述数额标准，但应清偿的职工的工资、社会保险费用和法定补偿金得不到及时清偿，造成恶劣社会影响的；（六）其他严重损害债权人或者其他人利益的情形。”

赔偿责任及其责任形态。破产程序中的账册移交问题涉及隐匿或者故意销毁依法应当保存的企业账册,承担刑事责任的重点在于企业法定代表人等有关人员是否构成犯罪,而承担损害赔偿责任的重点在于法定代表人等有关人员是否因为未妥善保管账册而造成损害,两者并不存在冲突。

(二)程序价值的衡平考量

刑事程序是国家机关行使国家刑罚权的活动,其解决的中心问题是被告人的刑事责任问题;而破产程序要解决的是债权的公平高效受偿问题,主要涉及财产权益。因此,不同性质的法律纠纷需要适用不同的诉讼程序加以解决。

1. 刑事程序的价值考量

刑法的目的是保护法益,各种犯罪都是侵犯法益的行为。[①] 刑事诉讼价值包括秩序、公正、效益诸项内容。其中,程序公正是当事人和社会公众所能够体会到的公正。

2. 破产程序的价值考量

破产法律制度中既包含实体制度的规定也包含程序制度的规定。破产程序的实质是债权人的债权得到公平清偿,公平与效率是破产程序必须贯彻的基本原则。首先,破产程序制度涉及的实际上是一种集体清偿,最大限度地节约了有限的司法资源。其次,可以防止债权人实现债权利益被无限期拖延。保证破产程序的效率,不仅能够促进破产案件的审理,实现高效司法,而且能够快速实现优化市场资源配置,提升有效供给。

3. 刑事程序与破产程序的衡平

对于刑民交叉的概念及其内涵,目前法律中尚无明确的规定予以界定,理论界和实务界亦是争议已久,存在不同观点,尚未形成统一观点。陈兴良教授认为,刑民交叉是指刑事犯罪与民事不法存在竞合,既有刑事犯罪行为,又有民事不法情形,并且两者之间具有某种重合性。[②] 周光权教授认为,刑民交叉是指某

---

① 参见陈洪兵:《论经济的财产损害——破解财产罪法益之争的另一视角》,载陈兴良主编:《刑事法评论》第32卷,北京大学出版社2013年版。

② 参见陈兴良:《刑民交叉案件的刑法适用》,载《法律科学(西北政法大学学报)》2019年第2期。

一行为是应作为犯罪行为处理,还是作为民事违法行为处理存在模糊界限的情形。[①] 实务界中,最高人民法院何帆则认为,刑民交叉指案件既涉及刑事法律关系,又涉及民事法律关系,两种关系相互交叉,或者是某一法律事实涉及两种法律关系一时难以确定的案件。[②] 虽然在理论界和实务界,各学者、司法人员的观点有所不同,但殊途同归都落脚于"法律事实"和"法律关系"。总而言之,刑民交叉就是同一或者不同法律事实分别引起了刑事和民事两种法律关系,难以确定这两种法律关系到底是择一适用还是并行适用的一种特殊的法律现象。司法实践对刑民交叉情况出现时的处理顺序这一问题争论不休。一是"先刑后民"的处理意见,即出现刑民交叉时应先由侦查机关对犯罪事实进行调查并在人民法院对刑事犯罪事实作出判决后再对民事纠纷进行审理的一种诉讼规则。长期的司法实践和现有部分司法解释使这种处理模式和处理思维根深蒂固。[③] 破产案件作为民事案件的一种类型,当其与刑事案件交织在一起时,不少法院在处理时也的确坚定地遵循了上述"先刑后民"原则。二是主要依据《九民纪要》第 130 条的规定,认为只有在刑事案件会对民事程序造成实质性的影响时才应当依照"先刑后民"原则进行处理。该条规定不能当然地适用于破产程序这一特殊的民事程序中,但该观点可以为破解破产案件中的刑民交叉问题打开新的思路。在破产程序中坚持"先刑后民"的做法,在一定程度上否定了破产法对破产程序公平和效率的价值追求。当破产财产与涉案财产高度混同时,破产程序需要中止,此时破产程序的进行依赖于刑事案件的审理,但某些复杂的经济犯罪结案需要数月甚至长达数年的时间,破产债权人的债权变现时间成本高,合法权益遭到损害。刑事诉讼是国家机关行使国家刑罚权的活动,其解决的中心问题是被告人的刑事责任问题,而破产程序要解决的是债权的公平高效受偿,主要涉及财产权益,因此,不同性质的法律纠纷需要适用不同的诉讼程序加以解决,两者并不存在冲突。

---

① 参见周光权:《"刑民交叉"案件的判断逻辑》,载《中国刑事法杂志》2020 年第 3 期。

② 参见何帆:《刑民交叉案件审理的基本思路》,中国法制出版社 2007 年版,第 25 ~26 页。

③ 参见杨兴培:《刑民交叉案件中"先刑观念"的反思与批评》,载《法治研究》2014 年第 9 期。

四、应然走向：账册问题刑民交叉处理的路径选择

为保证破产程序的效率，提升破产案件的审判质效，对破产程序涉及的企业账册刑民交叉问题可以采取刑事程序与破产程序同步进行、重塑破产账册移交刑事理念，以及引入个人破产的方式来加以解决。

（一）刑民并行：刑事追责与破产程序同步推进

刑事案件和破产案件的审理都是为了维护社会经济秩序，保护公民的合法权益，维护社会稳定。从具体的实务层面分析，刑事程序打击的是犯罪行为，侧重惩罚犯罪行为；破产程序是归集债务人所有财产，公平清偿，重点以达到债务公平清偿为目的，两个程序并不必然发生冲突。企业账册对于查明债务人破产财产尤为重要，破产程序不同于其他法律程序，界定债务人财产是破产程序的核心部分。在存在刑民交叉的情形下，同步推进两个程序与破产程序追求的效率性相符合。在破产程序中，法定代表人等有关人员隐匿或故意销毁企业账册导致无法清算的依法启动刑事程序，追究其刑事责任，同时其给债权人造成的利益损害，由管理人或者债权人提起损害赔偿诉讼，对破产企业债权申报、已查明财产处置及相关程序同步推进，从而实现破产程序的高效、有序推进。

（二）立法明释：账册问题刑事救济重塑

账册问题刑事救济归根结底也还是为了化解财产性纠纷，该罪名作为威慑工具的功能更为明显。司法解释可以明释，此类犯罪初查的直接目的在于找到会计账簿，通过刑事侦查手段找到有关人员告知其拒不移交会计账册的法律后果，形成威慑，督促其交出破产账册。企业法定代表人等有关人员主动履行义务交出账册后作撤案处理，对其隐匿行为由相关部门根据《会计法》《公司法》的规定进行行政处罚；拒不移交、仅移交部分或移交的账册为虚假账册的，则依法追究刑事责任。采取这样的做法可以通过公安机关的侦查手段形成威慑，企业法定代表人等有关人员移交了破产企业账册后便无须再启动刑事追责程序，在实现降低司法成本的同时可以最大化地提升破产案件办理质效。此外，企业法定代表人等有关人员因移交破产企业账册而免受刑事追责，债权人亦因破产企业

得以顺利清算实现债权利益,双方社会关系不至于因为账册问题而彻底破坏,为修复原有关系创造了更大空间。

(三)延伸清算:个人破产机制引入

自20世纪80年代始,我国在是否建立个人破产制度上就存在争论。2004年,全国人大常委会法工委向全国人大常委会汇报《企业破产法(草案)》起草情况时指出,在当前我国个人信用体系不健全的背景下,尚无有效手段防止欺诈破产的情况,建立个人破产制度的条件尚不成熟。① 随着我国市场经济和社会不断发展,特别是"基本解决执行难"以来社会诚信体系如限制消费制度、失信惩戒机制等的不断建立与完善,最高人民法院在制定《关于深化人民法院司法体制综合配套改革的意见——第五个五年改革纲要(2019—2023)》时亦明确提出要研究推动个人破产制度及相关配套机制的建设。② 此后,浙江温州等地逐步对个人破产制度进行探索,开展个人债务集中清理工作。2021年3月,在获得全国人大授权的前提下,全国首部个人破产立法《深圳经济特区个人破产条例》施行,我国正式开始个人破产制度的试水,但因为国家层面立法、审判实践及相关配套措施还未完备,个人破产制度在全国范围内铺开的时机尚未成熟。个人破产制度在地区试点的同时可以在破产刑民交叉领域同步开展试点,以破产程序中企业法定代表人等有关人员隐匿、故意销毁企业账册的刑民交叉案件为例,企业法定代表人等有关人员在构成犯罪的同时亦符合其行为导致无法清算或者造成损失应承担损害赔偿责任的情形。此时,企业不能清偿的部分负债甚至全部负债就转嫁给了企业法定代表人等有关人员,在企业法定代表人等有关人员无法履行损害赔偿责任的情况下将造成大量的执行不能案件。此时,引入个人破产制度,依法对企业法定代表人等有关人员宣告破产,对其资产进行清算和分配或者进行债务调整,不仅可以促进个人破产制度的探索,还可以为个人破产制度在全国范围内的铺开积累实践经验和培养审判力量。

---

① 参见蒋黔贵:《全国人大法律委员会关于〈中华人民共和国企业破产法(草案)〉修改情况的汇报——2004年10月22日在第十届全国人民代表大会常务委员会第十二次会议上》,载《中华人民共和国全国人民代表大会常务委员会公报》2006年第7期。

② 参见《最高人民法院关于深化人民法院司法体制综合配套改革的意见 人民法院第五个五年改革纲要(2019—2023)》,载最高人民法院网2020年12月30日,https://www.court.gov.cn/xunhui1/xiangqing/282361.html。

结　　语

破产案件审判应当贯彻公平和效率的基本原则,而破产程序出现刑民交叉问题时,一味强调“先刑后民”是对破产程序效率原则的偏离。“刑民并行”以及高效的联动协调机制既可以在刑事程序中实现保护法益的目的,也可以实现破产程序的公平与效率原则。同时,引入个人破产机制,为个人破产制度在我国全面推广奠定基础。

破产程序中诉讼时效制度适用若干问题的思考*

引　言

诉讼时效制度的目的是促进权利人及时行使权利，防止出现“权利上的睡眠者”情形，适时结束权利义务关系的不稳定状态，从而稳定法律秩序，降低交易成本。破产程序是在债务人资不抵债或者丧失清偿能力时，集中清理债权债务的司法程序。为了公平清理债权债务，《企业破产法》及相关司法解释创设了一系列特别的程序和制度以保护债权人和债务人的合法权益，破产程序中诉讼时效制度的特殊规定就是其中之一。诉讼时效制度在破产程序中的适用具有一定的特殊性，破产程序中涉及的诉讼时效争议，应当优先适用特别法《企业破产法》及相关司法解释，而诉讼时效的中断与时效期间的重新起算则是其中最具争议性的问题。在破产程序中正确理解、准确适用诉讼时效制度，对于维护破产程序中相关当事人的合法权利、公平清偿债务、促进管理人正确履职等均具有重要的意义。本文对破产程序中债权人诉讼时效的适用、债务人对外债权诉讼时效的适用、债务人对外债

* 作者：杜国长，龙岩市破产管理人协会会长，福建天衡联合（龙岩）律师事务所主任。

权诉讼时效特别规定的适用问题进行分析研究，以便针对不同情形正确适用诉讼时效规定。

一、破产程序中债权人诉讼时效中断的适用问题

(一)债权人申请破产、申报破产债权系诉讼时效中断的法定事由

根据《最高人民法院关于审理民事案件适用诉讼时效制度若干问题的规定》(2020年修正)(以下简称《诉讼时效制度若干规定》)第11条的规定，债权人“申请破产、申报破产债权”属于《民法典》第195条规定的“与提起诉讼或者申请仲裁具有同等效力的其他情形”，属于诉讼时效中断的事由。债权人向人民法院申请债务人破产、向管理人申报破产债权，实际上是债权人通过法律规定的债务集中清理司法程序向债务人主张债权的方式，其在诉讼时效上产生的法律效果等同于债权人为主张债权提起诉讼所产生的法律效果，系债权人诉讼时效期间中断的法定事由。

需要特别注意的是，上述规定中，“申请破产”的主体是债权人，但如果是债务人自己，或者是依法负有清算责任的人向人民法院申请破产，是否发生全体债权人诉讼时效中断的法律效果呢？有人认为，债务人自己申请破产，意味着债务人同意通过破产程序清偿债务，针对的对象是全体债权人，等同于“义务人同意履行义务”，将导致全体债权人诉讼时效中断的效果。对此，笔者认为，债务人申请破产并不表明其对全体债权人债权的概括承认。根据《企业破产法》的规定，具体的债权人对于其具体的债权，仍然必须通过债权申报方式主张债权并经管理人审查、其他债权人核查和人民法院确认。因此，债务人自行申请破产并不能导致全体债权人的诉讼时效同时概括中断的效果，债权人仍然需要通过申报债权的方式引发具体债权的诉讼时效中断。

此外，在人民法院裁定受理破产申请后，是否会对全体债权人产生诉讼时效中断的法律效果？对此，笔者认为，从《诉讼时效制度若干规定》第11条将“申请破产”与“申报破产债权”作为两种并列情形进行规定的角度分析，申请债务人破产、申报破产债权属于债权人主张债权的两种方式，两种方式在破产程序中所产生的法律效果存在差异：申请破产除属于主张权利的方式外，还具有启动破产程序的效力；而申报破产债权，是在破产申请被受理后债权人向管理人主张债权的

情形。由于管理人依法负有对所申报债权的诉讼时效是否届满进行审查的义务,对于该部分债权人而言,如果债权人向管理人申报债权时,其申报债权的诉讼时效已经在破产受理至申报债权期间届满且无中止、延长的事由,管理人应当以超过诉讼时效为由不确认其申报的债权。因此,笔者认为,人民法院受理破产申请并不会对全体债权人产生诉讼时效中断的法律效果,这也符合诉讼时效制度督促债权人及时行使权利的目的,促进债权人及时申报债权推动破产程序及时推进。

(二)关于债权人诉讼时效中断时点确定的问题

根据《民法典》第 195 条和《诉讼时效制度若干规定》第 11 条的规定,债权人向人民法院申请债务人破产、向管理人申报破产债权,等同于“提起诉讼”,从而导致诉讼时效中断。因此,债权人向人民法院申请债务人破产、向管理人申报破产债权,是债权人向债务人主张权利的方式,只要提出主张即可,与该主张是否成立并无关系。破产申请是否被法院受理,申报的债权是否被管理人确认,均不影响诉讼时效的中断,申请破产、申报破产债权是否被受理或者被确认,涉及的是导致时效中断的法定事由是否发生效力,以及诉讼时效期间是否应开始重新计算的问题。

具体到实际应用中,笔者认为,对于向人民法院提出申请债务人破产的债权人而言,其对债务人诉讼时效期间中断的时点为其向债务人所在地人民法院提交申请债务人破产的申请文件之日;对于其他债权人而言,诉讼时效则从其向管理人提交债权申报文件之日起中断。但是,如果债权人向人民法院撤回破产申请或向管理人撤回债权申报,能否产生诉讼时效中断的法律效果呢?笔者认为,该行为实质上与债权人起诉后撤回起诉的法律效果相同,从不同角度分析,可以得出两种不同结论:如果将撤回起诉、撤回破产申请或债权申报的后果视为未主张权利,则不发生诉讼时效中断的效果;反之,如果认为这种情况也属于主张权利,则同样产生诉讼时效中断的效果,自人民法院作出同意撤诉的裁定书、债权人撤回债权申报时,诉讼时效期间重新计算。

(三)关于债权人诉讼时效期间重新计算时点的问题

《民法典》第 195 条规定,诉讼时效中断,从中断、有关程序终结时起,诉讼时效期间重新计算。据此可知,诉讼时效在导致诉讼时效中断的法定事由消除后即开始重新计算时效期间,根据引起诉讼时效中断的法定事由不同,法定事由的持续时间或消除时间不同,诉讼时效期间重新计算的时点也会有所区别。对此,主要有两种情形:一种是中断的法定事由发生后立即消除,诉讼时效中断时点与重新计算诉讼时效期间的时点是一个时点,即从中断之日起开始重新起算诉讼时效期间。另一种是中断法定事由发生后需要持续一定时间后才消除,诉讼时效中断时点与重新计算诉讼时效期间的时点之间存在一段时间,需待中断事由消除后再开始重新起算诉讼时效期间。

债权人申请债务人破产或在破产程序中向管理人申报债权,导致其诉讼时效中断,诉讼时效期间从何时重新起算?对此,需要区分债权人的破产申请或申报的债权是否得到认可,如果人民法院不予受理债权人提出的破产申请或受理后发现债务人不符合破产条件,裁定驳回债权人提出的破产申请,或管理人对债权人申报的债权不予确认,应自债权人收到人民法院作出的不予受理裁定书或驳回破产申请的裁定书之日或不予认定债权通知书之日起,开始重新起算诉讼时效期间。如果债权人的破产申请或债权申报得到人民法院或管理人的认可,按照《民法典》第195条规定的从“有关程序终结时起,诉讼时效期间重新计算”,即债权人中断的诉讼时效需待破产程序终结后开始重新计算。但是,债权的申报经人民法院最终裁定确认并通过破产财产分配方式进行清偿后,事实上针对债权人的诉讼时效已经不存在重新计算的问题了;因此,破产程序中诉讼时效中断后,除下列特殊情况外,诉讼时效中断后的后果大多数情况下是诉讼时效终结,而不是重新计算诉讼时效。

1. 在破产清算程序中:(1)如发生《企业破产法》第108条规定的破产原因消除导致破产程序终结的情形,由于第三人为债务人清偿全部到期债务或债务人清偿全部到期债务后,债权人的债务已经得到清偿,债权债务关系消灭,不再存在重新计算债权人诉讼时效的问题。仅在第三人为债务人提供足额担保导致破产程序终结时,在人民法院裁定终结破产程序之日起重新计算诉讼时效。(2)如发生《企业破产法》第120条规定的破产人无财产可供分配,或破产财产分配完结后,人民法院裁定终结破产程序的情形,管理人应向破产人原登记机关办理注销登记,债务人企业被注销,债权债务的主体不复存在,因此破产程序中断的诉讼时效实际上不存在恢复重新计算的问题。

2. 在重整程序中:(1)如发生《企业破产法》第 86 条规定的重整计划获得通过或重整计划未通过但依照《企业破产法》第 87 条的规定获得批准,人民法院裁定批准重整计划、终止重整程序的情形,进入破产重整计划执行阶段。如果债务人不能执行重整计划,依照《企业破产法》第 93 条的规定依法转入破产清算程序;如果债务人将重整计划执行完毕,债权人的债权获得清偿,依据重整计划减免的债务就不再清偿,债务关系彻底解决,不复存在,不存在重新计算债权人诉讼时效的问题。(2)如发生《企业破产法》第 88 条规定的情形,重整计划未获得法院批准,人民法院裁定终止重整程序,则依法转入破产清算程序。

3. 在和解程序中:(1)如发生《企业破产法》第 99 条规定的情形,和解协议未通过或未获得法院批准,人民法院裁定终止和解程序,则依法转入破产清算程序。(2)如发生《企业破产法》第 103 条规定的情形,和解协议被人民法院裁定无效,则依法转入破产清算程序。(3)如发生和解协议获得人民法院批准,债务人不能执行或不执行和解协议的情形,依照《企业破产法》第 104 条的规定依法转入破产清算程序;如债务人将和解协议执行完毕,债权人的债权获得清偿,依据和解协议减免的债务就不再清偿,债务关系彻底解决,不复存在,不存在重新计算债权人诉讼时效的问题。(4)如债务人与全体债权人依据《企业破产法》第 105 条的规定就债权债务的处理自行达成协议,并请求人民法院裁定认可而终结破产程序,如果债务人按约履行和解协议,则不存在重新计算诉讼时效的问题;如果债务人未按照约定履行和解协议,《企业破产法》未规定可以直接进入破产清算程序,因此,此种情况下应当自破产程序终结时起重新计算诉讼时效。

二、破产程序中债务人对外债权诉讼时效中断的适用问题

(一)破产程序的启动对债务人对外债权诉讼时效的影响

1. 债务人对外已到期债权的诉讼时效:中断

破产程序的启动对于债务人对外债权的诉讼时效的影响问题,《民法典》和《企业破产法》均没有作出规定,但《破产法司法解释二》第 19 条第 1 款规定,债务人对外享有债权的诉讼时效,自人民法院受理破产申请之日起中断。据此,人民法院受理破产申请将导致债务人对外债权(债务人对次债务人的债权)发生诉讼时效中断的法律后果。但是,笔者认为,该条规定的对外债权应限定为破产受

理时已到期且诉讼时效期间未过的债权，并不包含破产受理时未到期债权及诉讼时效期间已过的债权；对于未到期债权，虽处于最长诉讼时效保护期间内，但尚未开始计算普通债权诉讼时效或特殊诉讼时效期间，不存在诉讼时效中断的问题；对于破产程序启动前已经超过诉讼时效的债权，如果没有《破产法司法解释二》第 19 条第 2 款规定的情形，则不存在诉讼时效中断或重新计算的问题。

2. 债务人对外未到期债权：视为已到期

关于债务人对外未到期债权可能存在两种情形：一种是基于债务人履行完毕，对方当事人未履行完毕的合同，由此所产生的未到期债权；另一种是基于债务人和对方当事人均未履行完毕的合同所产生的未到期债权。

《企业破产法》对于破产程序启动后债务人对外未到期债权的处理问题，虽然没有直接进行明文规定，但是《企业破产法》第 17 条第 1 款规定了“人民法院受理破产申请后，债务人的债务人或者财产持有人应当向管理人清偿债务或者交付财产”。据此，自人民法院受理破产申请之日起，债务人的债务人应当向管理人清偿债务。由于该条规定中的“债务”并未区分到期债务与未到期债务，故其应当包含已到期债务和未到期债务。基于该条规定，对于债务人对外未到期债权，自人民法院受理破产申请之日起，管理人即可要求次债务人履行清偿义务。因此，笔者认为基于债务人履行完毕，对方当事人未履行完毕的合同所产生的未到期债权，在人民法院受理破产申请之日起即可视为已到期。但是由于该债权履行期限并未实际届满，如果管理人在债权履行期限届满前要求次债务人履行清偿义务，应自管理人主张债权之日起开始计算诉讼时效；如果管理人在破产案件受理后至债权履行期限届满期间，并未要求次债务人履行清偿义务，应自债权履行期限届满之日起开始计算诉讼时效，但如果债权履行期限在债务人被宣告破产时尚未届满，应自债务人被宣告破产时开始计算诉讼时效。

债务人的未到期债权还涉及基于债务人和对方当事人均未履行完毕的合同所产生的未到期债权，对此《企业破产法》第 18 条第 1 款规定：“人民法院受理破产申请后，管理人对破产申请受理前成立而债务人和对方当事人均未履行完毕的合同有权决定解除或者继续履行，并通知对方当事人。管理人自破产申请受理之日起二个月内未通知对方当事人，或者自收到对方当事人催告之日起三十日内未答复的，视为解除合同。”因此，对于债务人和对方当事人均未履行完毕的合同，管理人有权决定解除或继续履行合同。如果管理人对正在履行的合同行使解除权并要求次债务人提前清偿债务，自管理人行使合同解除权并要求次债务人清偿债务的期限届满之日起，开始计算该债权的诉讼时效。

（二）债务人对外债权诉讼时效期间重新计算的时点确定：对《破产法司法解释二》第19条规定理解适用争议的思考

关于《破产法司法解释二》第19条规定理解适用的争议，主要是债务人对外债权诉讼时效中断后，应从何时开始重新计算诉讼时效期间？司法实践中出现两种不同的判决：一种判决，是认定从中断时起开始重新计算诉讼时效期间，即自人民法院受理破产案件之日开始重新起算债务人对外债权的诉讼时效期间，如六安江淮电机有限公司与阜阳轴承有限公司对外追收债权纠纷案①、辽源市啤酒有限责任公司破产清算组与徐洪艳对外追偿权纠纷案②、成功控股集团有限公司与湖南湘泉集团有限公司股权转让纠纷案③中均是既将破产受理日作为诉讼时效中断日，也认定诉讼时效应当自中断之日（破产受理日）起重新计算。另一种判决，则认定应从破产程序终结之日起重新计算诉讼时效期间，如刘某与大理漾濞雪山河发电有限公司股权转让纠纷案④中，最高人民法院认为诉讼时效中断后，从有关程序终结时起诉讼时效期间重新计算，因破产程序迄今未终结，所以未超过诉讼时效。

对此，笔者认为，由于破产程序包括清算、重整与和解三种，在不同的破产程序中，债务人对外债权诉讼时效中断后重新计算诉讼时效期间的时点应当是不同的。

1. 在破产清算程序中，包括因重整计划未通过、债务人未能履行重整方案、和解协议未履行而转入清算程序的，债务人对外债权的诉讼时效期间自中断之日即破产案件受理之日起重新计算。

第一，从法律规定上看，《破产法司法解释二》第19条关于债务人对外债权诉讼时效中断的规定是最高人民法院通过司法解释创设的破产法上的特别制度，和《民法典》第195条中规定的因债权人行使权利，包括直接向债务人主张、

---

① 安徽省高级人民法院民事判决书，(2022)皖民终60号。

② 吉林省辽源市中级人民法院民事判决书，(2017)吉04民终879号。

③ 最高人民法院民事判决书，(2012)民提字第138号。

④ 最高人民法院民事裁定书，(2018)最高法民申1646号。

起诉或申请仲裁以及申请债务人破产、申报债权等实际上等同于诉讼仲裁的行为,以及债务人同意履行等导致诉讼时效中断的事由是完全不同的。债务人对外债权的诉讼时效在法院受理破产申请时中断,并不是因为债务人对次债务人作出了主张权利的行为,而是因为最高人民法院通过《破产法司法解释二》对债务人对外债权的诉讼时效作出了特别规定,不能简单地根据《民法典》第195条中“有关程序终结时起,诉讼时效期间重新计算”的规定推定因受理债务人破产申请而中断的债务人对外债权诉讼时效期间重新计算的时点也在破产程序终结时。

在破产程序中,债权人根据《民法典》第195条在进入“有关程序”后,一直处于依据法律程序主张权利的状态和过程中。相反,受理破产申请而导致的债务人对外债权诉讼时效中断后,在债务人或债务人的管理人要求次债务人履行债务前,债务人作为债权人仍然“躺在权利上睡觉”,并没有积极行使权利,不处在主张权利的状态和过程中,完全不同于积极主张权利而导致的诉讼时效中断。因此,必须从制度上促使债务人或管理人及时主张权利,而不能任由管理人消极履职。

第二,从条文整体上看,根据《破产法司法解释二》第19条第2款的规定,债务人的对外债权在破产申请受理前一年内,“债务人无正当理由未对其到期债权及时行使权利”导致超过诉讼时效期间的,“人民法院受理破产申请之日起重新计算上述债权的诉讼时效期间”。从条文整体分析,该第2款中的“人民法院受理破产申请之日起重新计算上述债权的诉讼时效期间”同样应当适用于该条第1款中的情况。在同一法条中关于债务人对外债权诉讼时效中断后重新计算的规定,在该条第1款没有作出与第2款不同规定的情况下,两个条款规定应当是一致的。而且,在最高人民法院制定发布《破产法司法解释二》时,《中华人民共和国民法通则》(已失效)曾规定,诉讼时效中断后重新计算的时点就是诉讼时效中断之时,从该司法解释制定时的本意看,债务人对外债权诉讼时效期间的起点就是受理破产申请时,即在诉讼时效中断的同时重新计算诉讼时效期间。

第三,从立法目的上看,《破产法司法解释二》中对债务人对外债权诉讼时效中断作出特别规定,是为了有利于管理人追收债务人财产,防止债务人的不当行为造成债务人财产流失,尽一切努力增加可供债权人分配的财产。一是进入破产程序后,人民法院指定管理人接管债务人,债务人的对外债权的行使主体实际上发生了变更，由于管理人并未参与债务人原经营管理活动，而管理人接管后客观上需要一段时间通过清理财产、查阅账簿等调查债务人财产状况，包括充分发现债务人的对外债权，对于已经掌握的对外债权也需要有一定的时间为追收做准备。二是大部分破产企业（债务人）在人民法院受理破产申请前的一段时期里已经处于不正常运营状态，很可能未能及时行使债权导致债权诉讼时效届满或即将届满。为了避免管理人接管过程中时效届满导致债务人财产不当减损，保护破产财产，维护债权人利益，最高人民法院在《破产法司法解释二》中作出了上述规定，以利于管理人代表债务人更有效地清收应收账款（具体见最高人民法院民二庭负责人就《破产法司法解释二》答记者问①中的相关表述）。

第四，从破产程序中诉讼时效制度的功能上看，在破产程序中既要促使债权人及时申报债权，也要督促管理人及时履行职责，管理人在接管破产企业后，有权利更有义务代表债务人及时行使权利，清收对外债权。债务人对外债权的诉讼时效中断后马上重新计算诉讼时效期间，债务人重新获得了 3 年的诉讼时效期间。一方面，管理人已有足够的时间在新的诉讼时效期间内主张权利，进行应收账款清收工作；另一方面，也要防止管理人作为债务人行使权利的代表继续"躺在权利上睡觉"而导致民事主体的权利状态长期悬置，义务人长期处于待履行状态。次债务人的时效利益同样应当得到尊重，不能长期使其处于一种不稳定状态。司法解释在赋予管理人必要的准备时间的同时，也隐含了管理人应积极履行催收职责的要求。否则，如果任由管理人在整个破产程序中不采取任何催收债权的行动而无任何后果，司法解释专门创设的债务人对外债权诉讼时效在破产案件受理之日中断的特别规定也就失去意义了。

第五，从法律效果上看，在破产清算程序中，除了破产原因消灭导致破产程序终结的情况，债务人作为一个民事主体已经消灭，已经不存在行使权利的主体，因此从破产程序终结时起重新计算其对外债权的诉讼时效期间也已失去意义。

2. 破产重整、和解程序中可以在破产程序终结时重新计算诉讼时效期间。

由于债务人在重整程序终结或和解后依然处于存续状态，债务人作为对外

---

① 参见最高人民法院民事审判第二庭编著：《最高人民法院关于企业破产司法解释理解与适用：破产法解释（一）·破产法解释（二）》，人民法院出版社 2017 年版，第 26～27 页。

债权的权利主体有权利和能力继续追索对外债权，在破产程序终结时重新计算诉讼时效期间并不影响债务人对外债权的追索，更有利于保障债务人及债权人的利益。而且，根据《企业破产法》的规定，重整程序从受理到重整计划通过一般情况下只有6+3个月，和解程序也不应当超过这个期限，因此在破产程序终结时重新计算诉讼时效期间不会导致出现权利状态长期不稳定的情况。

关于债务人对外债权诉讼时效中断后何时重新计算的问题，由于该中断事由属于通过司法解释设定的特别规定，司法实践中对于该特别规定的理解与适用也存在分歧。因此，应当通过司法解释进一步予以明确，或者在修改《企业破产法》吸纳该司法解释内容的同时作出明确的规定，避免司法适用中的争议。

三、关于破产受理前一年内超过诉讼时效的债务人对外债权的特殊规定的理解与适用问题

《破产法司法解释二》第19条第2款规定：“债务人无正当理由未对其到期债权及时行使权利，导致其对外债权在破产申请受理前一年内超过诉讼时效期间的，人民法院受理破产申请之日起重新计算上述债权的诉讼时效期间。”这也是司法解释对破产申请受理前一年内超过诉讼时效期间的债务人对外债权适用诉讼时效制度的特殊规定。实践中，关于这个特殊规定在适用上的分歧主要是如何理解“债务人无正当理由未对其到期债权及时行使权利”中的“无正当理由”：一是如何判断“无正当理由”；二是对于“无正当理由”的主张，谁承担举证责任。事实上，除了由于过失或疏忽遗忘到期债权这个理由外，似乎很难找出其他所谓的“正当理由”了；就举证而言，又如何去举证证明“无正当理由”这种消极事实呢？

对此，笔者认为，想要破解这个争议，应当从《破产法司法解释二》第19条第2款规定的制定依据即《企业破产法》第31条规定入手，该条规定人民法院受理破产申请前一年内，对债务人放弃债权的行为，管理人有权请求人民法院予以撤销。对于该条规定中债务人放弃债权的行为的理解，可以是明确放弃，如通知其次债务人明确放弃对其债权、与债务人签订免除债务的协议，以及撤销诉讼、放弃诉讼标的等积极的行为，也可以是各种消极放弃权利的行为，包括在诉讼时效届满前故意或过失不向次债务人主张权利要求其履行债务等消极不作为形式。

笔者认为,债务人无正当理由未对其到期债权及时行使权利,导致该对外债权超过诉讼时效期间的不作为行为,其实质就是债务人放弃债权的行为。如果将受理破产申请前一年内债务人未对次债务人行使权利导致债务人对外债权超过诉讼时效的情况视为《企业破产法》第 31 条规定的可撤销的债务人放弃债权的行为,也就不必再去纠缠何为"无正当理由"这个无解的难题了。

结　　语

《破产法司法解释三》第 6 条第 2 款规定:"管理人应当依照企业破产法第五十七条的规定对债权的性质、数额、担保财产、是否超过诉讼时效期间、是否超过强制执行期间等情况进行审查、编制债权表并提交债权人会议核查。"在破产程序中,管理人对债权请求权的诉讼时效情况负有主动审查的职责,这既包括对破产企业债务的诉讼时效审查,也包括对破产企业对外债权的诉讼时效审查,否则,管理人就存在违反勤勉义务之虞。

论企业破产重整中的金融服务定位*

金融机构作为金融服务提供者，在破产程序中扮演着重要的角色。金融机构不仅在管理人依法接管破产企业账户、开立专案账户等账户管理服务中发挥作用，而且为重整企业提供融资支持以确保企业可以重新恢复运转。金融机构的功能主要体现在破产企业账户管理与融资服务两个方面。

一、破产企业账户服务者

根据《企业破产法》第 25 条的规定，管理人的职责包括接管债务人财产、调查债务人财产状况、制作财产状况报告、管理和处分债务人财产等。管理人依法履行前述职责需要金融机构的积极配合，因此要建立与企业破产程序相衔接的金融服务工作机制，确保公正、及时地推动企业破产处置工作。

（一）破产企业账户服务者的作用

第一，支持管理人依法接管破产企业账户。金融机构应积极配合破产程序，及时协助管理人依法办理查询

---

* 作者：胡潘祥，中国邮政储蓄银行龙岩市分行行长；蓝建光，中国邮政储蓄银行龙岩市分行业务经理。

破产企业账户信息及交易明细信息、破产企业账户保全措施解除、破产企业账户资金划转、破产企业账户撤销等业务，保障破产程序的顺利推进。

第二，便利管理人账户开立。实践中，管理人应当开设专用账户，用于债务人财产的归集和管理。管理人可凭人民法院受理破产申请裁定书、指定管理人决定书及管理人负责人身份证明材料向金融机构申请开立管理人账户。金融机构应当在充分履行客户身份识别义务并确保风险可控的前提下，缩短账户开立周期，便利管理人履职。

（二）账户服务中的常见问题

第一，金融机构设置障碍。金融机构不配合管理人开户延误破产案件审判工作。在实践中，一些金融机构对管理人专用账户的开立、资金管理及风险控制等设置各类要求和限制，如要求提供大量的证明文件，设置烦琐的审批流程等，这不仅增加了管理人的履职难度，还提高了破产成本，影响企业重整效果。

第二，管理人账户开户无序。管理人向受理破产案件的人民法院提交开户申请，就开户的必要性及拟开账户的功能向法院进行说明，取得法院书面许可后即可开立专案账户。但金融机构的业务同质化严重，不论管理人选择哪个金融机构进行账户开立都并无太大区别，因而管理人账户开户存在较大的自由选择空间。在此情况下，一些管理人在选择开户金融机构时倾向于选择与其具有利益相关的某一特定金融机构合作，而金融机构为了增加管理人账户业务量用尽手段，甚至可能出现违规送礼、不当利益交换、权力寻租等违规现象，从而扰乱市场公平竞争的秩序，加剧金融机构之间的无序竞争，引发金融市场的不稳定。

第三，管理人可能滥用账户。管理人在实践中可能滥用权利，以管理人账户开立向企业索取回扣或“好处费”，或将破产财产从企业账户中违规转移至个人账户进行商业运用甚至违法活动。这些违法违规行为将严重影响破产程序的公正性，增加社会公众对破产程序的误解。

（三）龙岩中院经验

第一，为管理人开户提供了制度支持。龙岩中院在“执破直通”机制下开展多项创新实践举措，依照《企业破产法》及相关司法解释的规定，制定了《破产资金管理办法》，对基本原则、开户与销户、收支管理、费用与出账等多方面的内容进行了整章规定,为管理人在金融机构开立专案账户扫除障碍,提高破产重整的效率。

第二,遴选管理人账户开户金融机构。在全市金融机构中,结合中国人民银行等监管单位的考核评价、机构业务能力、合规水平、网点便利性以及金融机构对破产案件的工作配合度等要素进行综合考评,对遴选确定的金融机构,按顺序进行专户开立。此举规范了辖区内金融机构的合规有序发展,避免了金融机构为抢业务而产生的无序竞争。此外,入选的开户金融机构并非一成不变,原则上每两年重新遴选,并且在该过程中对开户金融机构的工作情况进行考核,考核不及格的可以提前终止合作关系,由此促使金融机构加强重视,及时办理相关业务,确保专案账户资金收支顺畅,保障破产案件工作的有效开展。

第三,规范管理人账户专户管理。管理人集中在龙岩中院遴选确定的金融机构开设专案账户,资金统一归入该账户管理。对于前期管理人已经自行开立账户的,要求按照该办法在遴选确定的金融机构开立专案账户,原账户资金归入专案账户管理。辖区内银行业金融机构积极配合法院,及时按照要求做好破产企业账户资金划转以及破产企业账户注销,推进企业破产重整工作。

第四,对管理人账户进行有效监督。根据《龙岩中院执破直通实施意见》加强对管理人的管理及监督,管理人开立“专案账户”后,开户金融机构将破产案件经办法官、法官助理、书记员及管理人列为该账户资金使用信息的接收人,在专案账户发生资金变动事项时,能够及时以短信或其他信息化便利方式通知上述人员,从而实现有效监督、规范破产案件中破产企业资金的保管、使用、处置流程,确保账户内资金合法、规范、安全使用。

(四)破产账户管理工作成效

自《破产资金管理办法》实施以来,已对300余件“执转破”案件的企业专案账户进行资金收支监督管理,在规范管理人财务运行方面取得良好成效,机制运行顺畅,未出现破产资金管理方面的风险问题。

二、金融融资服务者

企业的重整价值主要体现在其拥有的核心技术、核心市场地位等,后者决定企业是否具有持续经营价值和发展空间。企业持续经营的基础是具备充足的资金,若企业缺乏资金,则难以维持企业的正常运营,更遑论实现企业的经济再生。融资难问题是阻碍企业成功重整的主要因素之一,若具有重整价值的企业因缺乏相应的资金支持而被清算退出,对债务人、债权人和社会和谐稳定都将产生不利影响。

(一)金融融资服务者的作用

金融机构的信贷融资职能可以有效化解重整企业的融资困境,在帮助重整企业渡过难关的同时,有利于改善企业的财务状况,使其迅速恢复正常经营。

(二)当前重整企业融资的主要困难

虽然国家发展改革委、多省市都有出台相关意见,鼓励金融机构为破产重整企业提供纾困融资支持,但从现实情况看,正常运转的企业尚且存在一定程度上的融资困难,对于已经进入破产重整的企业,由于其自身信用丧失,无法清偿到期债务,要筹集资金更是难上加难。对目前的总体情况进行分析,能够看出金融机构对破产重整的企业本身缺乏有力的支撑。主要原因在于,金融机构在决定是否对一个企业发放融资时的主要判断依据是该企业的资信情况,而资信情况的重要参考指标主要包括企业在中国人民银行征信系统的征信记录、市场监督管理局的经营异常名录以及企业纳税信息等内容,绝大多数破产重整企业在破产重整前,都在中国人民银行征信系统中存在一定的逾期不良信用记录,企业的经营及纳税一般情况下也存在异常,由此破产企业在金融机构现有的金融授信政策下综合评价较低,金融机构对重整企业的风险审查和评估更加谨慎,导致重整企业无法通过金融机构授信的途径筹集资金,重整工作往往也因此陷入僵局。

实践中,不少企业破产重整由于资金问题严重影响重整进度甚至破产重整失败。如在银亿股份有限公司(以下简称银亿股份)破产重整案中,涉案企业于2019年10月8日收到债权人向宁波市中级人民法院申请对公司进行重整的通知;2020年6月23日,宁波市中级人民法院裁定受理债权人对银亿股份的重整申请;2020年10月,经过公开招募和遴选重整投资人,最终确认由嘉兴梓禾瑾芯股权投资合伙企业(以下简称梓禾瑾芯)作为公司重整投资人,投资总报价为人民币32亿元。根据协议,梓禾瑾芯第一期投资款为8亿元(含履约保证金1.53

亿元),第二期投资款为24亿元。然而,梓禾瑾芯在成为银亿股份重整投资人后,由于资金不充足,每次投资款的支付都存在违约或严重违约,在支付完15亿元的最低投资款后,未能在重整投资协议的既定期限内支付剩余的17亿元投资款,使银亿股份的破产重整之路陡生变数,使债权人怀疑重整投资人无法按照重整投资协议的约定履行投资义务,因此管理人、债权人多次研究是否重新更换重整投资人。虽然经多次延期最终梓禾瑾芯于2021年12月将全部的重整投资款项支付至公司管理人账户,但严重影响了重整进度,直到2022年11月才收到宁波市中级人民法院送达的裁定确认银亿股份重整计划执行完毕,终结破产重整程序的民事裁定书。

(三)龙岩金融机构支持企业重整的举措

龙岩金融机构通过对重整投资人提供融资支持,助力企业成功完成"执转破"。以福建省龙岩龙化化工有限公司预重整转重整案为例,重整投资人通过公开竞价成功入股该公司。由于重整投资人资金不足,龙岩地区的金融机构另辟蹊径,通过对重整投资人提供融资,助力该公司顺利实现破产重整。兴业银行龙岩分行为投资人提供融资授信1.8亿元,龙化化工有限公司成功完成破产重整程序,实现生产不停、职工不散、市场不丢的"无感重整"。

(四)化解重整企业融资困境的举措

第一,破产重整企业的信用修复。其主要围绕银行信用修复、税务信用修复、市场监管信用修复等,改善企业的信用状况。在征信信用修复方面,需要法院、中国人民银行及金融机构等多方互联互通,协调配合,帮助企业在金融机构现行政策下提高获得正常信贷的可行性,通过获取资金维持资金链的稳定,保证企业正常运转,提升企业再生可能性。

第二,优化调整金融机构的授信政策。破产企业重整后,其投资主体、股权结构、公司治理模式、经营方式等与原企业相比,往往发生根本变化。金融机构不宜单一、机械地依赖征信系统中企业重整前的贷款记录作出信贷决策,而应将破产重整企业视为"新企业",进一步优化金融授信政策,对于人民法院批准重整计划或重整计划执行完毕的企业,按照对待新企业的做法,根据市场化、法治化原则,对有重整价值和可能性、符合国家产业政策方向的重整企业提供信贷支持，对重整后企业的合理融资需求参照正常企业依法依规予以审批。

第三，创新融资方式和融资手段。加强研究国家发展改革委、中国人民银行等 13 部门联合下发的《保障管理人履职意见》，探索依法设立不良资产处置基金、私募股权投资基金、产业投资基金等各类基金的方式，探索破产企业资产证券化等，在破产程序中按照市场化、法治化原则向符合国家产业政策方向的重整企业提供融资支持。这也是在国家推进供给侧结构性改革、营造更好的营商环境背景下的重要课题，需要金融机构、政府、法院等多方互联互通，集中力量进行深入实践探索。

破产程序中金融机构债权人的权益保障*

当前,我国民营企业的生产经营遭遇诸多困境,尤其是小微企业,在企业陷入债务困境后,经执行程序个别债务清偿率低,更遑论破产程序。实践中,金融机构债权人往往是占有份额最大的债权人,或者是债务人唯一的债权人,实现金融债权不仅关涉破产程序中的债权利益保护,而且有利于防范化解金融风险,稳定金融秩序。为此,应充分重视破产程序中金融机构债权人的权益保障问题。

一、"执转破"的实践探索

(一)基本案情

龙岩市某工贸有限公司成立于2009年1月,主要生产速冻食品。该公司固定资产投资过大且涉及民间借贷,导致资金链断裂,其贷款于2015年1月变成不良资产,此后,银行向法院提起诉讼,并申请财产保全;2015年3月,法院判决银行胜诉。2015年4月,银行向法院申请执行,该案进入强制执行阶段。自从2016年5月法院

---

* 作者:林蓉,中国银行股份有限公司龙岩分行风险内控部副主任;邱灵,中国银行股份有限公司龙岩分行风险内控部风险经理。

组织第一次拍卖抵押物以来,多次受到债务人股东及第三人的阻挠,不仅拒不腾房搬离机器设备,而且向法院申报承租权等,一次次地延缓银行抵押物的拍卖。

面对这种情况,银行果断向法院申请涉案公司进入破产清算程序。在这一过程中,管理人利用专业的法律优势,对第三人提起诉讼并移送公安机关,给他们施加更多的压力,银行则发挥自身优势,向管理人提供账务流水及传票等佐证材料,通力合作,赢得诉讼。法院判定第三人涉嫌虚假诉讼、相关人员存在虚假交易,并将有关材料移送公安机关。

在扫清一切障碍后,银行联同管理人立即推动破产企业的抵押物拍卖,抵押物最终在2022年4月的第一次拍卖中成功竞拍。2022年6月,银行收到管理人划拨的资金用于归还贷款本金,银行的合法权益得到了有效维护。

(二)案例分析

1. 转变思路,移送破产

本案中,银行自2015年向法院申请进入强制执行阶段后,该公司在银行的抵押物虽两次评估准备进入拍卖阶段,但是因受到债务人股东及第三人的多次阻挠,实际上未进行过一次拍卖。银行也曾尝试不同的方式化解不良贷款,但均未取得较好的效果。为此,银行特别向法官、律师等征求意见建议,而他们都建议将该案件转入破产清算程序;然而该银行关于破产清算案件的实践经验较少,因此也有所顾虑,认为破产程序将大大拉长清收处置战线,再加上需要支付的破产费用对银行来说会使其最终受偿金额大打折扣。

但是破产程序能够更好地理清债权债务关系,对企业所有资产进行全方位的筛查,从这个角度上说,转入破产程序不失为一个较好的选择,对企业抵押物的处置也许会取得奇效。因此银行转变思路,主动申请将该案件由执行程序移送破产清算程序。

2. 积极申报债权

在法院裁定该公司进入破产清算程序后,银行依法向管理人申报债权。但是在申报的过程中,管理人反馈,银行的罚息部分将被列为劣后债权。由于该银行在以往的债权申报过程中未出现过此种情况,对劣后债权较为陌生。为此,银行向律师及同业咨询,才得知劣后债权为参加破产程序的罚金、罚款等具有惩罚性的债权,在清偿顺序是排在普通债权之后的,这将对银行债权的实现造成严重的影响。为此，银行向管理人说明，银行申报的债权中的利息及罚息为借款合同约定的，且得到了法院判决书的支持，并不具有惩罚性质，不应列为劣后债权，若管理人不接受银行的意见，银行将向法院申请债权异议之诉。最终，在充分的沟通下，管理人确认了银行对债务人的特定财产享有担保权的债权，罚息列为普通债权。

3. 积极推进案件进展

本案中，多次阻挠银行抵押物拍卖的第三人也申报了债权，破产管理人仅部分确认。2021 年 4 月，管理人就该第三人与债务人的交易行为提起破产撤销权诉讼，然而第三人向法院申请管辖权异议，基层人民法院和中级人民法院审理后均不予支持。其间，管理人联合银行对该公司及第三人等相关联人员的账务资金进行了细致排查，调取当时办理业务的银行传票，进行比对分析，将股东之间存在虚假交易的相关证据提交法院。2022 年 3 月，法院作出裁判，认定第三人涉嫌虚假诉讼，相关人员存在虚假交易，并将有关材料移送公安机关。

这时，银行及管理人向第三人提出搬离机器设备并对厂房进行拍卖的要求，但是第三人要求将机器设备与厂房联合评估拍卖，该要求遭到了银行的强烈反对，管理人也将其中可能面临的法律风险向该第三人释明。迫于多方压力，第三人最终同意将机器设备与厂房分开评估、拍卖。

4. 科技赋能资产处置

在该案抵押物上挂淘宝网进行第一次拍卖后，管理人利用大数据资源及云计算，搜索到近年来有意向购买附近厂房的人员及联系方式，与他们取得联系并积极推介资产，最终吸引 5 人参加本次竞拍，促使抵押物最终的成交价格远远高于评估价值，从而进一步提升了破产资产的处置价值。

5. 强化责任担当

2022 年 6 月，银行根据《破产审判纪要》第 25 条的规定①，在不损害其他债权人利益的情况下，为有力维护银行合法权益，加强不良资产处置，尽可能降低资产损失，特向管理人申请先行分配其享有特定财产担保的债权。银行的需求

① 《破产审判纪要》第 25 条规定：“担保权人权利的行使与限制。在破产清算和破产和解程序中，对债务人特定财产享有担保权的债权人可以随时向管理人主张就该特定财产变价处置行使优先受偿权，管理人应及时变价处置，不得以须经债权人会议决议等为由拒绝。但因单独处置担保财产会降低其他破产财产的价值而应整体处置的除外。”

也得到了法院及破产管理人的支持，其最终于 2022 年 6 月实现了享有特定财产担保的债权，银行的合法权益得到了维护。

二、“执转破”的实践思考

通过上述案例的实践探索，可以认为，金融机构作为破产企业的主要债权人，银行债权人的权益是否得到最大限度的维护，是破产案件能否顺利推进的关键。因此结合近年来的破产案件可以从以下几个方面有效维护银行债权人的利益。

（一）有效申报债权

在企业破产程序中，无论破产企业是主债务人还是担保人，及时、准确、有效地向管理人申报债权是有效维护破产案件中银行权益的基础。

1. 提供完整的债权证明

债权证明包括但不限于授信主合同（流动资金借款合同、商业汇票承兑协议等）、保证合同、抵押合同、质押合同、法院文书等能够证明债权债务关系的证据材料。对于尚未提起诉讼的项目，应关注是否已过诉讼有效期；对于已诉讼项目，应关注是否应诉尽诉；对于已经判决的项目，应关注是否已经申请执行。对于在债权申报中发现的项目存在的瑕疵，应及时进行补救整改。

2. 准确计算债权金额

本金部分：根据债权证据材料显示的本金扣减已经归还的部分。

利息部分（含罚息、复利）：未提起诉讼或尚未取得法院生效法律文书的债权，按照合同约定的利率及计息方式计算利息、罚息及复利，利息计算至破产申请受理之日。对于已经具有生效法律文书的债权，则按照法院判决结果予以计算确认。

迟延履行金：对于已判决并申请执行的债权，按照生效法律文书确定的除一般债务利息的债务人未清偿的金钱债务计算迟延履行金。

诉讼费用：法院判决应由债务人承担的债权人预先支付的诉讼费用及律师费用。若申报债权日法院尚未判决，则在申报债权时可向管理人申请提存。

3. 按时向管理人递交债权申报材料

银行债权人应在管理人规定的债权申报截止日前向破产管理人递交完整、准确的债权申报材料。若在债权申报截止日后发现还存在未申报债权，根据《企业破产法》第56条的规定，“在人民法院确定的债权申报期限内，债权人未申报债权的，可以在破产财产最后分配前补充申报；但是，此前已进行的分配，不再对其补充分配。为审查和确认补充申报债权的费用，由补充申报人承担。债权人未依照本法规定申报债权的，不得依照本法规定的程序行使权利”。因此，银行债权人应及时联系管理人进行补充申报，以最大限度地维护银行债权人的利益。

4. 关注债权确认情况

债权人应加强与破产管理人的沟通，了解申报债权的确认情况及债权的性质（有担保债权、普通债权、劣后债权等）。若管理人未全额确认申报的债权或认定债权性质有误，债权人应去了解未予全额确认及定性差异的原因，并及时向管理人补充相关债权证明材料。若双方未能达成一致意见，根据《破产法司法解释三》第8条的规定，“债务人、债权人对债权表记载的债权有异议的，应当说明理由和法律依据。经管理人解释或调整后，异议人仍然不服的，或者管理人不予解释或调整的，异议人应当在债权人会议核查结束后十五日内向人民法院提起债权确认的诉讼。当事人之间在破产申请受理前订立有仲裁条款或仲裁协议的，应当向选定的仲裁机构申请确认债权债务关系”。因此债权人应及时向人民法院提起诉讼，请求人民法院对债权金额及性质予以确认。

（二）积极参加债权人会议

《企业破产法》第59条第1款规定：“依法申报债权的债权人为债权人会议的成员，有权参加债权人会议，享有表决权。”

会前债权人应联系管理人了解第一次债权人会议的内容，对于债权人会议需表决的内容，根据审批权限，如不能在债权人会议当天表决，应及时向管理人提出延期表决申请。一般情况下，第一次债权人会议的审议内容为管理人汇报前期工作、债权申报及确认情况、确定债权人会议职权、确定财产管理及变价方案等。债权人应重点审查财产管理及变价方案、招募重整投资人的方案（破产重整），债权人应关注上述方案中管理人是否依照职责对债务人财产进行了全面清理并登记造册，是否对债务人财产进行了全面核查，管理方案是否有利于管理人顺利开展财产清查、追索、财务审计和资产评估工作。破产重整投资人招募方案应能够提高重整的成功率,实现重整价值的最大化,使债权人利益得到最大限度的保护,在有利于债权人利益最大化的同时兼顾重整程序的效率。若债务人进入破产清算,则应关注管理人破产财产分配方案,了解管理人对债务人可供分配的财产(货币资金、债权类资产、不动产、动产、长期股权投资等)的查找、催收、确认情况,明确财产的分配顺序、比例、数额,破产费用和共益债务的清偿方案,破产财产分配、执行、提存和调整的实施方法,以及破产财产分配中存在的风险。

债权人会议当日,银行债权人应根据管理人通知的时间准时参加债权人会议,根据权限对需要表决的事项进行现场或会后表决,同时应关注其他债权人对债权人会议材料的提问、发言,关注需要表决的事项的现场表决情况及表决结果。

会后银行债权人应及时将债权人会议情况及表决情况撰写为书面材料向上级银行进行汇报,对于需要上级银行审批的表决事项,应及时上交审批,确保在延期表决截止日期前取得批复,完成会后表决。

(三)择优选择重整方案

对于进入破产重整的项目,银行债权人应加强与管理人的沟通,了解破产重整进程,对于招募的重整投资人,应关注重整投资人的遴选是否做到公开、公平、公正,其是否具有重整的实力和能力。对于债转股项目,还要关注重整投资人后续对企业经营的规划是否具有可操作性和可行性,重整完成后,存续企业能否尽快恢复正常经营;关注债权人因重整获得的股权,后续退出的通道是否通畅,退出的价格能否达到甚至高于重整方案中转股的价格。对于出售型重整,则应关注出售资产评估价格及变现价格的合理性,是否已经对债务人的财产进行了全面排查、清理及回收。

银行债权人根据前述关注点,对重整方案进行深入、细致的分析,以此对重整方案作出同意或不同意的初步意见,并按照权限报给上级银行进行审批。若银行债权人否决重整方案,但最终因其他债权人同意重整方案获人民法院批准通过,则银行债权人应及时调整策略,按照重整方案行使债权人的权利,以最大限度地维护自身权益。

(四)做好对其他债权人的追偿工作

根据破产重整协议,债务人破产重整完成后,债权人对重整后的债务人将无追索权;破产清算完成后,债务人也将无任何可供执行的财产。债权人后续债权的清偿将依赖于对保证人以及其他债务人的追偿,债权人应做好对债权的催收工作,对于未诉讼项目,及时发起诉讼,确保债权权利不丧失。

三、“执转破”的建议与意见

(一)加大破产重整实践探索

目前,龙岩市辖区内的破产案件大多集中在破产清算方面,在破产重整上的实践探索相对较少,而实际上破产重整能够让陷入困境但有重整价值的企业获得新生,有效促进企业优胜劣汰和要素高效配置,促进经济结构调整。在破产案件中,有些企业仅仅是因为资金链断裂而破产,但仍然拥有核心资产、核心技术等,甚至经营正常,具备重整价值和重整可能。如果“一刀切”停止对破产企业贷款,将导致很多企业因没有相关救助而黯然离场,对企业自身、债权人、市场经济和社会都不利。因此,金融机构在支持实体经济发展方面有着义不容辞的责任,银行一般作为债权的较大方,具有一定的专业能力,理应担当社会责任,积极支持企业进入破产重整程序,助力其焕发生机。

(二)建立破产融资新模式

企业在进入破产程序后,往往在征信等方面会受到很大的限制,银行等融资机构通常不再向破产企业提供融资服务。融资难,成为破产企业走出困局的“拦路虎”。因此,本文认为银行可以通过机制体制创新,开发多种授信品种,积极支持企业破产重整,避免企业因资金困难而丧失重整价值。比如,破产企业可与银行签订贷款合同,银行向破产企业发放贷款,创立“银行+破产企业”破产融资新模式,打开破产企业向银行直接融资的新局面。

(三)加强对破产程序的参与和支持

银行等金融机构一般是破产企业最大的债权人,在破产程序中可以利用自身的优势发挥作用，如为债务人引进战略投资者，为债务人和投资人提供重整融资，积极对接司法机关及管理人等。作为债权人，银行等金融机构也应积极参与并推进破产程序，加快内部决策流程，积极争取上级金融机构的支持，依法及时行使表决权；同时积极向政府、法院和管理人提出方案的完善意见，并尽可能争取他们的理解支持，力促企业完成破产流程。

（四）优化流程提升服务效能

银行应优化管理人开销户流程，提升开销户及相关业务办理时效，特事特办，促进破产管理银行端服务提升。为提升业务办理效率，银行应指定专业水平高且相对固定的网点经办管理人业务，指定专人进行对接服务，开放绿色通道等。如一般工商企业开销户原则上在 3 个工作日内处理完毕即可，但由于管理人账户情况特殊，经常遇到紧急情况需要加急处理，故开销户经办银行应在第一时间收集客户资料，在材料齐全的情况下原则上当天即应处理完相关业务。同时，在破产流程进行到清分债权债务资金需要转账时，银行网点应开放绿色通道，允许业务办理人员持相关证明文件，到柜台进行优先处理，提高债务资金执行效率。若遇到法院有对债务人账户进行查封、冻结、扣押等方面需求的情况，经办业务柜台应给予优先办理并做好信息保密工作，以期进一步提高破产案件工作质效，为服务实体经济贡献银行的一份力量，形成法院、管理人、债权人三方互利共赢的良好氛围。

第三部分　龙岩“办理破产”代表性案例

案例一：福建省龙岩龙化化工有限公司预重整转重整案

——预重整与重整程序的衔接运用*

一、基本案情

福建省重要的防疫消毒物资生产企业福建省龙岩龙化化工有限公司（以下简称龙化公司）是一家具有50多年历史的大型危化品企业，年产值达5亿余元，年均纳税2000余万元，企业员工超过400人。新冠疫情期间，龙化公司作为主要消毒剂生产企业，全力保障消毒产品供应全省，辐射全国，为抗击疫情和地方经济发展、解决地方就业做出了重大贡献。因陷入高级管理人员及股东对外投资的担保链诉讼，该主营业务优良的企业濒临破产。截至2021年9月，龙化公司账面资产2.3527亿元，负债高达16.1381亿元。因龙化公司化工物料多且易燃易爆，其破产不仅会使400余名职工失业，生产车间无序运行还有引发爆炸或化学品泄漏的危险，严重威胁当地居民安全及生态环境。为避免矛盾集中爆发，法院决定借力“新型府院联通机制”，对公司进行预重整。

* 作者：张婷婷，龙岩中院民四庭副庭长，二级法官。

二、审理经过

2021年7月19日,龙岩中院指导龙岩市新罗区人民政府牵头成立“政府各职能部门+北京德恒(温州)律师事务所”组成的预重整协调工作组及清算组,正式启动预重整程序。在预重整阶段,龙岩中院将重整程序中的债权审核、资产审计评估、重整计划制定、表决和通过等核心步骤前移,大大提高重整工作效率。同时,针对资产处置难题,在预重整草案中提出“分拆式重整”的概念,将龙化公司的资产分拆为“运营板块”和“非运营板块”进行重整。2021年9月25日,债权人预表决通过预重整计划草案。同年9月27日,龙化公司向法院提交重整申请书,法院于同年9月28日裁定受理其申请,并指定清算组继续担任管理人。2021年11月5日,第一次债权人会议召开并高票通过重整计划(草案),其中出资人组、优先债权人组100%表决通过,普通债权组通过人数过半,金额占比90.51%。同年11月16日,法院裁定批准龙化公司重整计划并终止重整程序。本案从受理重整申请到批准重整计划仅49天。按重整计划,龙化公司“运营板块”以评估价2.3亿元起拍,最终以4.22亿元招募到投资者,并于2021年12月16日实现款项到位,公司交接完毕。

龙化公司重整成功引起较大反响。新罗区政府向法院致感谢信,市委书记对本案作出批示高度肯定,债权人、债务人、企业职工分别向龙岩中院送来锦旗。本案被全国10余家主流媒体竞相报道,并写入2021年福建高院、龙岩中院的省、市两会工作报告。

三、案例评析

本案是预重整衔接重整程序提升审理质效的有益探索。将一个负债16亿余元的企业从2021年7月19日启动预重整到2021年11月16日重整成功合计用时不超过120天,而重整期间仅49天。在预重整程序中由债务人与债权人自主协商谈判既尊重当事人意思自治,又符合市场规律,同时保护了企业商誉和正常经营,保存了企业重整价值,避免了更激烈的社会矛盾。

关于预重整,在《破产审判纪要》第22条以及《九民纪要》第115条有相关规定,但具体操作规范及指引均处于探索阶段。理论界和各地法院的实践中对于预重整的观点也多有分歧,体现在预重整的功能定位、启动主体及要件、临时管理人或者辅助机构的选定及职能定位、司法程序的介入程度等方面。本案针对龙化公司这一特殊危化品企业所涉及的诸多问题进行分析研判后,在遵循市场运行规律及强调当事人的意思自治的基础上,引入预重整程序,将困境企业拯救中的疑难问题提前处理,减轻了对企业商业信誉的负面影响,避免了企业自救失败和直接进入破产重整程序的不可逆性,并克服了重整程序中存在的期间较长、成本高昂、风险较大等顽疾。

(一)从预重整的功能定位看预重整路径选择的必要性

联合国国际贸易法委员会《破产法立法指南》以及我国《破产审判纪要》中关于非正式程序的表述均是从当事人合意角度出发,赋予预重整以庭外当事人进行债权债务协商谈判、实现企业自我救治的功能定位。在此定位下,预重整兼具灵活性与预先性,且不因预重整失败而直接产生企业破产的不可逆后果。本案中,龙化公司现有市场渠道稳定,具有优良的经营价值。但同时,龙化公司也面临着不可调和的棘手难题:龙化公司作为危化品生产企业有严格的申请、审批条件,该行业专业要求高,投资风险大;企业职工队伍庞大且身份复杂,多数职工已历经一次国企改制,职工群体凝聚力强且具有丰富的谈判经验,妥善安抚职工情绪、保证车间有序运行成为重大挑战;另外,金融债权占比较大势必导致重整表决难度大。针对龙化公司现状及存在的问题,直接通过政府行政干预或者径直进入破产重整都易激化矛盾,且未必能最大化盘活资产、最大化维护和平衡债权人及债务人利益。此时,融司法程序与自力救济程序优点于一身的“预重整”成为化解本案难点的最优选择。

(二)预重整启动主体及要件

有学者认为,预重整是当事人之间在法庭外自愿协商重组的过程。法院仅对法庭内的事务享有司法权力,对法庭外当事人自愿协商重组是无权力干预的,这是基本的法律规则。[①] 这种理念也为目前实务界提供了参考。本案中,龙岩中

---

① 参见王欣新:《建立市场化法治化的预重整制度》,载《政法论丛》2021年第6期。

院指导龙岩市新罗区人民政府牵头成立“政府各职能部门 + 北京德恒(温州)律师事务所”组成预重整协调工作组及清算组,并以政府发文形式宣布于 2021 年 7 月 19 日正式启动预重整程序。

在预重整程序的启动过程中,尤其要注意债务人适用预重整的必要条件审查、当事人在法庭外协商的自愿性、市场化运作的公开透明化以及程序的合法化等基本要件,优势是要从市场化透明化运作中保障各方合法权益,提高债权清偿率。具体到本案,表现为:

1. 公开遴选第三方专业审计、评估机构。以询邀方式发出邀请函,组建由清算组成员代表、债务人代表、债权人代表三方组成的遴选工作小组,制定遴选工作方案及遴选评分细则,全程视频录音录像,保证程序的公正,并加入面试环节,对排名前三的中介机构进行面试,将本案案情和要求与其进行介绍,双向选择。最后结合竞标资料及面试环节,将得分最高的机构确定为龙化公司重整案的审计、评估机构。

2. 创新引入“分拆式重整”。龙化公司作为本地知名大型危化品生产企业,名下资产除传统的土地、厂房、车辆、生产设备外,还涉及商标、危化品生产证照以及大量对外股权投资、应收债权等,整体打包处置难度大,变现时间长。在传统重整模式已无法挽救企业的情况下,管理人将龙化公司的资产分拆为“运营板块”和“非运营板块”两个部分,将与运营有关的土地使用权、排污权等无形资产以及房屋建筑物、构筑物等有形资产组成“运营板块”,以评估价 2.3 亿元为起拍价,通过竞价方式引入重整投资人;其他资产归入“非运营板块”,由管理人继续清查处置,所得款项用于清偿债权人。通过“分拆式重整”的方式,一方面,保留了债务人的主要营业事务,盘活了资产;另一方面,也通过最高效的资产处置方式使得资产价值最大化,维护了债权人的合法权益。

3. 公开市场化引入投资人。龙化公司危化品行业的特殊性质、未来可持续经营、员工就业稳定等问题,对重整投资人的实力、经验、匹配度要求更高。管理人多渠道公开发布重整投资人的招募公告,并要求意向投资人参与竞拍前提交《关于福建省龙岩龙化化工有限公司的经营方案》,了解意向投资人在竞价成功后对企业的管理及规划,确保重整后的龙化公司能够获得新生。为了保证龙化公司未来持续稳定运营以及对重整投资人的投资负责,管理人在淘宝网阿里拍卖破产强清平台设置有资格审查的账号,只有获得管理人提供的竞价资格确认书的意向投资人才可参与竞价活动，保证竞价活动的顺利开展。经过41轮竞价，本案最终以422,243,100元确定重整投资人，实现近80%的增幅溢价，大大提高了债权人的清偿率。本案是充分市场化、透明化、法治化的典型案例。

（三）临时管理人或者辅助机构的选定及职能定位

对于预重整程序中临时管理人的选定及职能定位问题，目前尚无明确规定。但预重整的成果最终需要法院裁定认可，这就必然导致从程序启动到法院裁定认可预重整成果的中间程序必须符合法律规定。如何才能既程序合法，又高效有序地推进预重整呢？仅凭债权人债务人自身的市场化谈判恐难兼顾程序合法性和实质公平性的问题，故此临时管理人制度呼之欲出，也成为解决问题的重要一环。在近年来的司法实践中，有的法院对预重整中的临时管理人作了明确规定，如苏州工业园区人民法院出台的《审理破产预重整案件的工作指引（试行）》中提到，"……在法院受理重整申请前，指定临时管理人协助债务人对具有重整原因的债务人参照《企业破产法》第81条规定，制定预重整草案，并征集利害关系人意见形成预重整方案的程序"。这是明确提到预重整中临时管理人角色的文件。

在龙化公司预重整案中，仅凭债务人、债权人自行开展预重整，根本不可能解决如高危化工品企业生产事故的防控、近百名职工潜在的不稳定风险、部分竞标人联合多方力量及债权人阻挠竞价招募投资人等问题，一个强有力的临时管理人既可以厘清问题，又能确保预重整依法推进。在借鉴和创新的基础上，龙岩中院打破传统的"府院联通"工作模式，将政府管理、协调的角色转换为案件深度参与者，创设出新型"府院联通"机制下的临时管理人制度。新型"府院联通"机制在保障市场化、法治化前提下凝聚最大审判合力。

1. 组建管理人："政府职能部门＋律师事务所"。本案预重整中，法院指导成立由新罗区政府办、金融办、国资办、龙雁经济开发区管委会以及北京德恒（温州）律师事务所共同组成预重整清算组，并由其担任预重整临时管理人以及重整管理人，发挥"政府职能部门＋律师事务所"作为管理人的最大优势。在涉及企业安全生产、证照资质维护、股权登记过户、债务重组收益涉税问题以及与政府职能部门沟通协调等方面实现"府院联通一站式"处理，对维护破产企业稳定、增强债权人及职工信心产生积极影响，对破产案件的顺利推进起到重要作用。

2. 分工与协作：凝聚最大化审判合力。政府、法院、管理人各司其职，信息互通、互相配合。区政府牵头成立预重整清算组推进案件进程，第一时间掌握所涉及的问题并及时研判处理，创造良好的营商环境，极大坚定了投资人重整企业的信心，为本案最终确定投资人打下坚实的基础；人民法院对重整工作全程提供合法合规指导和监督；管理人在维护企业生产经营、稳定职工、核查债权、招募投资人、制定重整方案、债权人的沟通协调等具体工作中发挥作用。三方形成市场主导、法院指导、政府引导的新型府院联通形式，职责明确、界限清晰。政府成为破产案件管理人的一员，可以免去传统府院联通中的沟通、协调等中间环节，使政府及时全面掌握相关信息，既积极主动作为，又保持高度的职能谦抑性；律师事务所与政府管理人共同搭档，由律所对企业具体重整事务和债权债务关系主导推进，同时保证政府管理人依法履职不越界；法院则全程对管理人工作进行细致指导与严格监督，凝聚成市场化、法治化下的最大审判合力。

（四）司法的介入程度——危化品生产企业在预重整与重整的有效衔接中实现“无感重整”

在预重整制度中，法院一般不介入预重整程序，对债权登记、资产评估、重整草案制定及最终的表决不会过多介入，而仅仅在预重整成果需要得到法院认可时才发挥司法审查作用。本案龙化公司作为危化品生产企业，对于物料保管及设备操作都有专业要求，部分岗位还需要24 小时值守，稍有疏忽都有安全隐患。由于龙化公司原法定代表人及大股东因涉嫌犯罪已被采取强制措施，公司400 余名职工的管理和企业有序运行成为重中之重。为保证企业平稳生产、安抚职工情绪、保留技术队伍，法院厘清龙化公司现有管理班子，决定由管理人监督龙化公司自行管理财产和营业事务，并将破产重整的债权审核、资产审计评估、重整计划制定、表决和通过等重整程序中的核心步骤提前在预重整程序中完成，最大限度降低舆情风险，避免引起社会不稳定，为后续重整程序做足准备。进入重整程序后，绝大部分债权人对预重整表决票效力直接带入重整程序并无异议，仅有个别债权人要求在重整程序中变更预表决意思表示。对此，法院依法认可债权人同意将预重整计划草案表决效力带入重整阶段的意思表示，且不剥夺其在重整程序中就重整计划（草案）再表决的权利，大大提高破产案件审理质效。从预重整到重整期间，该危化品生产企业职工情绪平稳、经营稳定有序，真正实现“无感重整”。

案例二：福建省龙岩市富泰房地产开发有限公司破产清算案*

龙岩中院综合运用“执破直通 + 新型府院联动”机制顺利处置一起烂尾 9 年、涉及 648 户的“香榭景园”房地产项目，取得良好的政治效果、法律效果与社会效果。

一、基本案情

福建省龙岩市富泰房地产开发有限公司（以下简称富泰公司）投资开发的“香榭景园”房地产项目因资金链断裂，负债 3.05 亿元无力清偿，在龙岩市两级法院累积了 400 余起涉诉涉执案件。楼盘于 2014 年年底“烂尾”停工，引发 600 多户购房人多次到龙岩市人民政府集体上访。在市政府及各职能部门的协调下，“香榭景园”楼盘于 2016 年复工续建，但因种种历史遗留问题，迟迟无法竣工验收，648 户业主无法取得不动产权证；自 2019 年起，购房人陆续自行接管“香榭景园”房产并装修入住。2021 年 9 月，龙岩市人民政府将该楼盘列为加强监管及整治的八大“烂尾楼”之一。2021 年 9 月 22 日，龙岩中院裁定受理富泰公司破产清算一案，并指定福建今日财富清算服务有限公司龙岩分公司担任管理人。经各方努

---

* 作者：刘伟明，龙岩中院民四庭副庭长，一级法官。

力,新罗区区属国企整体竞得“香榭景园”剩余资产,并附条件负责后续扫尾工程的续建、办证等事项,根本性解决了无资金续建的难题。2023 年 12 月,龙岩中院分配破产财产后,裁定终结富泰公司破产程序。该案系龙岩中心城区第一例通过破产程序整治成功的烂尾楼盘案。

二、审 理 经 过

(一)党政重视:破产手段保民生

高站位抓统筹。龙岩市党委政府高度重视本案,多次组织相关部门专题研究讨论解决方案。龙岩中院与市政府等组织召开 20 余次专题协调会议,确定“市住建局 + 区政府”双组长负责制,组织住建、自然资源、不动产登记、税务等单位或部门共同推进解决“香榭景园”规划核实、实测备案、办证、税收征缴等难点问题。高频次深调研。结合主题教育,到“香榭景园”烂尾楼盘实地走访 20 余次,召开座谈会 15 场,充分听取购房人、债权人、债务人等各方诉求意见,梳理出富泰公司存在的无资金续建和无法正常办理不动产权证两大难题。高质量定方案。指导管理人制定“按现状整体处置 + 附续建条件”拍卖“香榭景园”存量资产,由买受人负责“续建 + 办证”的财产变价方案,并提交富泰公司第一次债权人会议表决通过。经与相关职能部门多次研究,最终确定按历史遗留问题容缺办证,采用“两鉴定一规划”(结构性安全鉴定、消防安全检测鉴定、容缺规划核实)简化办证程序代替常规验收办证程序,根本解决烂尾楼盘难以办证问题。

(二)执破直通:融合专长提质效

创新破产审判机制。龙岩中院出台“执破直通”机制实施意见,探索形成破产审判“三通”模式,全力破解制约破产审判的体制性、保障性难题。从强化人力融合、程序整合、上下结合、资源聚合四个维度全方位改革创新,畅通执行与破产案件之间的人力资源融合、信息共享共建等壁垒。融合执行与破产专长。执行法官与破产法官组成合议庭,融合执行、破产优势专长,打通执行、破产程序的衔接堵点,创新工作模式,简化审判方式,提升审判质效,降低破产成本,助力“香榭景园”烂尾楼盘在破产程序中实现“续建 + 办证”目标。

（三）府院联动：凝聚合力打通堵点

强化部门合力。建立由市政府牵头，法院、发改、住建、税务等20个部门共同参与的企业破产处置工作府院联动协调机制，重点突破破产审判过程中的企业注销、税务核销、职工安置、资产处置等难题，着力解决制约破产审判的各类障碍堵点。创新兜底拍卖。在多次流拍的情况下，协调地方国企积极践行社会责任，参与"香榭景园"烂尾资产兜底竞拍，出手竞争"香榭景园"，并全力推进"香榭景园"复工续建及办证相关事宜，为648户业主办理不动产权转移登记。

三、案例评析

本案系龙岩中院运用"执破直通+新型府院联动"双轨并行机制，市场化引入地方国企参与兜底竞拍"烂尾楼"资产，并附条件完成"续建+办证"事项，切实保交楼、保民生、保稳定的典型案例。本案运用破产程序成功整治"烂尾"10年的楼盘，是龙岩中院破产审判工作的一次有益探索，标志着龙岩中院破产审判处置"烂尾楼"的探索取得初步成功，为同类型烂尾楼盘问题的解决提供了一条可复制的崭新路径。本案通过创新烂尾楼盘附条件整体处置及国企兜底竞拍办证路径，不仅有效解决了困扰"香榭景园"648户业主长达10年的办证历史难题，维护了人民群众的居住权和生存利益，更全面化解了烂尾楼盘长期信访上访引发的社会风险，取得了良好的政治效果、法律效果和社会效果。

案例三：福建宸华电池科技有限公司破产重整案*

一、基本案情

福建宸华电池科技有限公司(以下简称宸华电池公司)成立于2016年6月20日,注册资本10,000万元,以新能源产品(锂电池)开发、生产、销售为主业。自2018年起,由于宸华电池公司经营不善,自救措施未获效果,资产不足以清偿到期债务,经债权人东莞市杉杉电池材料有限公司申请,龙岩中院于2021年4月10日依法裁定受理宸华电池公司破产清算一案并指定由永定区人民法院审理。永定区人民法院立案后依法指定管理人负责宸华电池公司的破产清算工作。经管理人初步调查,宸华电池公司名下主要财产为存货、机器设备、构筑物、电子设备及运输设备等,而宸华电池公司的主营业务经营活动早已停止。经第一次债权人会议核查,债权人东莞市杉杉电池材料有限公司等38位债权人的债权金额合计为131,874,740.60元,其中涉及税收债权、担保债权、职工债权以及其他普通债权。经初步估算,宸华电池公司的固定资产、存货资产在清算状态下评估价值为82,569,600.00元,长期待摊费用的账面价值为

* 作者:林泰良,龙岩中院民事审判第一庭三级法官助理。

1,840,645.11 元,应交税费的资产的账面价值为 27,059,948.19 元,以上合计 111,470,193.30 元。

二、审理经过

永定区人民法院经审理认为,宸华电池公司系新能源企业,具有明显行业优势,产品具备较强的市场竞争力,具有较高的重整价值,满足重整要件。宸华电池公司的财产主要是机器设备,而这些设备很大部分是根据其现有生产经营场所量身定做,并用于生产锂电池的专用设备。如果通过破产清算变现,不仅耗时漫长,且资产价值会因同类机器设备的数量增多、产品的升级换代、机器设备的拆卸等迅速大幅贬损。宸华电池公司现有资产还有一定的盘活价值,引进重整投资人可以保留并盘活企业财产,实现财产价值最大化。为有效化解资产处置的梗阻难题,维护债权人的合法权益,法院在对债务结构、资产性质、债权人与债务人意愿进行充分考量后实施"分拆式"重整,将破产资产分为"运营板块"和"非运营板块"两个部分:(1)将与运营有关的机器设备、车辆、存货、长期待摊费用、应交税费等资产从宸华电池公司中分拆出来作为"运营板块",招募投资人引入重整资金用以偿债;(2)将应收类账款纳入"非运营板块",由全体债权人继续清查和追偿,并授权管理人继续清查处置,所得款项用于清偿债务。同时,法院在清偿方式中采取公平保护小额债权,加强债权人利益平衡的"分段式"清偿方式,实现公平清理债权债务,维护市场秩序。

目前,宸华电池公司"运营板块"重整计划已执行完毕,有效盘活优质资产 82,569,600.00 元,所得款项在支付破产费用、共益费用并全额清偿担保债权、职工债权、税收债权后,对普通债权小于 15 万元(含 15 万元)部分 100% 清偿,15 万元以上部分按照各自剩余债权金额所占剩余债权总额的比例清偿,共清偿普通债权 18,690,447.17 元。"非运营板块"对外债权的清收正有序执行中。宸华电池公司锂电池生产机械设备的调试等生产经营的恢复正在有序开展。

三、案例评析

(一)重整模式:创新采"分拆式"重整模式

破产重整制度不同于破产清算,破产重整制度重在企业挽救和重生。实践中并没有固定的重整模式，破产重整制度创建的十几年来得到越来越多的运用，围绕重整的制度创新也在不断丰富和发展。实践中，从有利于企业挽救和债权人利益最大化的角度，结合破产企业的行业特征、发展趋势、产品优势、资产状况等因素综合考量进行创新，寻找合适的重整方式，对重整制度价值的实现显得尤为重要。本案破产企业为新能源产品制造企业，符合当前碳达峰与碳中和的目标，发展潜力巨大，市场前景广阔。其主要资产为“定做式”机械设备、车辆、存货等可盘活供企业生产经营的元素，将该部分资产从企业总资产中剥离出来作为“运营板块”招募投资人可快速实现资产盘活，恢复生产，创造价值。同时，将对企业恢复生产无实质性影响的应收类账款等作为“非运营板块”同步继续追偿，且所得款项用于清偿债权人，可以实现在不影响企业资产盘活恢复生产的情况下维护债权人权益以及促进财产价值最大化。

（二）清偿方式：采用平衡债权人利益的“分段式”清偿方式

法律的存在不仅仅是为了平衡社会主体因其社会地位的差异而产生的权利义务上的不对等，也包含通过对这种状况的调解，实现调配社会资源、合理分配各方利益，进而实现定分止争。在企业重整的司法实践中，近年来出现了一种新的清偿方式——“分段式”清偿，即在普通债权组内，依据债权额的大小，选择某一数额，设定为分段节点，进而将债权额分段，对不同段的清偿方式或清偿比例各不相同。法律层面上，《企业破产法》第 82 条仅规定人民法院在必要时可以设立小额债权组，而小额债权是否能够优先或优惠受偿并无立法依据。“分段式”清偿对包括小额债权在内的整个普通债权组均采取同一种清偿方式，使得大额债权人在分界线以下与小额债权人获得同等的清偿，在实现每个债权人每段债权清偿公平性的同时兼顾了对小额债权人的保护。本案清偿方式采用的即为“分段式”清偿，即将招募投资人所得款项支付破产费用、共益费用并在全额清偿担保债权、职工债权、税收债权后，普通债权以小于 15 万元（含 15 万元）部分 100%清偿，15 万元以上部分按照各自剩余债权金额所占剩余债权总额的比例清偿。“分段式”清偿方式实现了保障全体债权人利益、保护弱者、兼顾公平与效率等破产法立法目的，亦是本案重整计划草案能够顺利通过的关键。

（三）社会效果：为经济社会发展全面绿色转型贡献法治力量

宸华电池公司系新能源产品制造企业，具有明显的行业优势。发展新能源是推动实现碳达峰、碳中和的关键之举。本案通过“分拆式”重整模式快速盘活了新能源企业优质资产,使之能够快速恢复生产,助力新能源企业重焕生机,是人民法院贯彻习近平法治思想、立足新发展阶段、贯彻新发展格局、促进经济社会发展全面绿色转型的体现。

案例四："东风破连城，春来复苏生"连城天一温泉度假村有限公司预重整转重整案

——新冠疫情结束后实现旅游企业脱胎换骨典型案例*

一、基本案情

连城天一温泉度假村有限公司（以下简称天一温泉公司）成立于2010年，是一家集休闲观光活动、旅游资源开发、酒店管理于一体的旅游企业。其具有完善的旅游休闲配套设施，如康养旅居、温泉浴疗、旅游健身、会议会所等服务项目，依托连城县丰富的温泉资源及得天独厚的空气质量，成为国内一流温泉主题旅游景区，是福建省重点项目企业、连城县重点文旅企业，先后获评国家五星级旅游饭店、国家五星级温泉企业、国家AAAA景区、国家金叶级绿色饭店，并被列入福建省劳模疗休养基地、福建省职工疗休养示范基地，在连城的经济社会发展中发挥着举足轻重的作用。2020年以来，受新冠疫情暴发的影响，旅游业受到巨大冲击，天一温泉公司营业收入严重下滑，加之经营不善，深陷担保圈及股东借贷等问题，陆

---

* 作者：江爱香，福建省连城县人民法院立案庭庭长，二级法官；杨青，龙岩中院刑事审判第二庭四级法官助理。

续被债权人起诉,公司银行账户、固定资产被法院查封、冻结,陷入经营困境,企业负债约4.45亿元,引发涉及债权人、企业职工、购房业主等600余人的一系列矛盾纠纷。

天一温泉公司面临的债务危机体量大、金额高,涉及面广,人数众多,已经影响连城经济社会的发展稳定。为妥善化解这一危机,连城县人民法院深入分析研判,借鉴龙岩中院“预重整+重整”推动龙化公司顺利重整的经验,积极向党委政府建言献策。2021年8月23日,连城县人民政府主动担当作为,牵头成立“政府各职能部门+律师事务所”组成的预重整清算组,正式启动天一温泉公司破产预重整程序,并在重整阶段由清算组担任管理人。

二、审理经过

2022年7月19日,连城县人民法院根据天一温泉公司的申请,裁定受理天一温泉公司破产重整一案,并于2022年7月29日决定准许天一温泉公司重整期间在管理人的监督下自行管理财产和营业事务。2022年9月6日,连城县人民法院以网络会议和现场会议相结合的方式召开第一次债权人会议,各表决组高票通过天一温泉公司重整计划草案。经第一次债权人会议核查、核对,确认无争议债权共计600户,债权总额为445,837,512.85元,其中税收债权3,137,892.55元,担保债权64,882,236.67元,职工债权5,137,501.19元,普通债权347,337,092.26元。2022年9月23日,连城县人民法院裁定批准重整计划并终止重整程序,从法院裁定受理重整申请到批准重整计划仅用时66天。为确保破产企业品牌价值延续和资产价值最大化,维护债权人的合法权益,实现破产企业“保壳再生”,一方面,法院充分发挥府院联动机制作用,在政府的正确领导和大力支持下,通过引用预重整程序,采取存续式重整方式,有效降低了重整成本,提高了重整效率,在预重整和重整期间许可企业自行经营管理,维持企业正常经营,稳定职工就业,实现企业无感重整;另一方面,法院尊重债权人意思自治,巧妙设计清偿方式,平衡各方利益,创新通过预招募投资人的方式,网上公开竞价招募重整投资人,引入资金,同时要求投资人应当一并完成相关房产的装修办证附随义务,根本性解决民生问题。法院积极响应旅游时事政策,历经疫情迎来旅游业发展新时期,助力天一温泉公司涅槃重生,推动当地文旅经济大力发展。

三、案例评析

天一温泉公司重整案是龙岩市首例著名文旅企业预重整转重整案件。天一温泉公司重整成功,盘活了企业资产1.23亿元,化解企业债务4.45亿元,维护了600余名债权人、260余名职工、300多名购房业主的合法利益,保障了破产企业的正常生产经营,一并推动涉房地产买卖、租赁合同等一系列纠纷的化解,实现了“保交楼、保民生、保市场主体、保产业链稳定”的目标。

(一)勇担责:积极深化府院联动

天一温泉公司已严重资不抵债,如不采取重整方式,则只能进行破产清算。若进行破产清算,其名下各项资产的价值不仅会因清算处置大打折扣,还会激发业主类、职工类等大量信访案件,影响资产处置进度,降低债权人的受偿比例。在预重整阶段,连城县人民法院充分发挥司法职能,成立专案组,提前进行司法介入,统筹破产审判资源,对清算组预重整工作的前期准备、预重整方案制定等提供司法指导及法律答疑,完成破产重整中的债权审核、资产审计评估、重整计划制定、表决和通过等核心步骤,为后续重整程序做足准备。在重整过程中,连城县人民法院坚持“政府牵头、法院主导、部门联动”的工作指导方针,充分发挥府院联动机制作用,通过存续式重整方式,全过程深化与冠豸山风景区管委会、税务局、公安局、人社局、文亨镇人民政府、自然资源局等多个部门联动,多次召开案件协调会,共同研究破解重整过程中涉及的民生保障、社会稳定、财产接管、股权变更等一系列难题;在保证企业正常经营,妥善处理职工安置问题的基础上,着力化解社会风险问题,推动重整工作顺利开展,为企业重整成功奠定坚实的基础。

(二)稳过渡:创新重整举措助力企业涅槃重生

存续式重整是我国现阶段破产重整的主要模式,在存续式重整框架下,债务人主体资格存续,营业不发生转让,壳资源保留,主要通过调整变更各方债权人的权益实现期限及预期,实现债务和资产的重组和企业重生。为保护“天一温泉”这张连城名片,保留天一温泉公司优质的主营业务和企业品牌价值,避免破产清算致使大批职工下岗，出现职工群体性信访事件，维护社会的和谐与稳定，天一温泉公司通过引用预重整机制，采取存续式重整模式，有效降低重整成本，提高重整效率，实现庭外重组和庭内重整的有效衔接，并在预重整和重整期间不停业、不停工，保持企业的经营连贯性，实现企业"自行管理，保壳再生"。连城县人民法院始终坚持通过法治化、市场化的破产工作路径，通过淘宝网阿里拍卖破产强清平台，以竞价的方式确定天一温泉公司的重整投资人资格。但由于受疫情影响，旅游业经济受挫，多名投资人持观望态度。为推动重整工作顺利进行，连城县人民法院创新通过预招募重整投资人、引入资金的方式，并要求投资人应当一并完成对天一温泉度假村 1 号楼的装修办证附随义务，经过多轮竞拍，最终以 1.23 亿元确定重整投资人。

（三）理关系：巧妙设计清偿方式

本案债权人人数多达 600 余户，人数众多，性质复杂，债权类型涉及对特定财产享有优先权的债权、职工债权、税款债权、普通债权等。其中，在普通债权组中，有 260 余户小额业主债权人，在普通债权组中债权人人数占比为 95.07%，其主要诉求为装修办证；大额债权人信达资产公司的债权额占无财产担保债权总额的比例为 75.86%，占比极高，具有一票否决权，其主要诉求为提高债权清偿率。如何在两方债权人之间寻求平衡点，取得两方债权人对重整计划的支持是本案的关键所在。连城县人民法院将债权人最关心、最关注的问题作为重整工作的重中之重，将"解民情、保民生、连民心"的履职担当压实到预重整转重整的工作计划中，指导管理人与大额债权人信达资产公司进行沟通谈判；在债权清偿方式设计上，赋予小额业主债权人选择权，在"装修办证"或"现金清偿"中择一方式清偿债权。本案充分尊重债权人意思自治，科学制定重整计划草案，通过法治化、市场化路径进行多轮公开竞价招募投资人，最大化提高债权清偿率。最终，天一温泉公司重整计划获得各方支持，取得高票表决通过。随着重整投资款项到位，实现了担保债权、职工债权、税款债权的 100% 清偿，有效提高了普通债权的清偿率，保障了各方债权人的合法权益。

（四）过重山：大力发展文旅经济

大力发展文旅经济，是贯彻落实中央重要指示精神的必然要求，是顺应时代大势、推动高质量发展的战略需要。天一温泉公司作为福建省龙岩市著名的文旅企业,在当地经营休闲观光活动、旅游资源等方面颇享名誉,其名下产业天一温泉度假村更是通过打造多元复合的文旅枢纽对当地经济文化发展起到了重要引领作用。天一温泉度假村周边具有“多面逢源”的区位和交通优势,发展文旅经济具有得天独厚的资源禀赋和比较优势,空间广阔、潜力巨大。天一温泉公司的预重整、重整工作在经过难熬的疫情阶段后,如愿以偿地迎来充满机遇的内地旅游业发展新时期。在连城县人民政府的有力支持下,连城县人民法院顺应其势,迎合福建省从“文旅资源大省向文旅经济强省转变”的新风向,如期推动天一温泉公司重整成功,为地方文旅企业开辟崭新局面,帮助天一温泉公司搭上了旅游经济强劲复苏的发展快车道,促进了连城县文旅经济健康发展和社会和谐稳定。

案例五：龙岩市四季三餐电子商务有限公司破产清算案*

一、基本案情

2020年2月3日，龙岩市新罗区人民法院立案受理申请执行人程某与被执行人龙岩市四季三餐电子商务有限公司（以下简称四季三餐公司）追索劳动报酬纠纷一案。依据已生效的（2019）闽0802民初6668号民事判决书，四季三餐公司应支付程某工资12,430.66元。执行中，新罗区人民法院通过执行网络查控系统对四季三餐公司名下的银行存款、网络资金、有价证券、车辆、工商股权、不动产等财产情况进行查询，未发现四季三餐公司名下有可供执行的财产，于2020年4月30日作出（2020）闽0802执580号执行裁定，裁定终结本次执行程序。2021年1月15日，经向程某征询意见，程某同意将四季三餐公司的执行案件移送破产审查。同日，新罗区人民法院根据“执破直通”机制将程某与四季三餐公司追索劳动报酬纠纷一案移送龙岩中院进行破产清算审查。2021年1月28日，龙岩中院作出（2021）闽08破申51号民事裁定，裁定受理程某对四季三餐公司的破产清算申

---

* 作者：邱声宜，福建省龙岩市新罗区人民法院行政与生态环境审判庭审判员，三级法官。

请。同日,龙岩中院作出(2021)闽0802破申51号之一民事裁定,裁定本案由新罗区人民法院审理。新罗区人民法院于2021年2月1日立案后,于2021年2月3日作出(2021)闽0802破10号决定书,经龙岩中院随机摇号,指定福建远大联盟(龙岩)律师事务所担任四季三餐公司的破产管理人。

二、审理经过

2020年2月3日起,新罗区人民法院陆续受理程某等人依据生效裁判文书对四季三餐公司结欠劳动报酬的强制执行申请。执行阶段,经对四季三餐公司的企业资产状况进行查询,未发现四季三餐公司名下有银行存款、车辆及其他交易运输工具、不动产、有价证券、股权等财产,对外亦不存在已知债权。四季三餐公司无力清偿前述追索劳动报酬案件所涉债务,符合“企业法人不能清偿到期债务,并且资产不足以清偿全部债务或者明显缺乏清偿能力”,可以依据《企业破产法》的规定清理债务。

破产程序启动后,2021年2月3日,新罗区人民法院向四季三餐公司及相关人员发布移交公司印章、财务账簿等通知,并在四季三餐公司原住所地张贴以及在全国企业破产重整案件信息网发布债权申报和第一次债权人会议公告。2021年2月5日,四季三餐公司法定代表人邱某表示其正在努力融资,四季三餐公司仍有继续经营的可能,希望不予破产。经核查,四季三餐公司所欠债务主要为职工工资,公司在疫情期间,独立开发设计了一款App作为无接触配送果蔬、食品的平台曾大受好评,后因资金链断裂难以为继。邱某此后一直为公司融资事宜到处奔波,已经联系到有意向投资的投资人进行洽谈。考虑到四季三餐公司作为民营企业能在疫情期间转换思维自主创新,且自行研发设计的App确有市场前景,新罗区人民法院告知邱某要加速推进融资事宜,破产程序启动后并不代表企业直接“死亡”,在有条件的情况下,可以申请破产和解和重整。2021年2月18日,经法院主持,邱某在管理人的配合下与案外人魏某达成投资协议,魏某注资入股四季三餐公司,并清偿四季三餐公司在破产程序中已申报的全部债权171,694.29元(其中法定代表人邱某放弃其享有的职工债权21,860.52元)。截至2021年3月5日债权申报期届满,四季三餐公司管理人共收到2名债权人的申报,申报债权金额为438.05元,确认债权总金额为437元(其中普通债权337

元,劣后债权100元),另有职工债权193,117.81元。2021年3月5日,在第一次债权人会议召开之前,魏某依约将已申报的四季三餐公司职工债权全数清偿完毕,同时经与新罗区人民法院确认后,将结欠的案件诉讼费和执行费履行完毕。在第一次债权人会议召开之前,四季三餐公司已经不存在"不能清偿到期债务,并且资产不足以清偿全部债务或者明显缺乏清偿能力"的情形。

2021年3月8日,四季三餐公司管理人向新罗区人民法院提交终结破产程序申请书。新罗区人民法院据此于同日作出(2021)闽0802破10号民事裁定,依照《企业破产法》第108条第1项的规定,裁定终结四季三餐公司破产程序。

三、案例评析

"执破直通"机制是执行案件中发现被执行企业存在资不抵债等问题,在征得一方当事人同意的情况下,执行法官将案件移送破产审判机构进行破产审查。若被执行企业符合《企业破产法》第2条的规定,则裁定受理该企业法人的破产清算申请,启动破产程序。"执破直通"机制是福建省人民法院服务保障供给侧结构性改革的重要举措,对于有效清理执行积案、解决被执行企业隐性纠纷、加强诉源治理具有重要意义。

本案中,四季三餐公司在疫情期间,创新方式自主研发一款具有市场价值的App投入运营使用,并取得较好的市场反馈。后因资金链断裂,运营难以为继,部分员工的工资无法发放,企业暂停经营。在员工申请追索劳动报酬的强制执行案件中,新罗区人民法院经查询发现四季三餐公司名下并无可供执行的财产,故将案件根据"执破直通"机制移送上级人民法院审查是否符合破产条件。虽然四季三餐公司的破产案件正式立案受理,但并不影响四季三餐公司通过继续融资、合并或重组等方式重新获得资金扶持,盘活企业。法院在审理这类案件时,没有一味认定企业"资不抵债",而是通过与企业法定代表人多次沟通协商,了解企业还存在核心竞争力,指导、鼓励企业法定代表人及投资人克服心理疑虑,了解破产案件的性质是将企业前期负债情况进行清结,令企业真正获得"重生"。

审理好破产案件对于推动高质量发展,深化供给侧结构性改革,营造稳定、公平、透明、可预期的营商环境,具有十分重要的意义。人民法院应当切实发挥司法审判职能,践行"民生为本,企业为基"理念,扎实做好"六稳"工作,全面落实“六保”任务，不断建立健全破产法律制度，推进破产审判的法治化、常态化；在破产案件审理中应尽量平衡债权人、债务人、出资人、员工等利害关系人的利益，实现社会整体价值最大化；既要注重发挥和解程序简便快速清理债权债务关系的功能，鼓励当事人通过和解程序或者达成自行和解的方式实现各方利益共赢，也要仔细甄别“三无企业”，果断出清；既要帮助危困企业“涅槃重生”，也要促进“僵尸企业”规范退出；通过提供更加高效便利的司法服务和更加公平正义的司法保障助力法治化营商环境的真正落地，促进市场经济的繁荣发展和可持续发展。

案例六：福建武平双成房地产开发有限公司破产重整案*

一、基本案情

福建武平双成房地产开发有限公司(以下简称双成公司)于2013年8月在武平县城中心开工建设“双城·缔豪苑”房地产项目,项目用地6819平方米,总建筑面积3.13万平方米,共270套。项目C8#楼于2013年11月开始预售,已签约88套,其中已备案64套,项目C5#楼于2014年1月开始预售,已签约154套,其中已备案65套,交房时间定于2015年10月30日。项目总投资约7225万元,已付工程建设资金2100万元。由于开发商资金短缺,加上管理混乱,2014年10月项目全面停工,之后一直未复工建设,购房户多次群体性上访。2017年11月21日,经债权人申请,武平县人民法院依法裁定受理双成公司破产重整一案并指定了管理人。经第一次债权人会议核查、核对,确认无异议债权188,434,484.88元,职工债权523,480.00元。进入重整程序后,由于该项目建筑面积小,商品房预售、网签情况复杂,可供清偿债权的财产较少,市场投资意愿低。

---

* 作者:宗赞宇,原福建省武平县人民法院民事审判庭审判员,一级法官;童丽萍,福建省武平县人民法院十方法庭副庭长,四级法官。

二、审理经过

武平县人民法院经审理认为,项目尚未完工,若简单宣告破产后变卖财产,债权受偿的法律效果差,尤其是消费者购房人的权益无法完全实现,容易引发社会稳定问题。如何解决破产企业债务困境,破解“烂尾”僵局,保障广大购房人和债权人的合法权益,维护社会的稳定,是本案需要重点解决的问题。武平县人民法院在充分评估后,决定适用“重整式清算”方式,即由管理人负责“烂尾楼”续建,待工程竣工验收后,向消费者购房人履行交房义务,并出售剩余资产,待上述经营行为完成后,公司再转入破产清算。2019 年 1 月 16 日,重整计划经债权人会议表决通过,武平县人民法院裁定许可后由管理人实施。在武平县委县政府的协调下,管理人用未售商品房作抵押,筹借了 1500 万元作为该项目“烂尾楼”的续建资金,项目得以重新启动。重整启动之后,未再发生群体性上访事件。2020 年 12 月 10 日,项目竣工暨交房仪式顺利举行,财产处置及债权分配工作也随之顺利推进。

三、案例评析

商品房预售制促进了房地产市场的繁荣以及经济发展,但是房地产企业的高杠杆率,使其负债经营风险增大,一旦资金链断裂,摩天大厦瞬间变成闲置“烂尾楼”,给当地的经济发展及社会治理埋下大量隐患。因此,对于“烂尾楼”的拯救,显得尤为重要,而破产重整,为拯救“烂尾楼”提供了法治化的高效路径。首先,通过破产重整,可以为困境企业松绑。我国《企业破产法》第 19 条规定:“人民法院受理破产申请后,有关债务人财产的保全措施应当解除,执行程序应当中止。”债务人的资产通过破产重整程序得以释放,为后期资产的整体盘活提供了便利条件,也避免了有财产担保的债权人向法院申请强制执行,防止个别清偿甚至是以房低价抵债的发生。此外,企业进入破产程序后,债权利息计算至破产申请受理之日,明确了利息计算期限,在一定程度上拦截了高额利息,为债务人减压。其次,通过破产重整,可以为困境企业提供助力。通过招募投资人,不仅可以为困境企业注入新的资金,也会为困境企业带来新的管理模式,可以提振市场信心,为企业带来新的生机。通过破产重整盘活烂尾项目,实现复工复产,避免在建工程迅速贬损,克服破产清算可能带来烂尾工程永久性搁置的弊端。通过复工复产,资产可以通过正常的销售途径实现价值最大化,最大限度保护债权人、债务人等人的利益。最后,通过破产重整,可以维护社会稳定。

第一,有利于维护房地产行业下游相关产业的稳定。房地产企业破产清算将对相关市场的企业产生重大影响。建筑施工企业为开发商的建设项目垫资建设,但开发商的破产使建筑款无法回笼,建筑施工企业债务频发,容易被拖入经营困境;下游的装饰工程承揽方,为开发商提供不动产装修装饰服务,承揽方进行分包,根据不同工种又有多个包工头,开发商到期无法支付工程款,使得承揽方接连遭到下游经营者追讨债务,基于相对性,承揽方只得先行支付款项,严重影响自身经营。房地产企业的破产清算可能使相关行业的债权人、经营者经营困难,不利于行业稳定,如果进入破产重整,还能为其带来生的希望,进而维护商业秩序。

第二,有利于维护购房人的利益。在建工程项目破产清算,一旦项目烂尾搁浅,那么购房人的利益是无法保证的,按揭客户的房贷会中止付贷,购房者人数众多,会对当地政府造成极大的维稳压力。新的重整投资人进入,可以使项目建设得到保障,维护购房人的利益。

第三,有利于维护小额债权人的利益。房地产企业破产中,小额债权如职工债权、小型供应商供货款、应当返还的购房款等对应的主体受企业破产影响较大,且涉及人数众多,容易发生群体性事件。重整计划起草过程中,管理人可为了社会稳定对债权人受偿比例进行调配,适当劝阻有担保的债权人放弃一定受偿金额,将相应比例给予小额债权人,也可协调投资方对小额债权先行出资处理。若是在破产清算阶段,小额债权人根据债权清偿顺位可获得的财产分配额寥寥无几,甚至为零。若是债务人重整成功,将帮助小额债权人实现利益最大化,减轻政府维稳压力。

在双成公司重整过程中,首先考虑的是招募战略投资人股权投资的重整方式,对外发布了招募公告,先后有 4 家企业向管理人询问并索要了与重整有关的资料。但因为项目建筑面积小,大多数房产已被销售,剩余可供销售的房屋面积偏小,体量不大,利润空间小,难以形成持续、稳定的项目开发,且商品房预售、网签情况复杂,没有投资人愿意接盘。之后,法院、政府、管理人、债权人多方沟通和协商,综合考虑并充分论证后,决定采用在管理人的监督管理之下组建新经营团队进行经营管理的模式。采用管理人组建经营团队负责经营的重整模式具有以下优势:一是有利于尽快重启项目建设,尽早完工验收并交付使用,避免楼盘烂尾,特别是对广大购房户而言,可以尽快收房和入住,有利于维护社会的和谐稳定。二是管理人组建经营团队负责经营,可以减少开发成本和管理费用,可得的开发利润直接让利于债权人。三是两幢商住楼均已建至封顶,继续建设并交付使用所需的资金量不是很大,而且已销售的房屋已办理按揭手续,一旦楼盘符合交付条件银行会如期放款,有后续的资金保证。在重整计划草案形成过程中,管理人在法院的监督下九易其稿,最终获得债权人会议通过。为了实施重整计划,在县委县政府的协调下,管理人用未售商品房作抵押,筹借了1500万元作为该项目“烂尾楼”的续建资金,协调自然资源、住建、不动产登记、城管、消防、税务、供水、供电、银行等机构或部门,使得“烂尾楼”续建成功并顺利通过验收及办理按揭贷款手续。

双成公司重整是龙岩市首例由管理人负责续建的房地产破产案例,是对房地产破产企业具体该如何重整的有益探索,既让企业轻装上路,实现企业资产价值的最大化,又有力维护了房地产行业下游行业的稳定,保障购房人、债权人、债务人的利益,进而维护了社会的稳定。

案例七：福建省鑫海隆建设工程有限公司破产清算案*

一、基本案情

2013年6月至2016年，上杭县人民法院立案受理被执行人为福建省鑫海隆建设工程有限公司（以下简称鑫海隆公司）的5起债务纠纷生效判决执行案。在该系列案件的执行过程中，2016年，上杭县人民法院多次组织鑫海隆公司与相关债权人进行和解，鑫海隆公司及其法人先后与申请执行人达成执行和解协议，并经申请执行人同意，上杭县人民法院裁定终结被执行人鑫海隆公司系列执行案件的本次执行程序。2018年1月，上杭县人民法院立案受理了申请人邱某与被执行人鑫海隆公司追偿权纠纷生效判决执行案，并于2020年1月立案受理了申请人张某与被执行人鑫海隆公司追偿权纠纷生效判决执行案。在上述2起案件的执行过程中，上杭县人民法院经查发现，鑫海隆公司未营业多年，并通过执行网络查控系统对鑫海隆公司名下的银行存款、网络资金、有价证券、车辆、工商股权、不动产等财产情况进行查询，未发现鑫海隆公司名下登记有可供执行的财产，遂先后对申请

---

* 作者：张春明，福建省上杭县人民法院民事审判庭庭长，一级法官。

人邱某、张某申请执行案作出终结本次执行程序的执行裁定。鑫海隆公司为被执行人的执行案件就此停滞不前。2021 年 1 月,上杭县人民法院经查发现,鑫海隆公司为被执行人的执行案件共有 7 件,案涉执行标的本金 2,142,352.05 元及相应利息,鑫海隆公司已多年未营业。“执破直通”合议庭预审查认为,鑫海隆公司现查明财产不足以偿付全部债务,明显缺乏清偿能力,具备破产原因。2021 年 1 月 12 日,经向申请人邱某征询意见,邱某同意将鑫海隆公司的执行案件移送破产审查。2021 年 1 月 13 日,上杭县人民法院根据“执破直通”机制的规定,将申请人邱某与被申请人鑫海隆公司追偿权纠纷执行案移送龙岩中院进行破产清算审查。2021 年 1 月 30 日,龙岩中院作出(2021)闽 08 破申 65 号民事裁定书,裁定受理申请执行人邱某对鑫海隆公司的破产清算申请,并于同日作出(2021)闽 08 破申 65 号之一民事裁定书,裁定本案由上杭县人民法院审理。

二、审理经过

破产程序启动后,2021 年 2 月 3 日,上杭县人民法院依法审理并摇号指定管理人,向鑫海隆公司及相关人员发布移交公司印章、财务账簿等通知,并依法在鑫海隆公司住所地张贴以及在全国企业破产重整案件信息网发布债权申报和第一次债权人会议公告。管理人依法接受债权人的债权申报并登记、确认,开展鑫海隆公司财产调查工作,整理制作第一次债权人会议资料等破产清算工作。在上杭县人民法院依法发布债权申报公告后,鑫海隆公司法定代表人张某周主动联系法院、管理人,表示鑫海隆公司仍具有一定的商业声誉与经营价值,希望能够通过引入资金,帮助企业重获新生,不进行破产清算。管理人经调查,发现鑫海隆公司在上杭县湖洋镇文光村 205 国道旁建有厂房、办公楼,但用地属批而未供土地、厂房及地上建筑物未办理批建手续,处置难度较大,破产清算可能由政府收回。但鑫海隆公司厂房面积大、区位良好,鑫海隆公司法人欲引入资金注入公司盘活鑫海隆公司。管理人对申报债权进行审查后,提交第一次债权人会议核查,在会上披露财产调查情况,经管理人确认的申报债权为 9 户 9 笔,债权金额 367 万余元。第一次债权人会议中,大部分申报债权人表达希望鑫海隆公司能继续存续,反对破产清算还债。

“执破直通”合议庭在了解到鑫海隆公司法人、大部分债权人存在不希望鑫海隆公司破产并继续存续经营的心态后,与执行法官沟通了解了鑫海隆公司系列执行案执行阶段的各项情况。经研判,鑫海隆公司作为民营企业负债不多,申报债权才 367 万余元,其中本金 224 万余元、利息 143 万余元;2016 年之前鑫海隆公司的执行案件均已通过执行和解,有和解基础,之后新收案执行案才 2 件,标的不大;双方均有和解意愿,债权人有减免债务的可能。因此,本案具有极大的和解可能性。为此,第一次债权人会议后,"执破直通"合议庭指导管理人主动引导鑫海隆公司法人与申报债权人协商,争取与全体债权人达成和解,由管理人协助召集双方进行商谈、沟通等和解事宜。因部分债权人存有疑虑,双方自行和解未果。此后,"执破直通"合议庭与管理人多次引导债权人与债务人进行接触洽谈,了解各方的诉求与疑问,做好释疑解答工作,极力促使双方自行和解。在促和解过程中,合议庭了解到鑫海隆公司之前企业难以运营的主要原因之一,是鑫海隆公司法人暨股东个人欠张某银民间借贷案,该案法院判决生效后张某银申请执行,因该笔债务利息较高、张某银曾多次到鑫海隆公司阻挠公司的生产经营,双方矛盾较激烈,引发了多起执行信访事件。鑫海隆公司法人张某周希望合议庭帮助其与张某银协商调解,以利于其后续管理鑫海隆公司。从实质化解矛盾角度出发,为鑫海隆公司后续经营创造良好条件,破产合议庭法官与承办张某银申请执行张某周执行案的执行法官沟通了解相关情况,并与申请执行人张某银进行约谈、释法答疑,促成张某周与张某银达成执行和解协议,为鑫海隆公司法人张某周解除后顾之忧。由此,鑫海隆公司法人张某周要求破产和解的意愿更加强烈,法院告知鑫海隆公司法人张某周要加速推进引资盘活企业以及与全体申报债权人达成和解。2022 年 9 月至 12 月,为减轻鑫海隆公司负债,引导债权人减免部分债务,经过破产合议庭、管理人引导,通过多轮、多方持续沟通,全体申报债权人同意减免利息债务,本金分期还款。鑫海隆公司与全体申报债权人初步达成关于免除部分债务、和解金额及支付期限的合意,并由鑫海隆公司管理人协助起草自行达成和解的方案和协议。2023 年 1 月 27 日,鑫海隆公司与全体申报债权人签署完成自行达成和解协议,并按协议履行相应义务。2023 年 1 月 28 日,鑫海隆公司向上杭县人民法院提交申请裁定认可和解协议并终结破产程序的申请。同日,上杭县人民法院作出认可鑫海隆公司与全体申报债权人自行达成和解协议,并终结鑫海隆公司破产清算程序的裁定。

三、案例评析

“执破直通”机制是福建高院在全国首创并推广至全省的重要机制，旨在服务保障供给侧结构性改革，打通执行与破产之间的程序壁垒，助力“病企”重生，解决被执行企业隐性纠纷，实现“僵尸”企业有序退市，清结长期执行不能的涉企旧案。

本案中，上杭县人民法院运用“执破直通”机制，打通执行与破产之间的程序壁垒。第一，在合议庭组成上，实行人力融合，由执行法官和破产审判法官共同组成执破合议庭；在破产程序中，及时了解掌握执行过程中的信息、执行过程，实现人员、审查、职责、程序等方面的直通。第二，从充分发挥破产和解制度功能优势出发，用活破产和解程序功能，促使困境民营企业和解重生，助推营商环境的市场化法治化国际化便利化。第三，加强对管理人的指导和督促，发挥破产管理人在破产和解过程中穿针引线的作用，通过全程引导债权人、债务人、股东等利害关系人推动案件和解工作，促成债务人与债权人自行达成和解，妥善处置“病企”，取得债权人、股东、市场“三赢”局面，真正实现“案结事了人和”。第四，为取得良好法律效果和社会效果，破产合议庭不就案办案，本着为“病企”解困解难题的角度出发，主动协助企业法人解除后顾之忧，指导、鼓励企业法定代表人及投资人克服心理疑虑，让企业真正获得“重生”。

“执转破”“执破直通”机制，是双赢的法律机制，清算并非破产的唯一终点，还可通过破产重整、和解、第三人清偿到期债务等方式，实现危困企业在法律中的“重生”，促进案件解决。在破产审判过程中，要坚持“破立融合、有保有破”的差异化处置原则，仔细甄别企业危困程度，在法律的框架内坚持司法能动，灵活转换执行、破产、和解程序，适时将长期未结执行案件转入破产和解程序，对确有挽救希望的企业尽快引导启动重整或和解程序，实质性化解债务纠纷，助推危困企业解困。要发挥好破产和解制度的破产预防功能，运用法治思维、方式，变执行不能为和解可能，最大限度保障债权人的合法权益，也让受困企业涅槃重生。对“三无”企业依法宣告破产，使其有序退市，依法助力构建法治化营商环境。

案例八:综合考量护稳定,精准研判促重整

——漳平市佳能水电有限公司破产重整案*

一、基本案情

漳平市佳能水电有限公司(以下简称佳能水电公司)于2003年6月10日登记成立,是漳平市水电行业的优质产业。近年来,因股东经营决策失利、利用公司融资担保等内外部因素,佳能水电公司经营逐步陷入困境。截至2016年11月14日,佳能水电公司负债总额合计达3.4亿元,净资产为-1.9亿元,已严重资不抵债。

二、审理经过

经债务人申请,漳平市人民法院于2016年11月14日依法裁定受理佳能水电公司重整一案,并指定管理人。2017年4月10日,漳平市人民法院根据债权申报情况以及第一次债权人会议的核查情况裁定确认了113户债权人的债权。2017年7月25日,管理人向漳平市人民法院

---

* 作者:陈长樊,福建省漳平市人民法院党组副书记、副院长,四级高级法官;王建英,福建省漳平市人民法院民事审判庭副庭长,一级法官;俞晓雅,福建省漳平市人民法院民事审判庭四级法官助理。

提交重整计划草案。2017 年 8 月 23 日,漳平市人民法院召开债权人会议,对重整计划草案进行表决,但未获通过。此后,漳平市人民法院根据破产法规定,启动协商程序,要求管理人对重整计划草案进行调整。因本案涉及债权人众多,为最大限度保护债权人利益,同时合理平衡各方利益维护社会稳定,在龙岩中院、漳平市人民法院的指导以及充分征询债权人的意愿下,经管理人多次调整,摒弃了债务人提出的利用20年甚至更长时间止息经营的自救重整方案以及将全部股权打包拍卖的出售式重整方案。最终于2021 年3 月15 日形成“债权股与分段货币清偿相结合 + 引进重整投资人”的重整计划草案。2021 年 4 月 24 日,漳平市人民法院以非现场书面表决方式,对协商版重整计划草案进行表决。经表决,普通债权组以债权人数过半和债权金额过半双指标通过重整计划草案。2021 年 5 月 12 日,漳平市人民法院裁定批准佳能水电公司重整计划草案,并终止佳能水电公司重整程序。

三、案 例 评 析

佳能水电公司重整案是龙岩市辖区内首例以“双指标”通过重整计划草案的典型案例,极大地鼓舞了破产审判合议庭及龙岩市辖区企业对破产重整成功的信心。借助破产重整程序,佳能水电公司通过持续生产经营在重整期间创收千万余元,在偿债能力进一步提升的同时,摒弃了以“堵窟窿”的方式挽救困境企业的传统做法,通过引进战略投资人、债务重组、完善公司经营及治理模式等多重途径,成功剥离亏损资产,改变公司资产及负债结构,增强持续经营及营利能力,彻底摆脱企业债务困境,实现了破产审判效果和社会效果双赢。

(一)劳动债权提前清偿

在佳能水电公司破产重整案推进过程中,因重整计划草案第一次表决未获通过,案件进入协商阶段,各方利益博弈下短时间内难以协商出各方均满意的方案,导致包括劳动债权在内的各类债权暂时无法获得清偿。漳平市人民法院从积极维护劳动者合法权益的角度出发,认真探究提前清偿劳动债权的可行性。考虑到管理人接管佳能水电公司后,要保障佳能水电公司的重整顺利进行,维持佳能水电公司人员的稳定性及电站生产经营各方面事务的正常开展,创造后期对重整有利的环境及条件，基本聘用原佳能水电公司管理团队成员，且根据佳能水电公司资产评估和清产核资情况，佳能水电公司的资产足以清偿优先债权、劳动债权和税收债权，无论协商阶段重整计划草案如何调整，劳动债权均可获得全部清偿，故决定提前清偿劳动债权。该项举措大力提升了佳能水电公司员工对公司重整成功的信心，在保障佳能水电公司持续生产经营的同时，避免因“欠薪”激化矛盾而发生群体性事件，极为有效地维护了社会稳定。

（二）非现场方式表决与现场计票相结合

近年来，破产审判工作的大力推进和受理破产案件数量的大幅上升，以及社会层面对于破产法律制度的接受度逐渐提高，破产案件简易程序的实践需求日益突出和显现，债权人会议作为破产简易程序的一个重要环节，其繁简程度很大程度上决定了破产程序的简易程度。漳平市人民法院在办理佳能水电公司破产重整案件中，为提升债权人会议的表决效率，根据《破产法司法解释三》第 11 条第 1 款第 1 句“债权人会议的决议除现场表决外，可以由管理人事先将相关决议事项告知债权人，采取通信、网络投票等非现场方式进行表决”的规定，决定采用债权人现场递交或邮寄表决票的方式进行非现场表决。但因相关法律及司法解释未对非现场表决的计票方式、流程作出具体规定，为避免债权人难以监督管理人计票过程，保障表决结果的真实性和客观性，漳平市人民法院根据本案实际情况并参照各地实践做法决定采用现场会议方式进行计票，并对计票方式、计票流程进行严格把控。一是计票会场设在法院，计票过程由合议庭成员全程监督；二是现场确认邮件密封情况；三是邀请债权人委员会成员、若干债权人出席会议，担任监票员、唱票员。上述非现场表决与现场计票相结合的方式，既有效提升了债权人会议的表决效率，也保障了表决结果的客观公正性。

（三）小额债权纳入普通债权分段递减清偿

我国《企业破产法》规定，“人民法院在必要时可以决定在普通债权组中设小额债权组对重整计划草案进行表决”，但小额债权的具体清偿方式有待进一步实践和探索。目前，重整程序中小额债权清偿主要有以下三种方式：一是小额债权与其他普通债权在同一表决组内同比例受偿；二是单独设立小额债权组，使其高比例甚至是全额受偿；三是将小额债权纳入普通债权分段递减清偿。在办理佳能水电公司破产重整一案时,漳平市人民法院认真分析了上述三种小额债权清偿方式的利弊,考虑到在该案中大额债权人人数少但债权总额大,小额债权人人数多但债权总额小的情况,若将所有无担保的债权作为普通债权分为一类按照同一比例清偿,要取得出席会议的债权人过半数同意重整计划草案较为困难。另外,小额债权与其他普通债权在债权性质上均属于无担保债权,若单独设立小额债权组实行高比例或者全额清偿,实际上违反了平等对待同一性质债权人的原则,可能影响重整计划草案的通过率,尤其容易引起临近分段清偿界限而又不能被划入小额债权组的债权人的反对。相较于前两种清偿方式,采取小额债权纳入普通债权分段递减清偿的方式,不仅是当前司法实践的主流做法,而且该方式不区别对待同一性质的债权人,能够提高重整计划草案表决的通过率。在充分考虑相关因素后,漳平市人民法院同意管理人采取将小额债权纳入普通债权分段递减清偿的清偿方式,即不单独设立小额债权组,将小额债权纳入普通债权组,对债权金额在 15 万元以下(含 15 万元)的小额债权人实行全额清偿的同时,全体普通债权人对其享有的金额在 15 万元以下的该部分债权均可获得无差别全额清偿。最终普通债权组以债权人数过半、债权金额过半双指标通过重整计划草案。

(四)推定受全额清偿债权人赞成协商版重整计划草案

佳能水电公司协商版重整计划草案的表决中,将债权金额在 15 万元以下(含 15 万元)的可获全额清偿的普通债权计入赞成协商版重整计划草案的人数及金额,即推定受全额清偿的小额债权人赞成协商版重整计划草案。这无疑是协商版重整计划草案表决上的一种创新思路,在一定程度上提高了协商版重整计划草案的通过率。该种创新方式的法律基础在于:首先,根据破产法债权人会议表决权配置原理,利益不受损害的债权人组别无权反对重整计划草案,且该部分债权人不参与表决是基于推定其赞成重整计划草案而作出的安排;故该部分债权人虽不参与表决,但具有赞成效力,纳入赞成的债权人及赞成的金额并无不当。其次,《破产法司法解释三》第 11 条第 2 款中明确规定,“权益未受到调整或者影响的债权人或者股东,参照企业破产法第八十三条的规定,不参加重整计划草案的表决”。但《企业破产法》及上述司法解释并未明确该部分债权人及债权金额是否应排除在债权人总人数和债权总额之外。本案债权金额在 15 万元以下（含15万元）普通债权根据重整计划草案安排全额清偿，相关债权人利益未受损害，推定为赞成重整计划草案不违反《企业破产法》的规定。最后，本案重整计划草案设立统一的普通债权组，并未单独设立15万元以下（含15万元）的小额债权组；15万元以下（含15万元）的小额债权依照《企业破产法》是普通债权组中的一部分，而该部分债权人因被依法推定为赞成而不参与表决，故计入整个普通债权组表决结果亦无不当。

（五）小股东权益倾向性保护

佳能水电公司原登记股东陈某星、林某周、林某泉分别认缴出资1,338,000元、5,102,000元、13,560,000元，各占6.69%、25.51%、67.80%股权，其中原登记小股东陈某星名下6.69%股权系代持，该股权实际上由100多名隐名小股东持有。鉴于佳能水电公司已严重资不抵债，原股东林某周、林某泉分别持有的佳能水电公司25.51%、67.80%股权全部予以调整为零，但考虑到上述100多名隐名小股东人数众多，且在公司决策中处于弱势地位，为减少阻力、稳步推进重整程序，在征求债权人意见后，决定对佳能水电公司原登记小股东陈某星代持的6.69%股权予以适度保护，酌情调整为3.19%。

第四部分　龙岩“办理破产”规范性文件

福建省高级人民法院关于执行转破产直通的若干规定(试行)

闽高法〔2020〕号

为进一步优化营商环境,畅通执行与破产的程序衔接,结合我省“执转破”实践,根据相关法律和司法解释等规定,现将建立“执破直通”机制相关事项规定如下。

第一条 【宗旨原则】为有效缩短“执转破”案件审理周期,提高审判效率,降低破产成本,积极探索执行与破产直通程序的案件审判模式,实现执行人员“带案进、销案出”的程序集约效应,特制定本规定。

第二条 【人员直通】各地法院需要将执行案件转入破产审查时,该执行案件的执行人员带案跟进,与负责破产审判的业务庭法官,共同组成执破团队,负责“执转破”案件的受理审查、审理以及相关工作。

第三条 【受案条件】执行案件移送破产审查,应同时符合下列条件:

1. 被执行人为企业法人;

2. 被执行企业住所地位于执行法院所在地;

3. 被执行人或者有关被执行人的任何一个执行案件的申请执行人书面同意将执行案件移送破产审查;

4. 被执行人不能清偿到期债务,并且资产不足以清偿全部债务或者明显缺乏清偿能力。

第四条 【识别移送】各地法院执行部门应对照上

述第三条的规定，对该院执行案件进行初步筛查并建立台账，会同破产审判部门共同审查，对符合第三条规定情形的，于三日内征得当事人同意后，当天移送立案。

第五条 【上下贯通】基层法院对所执行的案件经审查发现符合“执转破”条件的，应移送有管辖权的中级法院。

受移送的中级法院有受理该债务人为被执行人的案件的，应由执行局指定该案执行人员带案进入本院执破团队。

受移送的中级法院虽没有受理相关执行案件，但发现被执行人住所地基层法院有受理相关执行案件的，可将“执转破”案件交由该基层法院审理，该基层法院应指定执行人员带案进入本院执破团队。

第六条 【职责直通】决定“执转破”的案件，其财产查控、处置由执行人员继续跟进，新发现的财产及线索，由执行人员及时进行查控。

进入破产程序后，执破团队可继续使用执行网络查控系统，凡执行法院已经完成的执行结果（含评估、鉴定、审计、拍卖等），在有效期内可与破产程序共享。

第七条 【定期备案】省法院建立定期备案制度。中级法院根据案件需要，按照执破直通的原则，将“执转破”案件交由符合条件的基层法院审理的，应于每季度第五个工作日前，将上一季度交由基层法院审理的具体案件情况，集中上报省法院民五庭及执行局备案。

第八条 【销案直通】执行案件移送进入破产程序后，出现下列情形之一的，执行法院应在收到执破团队出具的相关法律文书后五日内裁定终结对该被执行人的执行程序：

1. 裁定宣告破产的；

2. 裁定批准重整计划（草案）并终止重整程序的；

3. 裁定认可和解协议并终止和解程序的；

4. 依据《企业破产法》第一百零八条的规定裁定终结破产程序的。

第九条 【人员管理】执破团队的审判业务管理由破产业务庭负责，队伍管理仍归属于原审判庭（团队）。

执行人员在破产案件审结后退出执破团队，其工作绩效参照闽高法〔2019〕129号《关于破产案件绩效考核标准的指导意见（二）》，各中级法院根据本地情况制定折算标准并上报省法院民五庭及执行局备案。

第十条 **【细化措施】**各中级法院应依据本规定,制定细化措施,确保"执破直通"机制的有效落实、依法顺畅运行。

第十一条 本规定于公布之日起试行。

关于建立办理企业破产案件司法联动机制的实施意见

岩中法〔2022〕29号

为推动破产程序的高效有序运行，持续优化龙岩法治化营商环境，依照《企业破产法》《中华人民共和国刑事诉讼法》等有关法律法规和司法解释，根据市政府《关于建立企业破产处置工作府院协调机制实施方案》，聚焦企业破产案件涉刑问题处理，防范和打击逃废债务行为，结合我市工作实际，建立法院、检察、公安联动协作机制，制定本意见。

第一条　【原则要求】全市法院、检察院、公安局应当分工负责、配合协作、形成合力，推动建立信息互联共享、程序有序衔接、整治协调配合、制度共商共建的工作格局，依法查处企业破产案件中涉嫌犯罪相关问题，共同维护司法权威和司法公正。

第二条　【线索移送】破产管理人发现案件有关人员涉嫌虚假出资、抽逃出资罪，妨害清算罪，隐匿、故意销毁会计凭证、会计账簿、财务会计报告罪，虚假破产罪等以下犯罪情形的，应当及时将相关犯罪线索报送破产案件审理法院，审理法院根据管理人的提请或者依职权及时移送同级公安依法处理：

（一）以捏造的事实在破产案件审理过程中申报债权的；

（二）以虚假诉讼、仲裁、公证骗取法律文书申报债权的；

（三）公司发起人、股东违反公司法的规定未交付货币、实物或者未转移财产权，虚假出资，或者在公司成立后又抽逃其出资的；

（四）公司、企业进行清算时，隐匿财产，对资产负债表或者财产清单作虚伪记载或者在未清偿债务前分配公司、企业财产，严重损害债权人或者其他人利益的；

（五）隐匿或者故意销毁依法应当保存的会计凭证、会计账簿、财务会计报告的；

（六）债务人的有关人员拒不履行人民法院要求其移交财产、印章和账簿、文书资料等义务的；

（七）提供虚假的资产评估、会计、审计等证明文件的；

（八）公司、企业通过隐匿财产、承担虚构的债务或者以其他方法转移、处分财产，实施虚假破产，严重损害债权人或者其他人利益的；

（九）债务人的法定代表人、出资人、实际控制人等有恶意侵占、挪用、隐匿企业财产行为的；

（十）破产程序中行政机关及其工作人员不依法履职，导致国家利益或者社会公共利益受损或有被侵害可能的；

（十一）破产程序中发生的其他涉嫌犯罪行为；

法院应同时将涉及上述第（一）（二）（八）（十）项情形的案件线索移送同级检察院。

第三条　【公安立案】有管辖权的公安机关对发现或者移送的企业破产涉刑案件，应当在三十日内作出立案或者不立案决定，并书面反馈移送法院。不予立案的，应当在作出不立案决定之日起七日内，以书面形式向移送法院说明不立案理由。

第四条　【检察监督】公安机关对企业破产涉刑案件应当立案而不予立案的，审理法院可根据管理人的提请或者依职权移送检察院实施法律监督。检察院应当依法进行立案监督，并将监督情况反馈移送法院。

第五条　【监督措施】检察院在办理破产监督案件过程中，可以采取下列措施开展调查：

（一）就案件事实向管理人、债权人、破产企业法定代表人、股东以及其他责任人员进行询问；

（二）要求案件当事人提供原始证据或者其他证据；

（三）向有关部门和单位及证人调查取证；

（四）向法院查阅、调取和复制破产案件卷宗及相关证据材料；

（五）依法可以采取的其他措施。

检察院通过检察建议等方式对法院破产审理活动行使法律监督职权，法院收到检察建议等文书后应在相应期限内及时给予书面回复。

第六条　【驳回申请】破产案件受理后，发现企业控股股东、实际控制人、法定代表人及其他企业高管因逃废债涉嫌犯罪且影响破产案件审理的，审理法院应及时将涉嫌犯罪的材料移交公安机关，并可根据企业破产法第十二条规定驳回企业破产申请。

第七条　【重新审查】审理法院根据本意见第六条裁定驳回企业破产申请后，逃废债行为经过立案侦查，公安机关撤销案件、检察院决定不予起诉或法院宣告被告人无罪的，当事人可以重新申请企业破产。

第八条　【解除保全】法院受理企业破产申请后，有关债务人财产的查封、扣押、冻结等保全措施，公安机关根据管理人的书面申请，应予及时解除，并将有关债务人财产及时交付管理人，确保破产程序顺利进行。

第九条　【出警处置】公安机关在接到破产企业管理人关于部分债权人对破产企业财产进行抢控处置的报警后，应及时出警处置。

第十条　【信息查询】管理人凭法院受理裁定书、指定管理人决定书以及管理人身份证明材料，申请查询保存在公安机关的破产企业法定代表人、出资人、实际控制人、经营管理人员以及破产案件相关人员的信息，公安机关应予以办理。

第十一条　【联席会议】市法院、市检察院、市公安局建立联席会议制度，就企业破产涉刑案件的特点、成因、查处等情况及时沟通交流，加强预警和研判，完善防范对策；定期开展法律宣传、公开发布典型案例、组织开展警示教育活动等形式，及时总结经验，共同防范和打击破产案件中逃废债务行为。

第十二条　【意见施行】本意见由市法院、市检察院、市公安局共同解释和修订。本意见自印发之日起施行。

龙岩市中级人民法院关于贯彻《福建省高级人民法院〈关于执行转破产直通的若干规定(试行)〉》的实施意见

为畅通执行与破产的程序衔接,落实执行与破产直通程序的案件审判模式,通过系统对接、信息共享、人员互通、整合司法资源,实现执行人员“带案进、销案出”的程序集约效应,努力打造一流法治化营商环境,根据相关法律、司法解释及福建省高级人民法院《关于执行转破产直通的若干规定(试行)》等规定,结合我市“执转破”实践,制定如下实施意见。

第一章 基本原则

第一条 【依法推进】依法运用破产法律制度和相关配套制度,稳妥有序地推进执行转破产直通工作,做好“执转破”案件的受理审查、审理以及相关工作。

第二条 【高效便捷】创新工作机制,简化审判方式,加快执转破案件流转,有效缩短审理周期,提高审判效率。

第三条 【降费减负】借力运用科技力量、大数据平台,降低破产案件鉴定、审计、财产处置等维权成本和企业负担,让市场主体有更多获得感。

第四条 【协作联动】积极推动府院联动、上下联动、内部联动机制建设，实现人力融合、资源整合，推动破产案件审判体系和审判能力现代化。

第二章 执破直通

第五条 【人员直通】执行案件转入破产程序时，该执行案件的执行人员带案跟进，与负责破产审判的业务庭法官共同组成执破团队，负责“执转破”案件的受理审查、审理以及相关工作。

当事人在立案窗口申请破产并立案受理的，如审理该破产案件的法院有该债务人为被执行人的执行案件，该执行案件的执行人员也应按前款规定带案跟进。

带案跟进的执行人员，由审理破产案件的法院指定。

本意见中的带案跟进执行人员为该执行案件的承办人。执行人员离开执行岗位或者系列案件存在多个执行人员的，由审理破产案件法院的执行局指定执行人员带案跟进。

第六条 【团队直通】各法院应当及时组建相对固定的破产审判团队或合议庭，负责破产案件受理审查、审理以及相关工作。

带案跟进的执行人员若为员额法官，应与破产审判团队法官共同组成合议庭，共同负责执转破案件的受理审查、审理以及相关工作，但不担任执转破案件的承办法官。

带案跟进的执行人员若为法官助理，应在执转破案件中以法官助理的身份，履行本意见第七条所列职责。

第七条 【职责直通】决定“执转破”的案件，其财产查控、处置由执行人员继续跟进，新发现的财产及线索，由执行人员及时进行查控。

进入破产程序后，执破团队可继续使用执行网络查控系统，凡执行法院已经完成的执行结果（含评估、鉴定、审计、拍卖等），在有效期内可与破产程序共享。

破产程序中，执破团队的执行人员承担以下职责：

1. 对债务人财产采取查封、扣押、冻结或解除前述保全措施的，通过执行系统执行实施；

2. 根据执破团队出具的法律文书，执行人员负责对接立案、执行等相关部门

执行:

①对债务人财产、账簿、企业登记等事项采取保全措施;

②债务人拒不移交财产、印章、账簿文书,伪造、销毁有关财产证据材料等其他妨害民事诉讼行为被惩戒的;

③根据管理人申请,协助交付相关破产财产;

④依法对债务人法定代表人、实际控制人、主要负责人等解除限制消费措施的;

3. 依法对破产管理人财产处置相关工作(含审计、评估、鉴定、拍卖等)进行监督;

4. 对接相关政府职能部门,协调涉执行类事务;

5. 其他应当履行的职责。

破产程序中,中院破产审判人员承担以下职责,基层法院参照执行。

1. 破产法及相关司法解释规定的职责;

2. 制定破产审判相关制度、机制;

3. 对管理人进行管理、监督,指导成立管理人协会;

4. 对接相关政府职能部门,协调涉破产类事务;

5. 对基层法院破产审判业务的指导;

6. 总结破产审判经验、发布典型案例、举办研讨会;

7. 其他应当履行的职责。

第八条 【机制直通】各法院建立执破会商机制,对执行转破产直通程序中涉及执行、破产业务进行会商,共同审查、决定执破相关事宜。

执破会商成员由立案庭、破产审判部门、执行局员额法官组成,法官助理列席,分管破产审判部门的院领导根据工作需要随时召集。

执破会商事项包括以下方面:

1. 执转破案件审查;

2. 执破团队的组成人员确定;

3. 协助确定执转破案件的评估会商;

4. 重大、疑难、复杂问题研究;

5. 不宜启动执破程序案件的商定;

6. 典型案例、学术研讨等事项;

7. 其他事项。

第九条 【审查直通】中院执行局应对执行案件进行初步筛查并建立台账，会同清算与破产审判庭共同审查，对符合本意见第十五条规定情形的，于三日内移送立案。

各基层法院执行局参照前款规定建立台账后，根据本意见第八条规定进行会商，对符合本意见第十五条规定情形并决定移送的执行案件，应于三日内移送中院清算与破产审判庭审查。

台账应至少包含以下内容：1. 执行案号、当事人名称、立案标的、已执行到位标的等基本信息；2. 被执行人资产概况及已采取的相应执行措施；3. 被执行人债务概况；4. 被执行人清偿能力初步评估意见；5. 当事人意见。

同一执行案件有多个作为被执行人的企业法人，可以分别启动执破筛查工作。

各法院执行局应自本意见施行后按年度分批次在 2020 年底前完成本意见施行前已立案的执行案件的筛查工作。

第十条 【材料直通】执行局作出移送决定后，应当向清算与破产审判庭移送下列材料用于审查：

1. 执行案件移送破产审查移送函，并附本意见第九条第三款所列台账；

2. 执行案件移送破产审查决定书；

3. 申请执行人或被执行人同意移送的书面材料；

4. 执行局采取财产调查措施查明的被执行人的财产状况，已查封、扣押、冻结财产清单及相关材料；

5. 执行局已分配财产清单及相关材料；

6. 执行局中止对被执行人执行的民事裁定书、执行立案信息表、执行依据及相关执行文件；

7. 执行局在执行程序中已经发现的被执行人及其相关人员隐匿、转移财产等涉嫌逃废债行为线索的相关材料；

8. 其他应当移送的材料。

第十一条 【系统直通】各法院应向破产审判部门开放执行案件流程信息管理系统，破产审判部门可充分利用该系统协助执行局发现符合“执转破”条件的案件信息，并与执行局会商一致，依法启动执破程序。

第十二条 【上下贯通】本辖区法院对所执行的案件经审查发现符合“执转破”条件的,应移送有管辖权的中级法院。

中院与辖区基层法院均有该债务人作为被执行人的案件的,中院清算与破产审判庭可根据案件情况确定中院或辖区基层法院为管辖法院。

中院虽未受理相关执行案件,但辖区基层法院有受理以债务人为被执行人的相关执行案件的,中院清算与破产审判庭可根据案件情况将“执转破”案件交由具备审理条件的基层法院审理。

第十三条 【难案直通】中院应注重收集、梳理、研究破产审判中的疑难复杂问题,各基层法院也应将疑难复杂案件问题上报中院清算与破产审判庭。中院清算与破产审判庭根据案件实际情况召集相关审判执行部门、基层法院、管理人或邀请专家学者等进行研讨,提出相应对策。涉及重大影响、特别疑难复杂的问题,应呈报上级法院研究解决。

第十四条 【销案直通】执行案件移送进入破产程序后,出现下列情形之一的,执破团队中的执行人员应在相关法律文书生效后的五日内书面通知本院执行案件合议庭、其他已知执行法院依法裁定终结对该被执行人的执行程序:

1. 裁定宣告破产的;

2. 裁定批准重整计划(草案)并终止重整程序的;

3. 裁定认可和解协议并终止和解程序的;

4. 依据《企业破产法》第一百零八条的规定裁定终结破产程序的。

第三章 保障直通

第十五条 【受案条件】执行案件移送破产审查,应同时符合下列条件:

1. 被执行人为企业法人;

2. 被执行企业住所地位于执行法院所在地;

3. 被执行人或者有关被执行人的任何一个执行案件的申请执行人书面同意将执行案件移送破产审查;

4. 被执行人不能清偿到期债务,并且资产不足以清偿全部债务或者明显缺乏清偿能力。

第十六条 【异议前置】执行局作出移送决定后,应当于五日内送达申请执行人和被执行人。

申请执行人同意移送破产的，执行局应在送达决定时书面告知被执行人对决定有异议的，应当在收到书面告知之日起七日内按照破产法第十条第一款的规定向执行局或破产审判部门提出，并告知在规定期限内未提出异议的视为同意移送破产审查的法律后果。

第十七条 【中止执行】执行法院作出移送决定后，执行人员应当书面通知所有已知执行法院依法中止对被执行人的执行程序。

对移送破产审查的被执行人中止执行的，不影响对同一执行案件中其他被执行人的执行。

第十八条 【终本程序】案件符合终结本次执行程序条件的，执行法院可以依法裁定终结本次执行程序。

第十九条 【保全延续】确保对被执行人财产保全措施的连续性，执行法院决定移送后，受移送法院裁定受理破产案件之前，对被执行人的保全措施不解除。保全期限在破产审查期间届满的，申请执行人可以向执行法院申请延长期限，由执行法院负责办理。

破产案件审理法院与执行法院不一致的，执行法院在破产案件审理法院保全相应财产前不得解除保全措施。

执行法院收到破产受理裁定后，应当依法解除对债务人财产的保全措施，或者根据破产受理法院的要求出具函件将保全财产的处置权交破产受理法院。破产受理法院可以持执行法院的移送处置函件续行保全、解除保全，或者予以处置。执行法院收到破产裁定后拒不解除保全措施的，破产受理法院可以请求执行法院的上级法院依法予以纠正。

第二十条 【财产移交】执行法院收到受移送法院受理裁定后，应当于七日内将已经扣划到账的银行存款、实际扣押的动产、有价证券等被执行人财产移交给受理破产案件的法院或管理人。

执行法院与审理法院不一致的，执行法院应当在知道审理法院的七日内将前述被执行人财产移交给受理破产案件的法院或管理人。

第二十一条 【不移情形】被执行财产符合下列条件的，因被执行人的财产所有权已经发生变动，不属于被执行人的财产，不再移交。

1. 已通过拍卖、变卖程序处置且成交裁定已送达买受人的财产；

2. 通过以物抵债偿还债务且抵债裁定已送达债权人的抵债财产;

3. 已由执行法院完成转账、汇款、现金交付的执行款。

第二十二条 【退回与执行】受移送法院(执破团队)作出不予受理或驳回申请裁定的,执破团队中的执行人员应当负责在裁定生效后七日内将接收的材料、被执行人的财产退回执行法院,执行法院依法恢复对被执行人的执行。

第四章 管理直通

第二十三条 【人员管理】执破团队的审判业务管理由破产审判庭(团队)负责,队伍管理仍归属于原审判/执行庭(团队)。

第二十四条 【绩效考核】为确保“执破直通”机制落地落效,激励干事创业、攻坚克难的劲头,院政治部、立案庭应充分考量案件特点专门制定配套考核标准,对执破团队的执行人员和破产审判人员的工作绩效进行单独考核。

第二十五条 【跟案培训】中院清算与破产审判庭定期与政治部会商召集各基层法院执破团队办案人员到中院跟案培训,对基层法院破产有关业务进行指导,确保审判理论、经验、技巧、信息共享。

各基层法院也可主动指派执破团队办案人员带案到中院跟班办案,积极培养基层破产案件审判人才。

第二十六条 【备案登记】中院清算与破产审判庭应对移送本院立案的及交由基层法院审理的“执转破”案件情况进行登记;并于每季度第五个工作日前,将上一季度交由基层法院审理的具体案件情况,报清算与破产审判庭分管院领导审查后,上报省法院民五庭及执行局备案。

第二十七条 【信息互联】加强破产案件信息化应用,完善龙岩法院智慧破产审判管理系统,着力推进破产案件工作系统与破产案件第三方监管系统深度融合,探索并推广“互联网 + 破产”理念,优化升级网络司法评估、破产拍卖平台建设,完善破产案件监管与管理人、债权人信息的互联互通。

第二十八条 【异地案件】执行案件移送破产审查工作涉及龙岩辖区外法院的,根据《中华人民共和国民事诉讼法》、《企业破产法》、《最高人民法院〈关于执行案件移送破产审查若干问题的指导意见〉》、《福建省高级人民法院〈关于执行转破产直通的若干规定〉(试行)》以及相关法律和司法解释的规定办理。

第二十九条 【效力规定】本意见由龙岩市中级人民法院审判委员会负责解释。

本意见公布之前本院作出的相关规定,其内容与本意见不一致的,以本意见为准。

本意见如与新颁布实施的法律法规、司法解释和上级法院规范性文件相抵触的,以法律法规、司法解释和上级法院规范性文件为准。

第三十条 【意见施行】本意见自公布之日起试行。

龙岩市企业破产处置专项资金管理使用办法

岩中法〔2021〕60 号

第一条 为促进我市供给侧结构性改革,实现经济社会高质量发展,优化营商环境,强化企业破产保障,提高破产案件审理效率,减少企业破产成本,解决无产可破企业破产程序启动难题,提高破产管理人积极性,根据《中共龙岩市委办公室 龙岩市人民政府办公室关于进一步落实责任努力防范和化解企业信贷风险的通知》(岩委办发明电〔2016〕103 号)、《龙岩市人民政府办公室印发关于建立企业破产处置工作府院协调机制实施方案的通知》(龙政办〔2020〕85 号)精神,结合我市法院破产案件审判实际,制定本办法。

第二条 本办法所称的企业破产处置专项资金是指用于援助或垫付破产企业的破产费用等而设立的专项经费。

第三条 企业破产处置专项资金的管理和使用应遵循公开透明、专款专用、滚动补偿和严格监管的原则。市中级人民法院对企业破产处置专项资金实行专项核算管理,严格执行国家有关财经纪律和财务制度。

第四条 破产处置专项资金主要来源于下列渠道:

(一)省级财政专项补助资金;

(二)市级财政专项资金,首期到位专项资金 100 万

元;根据审理案件数量需要,由市中级人民法院向市财政局提交追加拨款报告后,由财政局拨付;

(三)社会机构或个人自愿捐助的资金;

(四)市中级人民法院从管理人报酬中提取5%作为破产处置专项资金。

第五条 管理人所得报酬不足5万元的,不提取破产处置专项资金,管理人应得报酬超过5万元,但依照前款规定提取后少于5万元的,低于5万元的部分不予提取。

破产案件合议庭按本条规定确定应提取的破产处置专项资金,书面通知管理人,管理人应书面承诺自愿将部分报酬提取为破产处置专项资金。

第六条 破产处置专项资金可用于下列企业破产案件的破产费用补偿:

(一)债务人最终清偿的财产价值总额为零或不足以清偿破产费用的破产案件。

(二)破产申请在受理后被驳回,导致未发生债务人的清偿,无法计算管理人报酬;或破产案件依法终结,但管理人已开展一定工作的破产案件;或债务人用于清偿债务的财产价值极低,据此确定的管理人报酬金额不足以支付管理人工作成本的。

(三)债务人财产绝大部分设立了担保,导致债务人用于清偿债务的财产中,能够计算管理人报酬的无担保财产价值总额极低,据此确定的管理人报酬金额不足以支付管理人工作成本,即使向担保债权人收取适当报酬仍无法弥补的。

第七条 下列破产案件不属于破产处置专项资金的支付范围:

(一)债务人无财产可支付破产费用但利害关系人垫付破产费用超过10万元的破产案件;

(二)债务人财产虽然少于10万元,但足以支付破产费用的破产案件;

(三)利害关系人垫付破产费用虽然少于10万元,但足以支付破产费用的破产案件;

(四)债务人财产超过10万元或者债务人财产和利害关系人垫付破产费用合计超过10万元的破产案件。

第八条 每件破产案件使用破产处置资金一般不超过10万元,可用于支付破产案件中产生的下列费用:

(一)管理、变价和分配债务人财产的费用;

（二）管理人执行职务的费用、报酬和聘用工作人员的费用；

（三）协助召开债权人会议所产生的服务费等；

（四）市中级人民法院破产案件合议庭认为应支付的其他费用。

第九条 对符合第六条的破产案件，每件案件的管理人报酬一般为 3 万元至 5 万元。

破产案件线索特别分散、案件特别复杂的，根据管理人的履职情况，前款规定的报酬标准明显过低的，可适当提高管理人报酬标准。

管理人的报酬支付应考虑下列因素：管理人的具体工作量、管理人勤勉尽职程度、案情的复杂程度，包括债务人资产状况、财务状况等。管理人存在违反勤勉、忠实义务等过错情形的，不支付管理人报酬。

第十条 管理人报酬以外的其他破产费用根据第八条规定的范围确定，总额一般不超过 5 万元。管理人报酬与其他破产费用合计金额一般不超过 10 万元。

第十一条 本办法第八条所规定的破产费用由管理人或利害关系人先行垫付，垫付人在破产案件终结后十五日内根据本办法向破产案件合议庭提出书面申请专项资金。

第十二条 管理人申请破产处置专项资金的，应提交以下材料：

（一）破产处置专项资金申请书，载明破产案件的基本情况、管理人工作情况、债务人财产状况及证据、申请援助的破产费用组成情况及证据；

（二）龙岩市企业破产处置专项资金申请表；

（三）管理人的主体资格证明文件，包括受理破产案件裁定书、指定管理人决定书、管理人负责人身份证明材料等；

（四）管理人报酬之外其他破产费用的相关支出凭证；

（五）破产案件合议庭认为应当提交的其他材料。

第十三条 破产案件合议庭认为申请人提交的材料需要更正、补充的，应责令申请人于 7 日内更正、补充。申请人未按期更正、补充的，视为撤回申请。

申请人因客观原因无法按时更正、补充的，可提出延期申请并说明情况。是否准许延期，由破产案件合议庭决定。

第十四条 破产案件合议庭应自收到申请之日 15 日内，对申请人的申请是否符合《企业破产法》及本办法的相关规定、申请的资金是否具备合理性和必要性提出初步审核意见，报分管破产审判工作院领导审批。

第十五条 破产处置专项资金申请不被批准的，破产案件合议庭应书面通知申请人。

第十六条 破产财产因客观情况发生变化不符合本办法规定的援助条件的，管理人应在收到市中级人民法院通知之日起5日内退还破产处置专项资金。

第十七条 审批程序完成后，破产案件书记员持《龙岩市企业破产处置专项资金审批表》，按市中级人民法院财务报批制度，向市中级人民法院财务部门办理资金发放手续，申请人应出具收据。

第十八条 企业破产处置专项资金发放后，由破产案件的书记员负责将相关材料整理归档。

第十九条 市中级人民法院应加强企业破产处置专项资金监管，依法接受财政部门监督检查和审计部门的审计。发现违纪违规违法行为应按相关规定予以处理。

第二十条 申请人提供虚假材料，骗取企业破产处置专项资金的，依照民事诉讼法、企业破产法等规定，根据情节轻重予以训诫、罚款、取消管理人资格、拘留；涉嫌构成犯罪的，依法移送司法机关追究刑事责任。

第二十一条 本办法所涉及的资金归市中级人民法院受理的破产案件使用，各县（市、区）应参照本办法及时设立本地企业破产处置专项资金。

第二十二条 公司强制清算案件参照本办法适用。

第二十三条 本办法由市中级人民法院负责解释。

附件

1. 龙岩市企业破产处置专项资金申请表

2. 龙岩市企业破产处置专项资金审批表

附件1　龙岩市企业破产处置专项资金申请表

填表日期：　年　月　日

<table>
<tr><td>申请人</td><td></td><td>负责人</td><td></td></tr>
<tr><td>联系地址</td><td></td><td>联系电话</td><td></td></tr>
<tr><td>案件基本情况</td><td colspan="3">（包括破产案件、案号、债务人、承办法官、案情简介、破产财产总额、利害关系人垫付的金额、结案时间等）</td></tr>
<tr><td>破产费用明细</td><td colspan="3"></td></tr>
<tr><td>申请专项资金金额及必要性、合理性</td><td colspan="3"></td></tr>
<tr><td>申请人承诺</td><td colspan="3">本申请人呈报的申报材料真实、数字准确，若有隐瞒、伪造等情形，愿放弃申领专项资金，并承担相应法律责任。

申请人签名、盖章：　　　　　年　月　日</td></tr>
</table>

填表说明：

1. 破产费用指本办法第八条规定的费用，申请人应填写相关费用明细并附相关单据；
2. 本表由申请人如实填写，若存在隐瞒、伪造等情形、不予发放相关资金、并承担相应法律责任。

附件 2　龙岩市企业破产处置专项资金审批表

填表日期：　年　月　日

<table>
<tr><td>申请人</td><td></td><td>负责人</td><td></td></tr>
<tr><td>联系地址</td><td></td><td>联系电话</td><td></td></tr>
<tr><td>承办人</td><td></td><td>结案时间</td><td></td></tr>
<tr><td>债务人财产总额</td><td></td><td>利害关系人垫付金额</td><td></td></tr>
<tr><td>破产费用
总额</td><td colspan="3"></td></tr>
<tr><td>按规定可提取的
管理人报酬</td><td colspan="3"></td></tr>
<tr><td rowspan="2">申请援助资金总额</td><td rowspan="2"></td><td>其中管理人报酬</td><td></td></tr>
<tr><td>其他破产费用</td><td></td></tr>
<tr><td>合议庭
意见</td><td colspan="3">（简要陈述案情及拟批准金额、理由）

合议庭成员签字：</td></tr>
<tr><td colspan="2">破产审判部门领导意见：

签字：</td><td colspan="2">破产案件分管院领导意见：

签字：</td></tr>
<tr><td>批准金额</td><td colspan="3"></td></tr>
</table>

关于企业破产程序中涉税事项处理的实施意见

岩中法〔2021〕70号

为进一步优化营商环境，建立健全税务司法协作机制，规范企业破产处置涉税问题处理，提高破产处置工作效率，推动龙岩经济高质量发展。根据《关于推动和保障管理人在破产程序中依法履职进一步优化营商环境的意见》（发改财金规〔2021〕274号）、《关于建立企业破产处置工作府院协调机制的实施方案》（龙政办〔2020〕85号）等文件精神，结合我市企业破产处置工作实际，制定本意见。

一、构建院税协作机制

市中级法院与市税务局作为市企业破产处置协调联动机制成员单位，具体负责企业破产处置税务司法协作机制工作，及时解决企业破产处置过程中所涉税务问题。

（一）建立联席会议机制。市中级法院与市税务局共同建立联席会议制度，及时解决企业破产处置过程中所涉税务问题。联席会议由市中级法院分管破产审判工作的院领导、市税务局分管法制工作的局领导召集。联络部门为市中级法院清算与破产审判庭、市税务局法制科。必要时可邀请管理人代表列席会议参加讨论研究。

联席会议可以对双方已经达成一致的意见执行情况进行交流分析，就破产处置过程中涉税疑难问题进行磋商研究并提出意见。联席会议不定期召开，双方均可以发起。

（二）建立联动预警机制。市中级法院与市税务局加强对困境企业、“僵尸企业”以及破产企业（以下均指进入破产程序的企业）的监控和信息交换，共同加强对企业欠税、欠缴社会保险费情况分析和预警。发现经营异常的，税务部门可依法采取合理措施强化监控管理；必要时，可依法启动“执破直通”机制移送市中级法院破产审查。

（三）建立保全执行对接机制。法院裁定受理破产申请后，税务部门应及时解除有关破产企业财产的税收保全措施；法院受理后依法驳回破产申请的，应及时通知原作出保全或强制执行的税务部门按照原顺位恢复税收保全措施或强制执行措施。

（四）支持管理人依法履职。法院裁定受理破产申请后，其指定的管理人可持法院出具的受理破产申请裁定书、指定管理人决定书以及管理人印章，以破产企业名义到主管税务机关办理相关涉税事宜。

因企业公章遗失、未能接管等原因，无法在向税务机关提交的相关文书材料中加盖企业公章的，由管理人对该情况作出书面说明，加盖管理人印章即可。因税收管理要求必须使用破产企业印章而管理人未能接管破产企业印章的，管理人可以凭法院出具的相关文书重新制作印章。

二、优化税收征管流程

（一）税务查询

管理人可以查询破产企业所属主管税务机关、纳税申报、税款缴纳和接受处罚等涉税信息。管理人可在主管税务机关办税服务厅注销清税业务专窗（专区）现场办理查询业务，主管税务机关即时予以办结，特殊情况需要延后回复的，原则上不得超过 3 个工作日；管理人也可登录国家税务总局龙岩市电子税务局，在网上办理查询业务。

（二）政策咨询

税务机关为管理人提供办理破产相关税收政策的咨询服务，管理人可通过12366纳税服务热线、办税服务厅现场咨询室、主管税务机关、相关税务人员等渠道对有关税收政策进行咨询。重大、疑难破产涉税事项，主管税务机关经研究后应及时答复管理人。

管理人或破产企业制定重整计划草案，管理人制定分配方案、进行资产处置等，可以书面申请主管税务机关对相关内容提供税收测算，主管税务机关依法予以支持，及时予以答复。

（三）解除非正常户认定

企业在法院裁定受理破产申请前被主管税务机关认定为非正常户的，管理人就企业逾期未申报行为接受处罚、缴纳罚款，并补办纳税申报的，主管税务机关应当对税款、滞纳金、罚款向管理人申报债权，并按规定解除企业的非正常户认定。

主管税务机关在税收债权申报时，如发现破产企业的税务登记状态为非正常户的，一并通知管理人在债权申报截止日前办理相关涉税处理事项。

（四）纳税申报

管理人据实补办法院裁定受理破产申请前企业未办理的纳税申报，未发现企业有应税行为的，可暂按零申报补办纳税申报。法院裁定受理破产申请前，企业发生税收违法行为应当给予行政处理、处罚的，主管税务机关依法作出行政处理、处罚决定，并将企业应补缴税（费）、滞纳金、罚款按照法律规定进行债权申报，依法受偿。

法院裁定受理破产申请后，经法院许可或债权人会议决议，企业因继续营业或者因破产财产的使用、拍卖、变现所产生的应当由企业缴纳的税（费），管理人以企业名义按规定申报缴纳。相关税（费）依法按照共益债务或者破产费用，由破产财产随时清偿，主管税务机关无需另行申报债权，由管理人直接申报缴纳。

（五）规范发票领用

破产企业应当接受税务机关的税务管理，管理人负责管理企业财产和营业事务的，由管理人代表破产企业履行法律规定的相关纳税义务。破产企业因履行合同、处置财产或继续营业等原因在破产程序中确需使用发票的，管理人可以以纳税人名义到税务部门申领、开具发票，或向主管税务机关申请代开发票，并按规定缴纳税款。税务部门在督促纳税人就新产生的纳税义务足额纳税的同时，按照有关规定满足其合理发票领用需要，不得以破产企业存在欠税情形为由拒绝。

管理人发现企业的税控设备、发票等在接管前有丢失情形的，及时向主管税务机关报备，并以企业名义按照规定办理挂失、补办等手续。

（六）资产处置中的税收管理

对破产企业依法处置资产涉及不动产转移登记的，企业历史欠税清缴暂不列为不动产转移登记的前置条件。管理人依法处置破产财产的，应依法开具发票或向主管税务机关申请代开发票，并按规定申报缴纳资产处置环节所涉税款；涉及不动产产权过户的，管理人可凭法院出具的受理破产申请裁定书、指定管理人决定书、合同、发票等资料协助买受人办理申报缴纳契税事宜。

（七）清算期间企业所得税处理

法院裁定受理破产申请后，企业终止经营活动的，由管理人代表企业进行企业清算所得税处理。管理人可通过龙岩市电子税务局向主管税务机关进行清算备案，无需提交附列资料。

企业清算备案后，对于经营期内未预缴的企业所得税按规定预缴申报，并自实际经营终止之日起60日内，向税务机关办理当期企业所得税汇算清缴；同时，以整个清算期作为一个独立的纳税年度计算清算所得，期间不需要再进行企业所得税预缴申报，自清算结束之日起15日内完成清算申报。

（八）税款入库与退库

在破产企业财产分配时，管理人持法院关于财产分配的裁定书到主管税务机关办理税款入库手续。主管税务机关在征收管理中发现破产企业有可以申请退税的情形,应当告知管理人。

(九)便利税务注销

经法院裁定宣告破产的企业,管理人持法院终结破产清算程序裁定书申请税务注销的,税务部门即时出具清税文书,按照有关规定核销“死欠”,不得违反规定要求额外提供证明文件,或以税款未获全部清偿为由拒绝办理。

主管税务机关办税服务厅设置注销清税业务专窗(专区),受理企业破产清算注销业务,实现专人负责,一窗通办。

三、依法清收税收债权

(一)税收债权申报

法院或管理人自裁定受理破产申请之日起25日内,书面通知主管税务机关申报税收债权。

主管税务机关收到债权申报通知后,应当在确定的债权申报期限内向管理人依法申报企业所欠税、费(包含教育费附加、地方教育费附加、应予追缴的出口退税等)、滞纳金、罚款,以及因特别纳税调整产生的利息等,同时提供收取债权分配款的账号。企业所欠税(费)、滞纳金、罚款,以及因特别纳税调整产生的利息,以法院裁定受理破产申请之日为截止日计算确定。其中企业所欠滞纳金、因特别纳税调整产生的利息按照普通破产债权申报。未在债权申报期限内申报的税收债权,可以在破产财产最后分配前补充申报。

主管税务机关申报税收债权时,应当列明所申报债权的税(费)种、税率(征收率)、性质以及计算依据等。

(二)债权登记及审查确认

管理人应当对主管税务机关提交的债权申报材料进行登记造册,详尽记载申报债权额、申报债权的证据、优先权情况、申报时间等事项,对申报的税收债权进行审查,编制债权表,供利害关系人查阅。

因企业破产程序中欠税、费(包含教育费附加、地方教育费附加、应予追缴的出口退税等)、滞纳金、罚款和因特别纳税调整产生的利息的债权性质和清偿顺序不同,税务机关依法受偿欠缴税(费)、滞纳金、罚款和因特别纳税调整产生的利息办理入库时,按法院生效裁判文书执行。

(三)税收债权核对

企业或者其他债权人对主管税务机关申报的税收债权有异议的,管理人应及时向主管税务机关书面反馈。主管税务机关认为异议成立的,应当重新申报税收债权;认为异议不成立的,应当向管理人提供异议部分税收债权的计算方式和征收依据,以便管理人核对。

管理人对主管税务机关提供的材料核对后不予认可的,主管税务机关可在债权人会议核查结束后15日内向审理破产案件的法院提起债权确认之诉。

(四)积极行使表决权

主管税务机关作为债权人,应当参加债权人会议,依法行使表决权。重整案件中,欠缴税款和滞纳金的债权分别编入税款债权组和普通债权组,主管税务机关应当分别行使表决权。

(五)依法核销破产企业欠缴税款

主管税务机关在破产清算程序中依法受偿破产企业欠缴的税款本金、滞纳金、罚款后,应当按照法院裁定认可的财产分配方案中确定的受偿比例,办理欠缴税款本金、滞纳金、罚款的入库,并依法核销未受偿的税款本金、滞纳金、罚款。

四、支持重整和解与落实优惠政策

(一)支持税务信息变更

企业在重整过程中因引进战略投资人等原因确需办理税务登记信息变更的,向设立登记管理部门申报办理变更登记,税务机关接收设立登记管理部门变更信息,经企业确认后即时更新相关信息。对于无需设立登记管理部门采集的变更信息,企业可直接向主管税务机关申报办理变更登记。

企业因原法定代表人犯罪等列入重大风险防控企业名单,导致企业重整时无法办理税务信息变更的,可由管理人以企业名义办理税务信息变更。

(二)支持企业纳税信用修复

重整或和解程序中,税务机关依法受偿后,管理人或破产企业可以向税务机关提出纳税信用修复申请,税务机关根据法院出具的批准重整计划或认可和解协议的裁定书及时评价其纳税信用级别。已被公布重大税收违法失信案件信息的上述破产企业,经税务机关确认后,停止公布并从公告栏中撤出,并将相关情况及时通知实施联合惩戒和管理的部门。有关部门应当依据各自法定职责,按照法律法规和有关规定解除惩戒,保障企业正常经营和后续发展。

税务机关可充分运用与银行间的纳税信用应用机制,将评价结果经重整企业授权后向相关银行开放查询。

(三)破产清算减免税费事项

破产企业资产不足清偿全部或者到期债务,其房产土地闲置不用的,管理人可以在法院裁定受理破产申请后,向主管税务机关申请房产税和城镇土地使用税困难减免,税务机关按现行规定予以办理。

(四)破产重整及和解减免税费事项

对于破产企业根据资产处置结果,法院裁定批准或认可的重整计划、和解协议确定或形成的资产损失,依照税法规定进行资产损失扣除。税务机关对破产企业提交的与此有关的申请材料应快捷审查,便利办理。

企业在破产过程中,实施资产重组,通过合并、分立、出售、置换等方式,将全部或者部分实物资产以及与其相关联的债权、负债和劳动力一并转让给其他单位和个人,其中涉及的货物、不动产、土地使用权转让符合规定条件的,不征收增值税。

企业在破产过程中,发生重组业务,符合规定条件的,可适用企业所得税特殊性税务处理。

企业在破产过程中,符合规定条件的,可享受改制重组有关契税、土地增值税、印花税优惠政策。

管理人认为企业符合国家相关税收优惠政策的,可以向主管税务机关提出咨询或者申请,由主管税务机关按规定做好政策辅导或者落实。

五、附　　则

本意见在实施过程中的未尽事宜,由福建省龙岩市中级人民法院和国家税务总局龙岩市税务局协商确定。

本意见自发布之日起施行。

关于企业破产程序中办理企业信息查询及变更与注销登记等有关事项的实施意见

岩中法〔2021〕77号

为进一步优化营商环境，畅通法院与市场监督管理部门联动机制的运作，提高破产处置工作效率，切实降低企业破产成本，推动龙岩经济高质量发展。根据《关于推动和保障管理人在破产程序中依法履职进一步优化营商环境的意见》（发改财金规〔2021〕274号）及《关于建立企业破产处置工作府院协调机制的实施方案》（龙政办〔2020〕85号）等文件精神，结合我市破产审判和市场监管的工作实际，制定本意见。

第一章　企业信息查询与调取

第一条　人民法院依法指定的清算组、破产管理人有权向市场监督管理部门申请免费办理与破产企业相关的档案查询与调取（含免费复印企业有关档案材料）、注销登记、股权变更等事项。清算组、破产管理人在前述事项办理中存在履职不当等行为的，市场监督管理部门有权向人民法院通报相关情况，人民法院应督促其依法履职。

第二条 查询、调取企业等市场主体登记的档案资料(含内外档)包括但不限于企业及相关人员的登记信息(含基本信息资料及原始资料,包括股东名称、持股比例、认缴出资情况、股权冻结、质押、受限等情况)以及企业对外投资的股权相关登记信息(包括股东名称、持股比例、认缴出资情况、股权冻结、质押、受限等情况)。

第三条 清算组、破产管理人等持生效裁判文书、指定管理人(清算组)决定书、经办人员工作证件等相关法律文书向市场监督管理部门出示,市场监督管理部门应即时办理本意见相关业务。

第四条 全市市场监督管理部门本着共享、开放原则在具备条件时将企业相关信息依法依规汇聚大数据平台,为清算组、破产管理人在线办理本意见相关业务提供便利。

第二章 破产清算企业注销

第五条 经人民法院裁定宣告破产并终结破产程序的破产企业,破产管理人凭企业注销登记申请书、人民法院终结破产程序裁定书申请办理破产企业简易注销登记,市场监管部门不额外设置简易注销条件。市场监管部门应简化流程,原则上 7 个工作日内向管理人出具注销文书。

第六条 因破产企业证照、印章遗失或无法接管等情形,破产管理人在办理注销登记时无法向市场监督管理部门缴回营业执照、印章的,由破产管理人通过国家企业信用信息公示系统免费发布营业执照的遗失作废声明以及通过全国企业破产重整案件信息网发布印章的遗失作废声明后,破产企业或管理人可不再补领营业执照、印章,管理人无需在报纸上另行刊登营业执照、印章遗失作废公告。

相关登记申请材料中需要加盖破产企业公章的,加盖破产管理人章;相关登记申请材料中需要破产企业法定代表人签字或加盖其私章的,由破产管理人负责人签字或加盖其私章。

第七条 破产企业的股权存在被冻结、质押等情形的,可以由人民法院自行解除;人民法院无法自行解除的,由人民法院出具《协助执行通知书》(详见附件1),市场监督管理部门应当根据破产管理人的申请,在解除对破产企业股权的冻结、注销质押登记后,依法办理注销登记。

第八条 破产企业设有分支机构、存在对外投资的,应由破产管理人在破产程序中对其清理完毕后再向市场监督管理部门申请办理破产企业注销登记。但是,有证据证明破产企业的投资资本金已经实缴完成,并经破产企业债权人会议表决同意对该对外投资不再进行处置的除外。

破产管理人在申请办理企业的分支机构、对外投资设立的企业注销或者变更登记过程中,应当提交人民法院指定其为破产管理人的决定书。该分支机构存在证照、印章遗失或无法接管等情形的,参照本意见第六条规定处理。相关登记申请材料中需要加盖破产企业公章的,加盖破产管理人章;相关登记申请材料中需要破产企业法定代表人签字或加盖其私章的,由破产管理人负责人签字或加盖其私章。

破产企业的对外投资清理中,该对外投资企业股权存在被冻结、质押等情形,且依法转让给受让人的,由人民法院出具《协助执行通知书》(详见附件2),市场监督管理部门应当根据破产管理人的申请,在解除对破产企业股权的冻结、注销质押登记后,依法协助办理股权变更登记。

第三章 破产重整、和解企业股权变更登记

第九条 人民法院裁定批准重整计划或和解协议后,因执行重整计划或和解协议需要调整出资人权益的,破产管理人可以向市场监督管理部门申请办理破产重整或和解企业的股权变更登记。破产重整或和解企业的股权存在被冻结、质押等情形的,由人民法院出具《协助执行通知书》(详见附件3),市场监督管理部门应当根据破产管理人的申请,在解除对破产企业股权的冻结、注销质押登记后,依法协助办理股权变更登记手续。

破产重整、和解企业对外投资企业股权存在被冻结、质押等情形,且依法转让给受让人,需要办理股权变更登记手续的,参照本意见第八条第三款规定处理。

第四章 企业信息公示与任职限制

第十条 在企业破产清算程序终结以及重整或和解程序终止前,非经破产案件审理法院同意或管理人申请,市场监管等部门不得办理企业登记事项变更手续。

人民法院裁定受理破产申请后至破产管理人接管前,原企业相关人员非法变更企业登记事项的,由人民法院出具《协助执行通知书》(详见附件4),市场监督管理部门应当根据破产管理人的申请,依法撤销原变更登记信息,恢复至人民法院裁定受理破产申请之前的状态。申请时,破产管理人应提交如下文件:公司撤销变更登记申请(由破产管理人负责人签字、加盖破产管理人章)、人民法院受理破产申请的民事裁定书、人民法院指定破产管理人决定书、破产管理人出具的指定破产管理人负责人的文件,以及前述协助执行通知书。

第十一条 企业进入强制清算或破产程序后,审理法院通过全国企业破产重整案件信息网及时向国家企业信用信息公示系统推送有关企业破产程序启动、程序种类、程序切换、程序终止、管理人联系方式等信息,实现企业破产状态及时公示,市场监督管理部门协助配合及提供技术保障。

第十二条 企业董事、监事或高级管理人员违反忠实勤勉义务,未履职尽责,致使所在企业破产,被人民法院判令承担相应责任的,破产管理人可凭生效法律文书,通过全国企业破产重整案件信息网向市场监督管理部门申请对相关人员的任职资格限制进行登记。

第五章　强制清算程序适用

第十三条 全市法院受理的公司强制清算案件,清算组代表强制清算企业向市场监督管理部门申请办理档案查询与调取、注销登记、股权变更等事项的,参照本意见执行。

第六章　沟通协调与信息共享

第十四条 市法院与市市场监督管理局建立沟通协调机制,双方定期互相通报,交流普遍性、突出性问题,提出相关工作意见和建议。对重大、疑难、复杂的问题,双方加强沟通、协调,推动问题解决。

第十五条 全市法院与全市市场监督管理部门要充分运用信息化手段,依托共享平台,实现企业登记信息查询和送达信息、监管信息、司法信息共享,加强企业注销登记、股权变更等事项的协作配合,强化企业联动监管和失信联合惩戒,实现双方信息共享和监管协作的自动化智能化对接。

第十六条 本意见由福建省龙岩市中级人民法院与福建省龙岩市市场监督管理局共同解释和修订。本意见自2021年6月30日起实施。

附件:

1. 协助执行通知书(样式1)
2. 协助执行通知书(样式2)
3. 协助执行通知书(样式3)
4. 协助执行通知书(样式4)

附件1:

福建省龙岩市/××(县、市)区人民法院
协助执行通知书

(20××)闽08破×号

龙岩市/××(县、市)区市场监督管理局:

本院于××年×月×日裁定受理对××企业的破产申请,并于××年×月×日指定××事务所担任××企业管理人。××年×月×日,本院作出(20××)闽08破×号民事裁定,终结××企业破产程序。经管理人查明,××企业的股权存在被冻结、质押等情形。为办理××企业注销登记,根据管理人申请,依照《企业破产法》第一百二十一条等有关规定,请协助执行以下事项:

一、解除对××企业股权的冻结;

二、注销××企业股权的质押登记;

三、注销××企业登记。

附:1.(20××)闽08破×号受理破产申请民事裁定书、(20××)闽08破×号指定管理人决定书、(20××)闽08破×号宣告破产民事裁定书、(20××)闽08破×号终结破产程序民事裁定书;

2. 经办人(法院经办法官、破产管理人)联系方式(姓名、联系电话):

(院印)

20××年×月×日

附件 2：

福建省龙岩市/××（县、市）区人民法院
协助执行通知书

（20××）闽 08 破×号

龙岩市/××（县、市）区市场监督管理局：

本院于××年×月×日裁定受理对 A 企业的破产申请，并于××年×月×日指定××事务所担任 A 企业管理人。××年×月×日，本院作出（20××）闽 08 破×号民事裁定，对 A 企业持有的 B 企业股权进行处置。经管理人查明，A 企业持有的 B 企业股权存在被冻结、质押等情形。为办理相关股权变更登记，根据管理人申请，依照《中华人民共和国民事诉讼法》第二百四十二条、第二百五十一条等有关规定，请协助执行以下事项：

一、解除对 A 企业持有的 B 企业股权的冻结；

二、注销 A 企业持有的 B 企业股权的质押登记；

三、A 企业持有的 B 企业股权由 C 受让。

附：1.（20××）闽 08 破×号受理破产申请民事裁定书、（20××）闽 08 破×号指定管理人决定书、（20××）闽 08 破×号股权转让民事裁定书；

2. 经办人（法院经办法官、破产管理人）联系方式（姓名、联系电话）；

3. C 的身份证明。

（院印）

20××年×月×日

附件 3：

福建省龙岩市/××(县、市)区人民法院
协助执行通知书

(20××)闽 08 破×号

龙岩市/××(县、市)区市场监督管理局：

本院于××年×月×日裁定受理对 A 企业的破产申请,并于××年×月×日指定××事务所担任 A 企业管理人。××年×月×日,本院作出(20××)闽 08 破×号民事裁定,批准 A 企业重整计划/和解协议。经管理人查明,A 企业的股权存在被冻结、质押等情形。为执行重整计划/和解协议中对出资人权益的调整事宜,根据管理人申请,依照《企业破产法》第八十九条、第九十条、第九十八条、第一百零二条等有关规定,请协助执行以下事项：

一、解除对 A 企业股权的冻结；

二、注销 A 企业股权的质押登记；

三、B 持有的 A 企业股权由 C 受让。

附：1. (20××)闽 08 破×号受理破产申请民事裁定书、(20××)闽 08 破×号指定管理人决定书、(20××)闽 08 破×号批准重整计划/和解协议民事裁定书；

2. 经办人(法院经办法官、破产管理人)联系方式(姓名、联系电话)：

3. C 的身份证明。

(院印)

20××年×月×日

附件4：

福建省龙岩市/××(县、市)区人民法院
协助执行通知书

(20××)闽08破×号

龙岩市/××(县、市)区市场监督管理局：

本院于××年×月×日裁定受理对××企业的破产申请，并于××年×月×日指定××事务所担任××企业管理人。经管理人查明，××企业于××年×月×日办理了××事项变更登记。为有序推进××企业破产程序，维护全体债权人合法权益，根据管理人申请，依照《企业破产法》第十五条、第二十五条等相关规定，请协助执行以下事项：

撤销××企业于××年×月×日办理的××事项变更登记。

附：

1.(20××)闽08破×号受理破产申请民事裁定书、(20××)闽08破×号指定管理人决定书；

2.经办人(法院经办法官、破产管理人)联系方式(姓名、联系电话)：

(院印)

20××年×月×日

龙岩市中级人民法院破产案件资金管理暂行办法

岩中法〔2021〕96号

为规范全市法院审理的破产案件中破产企业资金的保管、使用、处置流程,确保账户内资金合法、规范、安全使用,依照《企业破产法》(以下简称《企业破产法》)及相关司法解释的规定,特制定本办法。

一、基本原则

第一条 【权责明晰】明晰人民法院、龙岩市破产管理人协会(以下简称"协会")、破产案件管理人(以下简称"管理人")、开户银行在破产企业资金监管中权责:

(一)龙岩市中级人民法院(以下简称"中院")负责遴选开户银行,审理法院负责监督破产企业资金收支情况、审批破产财产分配方案、确定管理人报酬、审批部分费用的支出,监督协会、管理人、开户银行依法规范履职;

(二)协会负责与开户行签订服务协议并协调相关事务、监督管理人履职;

(三)管理人负责依法规范开户、使用资金,主动接受监督;

(四)开户银行负责开设账户、确保账户资金安全、收支顺畅。

第二条 【规范安全】破产企业资金的监督、管理、使用应规范安全,符合法律、法规、司法解释以及本办法规定。

第三条 【公平有序】开户银行遴选、破产企业资金账户开设应公平有序。

第四条 【自愿便利】开户银行应本着自愿、合法的原则,为管理人办理破产案件、协会加强资金管理及与协助办理破产案件相关的其他工作提供便利和服务。

二、开户与销户

第五条 【集中管理】全市法院受理的各类破产案件的破产企业资金,集中在中院遴选确定的银行开设的专用账户(下称“专案账户”)中统一管理。管理人接受法院的指定后应当按本办法规定开设“专案账户”,不得在“专案账户”之外自行开设账户。

案件受理前清算组或预重整案件的临时管理人已自行开户,案件受理后该清算组或临时管理人被依法指定为管理人的,均应按照本办法规定开立“专案账户”,原自行开立账户中属于破产企业的资金均应当在接到指定决定的三日内归入“专案账户”集中管理;案件受理后该清算组或临时管理人未被指定为管理人的,被指定的管理人应依法接管债务人财产,并按照本办法规定开立“专案账户”。

第六条 【随案分配】全市法院受理的各类破产案件,按中院指定管理人的先后顺序分配给遴选确定的银行,各银行按固定顺序开设专户,管理人向接案银行申请开设“专案账户”。

中院遴选确定的开户银行因故发生变化时,以变化后的银行重新确定分配顺序。

第七条 【专案监管】管理人依法履行职责时发生的所有资金收支,均应当通过“专案账户”进行,并严格按照《企业破产法》、本办法、银行账户管理规定执行,开户银行应安排专人进行账户管理,接受人民法院、债权人会议、债权人委员会及协会的监督。

第八条 【定期遴选】开户银行原则上每两年遴选一次。

首批开户银行由中院审判委员会研究决定,后续遴选办法由中院另行制定。

第九条 【开设账户】管理人凭法院的开户通知开立“专案账户”,并将破产案件经办法官、法官助理、书记员及管理人的姓名、联系电话等信息一并提供给开户银行,开户银行应当将上述人员列入该账户资金使用信息接收人。

管理人在开立“专案账户”后的三个工作日内,应当将账户开户信息,包括开户许可证复印件、管理人指派的案件经办人员、审理法院经办法官、法官助理及书记员姓名联系电话等,报协会秘书处备案。

第十条 【注销账户】破产案件终结后,管理人应在案件终结之日起十日内将“专案账户”销户,并在销户后三个工作日内向审理法院、协会秘书处报备。

因案件办理需要,需继续留存“专案账户”的,经审理法院同意可以继续留存。留存事由消失后,按前款规定执行。

三、收 支 管 理

第十一条 【资金存入】管理人应当将下列资金全部划入“专案账户”集中管理:

(一)接管的债务人银行账户的存款余额;

(二)债务人的债务人清偿债务或债务人的财产持有人返还财产而获得的资金;

(三)根据审理法院经批准的《破产财产变价方案》拍卖、变卖债务人财产所得资金;

(四)根据对债务人特定财产具有优先受偿权的债权人申请并经审理法院批准先行处置变现特定财产所得资金;

(五)破产案件受理前债务人作为被执行人在执行程序已经被执行法院扣划尚未分配给申请执行人的资金;

(六)破产案件受理前执行法院在执行程序中拍卖作为被执行人的债务人的财产所得资金尚未分配给申请执行人的资金;

(七)要求尚未完全履行出资义务的债务人的出资人缴纳所认缴的出资,或者向出资后又抽逃出资的出资人追索抽逃的出资而取得的资金;

(八)债务人在案件审理过程中继续经营期间取得的经营收入和其他收入;

(九)根据《企业破产法》及相关法律、法规、司法解释应当归入债务人财产的其他资金。

第十二条 【资金支出】管理人履行职务支出的下列费用,可以按本办法规定从“专案账户”中支出,费用出账手续由管理人负责办理:

(一)破产费用。

1. 破产衍生案件的诉讼费用;

2. 管理、变价和分配债务人财产的费用,包括聘请资产评估机构对债务人财产进行评估的费用或网络询价支出的费用;

3. 依法聘请审计机构对债务人专项审计的费用;

4. 管理人执行职务的费用,包括差旅费、会务费、材料费、注销费等;

5. 管理人报酬;

6. 聘用工作人员的费用。

(二)共益债务,即根据《企业破产法》第四十二条规定在人民法院受理破产申请后发生的共益债务。

(三)破产财产分配款。

(四)债务人在案件审理过程中继续经营期间发生的经营支出。

(五)其他经审理法院批准支出的费用。

四、费用与出账

第十三条 【诉讼费用】破产衍生诉讼案件的诉讼费用,包括一审、二审案件受理费、评估鉴定审计费用等,由管理人凭案件受理法院的缴纳诉讼费通知书、预交费用通知书书面通知开户银行支付至收款单位账户。

符合聘请律师代理相关案件条件并经债权人会议或债权人委员会决议需要支出的律师代理费用,由管理人凭案件代理合同、债权人会议或债权人委员会决议书面通知开户银行支付至代理律师所在的执业机构。

第十四条 【处置费用】管理、变价和分配债务人财产的费用,包括债务人的不动产所涉及的水电费、物业管理费,处理债务人动产所支付的搬运费、运输费,聘请资产评估机构对债务人财产进行评估的费用,拍卖变卖债务人财产所支付的拍卖费用,办理拍卖财产产权过户所需缴纳的税费等,由管理人凭相关合同、缴费通知书面通知开户银行支付至相关机构银行账户。

第十五条 【职务费用】管理人执行职务时垫付的费用，需要在最终分配前支付给管理人的，由管理人凭债权人会议或债权人委员会决议、相应费用支付凭证书面通知开户银行支付至管理人账户。

第十六条 【聘请费用】聘用工作人员的费用，由管理人凭审理法院批准的聘用工作人员计划、聘用合同，按聘用合同约定的聘请费用及付款期限书面通知开户银行支付至聘用人员的个人账户。

第十七条 【审计费用】审计费用，由管理人凭委托审计合同的约定和债权人会议或债权人委员会决议书面通知开户银行支付至审计机构账户。

第十八条 【共益债务】共益债务，由管理人凭债权人会议或债权人委员会决议书面通知开户银行支付至权利人账户。

第十九条 【财产分配】破产财产分配，由管理人根据审理法院裁定批准的《破产财产分配方案》制作具体的财产分配支付表，并凭《民事裁定书》《破产财产分配方案》《财产分配支付表》书面通知开户银行将相关分配款项支付至相应的账户。

第二十条 【营业费用】债务人在案件审理过程中需要继续营业期间发生的经营性支出，由管理人制作专门的债务人经营费用收支管理办法，报审理法院批准后，书面通知开户银行按该专门管理办法的规定执行。

第二十一条 【报酬费用】管理人报酬经审理法院确定后，由管理人凭审理法院通知书等相关法律文书书面通知开户银行支付至管理人账户。

破产分配前需要预付管理人报酬的，由管理人向审理法院提出付款申请，经审理法院批准后由管理人持法院批准付款文件书面通知开户银行支付至管理人账户。

第二十二条 【其他费用】其他费用支出，参照本办法第十五条执行。依法需经审理法院批准的，由管理人负责申请，审理法院审批。

五、监管罚则

第二十三条 【信息披露】“专案账户”内发生的资金变动事项，开户银行应当在相关事项发生后立即以短信或其他信息化便利方式通知案件经办法官、法官助理、书记员及管理人资金变动情况。

审理法院、经办法官可根据案件审理情况要求开户银行提供“专案账户”交易明细,开户银行应在接到通知后两日内提供。

开户银行应根据中院要求,在相关办案平台系统提供便捷查询资金收支、变动等情况的服务。

第二十四条 【及时办理】开户银行在接到审理法院或管理人的转账通知后应当立即办理,当天完成;特殊情形需要延长的,经审理法院书面批准后可以延迟一天完成,遇节假日顺延。开户银行不得以月末、季度末、年度末、需上级批准以及金额巨大等为由拖延办理。

第二十五条 【协会责任】协会未依本办法规定履行监管职责,中院可向协会发出责令整改函,协会应在收到整改函之日起二十日内作出回复。

第二十六条 【管理人责任】管理人违反本办法违规开户、存支失控、挪用资金、久拖不分、非法牟利的,审理法院依《企业破产法》及相关规定予以处罚;造成严重后果的,应依法承担相应责任。

第二十七条 【开户行责任】付款手续不符合本办法规定的,开户银行不得支付相应款项。

开户银行违反本办法的,经中院核实后,停止继续随案开户资格,同时取消其下一轮开户银行的遴选资格;造成严重后果的,应依法承担相应责任。

六、附　　则

第二十八条 【文件管理】本办法中涉及到相关批准文件、审批表、付款通知书格式由协会负责另行制定,经本院审定后交协会、管理人、开户银行执行。

第二十九条 【清算案件】公司强制清算案件参照本办法执行。

第三十条 【科技应用】审理法院、协会、债权人开户银行等多方主体应强化对破产案件资金监管的信息互通,加强破产案件资金管理信息化应用,完善龙岩法院智慧破产审判管理系统与资金监管系统深度融合,探索“互联网+资金监管”系统开发与推广。

第三十一条 【效力规定】本办法由本院审判委员会负责解释。

本办法如与新颁布实施的法律法规、司法解释和上级法院规范性文件相抵触的,以法律法规、司法解释和上级法院规范性文件为准。

第三十二条 【意见施行】本办法自印发之日起施行。

龙岩市中级人民法院破产案件绩效考核办法(试行)

岩中法〔2022〕10号

为推动"执破直通"机制全面落地,合理核算破产案件审判业绩,建立单独绩效考核机制,激发破产审判法官工作积极性、主动性和创造性,推动办案质效持续提高,根据最高人民法院办公厅《关于强制清算与破产案件单独绩效考核的通知》(法办〔2019〕49号)和福建省高级人民法院《关于执行转破产直通的若干规定(试行)》《关于破产案件绩效考核标准的指导意见》(闽高法〔2016〕361号)《关于破产案件绩效考核标准的指导意见(二)》(闽高法〔2019〕129号)以及本院《关于贯彻福建省高级人民法院〈关于执行转破产直通的若干规定(试行)〉的实施意见》,结合公司强制清算与企业破产案件的审理特点及我市破产审判工作实际,制定本办法。

第一章 总　　则

第一条 【绩效单独考核】尊重司法规律,科学确定绩效考核标准。通过参照民商事案件的考核标准,确定折抵比例的方式,将清算与破产审判庭、破产审判法官单列,进行单独考核。

前款所称"参照民商事案件",指基层法院以普通民商事一审案件、中级法院以普通民商事二审案件为参照标准；“破产审判法官”是指破产案件承办法官。

第二条 【案件归类考核】公司强制清算与企业破产案件，应当进行单独绩效考核。对应的类型代字包括“破申”“破”“破终”“破监”“清申”“强清”“清终”“清监”等。

第三条 【难易差异考核】根据疑难复杂程度，公司强制清算与企业破产案件分为简易、普通、复杂三类案件进行折抵。

第四条 【平台规范考核】根据《企业破产案件法官工作平台使用办法（试行）》（法〔2016〕252 号）的规定，依据企业破产案件法官工作平台的案件数量，对破产审判法官的工作绩效进行考核。

第二章 破产案件考核标准

第五条 【绩效考核】破产审判法官的工作绩效以第二档为考核基础。破产审判法官审理破产案件工作成效突出的，可以提升档次，由政治部报院党组决定。

第六条 【程序案件折算】审结“清申”“破申”“清终”“破终”“清监”和“破监”字案号的案件 1 件，折抵 3 件普通民商事案件。

第七条 【简易案件折算】按简易程序审结 1 件破产清算案件，折抵 20 件普通民商事案件。

第八条 【普通案件折算】按普通程序审结 1 件破产清算案件，折抵 40 件普通民商事案件。

第九条 【重整、和解案件折算】审结 1 件破产重整、和解案件，折抵 60 件普通民商事案件。

第十条 【预重整案件折算】审结 1 件预重整案件，折抵 40 件普通民商事案件。

第十一条 【复杂案件认定】企业破产清算、重整、和解、预重整、公司强制清算等复杂案件的确定，可结合债权人人数、是否存在关联企业合并破产情形等因素对折抵比例进行调整。

认定案件疑难复杂程度时，应当考虑企业性质、股东人数、企业职工人数、债权人人数、债权债务金额、财产数量和处置难易程度、涉及法律关系、社会影响以及合议庭的工作量、审理周期等因素。

第十二条 【复杂案件折算】审结1件破产案件符合如下情形之一的,另行折抵15件普通民商事案件;符合两种及以上情形的,按每种情形上浮7件普通民商事案件累加计算:

1. 破产清算案件中具有重整或和解程序的;或者破产重整、和解案件审理过程中裁定宣告破产,且没有就该案件另行编立清算案号的;

2. 商业银行、证券公司、保险公司、上市公司、房地产开发公司、大型生产型企业等的破产案件;

3. 债务人财产价值预估总额在1亿元以上的;或者债权人人数超过40人的;或者债权申报金额超过1亿元的;

4. 在全市范围内有重大影响、法律关系复杂、债务人财产分散、关联企业合并破产情形的破产案件;

5. 其他存在重大复杂情形的破产案件。

第十三条 【破产终结执行的奖励】通过破产程序终结破产企业作为唯一被执行人的执行案件达3件,另行折抵3件普通民商事案件,以此类推,上不封顶。

通过破产程序终结破产企业作为被执行人之一的执行案件达3件,另行折抵1件普通民商事案件,以此类推,上不封顶。

第十四条 【分段计算绩效】年终时破产案件未审结的,可以在认定案件疑难复杂程度的基础上,根据审理进度参照省法院《关于破产案件绩效考核标准的指导意见(二)》第八条的规定酌情分段折抵案件数。

第十五条 【审判团队鼓励】参与破产审判的合议庭成员,按承办法官折算数的25%折算办案数。

参与破产审判的法官助理和书记员分别按承办法官折算数折算协办案件数和案件记录数,其中,基层法院书记员的考核可由基层法院根据实际情况调整。

第三章 立破直通考核标准

第十六条 【立案甄别】立案发现被告企业有下列情形之一的,可以告知当事人优先申请被告进入破产程序:

1. 被告为被执行人且无履行能力被终结(本次)执行程序的;

2. 被告对债务明确表示无异议且缺乏清偿能力的;

3. 被告被吊销营业执照超过两年但未注销的;

4. 有证据证明被告停止经营且近期无力恢复经营的;

5. 其他反映被告具备破产原因的情形。

第十七条 【立案移送破产】诉讼案件立案时发现被告存在本办法第十六条规定情形,立案人员将该案移送破产审查后立“破”字号案件的,折抵 3 件普通民商事案件。

第四章 诉破直通考核标准

第十八条 【审判甄别】审判人员在案件审理过程中,要主动在审判管理系统进行关联案件检索,必要时可以进行询问,以审查确定被告是否存在本办法第十六条规定的情形。

第十九条 【审判移送破产】审判人员发现被告存在本办法第十六条规定情形的,承办法官将该案移送破产审查后立“破”字号案件的,另行折抵 3 件普通民商事案件。

第五章 执破直通考核标准

第二十条 【承办破产案件折算】执行人员承办破产案件的,依照本办法第六条至第十四条的规定折抵案件数。

第二十一条 【完成“执转破”折算】执行人员完成审查“执转破”案件并立“破申”号的,折抵 3 件执行案件。

第二十二条 【参与执破团队折算】执行人员全程参与审结执破团队破产清算案件审理工作,按简易程序审理的折抵 5 件执行案件,按普通程序审理的折抵 10 件执行案件。

第二十三条 【参与重整、和解折算】执行人员全程参与审结执破团队破产重整、和解案件,折抵 20 件执行案件。

第二十四条 【破产终结执行奖励】执行人员参与破产程序并终结破产企业

作为唯一被执行人的执行案件达2件,另行折抵1件执行案件,以此类推,上不封顶。

执行人员参与破产程序并终结破产企业作为被执行人之一的执行案件达3件,另行折抵1件执行案件,以此类推,上不封顶。

第二十五条 【工作突出奖励】执行人员在办理执行转破产案件、参与执破团队、承办破产案件工作中成效突出的,可以申请提升档次,由政治部研究后报院党组决定。

第六章 其他规定

第二十六条 【其他法官办案奖励】其他业务庭的法官自愿承办破产案件的,参照本办法第六条至第十四条的规定折抵案件数。

第二十七条 【分案折抵】破产案件承办法官分到破产案件的当月,立案庭应按月初步测算执行、破产工作量后,参照所在法院民商事法官办案数量进行动态调配案件,实时增减执行、诉讼案件,年终结算执破工作绩效。

第二十八条 【强制清算案件的比照适用】公司强制清算案件绩效考核标准比照本办法适用。

第二十九条 【效力规定】本办法自印发之日起试行。

本办法如与新颁布实施的法律法规、司法解释和上级法院规范性文件相抵触的,从其规定。

关于建立办理企业破产案件司法联动机制的实施意见

岩中法〔2022〕29号

为推动破产程序的高效有序运行，持续优化龙岩法治化营商环境，依照《企业破产法》《中华人民共和国刑事诉讼法》等有关法律法规和司法解释，根据市政府《关于建立企业破产处置工作府院协调机制实施方案》，聚焦企业破产案件涉刑问题处理，防范和打击逃废债务行为，结合我市工作实际，建立法院、检察、公安联动协作机制，制定本意见。

第一条　【原则要求】全市法院、检察院、公安局应当分工负责、配合协作、形成合力，推动建立信息互联共享、程序有序衔接、整治协调配合、制度共商共建的工作格局，依法查处企业破产案件中涉嫌犯罪相关问题，共同维护司法权威和司法公正。

第二条　【线索移送】破产管理人发现案件有关人员涉嫌虚假出资、抽逃出资罪，妨害清算罪，隐匿、故意销毁会计凭证、会计账簿、财务会计报告罪，虚假破产罪等以下犯罪情形的，应当及时将相关犯罪线索报送破产案件审理法院，审理法院根据管理人的提请或者依职权及时移送同级公安依法处理：

（一）以捏造的事实在破产案件审理过程中申报债权的；

（二）以虚假诉讼、仲裁、公证骗取法律文书申报债权的；

（三）公司发起人、股东违反公司法的规定未交付货币、实物或者未转移财产权，虚假出资，或者在公司成立后又抽逃其出资的；

（四）公司、企业进行清算时，隐匿财产，对资产负债表或者财产清单作虚伪记载或者在未清偿债务前分配公司、企业财产，严重损害债权人或者其他人利益的；

（五）隐匿或者故意销毁依法应当保存的会计凭证、会计账簿、财务会计报告的；

（六）债务人的有关人员拒不履行人民法院要求其移交财产、印章和账簿、文书资料等义务的；

（七）提供虚假的资产评估、会计、审计等证明文件的；

（八）公司、企业通过隐匿财产、承担虚构的债务或者以其他方法转移、处分财产，实施虚假破产，严重损害债权人或者其他人利益的；

（九）债务人的法定代表人、出资人、实际控制人等有恶意侵占、挪用、隐匿企业财产行为的；

（十）破产程序中行政机关及其工作人员不依法履职，导致国家利益或者社会公共利益受损或有被侵害可能的；

（十一）破产程序中发生的其他涉嫌犯罪行为；

法院应同时将涉及上述第（一）（二）（八）（十）项情形的案件线索移送同级检察院。

第三条　【公安立案】有管辖权的公安机关对发现或者移送的企业破产涉刑案件，应当在三十日内作出立案或者不立案决定，并书面反馈移送法院。不予立案的，应当在作出不立案决定之日起七日内，以书面形式向移送法院说明不立案理由。

第四条　【检察监督】公安机关对企业破产涉刑案件应当立案而不予立案的，审理法院可根据管理人的提请或者依职权移送检察院实施法律监督。检察院应当依法进行立案监督，并将监督情况反馈移送法院。

第五条　【监督措施】检察院在办理破产监督案件过程中，可以采取下列措施开展调查：

（一）就案件事实向管理人、债权人、破产企业法定代表人、股东以及其他责任人员进行询问；

（二）要求案件当事人提供原始证据或者其他证据；

（三）向有关部门和单位及证人调查取证；

（四）向法院查阅、调取和复制破产案件卷宗及相关证据材料；

（五）依法可以采取的其他措施。

检察院通过检察建议等方式对法院破产审理活动行使法律监督职权，法院收到检察建议等文书后应在相应期限内及时给予书面回复。

第六条　【驳回申请】破产案件受理后，发现企业控股股东、实际控制人、法定代表人及其他企业高管因逃废债涉嫌犯罪且影响破产案件审理的，审理法院应及时将涉嫌犯罪的材料移交公安机关，并可根据企业破产法第十二条规定驳回企业破产申请。

第七条　【重新审查】审理法院根据本意见第六条裁定驳回企业破产申请后，逃废债行为经过立案侦查，公安机关撤销案件、检察院决定不予起诉或法院宣告被告人无罪的，当事人可以重新申请企业破产。

第八条　【解除保全】法院受理企业破产申请后，有关债务人财产的查封、扣押、冻结等保全措施，公安机关根据管理人的书面申请，应予及时解除，并将有关债务人财产及时交付管理人，确保破产程序顺利进行。

第九条　【出警处置】公安机关在接到破产企业管理人关于部分债权人对破产企业财产进行抢控处置的报警后，应及时出警处置。

第十条　【信息查询】管理人凭法院受理裁定书、指定管理人决定书以及管理人身份证明材料，申请查询保存在公安机关的破产企业法定代表人、出资人、实际控制人、经营管理人员以及破产案件相关人员的信息，公安机关应予以办理。

第十一条　【联席会议】市法院、市检察院、市公安局建立联席会议制度，就企业破产涉刑案件的特点、成因、查处等情况及时沟通交流，加强预警和研判，完善防范对策；定期开展法律宣传、公开发布典型案例、组织开展警示教育活动等形式，及时总结经验，共同防范和打击破产案件中逃废债务行为。

第十二条　【参照适用】全市法院受理的公司强制清算案件，参照本意见执行。

第十三条　【意见施行】本意见由市法院、市检察院、市公安局共同解释和修订。本意见自印发之日起施行。

关于办理破产企业账户查询、注销等事项的规定(试行)

岩中法〔2023〕64 号

为进一步优化营商环境,推动和保障管理人依法履职,提高破产处置工作效率,提升办理破产案件便利度,切实降低企业破产成本,结合我市破产审判工作实际,制定本规定。

第一条 【基本原则】金融机构应当积极支持和配合管理人对破产企业账户的查询、接管、资金划转、非正常户激活、注销等事务,加大各方信息共享力度,为管理人处理破产事务的信息化、公开化提供便利。

第二条 【身份识别】管理人持人民法院作出的破产申请受理裁定书、指定管理人决定书以及经办人身份证明材料(律师事务所管理人提供经办人律师执业证书及经办人公民身份证件、会计师事务所及破产清算事务所管理人提供授权委托书及经办人公民身份证件、个人管理人提供公民身份证件),金融机构应当对管理人履职身份予以认可,并配合其办理破产企业账户相关事务。

除上述材料外,金融机构不得另行要求管理人提供其他证明管理人履职身份的材料。

第三条 【账户查询】金融机构应根据管理人的申请,及时配合管理人查询破产企业名下银行账户的账户信息、交易明细、征信信息等(下同),包括但不限于基本账户、一般户、户名、账号、余额、交易流水、交易对手名称、对账单、交易底单凭证、开户资料、预留印鉴以及账户是否存在司法冻结、质押、受限等电子和纸质信息。

第四条 【账户接管】金融机构应当及时配合管理人对破产企业账户的接管工作，并支持管理人调取破产企业在其金融机构开立账户的全部账户信息、交易明细、征信信息等。

管理人完成账户接管后，未经管理人同意，严禁破产企业及其相关人员自行办理破产企业账户查询、交易、变更等有关事宜。

第五条 【账户解冻】破产企业账户存在冻结情形的，金融机构根据管理人的申请，应当及时解除人民法院等有关部门对破产企业账户的冻结。

金融机构不得额外要求原冻结法院、破产审理法院等有关部门出具裁定书、协助执行通知书等法律文书或要求法院工作人员前往办理。

第六条 【资金划转】金融机构应当根据管理人的申请，及时将破产企业账户内的资金划转至管理人账户。

金融机构不得额外要求破产审理法院等有关部门出具裁定书、协助执行通知书等相关法律文书或要求法院工作人员前往办理。

第七条 【账户激活】金融机构应当根据管理人的申请，及时将破产企业账户的非正常户状态予以激活，不得额外设置其他条件。

第八条 【账户注销】破产案件终结后，管理人应当书面通知开户银行注销破产企业账户，并附《注销账户通知书》、本规定第二条要求的材料以及人民法院终结裁定书。开户银行应当依照《人民币银行结算账户管理办法》第49条、第56条等规定自行完成破产企业账户注销手续。

第九条 【申报债权】金融机构在办理本规定相关业务过程中，知道或应当知道其对破产企业享有债权的，应依法申报债权。

第十条 【清算案件】全市法院受理的公司强制清算案件，清算组代表强制清算企业对企业账户的查询、接管、资金划转、非正常户激活、注销等事务，参照本规定执行。

第十一条 【沟通协调】龙岩市中级人民法院与中国人民银行龙岩市分行、国家金融监督管理总局龙岩监管分局建立沟通协调机制，各方互相通报，交流普遍性、突出性问题，提出相关工作意见和建议。对重大、疑难、复杂的问题，各方加强沟通、协调,推动问题解决。

第十二条 【惩戒措施】金融机构主管部门应加强对金融机构办理本规定项下业务的考核工作。

金融机构拒不配合管理人、清算组依法履职,情节严重的,由金融机构主管部门依法依规采取监管措施;金融机构违反相关法律规定的,人民法院依法予以处罚。

第十三条 【规定施行】本规定由龙岩市中级人民法院与中国人民银行龙岩市分行、国家金融监督管理总局龙岩监管分局共同解释和修订。

本规定如与新颁布实施的法律法规、司法解释和上级法院规范性文件相抵触的,以法律法规、司法解释和上级法院规范性文件为准。

本规定自印发之日起施行。

后　记

法律乃实践的艺术。法律因实践而落地，又依实践而完善。在新时代树立新发展理念，构建新发展格局，实现高质量发展，破产法的功能与效用回应现实需求日渐突显之际，福建龙岩法院的破产审判法官对此尝试作了一些创新探索实践。龙岩的破产审判以2020年9月25日龙岩中院挂牌成立清算与破产庭（加挂于民事审判第二庭下，2022年5月31日升格为独立建制的民事审判第四庭）为新起点，自清算与破产庭挂牌成立之日起，即致力于“执破直通”的探索，贯通破产法、民事诉讼法、最高人民法院“执转破”司法文件和福建高院“执破直通”等文件要求于地方司法实践，确立了以制度为保障、机制为依托、质效为导向、品牌为目标的工作思路指引。欣喜于4年跬步前行，龙岩“执破直通”的破产制度、机制、质效、品牌点滴累进，取得了初步成效。我们在根植闽西红土的同时，时时仰望星空，将实务中的理论困惑迷思求教于王欣新教授、徐阳光教授等国内顶尖高校破产法学者，并荣幸得到真切深入指导。2023年8月14日，“中国人民大学破产法研究中心教学科研实践基地”在龙岩中院揭牌，于龙岩破产审判而言，这是开启理论与实务紧密相联具有里程碑意义的新起点。与此同时，我们携手推进破产职业共同体建设，推动成立龙岩市破产管理人协会，通过“破产法 · 龙岩登高讲坛”等平台载体，促进了龙岩破产职业共同体素养同步提升。在与专家学者、业界同仁的密切交流中,在大家的真诚鼓励下,我们萌生了将4年来的实践探索进行梳理的想法。本书自策划、撰稿、修稿、审稿至今,历时2年有余。囿于本土实践和理论水平所限,书中的疏漏和不足之处在所难免,希望法学界和实务界的各位同仁提出宝贵意见,以期进一步研究和提升,以更好反哺实践。

本书得以付梓,得益于福建高院领导、龙岩中院领导的关心支持,有赖于中国人民大学破产法研究中心、北京市破产法学会、徐阳光教授及其团队的倾力指导协作,以及龙岩中院和龙岩市破产管理人协会所有参与调研、撰稿、核稿的专家、学者(名单附后)的共同努力,在此一并表示由衷感谢!同时,特别感谢法律出版社法治与经济分社社长、北京市破产法学会副会长沈小英编审和责任编辑刘晓萌老师的精心编辑与严格把关,确保了本书能如期面世!

撰稿人分工如下:

第一部分

陈科林:第一章第一节

张煌忠、张婷婷、张宇凯:第一章第二节

梁春瑾:第二章

陈科林:第三章

杨青、江爱香:第四章第一节

陈秋丹、李小东、林渊:第四章第二节

张文燕:第四章第三节

张宇:第四章第四节

宋宜恬:第五章第一节

张意文、廖晓红:第五章第二节

林泰良、刘伟明:第五章第三节

张婷婷:第六章第一节

梁春瑾:第六章第二节

钟庆阳:第六章第三节

梁春瑾:第六章第四节

高泓:第七章

第二部分

福建省龙岩市中级人民法院课题组(王孔坚、张煌忠、刘伟明、张婷婷、张宇凯、林泰良、杨青、林渊)、张意文、杜国长、刘伟明、黄达康、林泰良、宗赞宇、童丽萍、罗诗万、胡潘祥、蓝建光、林蓉、邱灵

第三部分

刘伟明、张婷婷、陈长奘、王建英、张春明、江爱香、宗赞宇、林泰良、杨青、邱声宜、俞晓雅、童丽萍

统稿人:张婷婷、陈科林

张意文

2024 年 9 月 6 日